国家"十二五"重点图书

国际共产主义运动历史文献
第32卷

主　编　王学东
副主编　戴隆斌（常务）　童建挺

共产国际第三次代表大会文献（2）

本卷主编　戴隆斌

全国百佳出版社
中央编译出版社
Central Compilation & Translation Press

《国际共产主义运动历史文献》顾问委员会

衣俊卿　俞可平　顾锦屏　高　放　张中云　殷叙彝　胡文建
宋洪训　顾家庆　洪肇龙　杨光远　林勋建　和　龑

《国际共产主义运动历史文献》编辑委员会

主　　编：王学东
副 主 编：戴隆斌（常务）　童建挺
编　　委：（以姓氏笔画为序）
　　　　　　王　瑾　邢艳琦　许宝友　张文成　张文红
　　　　　　陈新明　林德山　胡振良　彭萍萍　薛晓源

参加本卷译校工作的有

林荫成　邹　宁　郑厚安　丁如筠　吴永清　罗玉华
姚宝珠　曾宪权　刘佐汉　王　瑾　杨光远
校 译：林荫成　邹　宁

参加本卷编辑出版工作的有

谭　洁　翟民刚　邢艳琦　郑菲菲

丛书编务统筹

苗永姝　郑　锦　李媛媛

总　序

国际共产主义运动，是由以马克思主义为指导的无产阶级政党领导的国际性的无产阶级革命运动，其宗旨是推翻资产阶级统治和一切剥削制度，建立和发展社会主义制度，进而最终实现人的彻底解放，建立共产主义社会。

国际共产主义运动迄今已有一百六十多年的历史。19世纪40年代，马克思、恩格斯在创立科学社会主义理论的同时，努力把它与当时西欧无产阶级的革命实践相结合，于1847年6月创建了第一个国际性的无产阶级政党——共产主义者同盟，亲自拟定并于1848年2月公开发表了同盟纲领《共产党宣言》。这标志着国际共产主义运动的兴起。

自从共产主义者同盟建立以来，历经第一国际（国际工人协会）、第二国际、第三国际（共产国际），国际共产主义运动由小到大、由弱到强，从西方推进到东方、从欧洲扩展到全球，终于突破资本主义链条上一个又一个薄弱环节，取得了社会主义由一国到多国的胜利。二战后社会主义阵营的建立、民族解放运动的胜利进军、社会主义国家革命与建设的重大成就，为国际共产主义运动史书写了辉煌的篇章。20世纪末，由于东欧剧变、苏联解体，国际共产主义运动遭遇了严重挫折。但是，历史并没有因此而终结。由《共产党宣言》奠基的国际共产主义运动仍在曲折中前进。各资本主义国家中的共产党、工人党仍在不断探索无产阶级取得解放的道路；中国等社会主义国家仍继续高举社会主义伟大旗帜，为完善社会主义、最终实现共产主义而不懈奋斗。

国际共产主义运动一百六十多年跌宕起伏的发展历程，积累了卷帙浩繁的文献档案，留下了丰富的历史遗产。深入发掘和充分利用这些文献档案，对于我们准确地了解和把握国际共产主义运动的发展进程及各个时期的特点，科学地研究和总结国际共产主义运动丰富且宝贵的经验教训，具有极其重要的意义。特别是无产阶级国际组织，作为国际共产主义运动的重要载体，其文献档案对于国际共产主义运动史研究更是具有特殊的重要意义。

早在1984年春，中国国际共产主义运动史学会就发起编辑出版《国际共产主义运动史文献》。当时由中共中央编译局、中国社会科学院马列主义毛泽东思想研究所和近代史研究所、中共中央党校和中国人民大学等单位共同组建了编辑委员会。编委会商定：这套文献主要收编共产主义者同盟、第一国际、第二国际、第三国际、共产党和工人党情报局这五个国际组织已发表的全部文献档案，包括历次代表大会、代表会议和其他重要会议的记录、决议和有关文件；收编材料力求齐全；凡外国有选编完整的版本者，根据外国版本翻译；凡文件散见于外国不同出版物者，尽力搜集完整，组织力量统一编译；文件完全按照原件翻译，译文力求准确，不作修改删节，以便读者根据完整、准确的第一手材料了解这些国际组织的历史。在当时代管全国哲学社会科学基金的中国社会科学院科研局的资助下，经过编辑委员会、编译工作者和中国人民大学出版社的共同努力，这套文献于1986年开始陆续出版，截至1997年共出版了21卷。

到上世纪末，文献的编辑出版工作遇到了巨大困难。首先是编委会发生了重大变故，主编林基洲、副主编王颖和校纪英相继谢世；其次是出版经费难以为继。为继续出版这套文集，中国国际共产主义运动史学会多方努力，组成以会长顾锦屏为主编的新编委会，从全国哲学社会科学规划办公室争取到一笔资助，于1999—2001年又出版了两卷。此后，因缺乏经费，编辑出版工作完全陷于停顿。

2010年，在中共中央编译局和中国国际共产主义运动史学会的鼎力支持下，中央编译出版社以这套文献申报国家出版基金项目，获得立项资助。中共中央编译局对此项目高度重视，在国家出版基金资助的基础上，给予了相应的资金支持，组建了新编委会，成立了专门机构负责文献整理和编辑工作，并将这套文献纳入"中央编译局文库"出版规划。

经新编委会研究决定，这套文献定名为《国际共产主义运动历史文献》，在其前身《国际共产主义运动史文献》的基础上重新编辑出版。通过进一步广泛搜集资料和适当改变编辑方式，新《文献》的资料更详尽、收文更齐全。例如，在原《文献》的某些卷次中，对已出版的马克思主义经典著作中译本只列目录，不收正文，而新《文献》则全部依据最新的中译本收录，以方便读者查阅。此外，《国际共产主义运动历史文献》扩大了文献资料的搜集和选材范围，采用开放式结构，规模暂定60卷，约2500万字。

中共中央编译局和中国国际共产主义运动史学会对这套文献的编辑出版工作给予了强有力的支持，中央编译出版社为这套文献的立项和出版做了大量艰苦细致的工作，文献的前两任编委会和编译工作者在十分困难的条件下为这套文献奠定了良好的基础，中国人民大学出版社为这套文献的重新编辑出版提供了帮助，在此一并表示衷心感谢。

《国际共产主义运动历史文献》
编辑委员会
2011年12月20日

编辑说明

共产国际第三次代表大会于1921年6月22日至7月12日在莫斯科举行。出席大会的有52个国家103个组织的605名代表。大会的主要议程有：世界经济危机和共产国际的主要任务；共产国际的策略问题；红色工会国际和共产国际的关系问题；反对阿姆斯特丹工会国际（简称）的斗争问题等。会议着重研究了在资本主义国家革命形势趋于低潮的条件下共产国际所应采取的策略，认为当前各国共产党面临的任务是进行全面的准备工作，号召各国党加强在群众中的工作，消除社会民主党的影响，把广大工人阶级和其他劳动群众团结在自己周围，直接参加并领导工人争取日常切身利益的斗争，并把这种斗争同为实现无产阶级专政的政治斗争结合起来。在会上，德国、奥地利、意大利共产党和捷克斯洛伐克党的部分代表仍然坚持"进攻理论"，批评大会的策略问题提纲，遭到包括列宁在内的多数代表的批评。大会实行了策略转变，使国际共产主义运动进入了一个新的、建立无产阶级统一战线的时期。

《共产国际第三次代表大会文献》分两卷出版，收录的内容包括四个部分：（1）共产国际执行委员会关于召开共产国际第三次代表大会的通告和信件；（2）共产国际第三次代表大会会议记录；（3）共产国际第三次代表大会决议；（4）附录，列宁有关共产国际第三次代表大会的材料。前两部分的材料译自苏俄彼得格勒国家出版社1922年出版的《共产国际第三次世界代表大会速记报告》（Третий Всемирный

Конгресс Коммунистического Интернационала. Стенографический отчет. Петроград. Государственное издательство. 1922），代表大会的决议译自莫斯科党的出版社1933年出版的《共产国际决议汇编（1919—1932）》（Коммунистический Интернационал в документах. 1919—1932，Партийное издательство. Москва, 1933），附录部分选自《列宁全集》中文第2版。书中除编译者加的译者注外，本卷主编加的注释标明为编者注。

本卷是根据中国人民大学出版社1988年出版的《共产国际第三次代表大会文件》中译本进行编辑的。本卷主编依据中央编译局编译马克思主义经典著作的标准重新统一了人名、地名、组织机构、报刊杂志等专用名，并对书中个别译文进行了重新校订。

本卷的内容包括：（1）共产国际第三次代表大会会议记录部分内容；（2）共产国际第三次代表大会决议；（3）附录，列宁有关共产国际第三次代表大会的材料。

目 录

共产国际第三次代表大会会议记录 ……………………………………… 1

第十四次会议（1921年7月2日）………………………………………… 3
继续讨论共产国际策略问题的报告 ……………………………………… 3
讨论并表决关于停止讨论的提议 ………………………………………… 25
拉狄克作总结发言 ………………………………………………………… 28
宣读蔡特金的声明和意大利代表团的声明 ……………………………… 41
共产主义青年国际的声明 ………………………………………………… 43
德国、波兰、匈牙利、德意志奥地利代表团和捷克斯洛伐克
　代表团多数派、青年联盟执行委员会的声明 ………………………… 43
表决策略问题的提纲 ……………………………………………………… 44

第十五次会议（1921年7月3日）………………………………………… 45
讨论工会问题 ……………………………………………………………… 45

第十六次会议（1921年7月4日）………………………………………… 73
关于世界经济问题的总结报告 …………………………………………… 73
讨　论 ……………………………………………………………………… 79
表决并通过经济委员会说明和修改的提纲 ……………………………… 80

选举策略委员会、"合作社"问题委员会、"东方问题"
　　　　委员会、工会运动委员会主席 ………………………… 80
　　　讨论工会问题 …………………………………………… 82
第十七次会议（1921年7月5日） ………………………… 99
　　　庆贺克拉拉·蔡特金六十五寿辰 ………………………… 99
　　　列宁作关于俄共策略的报告 ……………………………… 103
　　　讨　论 …………………………………………………… 119
　　　表决并通过关于俄共策略的决议 ………………………… 153
第十八次会议（1921年7月6日） ………………………… 155
　　　继续讨论工会问题 ……………………………………… 155
第十九次会议（1921年7月7日） ………………………… 181
　　　继续讨论工会问题 ……………………………………… 181
第二十次会议（1921年7月8日） ………………………… 216
　　　明岑贝格作关于共产国际与共产主义青年运动的报告 …… 216
　　　弗勒利希的发言 ………………………………………… 225
　　　通过关于修改青年问题提纲的五人委员会的任命 ………… 227
　　　蔡特金作关于共产主义妇女运动问题的报告 …………… 227
　　　讨　论 …………………………………………………… 238
　　　表决并通过关于妇女运动问题的两个决议 ……………… 243
第二十一次会议（1921年7月9日） ……………………… 247
　　　拉狄克关于策略问题委员会工作的说明 ………………… 247
　　　表决并通过策略问题的提纲 …………………………… 249
　　　俄国代表团提出关于德国统一共产党状况的决议 ……… 250
　　　讨　论 …………………………………………………… 252
　　　表决并通过关于德国统一共产党状况的决议 …………… 255
　　　美舍利亚科夫作关于合作化运动问题的报告 …………… 255

第二十二次会议（1921年7月10日）……260
 表决并通过关于合作化运动的提纲……260
 克南作关于共产党和共产国际的组织建设问题的报告……260
 讨　论……284
第二十三次会议（1921年7月12日）……287
 讨论东方问题……287
第二十四次会议（1921年7月12日）……320
 主席团的声明……320
 弗勒利希关于青年国际问题的通报……322
 表决并通过关于青年国际问题的提纲……323
 克南关于组织委员会的通报……323
 讨论并表决通过关于组织问题的提纲……327
 黑克尔特关于工会运动委员会的通报……334
 表决并通过关于工会问题的提纲……338
 选举共产国际执行委员会主席……339
 季诺维也夫致闭幕词……341

共产国际第三次代表大会决议……349
 关于执行委员会工作报告的决议……351
 世界形势和我们的任务（提纲）……354
  一、问题的实质……354
  二、战争、投机事业的繁荣、危机和欧洲各国……355
  三、美国、日本、苏维埃俄国和殖民地各国……359
  四、社会矛盾的尖锐化……362
  五、国际间的相互关系……365
  六、战后的工人阶级……368

七、前途和任务 ………………………………………… 371
论策略（提纲） ……………………………………………… 375
　　一、问题的区分 ………………………………………… 375
　　二、新的斗争的前夕 …………………………………… 376
　　三、当前的迫切任务 …………………………………… 378
　　四、共产国际的内部情况 ……………………………… 380
　　五、局部斗争和局部要求 ……………………………… 386
　　六、进攻的准备 ………………………………………… 391
　　七、三月发动的教训 …………………………………… 393
　　八、直接斗争的形式和手段 …………………………… 394
　　九、对无产阶级中等阶层的态度 ……………………… 396
　　十、国际行动的协调一致 ……………………………… 398
　　十一、第二国际和第二半国际的崩溃 ………………… 400
共产党的组织建设及其工作方法和工作内容（提纲） …… 403
　　一、总　则 ……………………………………………… 403
　　二、关于民主集中制 …………………………………… 404
　　三、关于共产党人的工作义务制 ……………………… 406
　　四、关于宣传鼓动 ……………………………………… 410
　　五、关于政治斗争的组织工作 ………………………… 416
　　六、关于党报 …………………………………………… 421
　　七、关于党组织的一般结构 …………………………… 425
　　八、关于合法工作与非法工作的结合 ………………… 429
三月事件和德国统一共产党 ………………………………… 434
俄国共产党（布尔什维克）的策略 ………………………… 435
俄国共产党（布尔什维克）的策略（提纲） ……………… 437
　　一、俄罗斯联邦所面临的国际形势 …………………… 437

二、国际范围内阶级力量的对比 … 438
三、俄国阶级力量的对比 … 439
四、俄国无产阶级和农民 … 439
五、俄罗斯联邦无产阶级和农民的军事联盟 … 440
六、向建立无产阶级和农民的正常经济关系过渡 … 440
七、苏维埃政权容许资本主义和租让制存在的意义和条件 … 441
八、我国粮食政策的成就 … 442
九、社会主义的物质基础和俄罗斯电气化计划 … 442
十、资本的同盟者"纯粹民主派"即第二国际和第二半国际、社会革命党人和孟什维克的作用 … 443

共产国际和红色工会国际 … 445
共产党对妇女进行工作的方式和方法（提纲） … 460
 基本原则 … 460
 对妇女进行工作的方式和方法 … 465
 在苏维埃国家中党对妇女的工作 … 467
 在资本主义国家中党对妇女的工作 … 470
 在经济落后的国家（东方各国）中党对妇女的工作 … 471
 宣传鼓动的方法 … 473
 妇女工作部的组织结构 … 476
 关于国际范围的工作 … 478
共产国际和共产主义青年运动 … 479
共产国际第三次世界代表大会代表统计表 … 483

附录
列宁有关共产国际第三次代表大会的材料 … 487
 对共产国际《关于策略问题的提纲》草案的意见 … 489

（1）给格·叶·季诺维也夫的信（6月10日） ………… 489
　　（2）两点建议（7月6日） ………………………………… 494
对《关于各国共产党的组织建设、工作方法和工作内容的提纲》
　　草案的意见 ……………………………………………………… 495
　　（1）给奥·威·库西宁的信（6月10日） ………………… 495
　　（2）给奥·威·库西宁和威·克南的信（7月9日） ……… 498
在有俄共（布）中央委员参加的德国代表团会议上的发言 …… 499
在德国、波兰、捷克斯洛伐克、匈牙利和意大利代表团
　　联席会议上的讲话 ……………………………………………… 502
致托马斯·贝尔同志 ………………………………………………… 507
给德国共产党员的一封信 …………………………………………… 510
给叶·萨·瓦尔加的便条并附关于建立国际工人运动
　　问题情报所的提纲 ……………………………………………… 521
给波兰共产党人的信 ………………………………………………… 524
论法国共产党的土地问题提纲 ……………………………………… 526
给东方各民族宣传及行动委员会的信 ……………………………… 533
关于英国工党的政策 ………………………………………………… 534
关于参加三个国际的代表会议问题
　　给尼·伊·布哈林和格·叶·季诺维也夫的信 ………………… 536
对共产国际执行委员会第一次扩大全会关于参加三个国际的
　　代表会议的决议草案的意见
　　给俄共（布）中央政治局委员的信 …………………………… 538
对共产国际《关于策略问题的提纲》草案的初步意见 …………… 540
笔记和发言提纲 ……………………………………………………… 541
《关于意大利问题的讲话》提纲 …………………………………… 551
一篇拟写文章的提纲 ………………………………………………… 553

《在德国、波兰、捷克斯洛伐克、匈牙利和意大利代表团
 联席会议上的讲话》提纲 ………………………………… 554
在德国、波兰、捷克斯洛伐克、匈牙利和意大利代表团
 联席会议上作的笔记 ……………………………………… 558
对共产国际执行委员会给出席三个国际的代表会议的
 共产国际代表团的指示草稿的意见
  给俄共（布）中央政治局委员的信 ………………………… 559
对共产国际执行委员会关于三个国际的代表会议的决议
 草案的意见
  给格·叶·季诺维也夫的信 ………………………………… 561

共产国际第三次代表大会会议记录

第十四次会议

（1921年7月2日晚8时45分）

继续讨论共产国际策略问题的报告

主席克南：

现在继续讨论策略问题。由季诺维也夫同志发言。

季诺维也夫（俄国共产党）：

同志们！我们在论战中分别对右派和"左"派都提出了指责，但分寸是否得当，对此，人们议论纷纷。我有这样一种感觉，大家对这个问题的认识，有点简单化了。有人说，既然我们同"左"派进行论战，那势必也要立即同右派展开一场更大规模的论战。给人的印象是，他们似乎要对这个问题采取不偏不倚的态度，似乎这是一个公平、礼貌或礼节的问题。"左"派作为有组织的力量，是否形成真正强大的力量呢？因而它是否构成严重的危险呢？——如果这样地提出问题，那我们就得指出，所谓"左"派，作为有组织的力量，若与中派主义政党和半中派主义集团相比，就是微不足道的了。但我们不能这样简单地提出问题。关键不在于力量是否组织起来了。我们不能认为，那些比第三国际"左"的人，就一定是一支了不起的力量，就一定会对第三国际构成异常严重的危险。其实，就共产国际而言，这些人称得上"左"派与否，要另当别论。

绝不能离开倾向来提出问题。因此，我有必要再来谈谈第二次代表大会。在二大期间，所谓"左"派，作为有组织的力量而构成的所谓"左"的危险并不大。但"左"的倾向，对于国际的危险却是极其严重的。请回忆一下对待工会问题的态度，当时就有一批以已故约翰·里德及英美其他同志为首的同志，硬要我们轻视工会。作为有组织的力量，这种"左"的危险几乎并不存在，但"左"的倾向却是非常危险的。假如去年我们在这个问题上作出让步，那我们今天的处境会怎样呢？共产国际能够存在吗？那我们就给茹奥先生和阿姆斯特丹国际的其他先生帮了忙。所以，不能说，来自右边的重大危险，是半资产阶级的思想体系，而来自"左"边的重大危险，只是一些无组织的小集团。问题在于，如果这种倾向在我们的队伍中确实存在的话，那就看它会不会成为一种巨大的危险。在发展的过程中，偏巧这种倾向成为我们运动的最严重的危险，这不是不可能的。

大会上的争论使我本人认识到，我们要像在二大期间那样，不能低估这种倾向，不能放过这种倾向。从历史的角度不难解释这种倾向的由来。在二大期间，我们清楚地看到了宗派主义危险。贝尔同志曾对我的讲话表示不满，因为我在讲话中指出，在英美两国，宗派主义危险至今依然存在。这种危险并不是由于我们党要成为宗派主义的党而产生的，它是历史大踏步前进的必然产物。在这方面起作用是占首要地位的经济因素，即英国工业的发展水平，它的垄断地位等等。但在很大程度上，问题也取决于我们党的观点，所以，我们应该提示英国和美国同志，危险依然存在，他们仍然脱离群众。这已为种种实践，例如煤矿工人罢工等所证实。这样一个党，要想使运动在政治上取得成果，自然还难以做到。要知道，对于我们来说，英国至少具有同捷克斯洛伐克和保加利亚一样的作用。我们怎么能忽视这种危险呢？第二次代表大会曾竭力动员同志们接近群众。一年来，我们在这方面取得了一定的成绩，但第三次代表大会必须再次强调要牢记这一点。

现在，我们来谈谈另外一种危险，这种危险的产生，也是有其历史原因的。经过执行委员会中的争论，听过阐明意大利问题和德国问题的报告，难道还会有人否认这种危险的存在吗？即否认狡猾的资产阶级仍在极力挑唆我们年轻的党过早地采取行动吗？我仔细研究了意大利的情势之后，明白了我们意大利朋友那么容易冲动的原因。这要归罪于社会党人和中派分子，即归罪于塞拉蒂。特拉奇尼为蹩脚的修正案辩护而又漏洞百出，其根源就在于塞拉蒂的立场。1920年，塞拉蒂和意大利代表团全体曾深信，在意大利发动重大革命运动的时机已经成熟。有人问过特拉奇尼：军队和农民的大多数拥护你们吗？很遗憾，答案是否定的。恰好，我们在意大利人为地促了他们一下，结果，发现意大利党已沾染上严重的中派主义。1920年，塞拉蒂和意大利代表团全体认为，无产阶级大多数、农民和军队的大部分已站到我们这方面来。这是包括塞拉蒂在内的所有意大利代表的一致看法。目前的情势不同了，所以我们要从头做起。工人阶级应当经受住这个危机，应当着手重新部署一切。这也许需要一年多的时间，因为，在意大利显现出倒退现象。我深入地研究了这种情势之后，才明白这个年轻的共产党目前遭受另外一种危险影响的原因。当然，我们这样说，并不是为了辩解，而是必须看到这种危险，看到年轻的党过早发动进攻的危险。中派主义使我们不得不防范这种危险，防止出现意大利那样的运动。

德国人的情况也是如此，就拿卡普叛乱来说吧。当时是怎样的情势呢？反革命的行动激怒了整个工人阶级，工人阶级一致奋起回击反革命，决心进行斗争。当时工人阶级正处于夺取德国政权的前夜。完全出人意料的是，工会官僚、旧社会民主党和独立社会党人介入其中，他们破坏了工人阶级的团结。反革命得救了，因而谢德曼和资产阶级得以重新掌握政权。无产阶级政党错过了时机。德国革命工人领导核心当中有人面对这种现实,亲身经历这种危机,因而操之过急,贸然参加过早的战斗,这也在情理之中。这再一次证明:事态演变到如此地步,其罪魁祸首是工人阶级的真正叛徒——社会爱国主义分子。我们共产党应该认清谁是罪魁祸首,但也不能因此而忽视仍然威胁我们生命的危险,即使这种危险是由中派分子造成也罢。关键就在于此。不能过于简单地议论:你到底是拥护右派还是拥护"左"派?当然,右派是我们真正的敌人。他们是资产阶级在我们阵营中的代理人。资产阶级多亏有他们效劳,才能生存下来。假如阿姆斯特丹国际不是站在资产阶级一边,那我们就会稳操胜券。工人阶级应当扫除这些障碍。右派就是敌人。但这是不是说,我们就应该低估"左"的倾向,即"左"的危险呢?或者是不是说,我们就应该认为"左"派是奋不顾身的革命者,是出色的理想家,如同戈尔斯特同志所说的,他们是时刻准备为无产阶级革命献身的好同志,因而这种危险就不那么大了呢?正因为"左"派是我们的朋友和同志,正因为他们和我们生活、工作在一起,所以,他们的任何错误,都会对共产国际造成严重的危害。这就是我们同所谓"左"派进行激烈论战的原因。要明白,这样做,是出自对运动的关切。俄国有句俗话:"对妻子,要像心肝似的热爱,对妻子的毛病也不能掩盖。"(笑声)必须这样地看待列宁同志或其他同志对所谓"左"的愚蠢行为提出的批评(这种说法似乎具有十足的议会申辩的口气)。我们不能斤斤计较,不能对任何人说:"你针对'左'派讲了15分钟,而针对右派只讲了5分钟,这就表明你本人已经右倾了。"要知道,指出右派一概是资产阶级代理人,这并不费什么时间,但要仔细地研究由于我们的运动不成熟和过渡时期的困难而造成的种种错误,那就需要用更多的时间,费更大的力气了。我们应当时时刻刻注意这一点。例如,我听到意大利社会党的同志现在说:"列宁为我们提供了抨击意大利共产党的新论据。"把意大利社会党开除出共产国际,这已为大会所确认,大会向社会党指出，只要他们不履行自己的职责，不把资产阶级代理人从党内驱逐出去，他们就不能留在共产国际。意大利共产党是享有充分权利的共产国际成员，我们同它一起友好地讨论（有时也许会发生十分激烈的争论）那些错误的观点，讨论那些由于没有提防和听信组织严密的险恶资产阶级的挑拨而轻易犯下的错误。这怎么能成为袒护中派分子的论据呢？对特拉奇尼的指责，从那些与中派主义作斗争的同志口中说出，即从真正的共产党人口中说出，是很有分量的，但从塞拉蒂和塞拉蒂分子口中说出，"我们所以跟屠拉梯搞在一起，是因为特拉奇尼在运动的速度问题上犯了重大的错误"，则是故弄玄虚。

现在，我来谈谈德国问题。首先，我要指出，关于三月发动问题，也许很快会得出大家一致认可的结论。我们收到由弗伦肯、诺伊曼、马尔察恩和蔡特金四人签署的提案，我来援引一段："尽管三月发动采取了错误的立场和不能令人满意的做法，但共产国际第三次代表大会还是认为三月发动是一次积极主动的斗争，因而它是向前迈进的一步。大会表示深信，德国统一共产党必将不屈不挠地进行工作，力求在一切领域内坚持不懈地领导因国内外形势而随时可能发生的战斗。"

同志们！我们可以满意地指出，我们对这个争论不休的问题，不久将通过一项一致赞同的决议（上述引文可以证实这一点），这也是我们大会所要达到的目的。上述引文确实表明前进了一步，现在如果我们把俄国的提纲、蔡特金的修正案以及德国统一共产党提出的修改意见加以比较，那我们就可以看出，尽管还存在着意见分歧，但在观点上已接近一致了。这是应当承认的。要想从这个讲台上弄清究竟谁先采取和解的态度，那是愚蠢的。我们到这里来不是搞调查，不是争面子，也不是要进一步激化德国的局势。事实上，我们即将通过一项大家一致赞同的决议，这将是我们代表大会取得的一项重大成就。

马尔察恩同志昨天抱怨黑克尔特同志讲话的语气太激烈。我只听了黑克尔特的部分发言，他和大家一样，一谈起德国情势就非常激动。我应当指出，马尔察恩同志在这方面也没有表现出宽宏大量的作风。要知道，黑克尔特同志讲话的语气温和还是激烈，这是无关紧要的！关键在于今后怎么办。马尔察恩曾说过，不要在三月发动问题上纠缠不休，要继续前进。大会现在应当解决这个问题了。只能有一个答案，这就是无论如何不能容许德国共产党的队伍再出现分裂。说实在的，我不知道德国党能否再经受一次分裂。既然我们已得出结论，认为能够一致通过俄国代表团提出的提纲，那就没有任何理由再出现分裂了，因此，大会应坚持达成协议。德国问题不是一个国家的问题，而在很大程度上是个国际性的问题；德国的病是国际性的，所以，我们殷切期待大会取得完全一致的意见。当然，我们深深地懂得，空喊一致是无济于事的。假如客观上不具备取得一致意见的条件，那么，侈谈一致也是愚蠢的。但是，难道德国客观上不具备达成一致意见的条件吗？在德国，是否存在不可调和的分歧呢？通过种种争论，我敢说：没有。既然我们现在要求德国代表团一致起来，那就不只是希望他们和睦相处，而是要求两派应该执行并且必须执行这一国际主义义务。我们不只是谈论一致，我们还为你们提供了借以取得一致的依据。这个依据就是我们向你们提出的、差不多所有代表团都在原则上同意的那个提纲。因此，我们希望拥护这个提纲的德国同志，不只是在表面上而且在事实上赞成一致，不只是在口头上而且在行动上赞成一致。我们深信，这种一致是会实现的。德国共产党中央委员会承认它在许多方面犯了错误。反对派则通过蔡特金同志的发言在这里宣称，他们现在已经懂得为什么这次斗争具有重大的历史意义。这是至关重要的。

现在我来谈谈黑克尔特同志的发言。大家都会记得，他是怎样结束自己的发言的。大家为他热烈鼓掌。为什么呢？你们以为整个大会真的会同意黑克尔特同志对蔡特金同志的激烈论战吗？我不这样认为。大会只赞成他的发言的一部分。那么,为什么在主要问题,即三月发动问题上,整个大会都站在这些同志一边呢?那是因为赞成这些同志坚持无产阶级斗争,因为这是一个伟大的斗争,因为我们大家都全心全意地同情这一斗争,因为尽管三月发动犯有种种错误,但我们认为这是广大群众、几十万无产者参加的伟大斗争,因为在这次斗争中,德国的优秀无产者抛头颅、洒热血,作出了巨大的牺牲。因此,我们大家都有这样的感觉:尽管这次斗争犯有种种错误,但这次斗争毕竟有值得我们真心拥护的东西。如果双方都能认清这一点,那我认为我们的主要障碍就不存在了。很明显,我的意思并不是说这次斗争是盲动。所犯的错误确实严重,但不能说这次斗争是"巴枯宁式的"盲动。很显然,必须认定这是我们自己的事,不能忘乎所以地罗列大量事实,以证明党在经历了这次运动之后已经软弱无力。诚然,我们的党有许多弱点。这些弱点也无须掩盖,但不能幸灾乐祸地、不分青红皂白地搜集材料,以证明党完蛋了,就像莱维在其小册子的开头所说的那样。这种做法应该放弃了。群众搞了运动,我们既要看到运动的弱点,也要重视运动的伟大之处,并使之发扬光大,不要把党说得一无是处,似乎党已经完蛋了。假如我们能做到这一点,那桥梁也就架通了,意见也就一致了。共产国际要求中央委员会多数派作出一定的保证,真心实意地执行这次代表大会的决议,以期不仅在书面上而且在行动上承认所犯的错误,并努力改正错误。我们深信,同志们一定能做到这一点。我们同样也要求反对派作出保证。这个新组成的派别,应当自行解散。党内不能有派别。我们决不允许共产国际中存在这种情况。如果同志们真正愿意忠实地执行共产国际的决议,那首先就必须下定决心与这个派别一刀两断,消除任何宗派活动!

我应当告知大家,昨天有一位共产国际代表寄给我一封信,其中写道:多伊米希现正组织地区性的反对派会议。我不知道这消息是否可靠，但我知道，在争论激烈之时，往往会出现互相指责的情况，但稍加分析，便不难看出，这种指责是没有根据的。所以，我们要对这种指责持保留态度。只有他们向大会承认自己的错误，并听取大会的公正裁决，我们才能有把握地认为，今后不会再出现任何宗派活动了。

再谈一谈捷克斯洛伐克问题。布里安同志说，在捷克斯洛伐克党内，没有任何派别斗争。就捷克斯洛伐克兄弟党还不完全成熟来说，就党内的派别斗争还有些不太明显来说，这种说法尚可成立。如果说，贝尔同志从自己的宗派角度出发，认为什麦拉尔是资产阶级机会主义分子，那么，这证明贝尔对捷克斯洛伐克运动了解得太不够了。我们对什麦拉尔可以提出许多反对的理由，但把什麦拉尔这样的同志叫做资产阶级机会主义分子，就显然太过分了。这种夸大的说法，无助于反对中派的斗争，而只会削弱这个斗争。总之，我认为，我们在许多问题上想必还得同什麦拉尔交换意见，因为，事实上，捷克斯洛伐克党虽说是一个优秀的无产阶级群众性政党，但对党本身在进行共产主义教育方面，毕竟刚刚开展工作。（捷克斯洛伐克党的代表们发出抗议的呼声）布里安同志！我认为我的估计是正确的。当然，也可能我错了，党很快就会完全团结起来。目前，你们在实现这个目标方面走了第一步。你们同社会民主党已经分道扬镳，同中派分子也大致脱离了。但是，两个月前，你们还同社会民主党人在同一个中央委员会的领导之下。这不是你们的过错。这是捷克斯洛伐克党独特的发展进程。它的发展进程的第一阶段，是彻底摆脱社会民主党和大致脱离中派分子，这一阶段业已完成。现在，要进入新的阶段了。我们希望同您、布里安同志，同什麦拉尔和其他捷克斯洛伐克同志，共同衷心地祝愿能够尽量安稳地度过这一阶段，不发生灾难，不再出现分裂。但我们也要明确指出，你们党还会遇到许多问题。当前，派别斗争已经十分尖锐。昨天，布里安说："我们那里没有派别斗争。"然而，我手头有一期维也纳出版的《俄罗斯通讯社》

杂志，我读了其中 6 月 12 日在科马尔诺群众大会上通过的决议。决议上写道："大会要求立即召开联席代表大会，以建立捷克斯洛伐克统一共产党，大会对那些以拖延手法削弱党的活动能力的人，表示不信任，要求把他们清除出去。清洗工作必须尽快进行，不要考虑某些人物，因为只有这样，捷克斯洛伐克共产党才能作为第三国际的一个支部开展工作，才能为无产阶级解放事业进行坚决、有效的斗争。"

可见，同志们！有一万多名工人参加的科马尔诺群众大会讨论了这个问题，并且通过了刚才我宣读的那个决议。决议并不认为捷克斯洛伐克太平无事，并不认为那里不存在任何派别斗争。在捷克斯洛伐克有派别斗争，只不过暴露得不太明显罢了。我希望，我们和捷克斯洛伐克代表团一起，在这里共同制定一些措施，以使这个优秀的群众性政党能成为真正的无产阶级政党。我们希望捷克斯洛伐克党能吸取其他党的经验，尽可能平安无事地、迅速而又稳妥地克服一切必须克服的障碍。这里不是要求激化政治斗争，而是说党内还存在许许多多必须克服的弱点。捷克斯洛伐克代表团必将承认这一点。你们越坚决、越彻底地承认这些弱点，你们就越容易克服一切必须克服的弱点。

同志们！很显然，我们不应让第二国际的恶习在我们的大会上出现。我们并非一定要求得一致赞同的决议，不要做表面文章，不要彼此说恭维话。我们应当明确地、公开地讲出事实来。但我仍然认为，我们应尽一切可能求得我们的队伍、即共产党人的队伍团结一致。

我认为，通过这里进行的讨论，我们在运动最棘手的问题上，还是能够找到一致的行动方针的。有人会问我们：这岂不是像许多人在这里所说的，在向右转变吗？这是无稽之谈。凡是参加过第二次代表大会的同志都会记得，当时在这样重要的大会上，我们在许多问题上谴责了所谓的"左"派；然而，当时我们所作的决议，整个说来都是抨击右派和中派主义的。我认为，第三次世界代表大会的各项决议，也将给这些

先生们以致命的打击！（热烈鼓掌）

台尔曼（德国统一共产党）：

同志们！很遗憾，我未能排在托洛茨基同志之后发言，因为我听说，他打算猛烈攻击德国代表团的修正案。这样一来，我只好谈谈季诺维也夫同志的声明了。他在这里曾指出，人们对"左"派太严厉了，而对右派过于温和；但他又认为，大会的辩论表明，许多国家的党，由于受"左"的影响，而易于上奸诈的资产阶级挑拨的当。他特别强调了这一倾向。而我的观点是，如果共产国际内部存在着两派，那么，人为地使两派和解，是不可能的。季诺维也夫同志说："在意大利，面临着异常艰巨的斗争；在那里，必须唤醒群众，因为他们还以为塞拉蒂目前仍然同情苏维埃俄国。"然而，意大利工人已认清，他们原先信赖的塞拉蒂分子，眼看斗争已经爆发，就退避三舍，不但不给予斗争以必要的支持，反而极力阻挠这一斗争转变成夺取政权的斗争。令人担忧的是，中派也有可能提出："只有在无产阶级的大多数跟随你们走的时候，你们才能投入斗争。"这里有人说过，资产阶级可能挑拨"年轻的共产党"。这就说明，三月发动是一次迫不得已的行动。这就表明，共产党在被迫迎战的时候，面临了一个问题：是只搞示威性的抗议活动，还是必须去援助战斗着的德国中部兄弟。当时，眼看德国中部兄弟流血牺牲而不给予援助，这在德国群众中是通不过的。所以，在3月17日，党终于放弃自己的"示威性"抗议政策，这并不只是中央委员会的愿望，这也是许多州的群众的愿望。

群众的这种愿望反映了群众怀有革命急躁情绪，而这种情绪是社会危机的一个征兆，它表明群众渴望战斗。德国情势并不像托洛茨基在讨论第一项议程时所说的那样。我敢说，德国普遍安宁的景象不会持久。在德国，我们不能指望增加生产，我们不得不对协约国履行义务；这势必导致生产下降，失业现象加剧，工人阶级不满。德国党就将面临一个难题：它能否博得无产阶级的同情？在所有工会和其他机构中，我们竭力确立这样的观点：罢工就意味着武装起义，因为，一旦党号召工人举行罢工，资产阶级就要不择手段地对付无产阶级。

假若共产党在三月发动期间对战斗中的革命无产阶级采取不闻不问的态度，那它就会使自己脱离革命派。这是最基本的，我们在当时的情势下就认清了这一点。但是，我们在这个问题上必须承认，过去曾把三月发动看做是"巴枯宁式的"盲动行为的党内某些活动家，参加这次大会之后，才认清他们错了。你们可知道，正当各种势力围剿作殊死斗争的共产党的时候，党内某些同志借故明确表示他们不赞成党的方针，这等于从背后打击党，就像考茨基于1918年对俄国革命所做的一样。这是值得深思的情况。对于这种批评，党内同志和党的理论工作者也许能正确理解，可是，群众看到党内不但没有严格的纪律，反而充满意见分歧，会作何感想呢？这种意见分歧，只能在党内解决，绝对不能公之于外。某些同志的过失就在于此，因为他们本应遵守党的纪律。

季诺维也夫说："我们不能让德国出现分裂。"这是对的。但有证据表明，党已开始分裂。多伊米希同志在柏林召开过多次会议，目的在于成立一个分裂党的机关。这不是来自"左"边的危险，因为我敢断言，在德国所有州，凡参加德国统一共产党的工人群众，都拥护党，而只有极少数人（不超过5%—7%）拥护的克拉拉·蔡特金等同志，却总是在各种场合和这次大会上企图证明他们拥有强大的影响力。因此，我们认为，危险就在于：确实有人追随他们，并把矛头指向那些迫于经济形势而不得不推动无产阶级采取积极行动的同志。我们在汉堡党员大会上，已经指出那些重大的错误、组织工作的缺点和荒谬的理论依据，并希望我们的失误会成为有益的教训。所以，对党来说，这次斗争并不是失败；也许，对无产阶级来说，是失败，但从党经历这次斗争而博得群众好感的角度来看，这是党的胜利。在3月，甚至在2月间，无产阶级还说，每当因工资问题而应掀起大规模运动时，每当应组织战斗行动时，我们只会搞些示威游行，总是避免斗争。在德国，我们坚持的观点是，在各种内部斗争的情况下，以及在外部形势日益紧张的情况下，党都必须遵循共产国际第二次代表大会的决议。三月发动证明，我们这样做是对的。包括列宁同志在内，谁都不能要求必须对那些给俄国提纲提出修正意见的同志进行无情的打击。在共产党内，每个同志都有充分的权利，根据本国的经济条件，对提纲提出他认为必要的修正意见。

列宁的猛烈抨击之所以不恰当，还因为他在讲话的结尾自己也说，弱小的共产党也能引导大量群众，甚至千百万群众去夺取政权。他的观点和修正案中所阐述的主张完全一样。蔡特金同志明确地表示，她不能担保今后不再公开谈论三月发动的缺点和错误。请想一想，这样一来，共产党的处境如何。资产阶级报刊、社会党多数派的报刊等一切反动势力，都来围剿共产党。他们本来就要把我们说成是刽子手，而现在再加上有人通过集会、写社论等等向全世界宣布，党内不但有派别，而且这些派别还指责党是挑起这次流血事件的罪魁祸首，这样一来，党势必成为众矢之的。我反对大肆张扬的另一个理由是：不愿遵守纪律的同志，不能留在党内。在党内，可以无话不谈，但未经党批准而将党内的事公之于众，这是不可饶恕的错误。我们认为，我们现在所采取的方针会产生十分严重的后果。

我坚决拥护纪律和集中制。但我还是应该指出，德国共产党的态度却不是这样，它通过修改提纲而要采取的方针，在国内紧急状态下会带来异常危险的后果。我们面临着一场同那些比我们右的派别的艰苦斗争，因为他们竭力要蒙蔽我们，要我们相信我们之间不存在根本分歧。我说得很坦率，因为我要实事求是地把德国情势摆出来。（全场活跃）

托洛茨基（俄国共产党）：

首先，谈一点程序方面的小小意见。我们刚才听了台尔曼同志慷慨激昂的讲话，他抱怨没有把他排在我的后面发言。可是，且慢，发言顺序是根据申请发言的先后来排定的。台尔曼同志还表白自己很遵守纪律。可是，在要他遵从发言名单的顺序这一具体规定时，他就牢骚满腹了。台尔曼同志还对列宁同志表示不满，说什么列宁同志说过，"我们在这里提出关于策略的提纲，其他代表团不应要求提出修改意见"，这也是毫无根据的。列宁同志根本没有这个想法，所以台尔曼同志的观点是完全错误的。列宁同志曾这样说："我们提出的提纲，不是俄国代表团躲在办公室里杜撰出来的产物。"台尔曼同志可以去问本国代表团的成员，他们会告诉台尔曼同志，我们曾同德国代表团的成员就提纲进行了长时间的、令人厌烦的商讨和争论，他们提出了自己的提案，最后彼此都作了让步。可见，这个提纲是经历相当困难的过程才产生的。我们作为制定提纲的参加者，不能说这个提纲是由所有党派、集团制定的，但是我们认为它是一种妥协的产物，**是一种对左的方针的让步**。"左的方针"这个词的含意是什么？以后我将尽力深入地加以探讨。现在，我只想着重指出，我们把这个提纲看做是对许多同志在这里体现出来的、也是台尔曼同志极力维护的那种倾向的最大让步。

同志们！许多代表私下向我表示，他们对德国代表团为讨论其内部事务而占用我们过多的时间，很不耐烦。我认为，这些同志不耐烦，是没有道理的。我们讨论的主要问题是三月发动问题。个人问题、个人之间的摩擦和偏见，也与这个纯政治问题有牵连，这从人们的关系的角度来看，是完全可以理解的。诚然，我们有些同志过于强调问题的个人方面和个人之间的摩擦，例如，黑克尔特同志就是如此，但是他的发言的其余部分，却值得我们重视。我认为，我们看问题必须抓住实质，而实质即主要的是，这不单纯是个德国问题，而是一个国际性问题。德国党对于俄国来说，是一个已经发展成独立的、显赫的西欧大党，并且首次开展了独立的斗争。鉴于十分年轻的意大利党，以及虽然组织庞大、但就共产主义素养来看也还年轻的法国党，在这方面都面临着类似的情势，所以我认为，所有代表团，尤其是刚才指出的这两个党的代表团，在这个问题上可以得到许多教益。

我要从研究提交给我们的修正案来着手探讨三月发动问题，因为我们只能在两种倾向之间作出选择。显然，对提纲初稿在修辞和具体内容方面的补充，我不想发表什么意见。总之，我们只能在两种倾向之间作出选择：一种是以列宁同志、季诺维也夫同志，首先是以报告人拉狄克和我为代表的倾向；另一种是已提交的或准备提交的修正案中所反映的倾向。所以，我们必须研究这些修正案。我只是谈谈与三月发动有关的问题。我们的提纲对这个问题的论述是，我们把这次行动看做是德国统一共产党由于政府进攻德国中部无产阶级而被迫进行的斗争，我们承认德国统一共产党的英勇行为，它表明了自己是德国革命无产阶级的政党。此外，我们揭示了三月发动期间所犯的一些主要错误，并在最后提出如下的建议：

"为了认真地估计斗争的种种条件，德国统一共产党必须倾听人们所指出的采取某种行动的难处，以及他们经过仔细研究而提出的采取行动是否妥当的理由。但是，一旦党的领导机关最后决定采取某种行动，全体同志都必须服从党的决议，并参加这一行动。对这个行动的批评，只能在行动结束之后提出。这种批评，只能在党组织的内部进行，而且要考虑到党在其阶级敌人面前的处境。由于保尔·莱维不顾党纪的明确要求和对党批评的条件，代表大会赞同将他开除出党，并认为共产国际的成员同他在政治上的任何合作，是绝对不能容许的。"

但是，布兰德同志拒不承认党内有权威，不承认有必要听取权威的劝告。布兰德同志不仅批判权威，还批判了政治学以及其他许多东西。

所以，我们等会儿再来分析他的问题。那么，德国同志以及其他同志建议我们对这一条款作怎样的修改呢？他们建议宣告，共产国际第三次代表大会把德国统一共产党的三月发动看做是向前迈进的一步，其措词是："这次行动表明中欧最强大的群众性政党已转入真正的斗争，表明共产党在德国无产阶级斗争中第一次试图实现其领导作用，即实现其在建党纲领中所承诺的作用。三月发动意味着揭露并战胜独立社会党的公开的反革命性质，以及隐藏在德国统一共产党内的中派分子。三月发动由于在斗争中暴露出党的许多错误和组织上的缺点，从而使人们得以认清这些错误和缺点，并在今后予以消除。这次行动在发展的进程中，暴露出党缺乏严格的战斗纪律，而认识到这一点将有助于进一步巩固党。三月发动把相当多的社会民主党工人群众卷入斗争中来，从而在这些政党中引起革命哗变。这次行动不仅没有动摇党的组织，反而增强了党组织的战斗精神。"等等，等等。

既然要求大会承认三月发动不只是强迫工人阶级（从而也是强迫党）发动的一次群众性行动，而且要确认党的英勇行为，既然要求大会也承认党在斗争中试图实现其领导作用，那么，大会也应该有权说出来这次尝试是成功还是失败。我们说三月发动是向前迈进了一步，是根据这种情况说的（至少我是这样理解的）：共产党已不是独立社会党内的一个反对派或宣传共产主义的组织，而是一个能独立参与无产阶级斗争的统一的、独立的、团结的、集中的党，并且这一切在三月发动期间第一次表现出来。在第二次代表大会期间，我经常同法国的同志们谈论工会和党的内部情况，对他们说："你们同工团主义者、无政府主义者、社会党人串通一气，所以，你们至多是反对派罢了。其结果，运动只能产生意见分歧，甚至干出蠢事。只有等到你们脱离了旧组织，成为独立的力量时，你们才会前进一大步。"现在，这种情况完全实现了。但这并不是说，这第一次行动，这第一次起独立领导作用的尝试，是成功的……有人说，我们从这次行动中，特别是从自己的错误中得到很多教益。修正案中也是这样说的。我不想给他们宣读修正案，但其中指出，三月发动的伟大功绩，就是使我们能够认清这一行动中所犯的错误，以便今后予以纠正。非要从这方面来寻求特殊功绩不可，岂非太勉强吗？我同塔尔海默同志私下交谈时对他说，他使我想起一位在70年代译过一本英文书的俄国翻译，这位俄国翻译在前言中写道，他译这本书，只是为了告诉全世界，这本书毫无价值。（笑声）天下哪有为发现错误，进而纠正错误，而采取行动的呢？提出这些修正案是出于袒护，而不是分析的动机。

黑克尔特同志在他的引人注目的发言中，为我们描绘了三月发动时的政治背景，强调当时形势异常紧张，有战争赔款问题、鲁尔被占领问题，以及上西里西亚、经济危机、失业和大罢工等问题。在这种情势下，社会矛盾更加激化，而德国中部工人运动是党采取行动的导火线。好一派经济景象！然而，另一位同志在为这一行动辩护时，向我们所描绘的情景却迥然不同。这样，30年后，当塔尔海默同志头发白了，拿起梅林笔写共产党历史时，就连可供参考的文献和书籍也难以找到了……（拉狄克从座位上说："在我的魔术箱里能找到……"）（笑声）歪曲运动发生时的背景的参考文献和书籍，是不会有的。其实，当时的国际形势相当复杂，总的说来，趋向于互让和妥协。上西里西亚问题悬而未决，它不会产生任何革命影响。巴伐利亚裁军问题怎样呢？与黑克尔特昨天的发言相反，《红旗报》上一再说：越来越明显，这个问题将通过妥协的方式，以牺牲巴伐利亚和整个德国革命工人的利益来解决，而且在国际范围内以及在德国和巴伐利亚两国政府之间，也不会发生大规模的冲突。就这一点而言，塔尔海默同志30年后将找到的文章，只能证明德国过去和现在的危机与英美危机的性质截然不同；德国的危机，并不像英美那样严重到不可收拾的地步，德国的整个经济生活处于衰退状态，因而在德国现有的经济条件下，危机不会猛烈地爆发起来。德国的失业人数，与英美相比，也是微乎其微的。

至于国内的关系，社会民主党人有半数参加了政府，半数成为反对派。独立社会党的情况也是如此，它越来越靠拢社会民主党人。工会和工会官僚都是反对我们的。从这种形势中应得出怎样的结论呢？上述的那位同志对我们说，工人当中充满不可思议的消极情绪，坚定的少数派应该以革命主动精神去消除这种消极情绪。相反，黑克尔特却说，到处人心思变，到处群情激愤，笼罩着"剑拔弩张"的气氛。随后，德国中部的事件就发生了。而另一位同志说："简直是死水一潭，消极情绪日益增长。这种沉闷的局面非打破不可。"上述种种说法，分开来看，倒也合乎逻辑，但我认为，这些说法彼此很难吻合。另一位同志，即克南同志肯定地说，德国中部事件是公开的起义，而周围各地则消极等待；这种积极性犹如消极大海中的孤岛。总之，给人的印象是，至今，德国代表团的成员们，在对待这个问题上，似乎要不惜任何代价为它辩护，而不是抱分析和研究的态度；他们在这个问题上散布种种说法，无非是采取一种手段，其目的是在共产国际面前无论如何要为三月发动辩护到底。但他们未必能如愿以偿。在这方面，我认为，主要之点是台尔曼同志所指出的。他说：如果我们采纳了提纲以及提出来的修正案，那"我们在国内就得改变自己的方针"，我认为，我们勇敢而又坚强的台尔曼同志，在这一点上说得对，想必他同群众有密切的联系。（台尔曼从座位上说："是的，有非常密切的联系。"）我对此毫不怀疑，何况我注意到某些同志动身从德国来这里的心情，以及他们在德国发表某些文章和小册子的心情。他们不远千里，克服重重困难到俄国来，为的是能有机会比较冷静地观察情势。提纲提出以后，遭到坚决的反对，于是，共产国际的同志向其他代表团，其中包括俄国代表团作口头说明，德国同志不会不注意到，共产国际的同志们并不像德国同志那样看问题。这样一来，他们也就只好走上所谓战略退却的道路。其实，不能否认，他们提出来的修正意见，是有危险性的。尤其是，这些修正意见不是直截了当地，而是企图以十分隐蔽的、模棱两可的手法，来阐述那些在战斗激烈的日子里和战斗结束之后，以中央委员会名义在德国工人中间和德国共产党内传播的思想。台尔曼及其他同志说："我们回国的时候，不希望带回有损我们名誉的提纲。"我们绝对不希望这样，无论从什么意义上讲，我们都不想摒弃德国党，因为它是我们的优秀政党之一。但是，至于三月发动的整个概念、当时的斗争和胜利条件，在这里已经分析得一清二楚，所以，我们必须认清，德国共产党中央委员会及其成员的某些文章、讲话和指示，是很不当、很有害的。这是最主要的。他们想对大会施加影响，以便通过一项不十分明确的、含糊其辞的决议，这样，他们就可以随意把别的含义渐渐塞进决议，进而悄悄地用全然不同的观点去解释决议。这就是问题的实质。这是行不通的，因为，我们认为，这样一步一步地、不明不白地迁就，有极大的危害。我们无论如何也不能这样做，这是不允许的。即使以大会多数通过的决议来压我们，我们也要在大会为我们规定的范围内，即**只能**在这个范围内，进行斗争。但我希望，关于策略的决议也能有经济决议那样的结果。那一次，德国代表团左翼的同志们也搞了某种抗议示威性的动作，他们虽然在原则上接受了提纲，但却提出了观点完全相反的决议案。可是后来，他们连以前想说的话也不敢说了，而在专题委员会中，他们的意见与别人的意见几乎不存在任何分歧了。我想，在策略问题上，结局也不会两样。我有切身体验，得不到党代表大会或共产国际代表大会的赞同，这滋味是相当不好受的。但是，同志们，我认为，你们必须对德国的情势有一个清醒的认识。我不相信莱维的话，说什么党因此就会完蛋了。代表大会应该告诉德国工人，三月发动犯了错误，党在这个大规模的群众性运动中实现领导作用的尝试，没有成功。为防止再次出现这种情况，我们应该说，这次尝试彻底失败，因为，如果再这样搞一次，就真的会使这个优秀的党完蛋了。（塔尔海默从座位上说："您知道，这是不可能的。"）是的，对您来说，是这样，可是，对成千上万有组织的工人来说，就不是这样了，他们本以为，大会将对他们的行动倍加赞扬，而我们却把它看做是一个错误。（全场活跃）我们的年轻的法国朋友也是如此。执行委员会在讨论1919年法国政府征兵问题时，曾提出这样一个问题：法国党是否应该提出不服从征兵令的口号？当时，我问一位年轻朋友："你们是怎样想的，是发动武力反抗，还是单纯消极抵制？"这位同志回答得很干脆："当然要拿起枪杆子反抗。"他以为，这样做是自己完全拥护第三国际的表现，会使它感到莫大的革命喜悦，他是在履行自己的职责。他说得一本正经，确实准备拿起枪来反对征兵。不消说，我们给他泼了一瓢冷水，希望他能明白自己的错误。今天，他来到我们这个环境之中，这个环境不是他天天都能看到的。他的棱角渐渐地磨掉一些。可是，在德国、法国、匈牙利怎么样呢？两三个星期以来，我们在这里开会，我们的观点在发生某些变化。可是，在那里，在那些国家，有什么变化吗？一点也没有。可见，这种毫无马克思主义气味的著名的进攻哲学来自如下的论断："消极情绪在日渐增长，这真不得了。运动在停滞不前。必须向前冲！冲破沉闷的局面！"我认为，德国党内许多领导同志和负点责任的同志一度都处于这种精神状态，现在，他们期待着大会对此表态。假如我们现在只是宣布把保尔·莱维开除出去，而默许你们只是对三月发动含糊其辞地论述一番，承认它是第一次尝试，是向前迈进了一步，总之，假如我们以漂亮的言词来抹杀批评，那我们就没有履行自己的职责。我们的职责是，明确地、毫不含糊地告诉德国工人：我们认为，**进攻的哲学是一种最大的危险，而这种哲学的实际应用，则是一种最大的政治罪行。**

我完全同意季诺维也夫同志的看法，和他一样，希望在这次代表大会上，我们能确立完全一致的行动方针，我还认为，在这个极其重要的策略问题上，我们无须对所谓的"左"派作出重大的让步。某些同志——看来，法国同志也包括在内——为我们与"左"派的斗争而多少表示担忧。季诺维也夫同志提过这一点。幸亏"左"这个词，在法语里有双重含义：一是"在左边"，二是"无能"，"愚笨"。（喊声："愚笨！"）是的，"愚笨"，但要把它理解为贬词，德语里的意思也差不多。所以，我们同所谓"左"派作斗争，丝毫也不觉得我们比他们右。我们不承认存在比我们更左的政党，而我们既然是共产主义国际，马克思主义国际，那也就是最革命的政党。这就是说，我们这个党能审时度势，善于把握机会，善于斗争，善于取得胜利。真正的目的就在于此。有时，人们会忘记我们应该学习战略，应该冷静地估计敌我双方的力量，应该从实际出发，而不应为打破所谓沉闷的局面，或者像某位同志所说的为"使党积极起来"，而去进行斗争。同时，我们当然还应当学点治国学，连布兰德同志都说过，机会主义分子为研究治国学而下很大功夫。在他的一次讲话中，我们曾听到他把武力和治国学加以对比，而在另一次讲话中，却猛烈指责我们搞机会主义。对我们意大利同志来说，这种态度是危险的，因为将来治国学对意大利同志来说，是很有用处的。如果我要像黑克尔特和塔尔海默那样谈论意大利问题，我就会说："这是一个遭到战争破坏的国家，那里的工人占领了工厂，塞拉蒂分子叛变了，法西斯分子袭击工人印刷所并烧毁工人组织的办公场所。假如意大利党不在这里大声疾呼'全力冲击敌人'，那它就是一个胆怯的党，必将遭到世界历史的谴责。"但是，假如我们不是空谈形势，而是冷静地估计一切，那我们就应当像季诺维也夫同志那样指出：他们应该再度争取工人阶级的信任，因为正是塞拉蒂分子的叛变，才使工人变得谨小慎微。工人们心里想："我们听过塞拉蒂的宣传。他说的和现在说的相差不多，可是最后，他把我们出卖了。谁能保证新的政党不出卖我们?"工人阶级希望先看到党的实际活动,然后再接受党的领导,进行决定性战斗。

在这次大会上,我们看到**三种多少比较明显的倾向**,即暂时成为各自倾向的三个派别,我们必须正视这三种倾向,因为只有这样,我们才能正确地估计在这次大会上的力量角逐。首先,是德国代表团,它几乎直接经历过三月发动的炮火,因而对进攻的哲学另有偏爱,当然,有些德国同志已经抛弃了这种哲学。

其次是意大利同志,他们走的也是这条道路。这也不奇怪,因为意大利党已经摆脱了中派分子。意大利同志说:"现在,我们终于能放开手脚了,现在,我们可以履行我们的职责了,可以卷入群众性的革命行动中去了,可以对塞拉蒂的叛卖行为进行报复了。"同志们!现在都知道,不只是莱维,甚至资本主义报刊和独立党报刊也都说,三月发动是根据执行委员会的命令发动的,莱维被开除出党是因为他不服从命令。法国党和捷克斯洛伐克党的某些同志,也不由得在思考一个问题(这说明,他们不了解执行委员会):"说不定什么时候,执行委员会也会向我下达这样的命令,如果我拒不执行,那也会被开除出党。"这是这里体现出来的两种情绪。

还有第三种论点,也是我们提纲中所要表达出来的论点,这就是:如果执行委员会赞同这种策略哲学,即通过人为的、或大或小的群众行动来提高战斗积极性,并开始对各国发号施令,那就显然是荒谬的了。恰恰相反,由于我们今天已有足够的力量,因而我们的任务是,作为一个独立的集中的党,要领导群众运动,就必须先冷静而又确切地分析每个国家的情势,只要那里有可能和必要,就全力以赴地发动攻势。这正是我们的策略提纲所提倡的观点。

有一位同志说,在法国不存在左派。是的,那里没有左派。法国党还处于幼年时期。如果你们阅读它的机关报《人道报》就会发现,它的宣传和讲话的观点相当混乱，模棱两可，我们在提纲中已经明确指出这一点。用布哈林同志的话来说，在《人道报》上显然可以看到"龙格及其好友胡诌八扯"。这张报纸虽然充满共产主义意向，但这种意向不够坚定。在这张报纸上，共产主义思想强调不够，阐述得也不明确，看不到从革命的角度不断改变和认清情势的愿望。如果说，从党的机关报上看不到这种愿望，那我可以肯定地说，这样的党不能发动和领导群众去进行大规模的革命行动。首要的条件是，要使报纸的整个宣传鼓动显示出那种逐渐形成的明确的革命思想和革命意志。这一形成过程，需要两个月、三个月、六个月，也许整整一年的时间，这取决于所处的情势。许多同志没有迫切要求做到这一点。他们不理解这一形成过程的内在含义，不懂得一个大党的革命性的质变作用。他们想避开这一过程，认为开展革命行动，只要有适当的借口就行。所以，他们总是嫌弗罗萨尔及其他人这也不行，那也不好。要论适当的借口，1919年的征兵，就是一次很好的借口。当时，法国的无政府主义者和工团主义者的力量相当强大，加上巴黎工人阶级又是重大战斗中可起决定性作用的最优秀的部分，在这种气氛下，比较年轻的、缺乏经验的、有急躁情绪的同志很可能号召采取行动，这样一来，就会对法国革命运动的发展长期带来不幸。情势就是如此。当然，有人会对我们说："你们是在攻击个别同志。问题并不在于谁说了不妥当的话。"同志们！问题就在于，如果每个人都能自行确切判断是非的话，那就不需要我们这个国际了。我们的任务是，只要有危险，哪怕是最小的危险，就要着重指出来，以引起人们的注视。即使我们大家都把这种危险看得过于严重了，那也无关紧要，无非就是把话说过了头罢了。而如果马虎大意，致使危险增大，上了挑拨的当，那这种危险就非同寻常了，因为，有可能导致冒险行动，这才是可怕的危险。所以，有些同志一谈论这个问题，就很激动。我要告诉你们，我私下和一些同志谈论这个问题时，看出他们并不理解我的意思，我心里想："我老了，他们还年轻；我的头发灰白了，而他们血气方刚，办事坚决果断。"于是，我暗自思量："最大的危险就在于，有些同志不知深浅，在政治上他们缺乏革命斗争经验，不理解这种忠告，不明白这种忠告的现实意义，考虑问题有局限性，认为这是在向右转。"其实，他们完全错了！

你虽然摆脱了机会主义分子，并在向前迈进，但要知道，在当今世界上，除了机会主义分子以外，还存在着阶级、资本主义社会、警察、军队以及现实的经济条件；有人拥护你，有人程度不同地保持中立，还有人反对你。这是一个复杂的世界，要想身在其中而又不迷失方向，谈何容易。如果你要回答我，就必须学会这套本领。你希望我反对中派分子吗？要知道，第一次和第二次代表大会的所有决议仍然有效，我们所做的全部工作都是对付机会主义的。**然而，我们的任务，不只是从理论上不断批判机会主义。我们必须实际上铲除资本主义社会，打倒资产阶级，让它永远不能翻身。**这就是我们的任务。我应该再次指出，为了完成这一任务，需要把治国学的冷静头脑与实施革命暴力的炽烈意志结合起来。我们学会这一点，就一定能取得胜利！（全场活跃，掌声）

讨论并表决关于停止讨论的提议

主席克南：

同志们！美国代表团向主席团提议，在托洛茨基同志讲话后停止讨论，由拉狄克同志作总结发言。（喧嚷，反对声）

库恩·贝拉（要求对议事日程发表意见）：

同志们！我提议停止继续申请发言，但决不停止讨论。托洛茨基同志在长达一小时的发言中，猛烈攻击所谓的"左"派；他如此进行攻击，我们不能不予以回答。因此，我认为，就这个意义来讲，停止讨论就等于封住别人的嘴。依我看，这是有人趁此有利时机，怂恿美国代表团提出这项建议，也就是说，这是玩弄政治手腕，对此，我表示坚决反对。因此，我提议停止继续申请发言，但决不能停止讨论。

主席克南：

首先，我要实事求是地指出，根本没有人玩弄什么政治手腕。美国代表团的建议，是在托洛茨基同志发言之前提交主席团的，其实，当时宣读这一建议就好了。我们之所以在托洛茨基同志发言之后宣读，是因为只有在他发言之后才提出停止讨论的问题。如果有人规定必须在托洛茨基同志发言之后才能宣读这个建议，那我是不会同意的。但是，同志们，结束讨论与否，希望发表意见，并进行表决。我们主席团并不坚持停止讨论，我只是向大家转达美国代表团的建议。

弗勒利希：

我要指出：为了批判所谓的"左"派，主席团未经大会同意，让季诺维也夫同志讲了三刻钟，而托洛茨基同志则讲了整整一小时。我可以断定，美国代表团的建议是在托洛茨基同志讲话之前提交主席团的。我的意见是，只要大会不想强行排除"左"派，那就必须进行讨论。

马歇尔（美国）：

同志们！我代表美国代表团声明，我们绝没有想在这里封住任何人的嘴。美国代表团以及英国代表团都认为，在昨天的会议和执行委员会的会议之后，今天的整个讨论进程，并不能使我们取得什么重大的新收获。无论是托洛茨基同志长达一小时的讲话，还是紧接着的对立面的发言，都不能改变这个会场上的气氛。所以，我们希望停止讨论，不再听取重复提出的论据。

主席克南：
停止讨论与否，由持不同意见的双方各自发表意见，没有什么意义。已经有几个人发言，有赞同的，有反对的，还有许多同志要求发言。因此，我认为，只有采取表决的办法了。

弗里斯兰特：
德国代表团要求休会两三分钟，让各代表团商议一下。此时此刻，停止讨论，是个非同小可的问题。

季诺维也夫（俄国共产党）：
我提议休会10分钟，然后进行表决。我认为，这样做是最合理的。

主席克南：
有没有人不同意？没有。那么，过10分钟再开会。
（休会10分钟）

主席克南：
现在，宣布开会。我们来表决关于停止讨论的建议。

季诺维也夫（俄国共产党）：
我也认为，讨论该停止了。如果哪位同志向专门委员会提出原则性意见，而该委员会不予采纳的话，那我们建议大会让这位同志到全体会议上来发言。（赞同）

（大会同意季诺维也夫同志的意见。拉狄克同志走上讲台作总结发言。）

拉狄克作总结发言

在两天的讨论期间，某些人的讲话令人不止一次地感到，他们是在作总结发言。（笑声）现在，讨论结束了。同志们，请允许我代表执行委员会作总结发言；请允许我把我们提出的提纲同我们从讨论中得到的那些实际材料联系起来谈，并请你们审议我们的工作成果。我们不仅交换了意见，而且也弄清了许多事实。同志们！首先让我归纳一下各国代表团代表的发言。

对提纲第一个表态的是拉查理同志，他不等提纲在大会上得到论证，便抢先表态。他完全同意提纲，唯独不同意提纲中关于意大利的那一部分。捷克斯洛伐克同志也表示，他们完全赞成提纲，但不同意有关捷克斯洛伐克的那一部分。英国同志对提纲也表示拥护，甚至表示爱慕，但是说提纲中关于英国的论述是错误的。（笑声）他们的表示使我想起一位波兰诗人的名言："你在为别人的罪过忏悔。"（喊声："妙极了！"）

当有人批评捷克同志时，拉查理说，这还不够，应该把他们送上绞刑架！而捷克人虽然没有强烈要求把塞拉蒂分子送上断头台，但如果有人主张把塞拉蒂分子送上断头台，他们也并不反对。（笑声）

这一切表明，在估计共产国际内部的情况时，我们必须注意到：工人运动中的机会主义危险尚未消除。阿姆斯特丹工会国际目前还存在，在每个国家中，还有强大的机会主义政党。而且在共产国际内部，机会主义危险依然存在。运动发展得越慢，这种危险就越大。当我听到各国党的代表在这里说他们那里一切平安无事时，我认为，这是一个危险的机会主义征兆。同志们！我们在这里讨论了我们的小兄弟，即我们的捷克兄弟党的情况，但讨论的内容与我们在大会召开时所考虑的内容完全不同。一开始，我们对它采取非常爱护的态度，因为，我们深信，它的问题只是发展的速度太慢，而且显然有"左"的倾向。谁知，布里安同志听了我的报告之后却宣称，十二月罢工对党来说是一个绝没有料到的事件，党在组织上和政治上都没有对罢工实行领导，但斗争结束以后，党曾竭力使工人认识到这次罢工的教训。可是，布里安不顾他的上述表示，却反而说什么："我们的党是无可挑剔的，只要中央委员会在任何时候、任何地方发出战斗号令，我们就坚决响应。"对此，我们要说，**这是第二国际的习气，而不是共产国际的作风。**（热烈鼓掌）当然，如果我们确信我们每个党都能胜任自己的职责，那我们就太高兴了。但是，我们知道，革命的道路是艰难的，在这条道路上会犯许许多多的错误。既然一年前，这个国家的共产党人还和涅梅茨、苏库普在一个党里，而现在却宣称"我们那里一切都好"，这就使我们比听到土耳其斯坦坏蛋向执行委员会发出警告更感到不安。因为，这表明，捷克党内没有批评精神。所以，我们应该告诫捷克同志：假若你们不顾自己的党以往的表现，吹嘘自己的党完美无缺，而不从自己的错误中吸取教训，那你们将永远不会成为有战斗力的优秀党。（热烈鼓掌）

其次，谈谈英国同志。我要指出，从英国的党报上根本不能了解到党在煤矿工人罢工期间的实际活动情况。我只得向英国同志打听：你们都干了些什么？他们讲述了令人十分痛心的情况。然而，英国代表团的首席代表竟对此表示抗议。我这里有一份6月11日的英国党报。除了一些插图外，第1版刊载的是政治评论，第2版是经济评论，第3版是要求释放被监禁者的文章，而另外的三个版面上又都是图片。我不反对直观宣传。但是，党说明自己的行动，可以不只是采用对瞎子、聋子和哑巴适用的符号或手势。尤其糟糕的是，这个年轻的党起了一点小作用，就在这里报喜，说什么"一切都好，自由党也很弱小啊！"敬爱的同志们！你们一旦掌握政权，我们看，你们怎么对付劳合-乔治的弱小的党，以保住政权。当前不容争辩的事实是，政权是在自由党人和保守党人的手里，可你们毕竟只掌握一份周报和少量的党员，但你们在四分之三的版面上刊载的尽是插图。我们劝你们"要接近群众"，你们的回答却是："劳合-乔治的党也不大。"

要想接近群众，就不能采取这样的态度。同志们！关于其他党，比如法国党，我们几乎没有谈论。关于法国党，我们只谈了几点看法。我要指出，法国党在大会上的发言，不足以说明它的实际情况。但是，如果法国同志认为，我们今后同法国党的相互关系是，我们不给他们提意见，而他们光给我们提意见，那就错了。即使执行委员会在对待法国党方面的观点是，应当使它更加成熟起来，那我们认为，我们今后也必须密切注视它将如何贯彻执行它并未表示反对的提纲。

同志们，有一个党，大家在这里对它的议论最多，对于它的错误，正反两方面的论述也很尖锐，这就是我们的德国党。我们从它那里听到好多意见，这也可以为我们和整个代表大会估计我们的策略提供许多材料。同志们，我深信，大家就德国事务热烈地交换意见，不仅对德国党的内部发展，而且也对整个共产国际，都有重大的意义。三年来，德国无产者多次以史无前例的战斗，使我们不断取得俄国革命经验中所没有的教益。德国工人阶级已经成为半农业俄国之外的第一次大规模革命运动的代表者，即工业国中第一次革命的代表者，这也是命中注定的。因此，德国工人阶级已成为国际无产阶级的带头人，而迄今只有俄国工人阶级做到了这一点。俄国革命的经验为国际无产阶级提供了专政的口号、苏维埃的口号。但是在俄国，我们取得胜利的路程，要比各资本主义国家的无产阶级所必须走的路程短得多。德国无产阶级的重大牺牲，德国无产阶级运动的缓慢进程,以及德国无产阶级的斗争和失败,能使我们从中为国际无产阶级不断吸取新经验。我们所以既同德国统一共产党、又同德国共产主义工人党进行许多争论,并不是因为它们犯了错误、不如其他优秀的党,而是因为我们通过对德国共产主义运动的错误、失败和胜利的争论,可使其他党避免犯错误。

同志们!我不是出于偶然的动机,也不是按时间顺序把占领工厂时期的意大利党、十二月罢工期间的捷克斯洛伐克党、三月发动中的德国统一共产党加以对比。我这样做,更不是由于我喜欢列举这三个例子,而是因为通过这三次运动的对比,能使我们正确估计采取行动的条件、必要性和党的职责,以及给党造成的危险。以捷克斯洛伐克和意大利的运动为例,一场大规模的无产阶级运动爆发了,可是,无论捷克斯洛伐克党或者意大利党都无力领导运动,因为,它们还不是真正的共产主义政党,它们受机会主义的毒害很深。德国的运动表明,年轻的德国共产党员只从主观愿望上希望采取行动、进行斗争,但却不从客观上为运动、斗争的形势创造条件,而且在领导斗争中犯了一系列错误,这就有可能削弱党同群众的联系。同志们!我不明白,为什么在讨论中谁也没有谈捷克斯洛伐克和意大利的运动,为什么大家都把注意力集中在德国三月发动的错误上。意大利党和捷克斯洛伐克党所犯的错误,表明这两个党软弱无力,有名无实,是对共产主义犯下了不可饶恕的错误。

现在,半中派分子利用我们在三月发动问题上的分歧,高喊"我们胜利了",对此,我们认为自己有责任指出:"我们批评'左'派,是因为他们犯了错误,是因为他们的错误会助长机会主义,而机会主义是我们首先与之作斗争的死敌。"机会主义分子看见我们坚决地反对德国党内和意大利党内的"左"派,要求他们正视自己的错误,就以为他们胜利了。对此,我们要正告机会主义分子:"你们高兴得太早了。我们深信,在斗争的过程中发生的这些争论,有助于真正的共产党进行胜利的斗争。到那时,这些党将不用批评的武器,而用武器的批评来粉碎机会主义。"虽然列宁说过,在第一次和第二次代表大会上,我们提出必须反对机会主义,但这并不意味着,到了第四次代表大会,仍会存在反对机会主义问题。不会的,那是列宁对各国共产党发出的号召,号召它们学会运用实际的群众政策,不是在口头上,而是以实际行动把机会主义赖以生存的基础铲除,使群众增强自信心和必胜的信念。通过这一途径,确实可以铲除机会主义赖以存在的基础。当前,由于经济不断发展,工人贵族已失去作用,机会主义只是依靠无产阶级对自身力量的信心不足才得以存在。(热烈掌声)

我们来总结一下关于德国问题的讨论。试问,通过讨论得出什么结论?首先是,既然德国资产阶级政府向德国共产主义无产阶级的最强大队伍发动进攻,那么德国党为援助后者而采取行动是正确的;德国党认定三月发动不是由上级下令搞的盲动行为,而是数十万无产者参加的革命行动,这也是对的。讨论还表明,党中央委员会在具体开展这一群众性革命行动的过程中犯了一系列错误,一部分同志眼看广大群众参加三月发动,就认为随后必定出现其他行动,从而提出**党在这种情势下必须采取攻势**的理论是错误的。

这个理论究竟是错误的,还是正确的呢?我在我的报告中说过,不进攻、不冲击资本主义的巴士底监狱,我们就不能取得胜利。一个党,假如没有进攻资本主义的斗志,假如不能使无产阶级认识到,只有直接的、面对面的斗争,并且只有全力以赴地、尽快地进行这场斗争,才能使自己获得解放,那么,这样的党就不配叫做共产党。你们也都听到我们十分细心的领袖列宁同志说过,凡是在原则上反对进攻者,一律不能加入共产国际。同志们!我们在这里已经判明这个理论是错误的,因为在当时的情势下,它没有深刻地、冷静地去估计周围的形势,在当时形势下,它脱离实际,不能把党外的广大无产者聚集到自己的周围。但是，同志们，在我们的决议、提纲以及有关三月发动的提案中，我们已经指出，德国党自己也开始认识这些错误。我们为什么要指出这一点？你们以为这只是为了帮助德国转变态度吗？不是的。我们这样做是有重要的原因的。把5月7日的决议和4月7日的决议加以对比，把关于三月发动的决议和德共中央扩大全会通过的、准备提交国际代表大会的提纲加以对比，就足以说明问题了。通过对比可以看出，德国党开始认识到一个极其重要的错误——削弱了与群众的联系。布兰德勒的小册子和德国党的副主席黑克尔特给我们的信件，也表明了这一点。此外，从我们同许多德国同志的谈话中，也感到他们开始认识斗争中所犯的错误。

既然这里有人说，有一位德国同志和库恩同志提出过提纲，但被我们否决了，那我作为与他们会谈的参加者必须指出，经过初次商谈，这两位同志就对我们说："我们担心你们在我们遭受失败的影响下，会过于支持对立面，所以才这样尖锐地提出问题。"同德国同志们进一步会谈的结果是，他们没有提出任何在原则上与我们不同的提纲。这使我们有理由认为，这些与我们在这里共同制定共产国际策略的德国同志，返回德国之后，将贯彻执行这个策略，认为它是通过共同的思想斗争和我们一起争取到的成果。而来自汉堡的代表台尔曼同志却十分激动地说，必须多少**改变一下立场**。每个了解德国情势的同志，每个了解党的发展历史的同志，对于台尔曼同志的激动心情，是会理解的。台尔曼同志是向我们靠拢的，独立社会党中的其他许多同志也向我们靠拢了。这个党的组织者、党报编辑、工会工作者所以要向我们靠拢，是因为他们不愿在自己的组织中处于少数派地位。

这些同志特别喜欢共产主义缓慢地向前发展，因为这样无须太费力气。而数十万工人看到斗争接连失败，或者被独立社会党和社会民主党人所出卖，也向我们靠拢了；他们越来越渴望斗争，他们摆脱了希法亭分子的控制，急于投身到战斗中去。

哈雷的无产阶级为抗议施特恩同志被流放，未经中央委员会同意就决定宣布大罢工，这不能叫做进攻的政策。在弗伦斯堡到底发生了什么呢？那里所发生的事件表明，无产阶级的先进部队渴望开展斗争，这些事件还表明，开展斗争的强烈愿望是促使党投入战斗的主要因素，因而在三月的日子里，预先未做好必要的、有益的准备就仓促地上阵了。现在，战斗已经过去了，我们要对工人们说："好了，包扎好自己的伤口，你们作战英勇顽强，可以后不要打无准备之仗。"这些听过许许多多革命的道理，又屡次看到自己的领袖突然大转弯的工人们，不禁会不安起来，会暗自思量：对于这些话，国内同志们会作何感想呢？我们的回答是："你们告诉自己的同志，要想同强大的敌人作斗争，必须做好充分的准备，我们的任务不只是表明我们有勇气，**而且还要消灭敌人**。"我深信，台尔曼和其他同志会极力执行我们的策略，因为他们不仅有遵守国际纪律的觉悟，而且能够根据这场斗争的经验把部分无产阶级的革命热情，在必要和可能的时候，变成镇定沉着、准备周密的无产阶级斗争。正因为如此，我们对三月发动持肯定的态度，尽管它有一些错误。有人说：我们进行战斗，并不是为了事后检查错误。对此，我的回答是：这话说得对，但是，我们既然是被迫进行战斗，就应当认真研究我们所犯的错误，以便在日益迫近的战斗中取得胜利，因为，进行这种战斗的适当时机，今后恐怕也不能由我们来选定。要知道，我们指挥的不是红军，而是群众，他们只能在进攻的过程中、斗争的过程中组织起来，而且敌人往往用法律来约束他们。还有一点需要谈谈。去年，我们俄国共产党人虽然拥有红军，而且有条件比刚刚建军那个斗争时期考虑得更加周密，但我们还是吃了败仗。我们犯了错误，但我们却不像有些人那样，认为错误是由于不正确的、脱离实际的观点造成的。我们认为，关于进攻的所谓不正确的、脱离实际的观点，既是异常复杂的情势所造成的结果，又是在斗争过程中纠正所犯错误的手段。

俄国同志之所以坚决批判这种错误，是因为他们看到这种错误中反映出俄国社会革命党人推行冒险主义政策的部分思想。有人说，不应忘记，在德国并不存在社会革命党赖以存在的基础。（喊声："完全正确！"）社会革命党是以小资产阶级知识分子和农民为基础的，它在工人阶级中并无多大号召力。但我们认为，似乎在德国没有俄国社会革命党所推行的那种政策的基础，这种看法是缺乏根据的。我们是拙劣的进攻论的反对者，并将与之进行斗争，但是，理论上的错误却不应使我们无视伟大的群众斗争。

同志们！意大利和法国的情况略有不同，在这两个国家，小资产阶级的传统影响很深。当我们看到法国同志采取极其近似爱尔威主义的观点时，当我们看到工会转入完全脱离马克思主义方针的工团主义者手中时，我们不能不认为，这里的危险是比较大的。所以，列宁和季诺维也夫同志极其尖锐地驳斥了我们的朋友特拉奇尼。

我们再回过头来谈谈德国问题。必须指出，在德国，所犯的错误还不是最主要的。最主要的是斗争。因此，在进行总结时，我们应该承认一个绝对不能抹杀的事实，即党的部分领导人直接破坏了斗争。我要指出莱维这个人，他公然把正在斗争着的群众出卖给资产阶级。其次，我还要指出，在我们党内有声望的同志中间有不少人站到莱维一边，他们对莱维被开除出党，至今仍持观望态度，他们至今还一点也没有摆脱莱维的影响。因此，我们要对德国党说："你们进行了斗争，并在斗争中犯了错误！但你们以自己的斗争行动表明了你们是共产党。"至于其他德国同志，我们则必须向他们指出："你们确实指出了中央委员会犯的错误，可你们还同一个人纠合在一起，而这个人在7000名无产者被投入监狱（我所以要再次提到这一点，因为我认为这是至关重要的）的关键时刻，竟然宣称这场业已结束的斗争，是德国党的领袖和共产国际执行委员会一手挑起来的。"我们要向这些同志进一句忠言："就我们的运动来说，我们很需要你们，希望你们留在我们中间。但你们要牢记一点：**你们若是再出现这种情况，共产国际是不会原谅的。**"（热烈赞同）

还有一点，我们要告诉这些同志。在蔡特金、马尔察恩、诺伊曼和弗伦肯四人所提出的修正案的最后一段中，谈到批评自由问题。他们认为可以用以代替我们决议中有关同莱维决裂、有关党纪、有关在党报和党组织内展开批评的那一部分。但修正案中只字未提同莱维决裂的问题，对开除莱维一事，也未表态。修正案中也未提及禁止莱维为党报撰稿的问题，却偏偏提出批评绝对自由的问题。我们在这里要明确而坦率地告诉你们：在莱维被开除出党之后，你们还继续同他一起在《苏维埃》杂志上发表文章，这时，执行委员会才对德共中央的行动进行干预。我们曾一再要求德国党不要急于行动，以便在共产国际代表大会之前同你们一起商讨所有这些问题，也为你们提供机会，使你们得以比较正确地看待激烈的三月战斗问题。我们知道，在斗争势头正盛，评价不断变化的情势下，难免对哪位同志有所偏颇。我承认，巴尔特的文章曾使我对马尔察恩在1918年所起的作用迷惑不解。但是，你们在这里要求批评自由，那是完全不能接受的。当然，台尔曼认为在党报上不应展开批评，因为敌人会从我们的批评中抓住某种把柄，他的这种观点是不对的。相反，我们认为，批评对于我们的工作是必不可少的。但每个同志要把握时机，要结合每个具体情况，考虑是否可以进行公开的批评。不过，迫于客观情势，党中央有时也不得不宣布暂时不许开展批评。在波兰的攻势遭到失败之后，我们中间曾出现严重的意见分歧，然而，却没有任何人就这个问题写过一篇文章。在向波兰进军中持批评态度的那些重要的领导同志，包括我在内，在失败之后都告诫自己：对于过去的事情，没有必要争论我是对的，而别人是错的。我们没有采取公开的批评，是因为我们知道我们犯错误的全部原因，并能正确地认识这些错误。但总的说来，任何一个党员都有遵守纪律的义务，都有参加制定党的行动路线的权利。同样,任何党员有权在报刊上讨论分歧,因为,参加党的会议的只能是部分同志,他们关在屋子里发表什么意见,其他党员是无法知道的。蔡特金同志问:有关她对三月发动的态度问题,她应怎样回答克里斯平?但愿她能这样回答:"我和压制曼斯菲尔德运动的人是没有什么可争论的。"(全场活跃,鼓掌)够了,我们不再作任何让步。

同志们!我们认为,德国党现在应该考虑将来,而不是过去,既要认真吸取以往的教训,又要做好迎接新战斗的准备,这是因为不管你愿意与否,新的战斗必将发生。(全场活跃,赞同)这就要求党必须壮大一切力量。为此,我们要求解散党内的一切派别、一切特殊组织。如果多伊米希企图抵制,那单凭他写给德共中央的那一封信,就足以把他开除出党。(赞同)假如他再这样干,我们就决不再劝阻德共中央对他采取行动。我们向代表党内绝大多数的同志们亮明我们的观点:"这场斗争是必要的,党进行这场斗争,这是它的功绩。当然,错误也犯了,许多同志太脱离实际;但是,个人恩怨不必再计较了,过去的事,就让它过去吧!"

我们知道,党内尚有机会主义派别,所以,要保持警惕,教训一定要牢记。但是,当前要联合一切应当联合的力量,齐心协力地开展工作,要克服暂时的困难,在德国创建一个伟大的、坚强的、积极的、有革命行动的政党。(全场活跃,赞同,鼓掌)

同志们!现在,我谈谈德国共产主义工人党的问题。我已经说过,共产主义工人党虽属小党,但胃口很大,要充当新国际的核心。所以,若把它当做一个皮薄肉嫩的水蜜桃,既不敢捏又不敢碰,那是与它的实际力量不相符合的。它已自成一派,不可轻视。施瓦伯同志引用列宁的话说,一个"纯洁的"党可以领导千百万群众,对此,我们的答复是:"这在群众尚未组织起来,尚未参加历史上形成的大型组织的国家里,是可能的。而为了摧毁历史上形成的大型组织，我们必须建立自己的大型组织。怎样才能做到这一点呢？一个小党怎样才能取得群众的信任呢？办法只有一个，那就是投身到群众为实现其直接的切身利益而进行的斗争中去。如果你们认为把党卷入一场争取实现最起码的要求的斗争是机会主义，那你们就永远是一个小党，永远也得不到广大群众的信任。"

同志们！有一些好心的无产者，他们不信任议会，不信任工会，因而不能正视现实生活，你们可不要受这些人的思想毒害。你们如果依了他们，那我们就要分道扬镳了，你们就要被工人阶级的车轮抛在后边，就要与工人阶级为敌。其实，你们已经走上了这条道路。出于宗派主义的本性，你们不会放过任何一场斗争而不加以破坏。根据我们的斗争经验，为了我们的共同利益，我们进一句忠言："有一个党，尽管它不十全十美，但三月发动已经证明，它愿意、并且有能力进行斗争，**你们就融合到这个党里面吧**。"

同志们！我不想说得太多，免得你们厌烦，执行委员会将对提纲作最后文字修饰，如对定稿仍有原则性意见分歧，我们将再次提交大会讨论，由大家审议、决定。

关于修正案，我再说几句。有人从列宁的声明中得出结论，认为既然俄国代表团已拍板定案，那还有什么可讨论的呢。这是误解。其实不然。提纲是经过长时间讨论才提出来的。会上有人提到妥协，因而有人认为提纲是对"左"派作出让步的产物。妥协是双方的事情，这是常理。如果说，有人认为提纲是对"左"派作了让步，那么，还有人认为提纲是对右派作了让步。想必你们已注意到，在代表大会之前，我们主要是同右派作斗争，而现在，我认为"左"的危险就在眼前，我们也必须同"左"的危险作斗争，这决不是机会主义。对提纲初稿中的所有不当之处，大家提出了正确的意见，但提纲并未对三月发动发表任何具体意见。后来,我主张另加一段,专论三月发动,但我不认为这是妥协,何况,另加的一段,还是我本人起草的。只是在我同德国代表交谈之后,我才认定三月发动中的错误有必要公开讨论。但提纲的内容并无任何变动。

很明显,假如德国同志不犯错误,即使党内出现攻击三月发动的反对派,那我们可以将其开除出党。但是,错误使我们不能不缓和对反对派的态度,因为,我们弄不清反对派到底是机会主义分子,还是谨小慎微的谋士。我们就只好对右派作出让步。

大家提出的修正意见,到底是纯属文字上的,还是要作某种原则性的改动,这由执行委员会去分辨。不过,想要从原则上改变我们的路线,俄国代表团是不会答应的。这并不是说,提纲就不许作任何改动,说不定多数人也许会赞同你们的意见。

同机会主义作斗争,同右派作斗争,由于"左"派所犯的错误而提防"左"派,这就是我们的行动路线;这条路线是不可更改的。至于文字上的修改意见,执行委员会将尽力采纳,也希望采纳,以求措词更加适当。

同志们!这次大会的讨论并不能充分反映出共产国际内部目前存在的所有观点。有许多代表团就有关问题所发表的意见很不充分。我本人和执行委员会的部分同志都有一种感觉:某些同志的发言被人曲解了。当一些富有革命战斗经验的同志在发言中告诫人们不要轻率行事,要避免犯错误时,我们每个同志都应懂得,这是久经战斗考验的老战士的肺腑之言,他们有资格向我们提出忠告。如果机会主义分子认为我们逃避战斗,那我们就要回敬他们一句:"那是你们不打自招。"

俄国共产党作为一个经历漫长革命道路的党,深感自己的责任重大。它提出忠告,并不是因为俄国国内一切都尽如人意,你们在 20 年后取得胜利,也为时不晚。我们谁都没有这种意念。恰恰相反,我们完全有理由认为，无论哪一部分无产阶级都不可能孤立无援地长期坚持斗争。执行委员会告诫你们避免犯错误，是出于世界革命先驱者的责任感，因为它深知，只有满腔热情而无清醒的理智，世界革命就要遭受危险。在此提出忠告，也是出于对各国工人运动的责任感。同时，布哈林同志十分正确地指出，谁要是错把忠告理解为可以放过有利的斗争时机，那我们就要对他另眼相看。我们向你们敲敲警钟，是因为我们是世界革命的先锋队，我们深知，如果我们在1917年7月进行决定性的战斗，我们就必败，反之，如果我们在1917年7月不展开夺取政权的斗争，农民就会离开前线，资产阶级俄国就会单独媾和，这样，俄国无产阶级原本可以夺取政权的历史时机，也许只能过许多年之后才能重新出现。为加强党的战斗力，根据我们的经验，我们号召你们，要引导工人阶级全力开展斗争，同时，也要牢记：敌人不但狡猾，而且组织严密，他们力图利用我们缺乏经验的弱点，将我们置于死地。这正是执行委员会向大家敲警钟的用意所在。这并不等于要求各党长期放弃斗争，而在这漫长的时期之内，不读《共产党宣言》，却要精读列宁和托洛茨基的小册子，开办革命图书馆，好让我们的子孙后代去完成革命事业。我们的路线是战斗的路线，而且，战斗可能来得比我们许多人所预料的要早。但我们已经有言在先：敌人是强大的，因而共产国际也必须是强大的、有组织的，必须能运筹帷幄，以使我们所面临的战斗能取得最后胜利。同志们！从这个意义上讲，我们的反机会主义斗争，是取得胜利的必要条件。我们每犯一次错误都给敌人以可乘之机。我们在三月发动中所犯的错误，有助于我们今后取得胜利，但目前，却给了谢德曼分子和克里斯平分子以可乘之机。因此，我们认为，反机会主义的斗争是世界范围的斗争。同时，我们应当以恰当的方式即斗争方式，使群众集合在我们的旗帜下，在这方面，还有许多工作有待于我们去完成。再重复一遍，我们的路线是：把群众吸引到共产国际方面来，教育群众迎接革命战斗，带领群众进行

革命战斗，看准时间，大胆前进。但也要避免可以避免的牺牲，用我们自己的战略计划挫败资产阶级的战略计划。（全场活跃，鼓掌）

宣读蔡特金的声明和意大利代表团的声明

主席克南：

在表决之前，我来宣读两份声明。第一份是蔡特金同志的声明，声明内容如下：

"黑克尔特同志昨天指责我，说什么我在3月31日就已接到消息，知道多伊米希、莱维、盖尔及其他同志打算发表文告，谴责中央委员会在三月发动中所采取的立场。我声明，这一消息，我是在4月2日即抵达柏林之后，才从瓦尔特和豪特两位同志那里听到的。其次，为阻止反对派同志发表这份文告，我尽了我能尽的一切努力。我认为，严厉批判三月事件和严厉斥责党中央所采取的立场，对于党来说，是生死攸关的问题，但是，反对派的某些同志所采取的批判方式，我认为是绝对不能容许的。

"另外，黑克尔特同志说，我对共产党的态度，从一开始就模棱两可，反复无常。他还说，共产党成立后，我没有立即加入党。对此，我的答复是，召开党的成立大会，完全出乎我的意料。成立大会召开前不久，卢森堡和莱奥·约吉希斯二位同志，而主要是约吉希斯同志，对我说，我们应该在独立党代表大会上宣布脱离该党，成立共产党。但由于情况意外地偶合，我不知道上述计划已经改变，不知道召开成立大会。

"罗莎被害前不久曾写信给我，劝我不要急于去柏林，不要急于正式加入共产党。为此，她同约吉希斯商量，并且认为，在独立党代表大会召开之前，我继续留在党内更为适宜。她答应不久以后再写信给我，详细地说明原因。可是，卑鄙凶残的刽子手在她写信之前就把她杀害了。卢森堡被害后不久，约吉希斯同志来信，对我的这种不明确的处境深表同情，但他仍劝我忍耐，直到独立党代表大会召开时为止。他说：第一，我作为《莱比锡人民报》妇女副刊的编辑，起着打入敌方的军事侦察员的作用；第二，因此，独立党中央也许在政治上干出蠢事，对我采取纪律措施；第三，我不能放过参加独立党代表大会的机会，因为，可以在大会上据理力争，批判该党的理论和实践，并以此为理由声明退党。这样，也许可以使反对派中的一部分左派脱离独立党，而倒向我们一边。他认为，机会难得，这是因为，无论在事件发生以前或事件发生以后，他始终都认为，成立共产党为时过早，应等到独立党代表大会召开时再成立。

"这就是我的行为动机。"

主席克南：

意大利代表团也要求发表声明。声明如下：

"意大利代表团声明，它所赞同的修正意见，如被采纳，则必须符合报告人的原意，而列宁同志在其发言中为修正意见所下的定义，则与原意相去甚远。

"意大利共产党从未袒护过那种轻率而无准备的进攻理论。它天天同无政府主义者和工团主义者作斗争，就是有力的证明。意大利代表团也不像列宁同志所说的那样，反对日益壮大的无产阶级群众组织。意大利共产党在工人群众中广泛地开展宣传，就是证明。但是，意大利代表团对于那种不主张领导工人进行斗争或进行局部行动的观点，却不能表示赞成。意大利共产党实际上领导了国内的全部运动和每一次行动。列宁同志在评述修正意见时，把轻率行动视为洪水猛兽，而加以无情的攻击。在确有洪水猛兽的地方，这也的确令人担忧。但在意大利共产党内，这个问题并不存在。列宁同志无意中助长了机会主义倾向和中派主义倾向，而反对这两种倾向的斗争尚未结束。

"意大利代表团（其实，不仅仅意大利代表团）重申它在大会讨论之初，对拉狄克同志的提纲提出修正时所作的声明，即意大利代表团已作出决定，在将提纲提交委员会之前，本代表团基本赞同提纲，并投赞成票。"

共产主义青年国际的声明

波拉诺同志代表共产主义青年国际作如下声明：

"鉴于明岑贝格同志在其发言中所作的声明，以及大会讨论的情况，共产主义青年国际代表团特作如下声明：同意俄国共产党所提出的提纲，但有以下保留意见：

"1. 委员会必须确认，就共产主义青年国际对加入第三国际的某些党（如法国党）至今仍然存在的中派主义倾向和机会主义倾向的态度问题所作的评价，不仅不当，而且与事实不相符合。

"2. 共产主义青年国际代表和在本声明上署名的其他代表团一道，将在委员会中支持提交大会的修正意见。——**波拉诺、特兰基利、拉波特、凯勒**。"

主席克南：

黑克尔特同志要求发表声明。

德国、波兰、匈牙利、德意志奥地利代表团和捷克斯洛伐克代表团多数派、青年联盟执行委员会的声明

黑克尔特：

我代表德国代表团、波兰代表团和匈牙利代表团、德意志奥地利代

表团、捷克斯洛伐克代表团多数派，以及青年联盟执行委员会作如下声明：

"在本声明上署名的各代表团声明：原则上同意俄国代表团所提出的策略提纲，但对于托洛茨基同志在其发言中对提纲所下的定义，则持保留意见。

"波兰共产党代表：**勃兰特**；德国统一共产党代表：**塔尔海默**；共产主义青年国际代表：**凯勒**；匈牙利代表团多数派代表：**库恩**；德意志波希米西代表：**克雷比赫**；德意志奥地利代表：**科里乔纳**。"

表决策略问题的提纲

主席克南：

真不容易，现在，我们可以表决了。表决方法同表决托洛茨基同志的提纲的方法一样。表决的议题叫做：**大会是否原则上同意把提纲原封不动地转交委员会，作为讨论的基础？**

当然，修正意见不会因此而受影响，也要转交委员会。然后，由委员会就磋商结果提出报告。赞成的，请把代表证书举起来。有反对的吗？现在宣布：**主席团的提议获大会一致通过。**

大会的下一步安排如下：下次会议定于明天下午1时举行，讨论第五项和第六项议题，即**工会**问题。明天听取季诺维也夫和黑克尔特两位同志的报告。大会讨论改日进行，因为明天下午5时要为已故约翰·里德同志的纪念碑举行隆重的揭幕仪式。明晚举行工会代表大会开幕式。

（会议于午夜2时休会）

第十五次会议

(1921年7月3日下午2时)

讨论工会问题

主席克南：

今天的议程是讨论工会问题：(1) 红色工会国际与共产国际的关系；(2) 反对阿姆斯特丹黄色国际的斗争。

由季诺维也夫同志就第一部分发言。然后，由黑克尔特同志代表德国代表团作关于工会问题的报告。

季诺维也夫关于红色工会国际与共产国际关系问题的发言

同志们！共产国际第二次代表大会就共产党员应对工会运动采取什么样的原则立场，早已提出明确的主张。第二次代表大会就这个问题所作的决议是有其理论前提的，这些理论前提，我认为没有任何修改的必要。我们认为，一年来的斗争实践证明，第二次代表大会的各项决议是正确的。在许多国家，如英国和德国，法国和美国，工会官僚老爷已开始把共产党员和共产主义小组从工会中排挤出去。我们认为，这一事实足以证明，我们所通过的决议是正确的，我们击中了要害。

现在，我们的任务变了。这个任务不是要从理论上阐明我们对工会运动的态度。这项工作我们已经做了。我指的是要对阿姆斯特丹黄色国际展开斗争。这就要求每一个国家明确建立革命工会与政党之间的实际关系。首先,要严格确立红色工会国际与共产国际的关系。这是大会的一项任务。

同志们!一年前我们就指出,阿姆斯特丹国际是资产阶级的黄色组织。为此,有许许多多的人对我们横加指责。甚至有一些朋友因不得其解,而认为这是一种带有论战色彩的攻击。大家一定还记得我们在哈雷的遭遇,那就是因为我们以执行委员会的名义指出,阿姆斯特丹国际是黄色的组织,它的领袖对工人阶级的危害,就某些方面来说,比奥尔赫希组织的先生们有过之而无不及。我们的大会必须确认,对阿姆斯特丹国际的这种评价,既不是夸大,也不是带有论战色彩的攻击。令人遗憾的是,它的确是一个黄色组织,因为,它是资产阶级手中的玩物。我手边有阿姆斯特丹国际领袖之一阿尔伯·托马写的一篇文章的摘要,该文发表在《国际劳工》杂志上,谈国际工会理事会成立一年来的工作,其中谈到阿姆斯特丹国际成立的经过。据他说,战后,工人迫切要求组织起来,但光凭这一点还不行。谁知,资产阶级也认为有成立组织的必要。他写道:"另外,各国政府明知有维护公共安全的职责,但又要忙于征兵大事,加上布尔什维克俄国到处煽动革命,出于万般无奈,只得着手有步骤地解决严重的社会冲突和克服战争灾难。"

同志们,阿尔伯·托马说的是实话。

阿姆斯特丹黄色国际的确是在工会官僚和资产阶级政府拼命挣扎的情况下诞生的。如今,阿姆斯特丹国际已经是国际资产阶级的一大支柱。关于这个组织的活动情况,我不准备细谈,在共产国际代表大会上也没有必要细谈。我只列举一些事实。比如,阿姆斯特丹国际领袖之一茹奥先生,就以法国政府技术顾问的身份参加了凡尔赛和会。无疑,这是一个重要情况。又如,黄色国际领袖之一菲门,他在抵制匈牙利期间曾发表过一段谈话。他毫不掩饰地说,他同匈牙利霍尔蒂政府代表举行谈判之后，坚信匈牙利国内的白色恐怖不但不是政府默许的，而且是违背政府意愿的。政府想极力避免白色恐怖。而白色恐怖所以没能防止，是因为可怜的白色政府心有余而力不足！

托马先生的言论也值得提一提。他说："劳工局是一个介于阿姆斯特丹国际和国际联盟二者之间的机构；该局把工人阶级同开明的资产阶级联合起来了，这样，工人阶级的开明人士就将与资产阶级的开明人士同心协力去战胜危机。"

例子不胜枚举，这里只谈一件事。乌捷格斯特先生在谈及意大利问题时说，阿姆斯特丹国际对于去年秋天在意大利发生的运动深表关切，于是立刻派去许多联络员和代表。乌捷格斯特先生得出的结论是，那里的运动从一开始起就是名副其实的工会运动。这同塞拉蒂和达拉贡纳的论调毫无区别。还必须指出，据乌捷格斯特先生说，他同达拉贡纳交换过意见，达拉贡纳向他表示：尽管意大利党的日子很不好过，但意大利同盟现在加入阿姆斯特丹国际，这比过去任何时候都更有可能。不要多久，我们就会知道，达拉贡纳所说的话究竟算不算数。昨天，我们就接到一份电报，说有两位意大利工会代表已经动身到这里来。这样，再过几天，我们就能够与意大利工会运动的两位杰出代表幸会，也就可以知道他们同乌捷格斯特先生和阿姆斯特丹国际其他领袖的密谋究竟能实现到何种程度。

阿姆斯特丹国际新任主席的一些言论，也足以说明问题。大家知道，前任主席是安佩尔顿，他因卑鄙可耻的背叛行为而被工人赶下了台。这是工人的第一次斗争。不久，托马斯先生也被赶下台。但托马斯预先在《曼彻斯特卫报》（他以前曾在该报上发表过不少吹捧英国君王的文章）上，先陈述了阿姆斯特丹国际的纲领。他写道（我先读俄文，然后译成德语）："另一方面，假如劳资双方能够建立良好的、比较正常的关系，能够密切配合，那么，这是业主与工人之间达到充分信任的可靠手段。我们所以遇到种种困难，就因为我们对业主的观点缺乏了解。既然没有机会了解业主的观点，发生差错，也就不足为奇了。"如此说来，只要工人与业主心心相印，就万事大吉了。这就是阿姆斯特丹国际的本来面目。

由此可见，我们说阿姆斯特丹国际是国际资产阶级的最后堡垒，这绝非夸张。国际资产阶级离开这个组织，就不能维持下去。

且看最近的事态。阿姆斯特丹国际接受什么任务呢？就以叛卖勾当为例，是谁干出叛卖英国煤矿工人的肮脏勾当呢？是阿姆斯特丹国际主席托马斯。是谁在德国发动血腥大屠杀，血腥镇压工人阶级呢？是身为工人、工会工作人员、阿姆斯特丹国际成员的海尔卒格先生。是谁在法国奉命降低工人工资，并向工人阶级宣战呢？是茹奥以及阿姆斯特丹国际的其他骨干分子。现在，在各个国家里，国际资产阶级正从经济和政治两个方面向工人阶级发动全面进攻，而在这场进攻中，阿姆斯特丹国际起着主导作用。这虽然令全体工人阶级深思而又痛心，但却是不容抹杀的事实，所以，每个有组织的工人都应当心中有数。遗憾的是，必须指出，现在并不是每一个工人都能认清这一点。有许许多多的人把反对阿姆斯特丹国际的斗争，看做工人阶级内部和工会运动内部的斗争，看做内部的派别斗争。其实不然，这不是工会内部的派别斗争，而是**阶级斗争**，尽管阿姆斯特丹国际按其成分来说也是无产阶级的组织。无可否认，加入阿姆斯特丹国际的无产者有千千万，但问题并不这样简单，可以单凭成员的社会成分就来判定某一个组织，这不符合马克思主义。我们知道，基督教工会和自由派工会也有工人参加，我们知道，选举时，至今还有许多工人投大资产阶级或小资产阶级的票。但这都不能说明任何问题。这是阶级斗争。当前，首要的是必须弄明白这一点。要认清，这绝不是派别斗争，绝不是派别之间的一般冲突，而是一场阶级斗争，这场斗争的形式十分独特，十分复杂，我们不付出艰苦的努力，是难以对付的。但这也是资产阶级的最后堡垒,攻克了它,我们的障碍也就克服了十分之九。现在,资产阶级抗拒工人阶级绝大多数人的意志,已感力不从心。它所以没有被拖垮,主要是由于工人阶级中有一部分人从事叛卖勾当。阿姆斯特丹国际是战后过渡时期的现代产物,而国际工人运动普遍发生危机,则与这个过渡时期紧密相关。我们正处在决定性的转变关头,即大转折的关头、跃进的关头!这是决定我们运动命运的时刻。

同志们,正因为如此,我认为,向广大工人阶级揭穿阿姆斯特丹国际的真正性质,是共产国际和整个无产阶级革命运动的一项最有实际意义的、最重要的课题。一年来,我们取得了显著的成就。红色工会国际理事会书记洛佐夫斯基同志,交给我一份关于工会组织加入红色工会国际的统计表。据统计,红色工会国际会员有:俄国650万人,德国大约200万人(也许超过200万),奥地利3.5万人,瑞士9万人,捷克斯洛伐克29万人,波兰25万人,罗马尼亚9万人,保加利亚6.5万人,南斯拉夫14万人,希腊5万人,土耳其2万人,法国30万人,比利时1万人,意大利200万—300万人,西班牙90万人,葡萄牙5万人,瑞典8.5万人,挪威14万人,荷兰9.3万人,丹麦5万人,芬兰6万人,拉脱维亚3万人,英国30万人,美国30万人,墨西哥11.9万人,阿根廷21.4万人,澳大利亚40万人,总计1800多万人。我们要保持冷静的头脑,不要陶醉于这些数字,以免误入歧途。但这份统计表毕竟向我们表明,我们党所面临的任务何等艰巨。以捷克斯洛伐克为例,在那里,加入红色工会国际的会员有29万,而捷克斯洛伐克共产党党员也不过才将近40万。这说明什么?说明在某些国家,我们的党虽然有力量,但没能把对无产阶级革命具有十分重要意义的工会运动争取过来。我这里有一份捷克斯洛伐克党的传单,它呼吁纺织工业的男女工人同纺织工会官僚展开斗争。在捷克斯洛伐克,斗争才刚刚开始。在这个拥有组织传统和一个大党的国家里,我们看到了与其他国家一样的现象。

我们的党在工会运动中所起的作用还不显著,对工会运动至今重视不够。我们有必要以代表大会的名义,要求各国党更多地、百倍地重视工会运动,千方百计地争取工会中的多数。今后,工会是整个无产阶级革命时代激烈决战的主要战场。决战必定在工会中展开。但目前还有这样的情况:在拥有50万党员的国家里,加入红色工会国际的工会会员却只有25万。也有相反的例子。比如,在西班牙,工会运动虽然具有工团主义色彩,但其革命性明显可见,因而参加运动的会员多达100万,但是,包括两派即原先的共产党和原先的社会民主党左翼在内的共产党,却只有党员1.5万名。显而易见,在西班牙还谈不上由共产党从原则上指导工会运动,因为,共产党只有党员1.5万名,而参加工会的革命工人却多达100万。意大利的情况异乎寻常,异常复杂。在意大利,既有年轻的共产党,又有革命情绪高涨的工人;既有工团主义运动,又有理论上模糊、缺乏任何坚实基础的革命思潮;同时,又有改良主义者领导的、会员总数多达200万—300万人的总工会。这个组织十分狡猾,当前,它在社会党与共产党之间左右逢源,以保住改良主义者的领导权不致旁落。在分裂以后,年轻的意大利共产党虽然在第一次工会代表大会上获得将近50万张票,但这仅仅是个小小的开端,和要求相比,还相差很远。

挪威的情况也很新奇。挪威党虽然已经成为共产主义政党,并得到工人阶级绝大多数人的拥护,但工会领导权却仍掌握在中派分子手中;这些中派分子虽然也加入共产党,但他们念念不忘阿姆斯特丹国际。我想,我们的挪威同志不能不同意这种看法。他们不能否认,挪威工人运动的某些领袖并不是跟我们,而是跟阿姆斯特丹一条心的。

面对这种错综复杂的情势,有必要向我们的党提出极其重要而严肃的课题。根据共产国际的倡议,我们允许工团主义分子加入红色工会国际，这样做，我认为是正确的。在大战期间和大战以后，工团主义起了深刻的变化，同社会主义发生危机一样，它也经历了一场危机。既然经历了空前的革命性危机，那我们的不可推卸的义务和职责是，联络激进的工团主义分子，仔细观察它的演变。现在，我们认为工团主义的演变已经产生了一定的效果。

当前，变相的工团主义有三种。第一种，明显改良主义的工团主义，茹奥是它的典型代表人物。它代表原先的工团主义运动，但和社会民主党一样，在大战期间破产了；它具有明显的小资产阶级性质，很能代表阿姆斯特丹国际领导人的路线。第二种，瑞典的工团主义。瑞典工团主义派别虽然不多，但他们极力向我们靠拢。我们不妨考验考验他们。你们阅读德国工团主义者机关报《工团主义者报》，往往会误以为手里拿的是谢德曼的社会民主党报。德国工团主义分子用资产阶级的社会民主党观点贬低德国三月发动的意义。他们不是像我们那样，在代表大会上用无产阶级观点批评三月发动，从共产主义角度衡量，指导运动是否得当，发动时机是否过早，等等。他们并不这样做，他们提出的批评，与我们的同志在大会上所提出的批评性质完全不同。他们的批评不但恶毒，而且充满小资产阶级的庸俗气息，与我们的阶级敌人一贯向我们进行的反革命攻击毫无二致。

瑞典工团主义分子也不例外，他们口头赞成无产阶级专政，但又不择手段地败坏第一个有阶级的无产阶级国家的声誉。他们代表动摇于茹奥与真正革命工团主义分子之间的某种工团主义中心，一只脚踩在莫斯科，另一只脚踩在阿姆斯特丹。

同志们，再有就是第三种，这第三种对于我们来说，至关重要，不可不认真地、友好地对待。我指的是真正的工团主义派，这一派经历了战争危机，目前正在恢复元气，它在法国最为典型，在其他国家也逐渐得到发展。

无论对于我们或者对于今天召开的红色工会国际代表大会来说，一个至关重要的问题是：我们应当如何对待这个真正革命的工团主义派。这是一个极其严肃的理论问题和实际问题。同志们，必须指出，光看法国革命工团主义分子的报刊，而不看他们的活动，那我认为很难看清问题。但我相信，他们的报刊所表露的思想，并不完全反映当前广大普通工人工团主义分子的革命思潮。他们的报刊只反映以往的思想争论，因而对运动并无多大实际的作用。但以往的争论，从某些方面看，也就是我们同无政府主义者和工团主义者围绕斗争的政治意义、政党的作用、工会在政治上保持中立等问题而展开的一场新争论，这种交锋永远也不会停止。你们已经听说法国革命工团主义者当前提出的口号是：实现《亚眠宪章》。鉴于这份早已过时的文件对于我们的斗争具有不可忽视的作用，并使大家了解它的内容，我来宣读全文。该文件由格里芬起草，并作为决议，于1906年审议通过。我所以要指出这一点，是希望提请德、法两国的同志认真考虑，是否值得为这份早已过时的文件，进行激烈的交锋。现在我来念：

"总工会亚眠代表大会批准总工会执行局章程第2条，其内容如下：

"总工会执行局不分党派，联合一切真心实意地为彻底消灭现存雇佣制和雇主制而斗争的工人。

"代表大会认为，上述声明即是承认阶级斗争，亦即工人在经济领域内，反对资本家阶级在精神上物质上对工人的一切形式的剥削。

"代表大会为确切表达以上论点，兹说明如下：

"工会运动的一贯宗旨是，集中工人阶级的力量，改善工人福利，办法是：立即实现改良，如缩短工时、增加工资等等。但上述要求仅仅是工会运动的目的之一；工会运动要通过总罢工和起义，为工人阶级的彻底解放做准备，并且认为，工会要由现在的自卫组织变成将来的生产与分配机构，进而成为社会改组的基础。

"代表大会认为,这项关系着现时和将来的双重工作任务,取决于工资问题,因为工资问题是工人阶级的心腹之患,并促使所有工人,不论其政治观、道德观和倾向如何,加入工会组织。

"鉴于上述工作任务关系着各个会员,代表大会将保证会员在符合其道德标准和政治标准的任何团体中享有充分的斗争自由。反过来,代表大会也坚决要求会员**绝对不许把他们在工会以外为理想而进行的斗争带到工会中来**。至于组织方面,代表大会认为,为取得最大效果,工会运动必须对企业主进行直接的经济斗争。加入总工会的工会组织应当有别于职业团体,不应以过多的精力探讨政党和派别问题。至于政党和派别,则享有同社会弊端作斗争的充分自由。"

同志们,这明明是在鼓吹中立主义。文件宣称:"不许把政治带进工会;你加入社会党也罢,加入共产党也罢,但是,一入工会,就要彼此中立,中立。"这是1906年,即第二国际破产前夕,无政府主义破产前夕提出的观点。带着这种理论上的破烂货——恕我直言——来参加第三国际代表大会,还居然要说服我们坚持这种观点。多年以前,考茨基还是一个马克思主义者的时候就指出,中立主义是根本行不通的,就单凭这一点,我们也绝不能接受它。中立主义的要害是:行不通。在这一点上,考茨基是完全正确的。以法国为例。假如在法国出现征兵问题,那工会能说"这与我无关,这是政治问题,而我完全保持中立"吗?这样的工会就是反革命的工会。至于政党,它们的态度则会各式各样。共产党会表示反对,而作为小资产阶级政党的社会党则会动摇不定。总工会执行局要么是反对,从而支持共产党,要么是保持中立,从而支持资产阶级政党。

再以纯粹经济问题为例。就说英国煤矿工人大罢工吧。难道这只是工会的事,而与政党无关吗?很明显,这也必然是一个重大政治问题。在战后的今天,阶级利害关系十分尖锐,工人运动中的任何问题,既是政治问题，也是工会问题。中立不过是一种假象、幻想而已，实际上并不存在。在现实生活中，群众性组织不可能是中立的。但资产阶级却把中立这一主张当做一种手段。任何主张只有加以实现，才能变成力量，也才能为群众所接受，但主张有错误与正确之分，而我们现在所说的主张就是错误的主张。中立的主张是资产阶级最惯于鼓吹的一种主张，它企图以此来迫使工人脱离政治。那么，目前资产阶级的处境如何呢？确有许多国家的资产阶级靠武力维持其统治，但如果认为资产阶级只靠暴力、只靠刺刀，那就错了。也不符合实际。在多数国家中，资产阶级既靠刺刀又靠欺骗维持其统治。

欺骗所起的作用不亚于刺刀。既要欺骗就不能不加以伪装，这是因为，假如资产阶级的行为过于愚蠢，过于露骨，那工人就不会上当。资产阶级总不能对法国工人或德国工人说："来，加入我的资产阶级政党。"工人决不干，它的目的也就不能达到。即使工人加入了资产阶级政党，但他们一出席会议，看到在座的尽是银行家，就立刻会明白这些人不是朋友，转身就走。可见，资产阶级不能公开拉工人加入其队伍。但是，它能对工人说：你们别管政治，政治对你们毫无实际意义；你们要保持中立；政治与工人无关，政治完全是高贵阶级的事；工人只管纯粹经济问题，对政党一概保持中立。资产阶级这样干，尝到了甜头。中立的主张是资产阶级居心险恶的主张，我们的许多兄弟都上过它的当。资产阶级一再鼓吹："你要保持中立。"可是，即使拥护革命工团主义的工会，如果依了这个主张，那它客观上也就站在了资产阶级一边，因为，任何接受错误的中立主张并以中立自居的工会，到了斗争的关键时刻，都会成为反革命的因素。

正像资产阶级需要宣传彼岸世界和上帝一样，它也需要宣传工会中立的主张。正像资产阶级需要牧师、奸细、律师、资产阶级议员和资产阶级记者一样，它也需要资产阶级的工会领袖，为的是让这群领袖通过散布中立的幻想，来愚弄工会。我们有许多优秀的革命者，如法国革命的工团主义者和无政府主义者，竟然上了这个圈套。在各个社会民主党还是机会主义政党的时候，产生这种情况是情有可原的。在1906年通过《亚眠宪章》，也是可以理解的。产生宪章的背景是一目了然的，但现在情况变了，大战已经结束了，共产国际已经成立了，俄国革命已经成功了，俄国工会已经建立起来了，而且在俄国革命中发挥了极其重要的作用。因此，在15年后的1921年再搬出《亚眠宪章》，这不能不令人感到痛心。属于革命工团主义派的普通工人，听到这一番话，会感到心中难过，因为我的结论认为，他们在客观上作了资产阶级的俘虏。但事实终归是事实。一切至今坚持中立并向工人鼓吹必须保持中立的人，实际上都是资产阶级手中的工具。在政治发达国家，如法国，政党名称极为单一。法国有将近12个政党，但一律自称是社会主义政党。其实，人所共知，当前欧洲只有三类政党：（1）货真价实的资产阶级政党，尽管它们打着"社会主义"招牌；（2）小资产阶级政党，即社会民主党；（3）无产阶级政党，确切地说，共产主义政党。

资产阶级要求工会对其他政党保持中立，这意味着什么呢？无产阶级组织宣布中立，这意味着什么呢？这意味着它实际上完全为第一类政党或第二类政党效劳。难怪整个第二国际主张中立。在许多方面，第二国际完全赞同《亚眠宪章》，只是从1914年8月4日起，才放弃了中立的主张。那位命归西天的列金，在1914年8月3日还鼓吹中立，可是过了一天一夜，到8月4日，他就倒向资产阶级一边。在大战期间，中立的主张销声匿迹了。但是，阿姆斯特丹国际刚要成立，中立的主张就立刻又被提了出来。阿姆斯特丹国际就是在这一主张的基础上建立起来的。中立的主张再次复活了。请注意，在阿姆斯特丹，中立的主张再次复活了。在大战期间，那是泾渭分明。资产阶级国家彼此争斗，每个国家的社会爱国主义者都竭力为本国的资产阶级效劳。但是，既然要再次欺骗工人阶级，要再次建立所谓国际，那么，重新鼓吹中立的主张，这也实属必然。阿姆斯特丹工会国际领袖不但鼓吹中立，而且争当部长。赫尔青先生主张工会运动中立，诺斯克先生随声附和，而迪特曼、王德威尔得和茹奥却当上了资产阶级政府的部长、技术顾问和秘书。这说明什么呢？这是他们玩弄骗人把戏的生动例证。尽管这套把戏拙劣而又拙劣，格外引人注目，但由于工人阶级思想上太不成熟，致使这群骗子的诡计有时能够得逞。现在，甚至还有许多诚实的工人，竟把中立作为新主张而加以接受。因此，同志们，我认为，有必要把这一点向法国工团主义者以及其他所有同志讲清楚。他们抱怨也罢，反正随着事态的发展，他们会越来越认识到我们是正确的。《亚眠宪章》必须立即放弃。它在历史上起过进步的作用，比如，反对当时的机会主义就是正确的。但是现在，谁要是搬出《亚眠宪章》，谁就不是推动运动向前发展，而是存心使运动倒退15年。

  法国和其他国家的情况就是这样。那么，结论是什么呢？首先，**工会不能随便服从政党**。目前，法国就这一点展开了激烈的争论。《人道报》几乎天天刊登弗罗萨尔等人的文章（今天我还看到一篇有关这方面的文章）。必须指出，我们法国兄弟党的态度至今暧昧，还有许多观点模糊不清。法国同志从一开始就产生错觉，致使他们目前的处境并不太妙。所谓错觉，是说他们误以为我们真的要求工会绝对服从政党。其实不然。在这方面，俄国经历过演变的过程，比别国更有经验，所以我们的结论是，工会不应当服从政党。我们在工会中经历了长期的斗争，即使在十月革命时期，我们在工会中仍居少数，即约占40％，只是在十月革命之后，终于获得多数。

  为了对工会施加影响，非把工会中的**多数**争取过来不可。而要达到这一目的，靠下指示、作决议不行，只有坚持不懈地进行工作。为了对工会施加影响，我们同孟什维克斗争了15年。可见，这需要时间。我们经常嘱咐我们的同志：要通过日常的工作，即通过当前事态，证明共产党员是最富有聪明才智、最富有忘我精神的工作者，来影响工会。就这样，经过15年坚持不懈的工作，我们终于在工会中获得了优势。但是，我们绝没有把持工会，而只把各级工会中的共产党党团看做我们党组织的各个环节，我们在工会中建立的党组织，也只是努力使每个环节贯彻党的意图。

可见，法国同志并没有愧对工团主义者。法国同志应该明白，那种认为我们主张工会必须服从政党的说法，是歪曲，是不可信的。第三次代表大会应该要求法国同志①，凡是有群众的地方，都要百倍地加强对工会的日常工作，不但在开展广泛的运动时如此，而且在日常的宣传攻势中，甚至极平常的宣传攻势中，也是如此。法国同志要为工会指明道路，要经过长期努力，把工会中的多数争取过来，进而在工会中贯彻党的主张。在工会中，三名共产党员即可成立共产主义支部。在法国，工会只能依靠共产党员占优势的企业，至于其他企业，则只能与它们签订协议，这是因为，只有我们的党员才可以信赖。党坚持不懈地努力扩大影响，组织共产主义分子参加工会的各项工作，而又决不使工会机械地服从党，这才是党与工会的正常关系。

关键就在于怎样争取工会中的多数。我认为，工会自治不失为一个办法。但自治的概念与某些人的概念不同。笼统地提工会自治，我们当然反对。同改良主义分子作斗争的经验告诉我们，他们的所谓自治，是把工会与政党截然分开。我们反对这种自治，反对这种独立，因为其表现就是所谓中立。但是，我们当然也主张工会运动享有一定的自由，以免政党干涉它的琐碎事务。我们认为，只有工会真正遇到重大政治问题时，党才可以出面，但也只能提出总的方针。从这个意义上讲，我们绝

---

① 此处原文为工会，显然有误。应为法国同志。——译者注

不反对自治。这也是共产国际与红色工会国际相互关系的原则。红色工会国际是在共产国际的倡议下建立起来的,成立才仅仅一年,在开展斗争方面也才刚刚迈出第一步。成立之初,它的组织形式与共产国际几乎相同。现在,红色工会国际发展起来了,因而,必须有别于共产国际,而享有一定程度的独立。当然,理想的解决办法是,最好有一个联合工会运动一切部门的**统一国际**。不过,现在我们也应当指出,共产国际作为整体,不能是各国共产党的简单数字总和,它的作用应当绝对大于它现在所起的作用。在这里,共产国际并不仅仅代表 40 个中央委员会,**我们立志协调运动的一切需要**。我们立志为全体无产阶级的自身解放,为合作社、苏维埃和文化组织等,指明斗争方向。所有这一切,都应当属于共产国际的职责范围。共产国际是整个运动的首脑,它不仅领导无产阶级进行狭义的政治斗争,而且领导无产阶级进行全部解放斗争。红色工会国际应当享有一定程度的独立。首先,它的组织形式应当允许互派代表,而且,代表的数量应当逐步增加。这样做是出于谨慎,这样做是因为世界各国的情况多种多样,五花八门。把意大利同挪威,把捷克斯洛伐克同英国,把德国同法国比较一下,就不难看出,各自的情况迥然不同,发展阶段也高低不等。必须正视这一点,从而探讨适当的组织形式,以期早日实现能使我们逐步结成统一的共同组织即理想的共产国际的目标。

所以,我们主张,为了实现将来成立统一的大国际这一目标,红色工会国际必须有别于共产国际。对此,也不必顾虑。我们要适应而不是千方百计回避运动的需要;要估计到组织方面的困难,从而在每个国家采取灵活的步骤,因为恰恰在组织方面,往往会遇到许多难题。只要能使工会摆脱黄色领袖,任何行之有效的办法都可以采取,因为这是争取实现无产阶级革命的主要条件、主要因素。

这并不是说,要有两个平行的国际。果真如此,那是要冒很大风险的。如果出现两个互相倾轧或彼此忌恨的国际，那我们的运动就要遭受严重的危险。实行一定程度的自治和拥有组织上的必要灵活性，二者缺一不可。除此之外，要坚持共产国际对红色工会国际的政治领导，以便彼此经常磋商、互派代表、随时随地互相帮助，克服运动中的弱点。应该竭尽全力使两个国际通力合作。二者不可分离，如同一个身躯的左膀右臂。

这就是我们的方针。我们确信，惟其如此，才能克服重重困难。我们的同志必须认清，首要的任务就是争取工会中的多数。如能做到这一点，我们就无往而不胜。摧毁资产阶级的最后堡垒并在它的废墟之上升起共产国际的红旗之日，就是宣告"难关已度过，胜利在握！"之时。

红色工会国际代表大会将要通过的决议，具有极其重大的国际意义。我们务必达成共同的方案，务求两个组织实行联合。经过共同努力，如能克服工会运动在对待阿姆斯特丹国际社会爱国主义和社会和平主义方面的缺陷，我们的胜利就不但有了保证，而且指日可待了。（热烈鼓掌）

主席克南：

现在由黑克尔特同志发言。

黑克尔特关于工会问题的报告

同志们！如果说，现在要研究共产党人究竟应该做什么，他们在工会运动方面的任务是什么，他们参加工会运动的作用应该如何，工会的宗旨是什么这样一些问题，那么，有两个问题必须明确提出来：第一，工会的总任务是什么？第二，工会为完成其任务，当前能够做什么？

工会成立时，关于工会的任务，讲得十分明确，十分具体。这就是，带领工人为改善劳动条件和增加工资而斗争。在资本主义制度下，工会所追求的目的能否达到，有的人认为能够达到；但是，还有的人认为，在资本主义制度下，要获得正常的劳动条件和正常的工资，是不可能的。因此，从一开始，便在工会运动中出现了两派：一派容忍资本主义制度的存在，主张在资本主义制度范围内开展工会斗争；另一派则认为，在资本主义制度存在的情况下，不可能真正增加工资和改善劳动条件，因而主张全力推翻资本主义。

所有这一切，在讨论工会的当前任务时，都必须考虑到。那些坚信在资本主义制度范围内，可以提高工资和改善劳动条件的人，他们的目标能否实现？还是真的无法实现？假如不能实现，那工会又该怎么办呢？

所有这些问题，都促使共产党人不能不认真地研究世界经济形势。在这次代表大会上，关于世界经济形势，我们进行了全面的讨论，再谈就多余了。大家知道，世界大战已经从根本上动摇了资本主义经济制度。当前的情况是，即使工人队伍不发动正当的冲击，资本主义制度也要土崩瓦解，只是迟早的问题。但是，无可否认，由于资本主义经济处于瓦解阶段，由于资本主义经济制度到处引起严重的失业，现在出现了无法克服的、严重的商品匮乏现象，因为，大部分消费人口缺乏购买商品的资金。

如果情况是这样，那我们就要问：在此危机时期，工会应当怎么办？难道要盼奇迹出现吗？也就是说，资本主义还有可能复兴，工会就要在资本主义经济制度范围内，继续为提高工资和改善劳动条件再斗争50年、60年吗？难道工会就不应当利用资本主义危机——不是瞬息的，而是持久的危机——去推翻资本主义吗？我们制定行动方针的依据应当是：资本主义制度的现状，以及是相信资本主义富有生命力，相信它能恢复元气，还是认为在现存条件下，它是能够被推翻的。在这方面，存在着截然不同的两派。一派即共产主义派认为，腐朽的资本主义即使继续存在下去，也只能给工人阶级带来死亡，所以主张，必须迅速而有组织地开展斗争，以建立全新的社会制度。而社会爱国主义者则鼓吹，第一步，必须使资本主义恢复生命力。

拉狄克同志在讲话中早就指出，工会领袖和社会爱国主义者散布谬论，说什么社会主义和共产主义，只有在资本主义制度给我们留下大量财富的情况下，才能实现。但事实上，资本主义制度并没有给我们留下什么财富，而且，一般说来，它只能留给少数人，而千百万工人要为之付出自己的生命、幸福和生存的代价。因此，我们要批驳阶级合作鼓吹者的主张，因为，在他们看来，要想使经济社会主义化，必先恢复资本主义经济。限于时间，我不能细谈共产党人应当如何同这种阶级合作的主张进行斗争。我只是指出必须进行斗争。总之，在危机时期，我们应该怎么办？

我认为，工会组织即使仅仅为维持工人的最低生活需求而斗争，那也是革命斗争。资本主义制度的腐败，使工人连维持最起码的生活也不可能。所以，在争取生存的斗争中，我们就不能局限于战前所采取的斗争方式，而应该考虑别的斗争方式。我们共产党人在此公开申明：凡是能够加速资本主义瓦解和灭亡、从而有助于奠定新社会制度基础的手段，工会都应该采取。工会只有加强瓦解资本主义制度的斗争，才能完成自己的任务。总之，工会要立志从通常发动工人举行要求个别企业主提高工资的罢工，转而发动工人举行反对国内整个资本主义企业集团的总罢工。不仅如此，还要辅之以游行示威，直至举行武装起义，把矛头不但对准经济当局，而且对准政治当局。但是，仔细观察一下我们的工会，想想：它们以其现状能否胜任自己的任务？我们就不能不指出，这不是最适宜的形式，因为这种形式是在资本主义形成时期产生的。诚然，随着资本主义体系的发展，原来地方性的各个工会组织，越来越集中，目前已有不少统一的产业工会。可是，同志们，在资本主义发展的过程中，除了企业主阶级把本国由农业国变为工业国，从而使各个产业工会小组之间的联系越来越密切之外，在资本主义经济中还出现了大企业，一个大企业往往有20—30个产业工会小组。目前，像阿姆斯特朗或施蒂纳斯这样的大企业，工人要想开展比如说争取改善生活条件的斗争，由于他们分属不同的产业工会小组，就难以联合起来，共同进行斗争。

这就证明，工会的现存组织形式不能适应变化了的资本主义制度的结构。所以，不管工会的现存组织形式如何，必须把工会逐步集中起来。要设法把同一企业的工人联合起来。在俄国需要建立适合当时情况的工会时，我们的俄国同志既没有建立地方工会，也没有成立行业工会，而是按产业部门建立了统一的大型工会，至于企业内部，则一个企业建一个工会，每个企业的工会是大型工会的基层组织，而轻工等部门的所有工厂则成立全国统一的工会组织。共产党人认为，这是完成我们在资本主义现阶段任务所必需的工会形式，因此，摧毁资本主义制度的直接斗争的问题，不仅是工会组织构成的问题，而且也是工会组织形式的问题。

但有一点十分清楚，即组织形式要适应内容，即适应资本主义制度的实际状况，适应工人对资本家进行阶级斗争的需要。资本家已把自己的力量高度集中起来了。就以施蒂纳斯这个实力雄厚的资本家为例，要想反对他这样的势力，靠少数几个彼此联合的工会是无法办到的。

工会的力量所以必须集中，是因为资本的力量已经集中。如果我们不以同样集中的工会会员的力量与资本相抗衡，我们就必败，从而任何联邦制也就无法实现，这是显而易见的事实，争论是完全无谓的。德国工团主义者所鼓吹的那一套，亦即法国和别国许多工团主义者通常所议论的那一套，都是无法实现的。**工会集中化，工会组织化，这是我们夺取胜利的必要条件。**

最近几天，我们从报上看到，协约国正同德国商定如何履行《凡尔赛和约》。报纸公开报道，瓦尔特·拉特瑙（先是说施蒂纳斯）将和卢舍尔举行会晤，双方在不受任何外来影响的情况下，将就德国（其实是德国工人阶级）能否履行战败的德国资本对英法帝国主义所承担的义务问题交换意见。令人可笑的是，有人散布论调，说什么尽管德国和法国有两个人——两个资本巨头——致力于解决这个问题，但工人可以在里昂、布列斯特或别的什么偏僻小城镇，按照自己的意愿独立地解决这个问题，而无需任何单一的组织。像奥托·吕勒所希望的那样，鼓吹每个工厂都建立小型自治组织，简直可笑。为这种可笑的、根本行不通的事情，继续争论下去，没有必要。倒是有必要大力说服革命工人，使他们认清，那种认为不实行集中统一也可以取胜，认为除发动有组织的工人力量以外，用别的方式也能瓦解资本主义的观点，是自欺欺人。

我们说，在资本主义社会范围内，要改善劳动条件和提高工资，这是不可能的，也许有人便由此得出结论，认为今后没有必要进行这种斗争，而要保存力量，等待时机，推翻资本主义。在德国、法国和美国，热衷于这种貌似革命思想的，还大有人在。遗憾的是，资本主义不可能在几个小时之内就被推翻；废除资本主义的生产方式，也取决于种种为我们大家所无法左右的情况。大家看到，在工人阶级为向资本主义作最后冲击而积聚力量的时期，工人无时无刻不在继续遭受苦难。因此，要教育群众，为了少遭受苦难，必须作坚持不懈的斗争。同时，还要使他们懂得，工人为改善最低限度的生活而斗争，也就是为组织力量、为集中整个无产阶级的实力、为战胜资本主义而斗争。当前，即使是规模最小的斗争，也能产生极其深远的影响，这是千真万确的。因此，我们认为，共产党人在工会中不但要说明资本主义非推翻不可，而且要参加为改善贫困状况而进行的一切小规模的斗争,参加为团结群众和增强群众对工会的信任而开展的各项日常工作。我们还有一项任务。在资本主义瓦解的过程中,有千千万万工人被工厂解雇而失业。我们的工人兄弟能让失业者光盼资本主义垮台,而不搭救他们吗?任何人都会回答:不能。所以,我们工会工作者就要**为失业工人重新就业、养家糊口而斗争**。这是一场严峻而艰难的斗争。这是因为,我们不能光靠失业者去拼搏,而失业者在这场斗争中,从某种意义上讲,是一种有碍无产阶级实行联合的因素。应该懂得,资本主义制度已不再缺少劳动力,千千万万尚未失业的工人时刻都担心自己也被解雇。由于有后备军,企业主就能对工厂现有工人施加压力。由于有大批失业工人纷纷谋求就业,工厂主就能以降低工资进行要挟。所以,要想解决失业问题,就必须深入到工厂现有工人中去,向他们说明:"争取失业工人重新就业的斗争,是一场意义重大的斗争,工人都有义务参加。这是为生存而斗争,如果不帮助失业者,自己也要成为失业者,如果不帮助失业者,自己也要挨饿。企业主可以仰仗失业工人,降低你们的工资。"我们要解决的首要任务是,为我们的失业弟兄进行斗争。这场斗争当然要在企业内进行。要把道理向工厂工人讲清。要讲清道理的另一个原因是:生产活动毕竟是我们赖以生存的手段,一旦生产停止,我们就要饿死,至少也要挨饿。既然工人不肯失业——这倒不仅是因为失业的滋味很不好受,而且也因为这无形中破坏生产活动——那就应该全力阻止企业倒闭,全力阻止解雇工人,因为在商品匮乏的情况下,只要生产下降,生活条件就必然恶化,而且越来越恶化。当然,解决失业问题的根本出路在于实现社会革命和建立无产阶级专政。但是,在维护工人阶级利益的现实斗争中,那些历来不关心无产阶级专政,至今根本不懂社会革命对于维持生产活动和保全工人阶级的绝对必要性的大批工人,能够初步认识这场斗争是必要的。

同志们，关心失业问题的，何止我们大家。阿姆斯特丹国际的追随者早就研究了这个问题。我举两个例子，说明他们解决这个问题的打算。

《前进报》工运部编辑施特利梅尔博士，大约两个月前，在施潘道的一次群众集会上，就失业问题作了讲演。他说，共产党人关于失业问题的主张，统统是谬论，如果工人分得土地，就不会有失业问题。不消说，这种观点简直可笑！两年来，他们口口声声说，他们能单独解救失业者，但是，他们并没有兑现。现在，他们不得不为解决失业问题提出办法，但所想出来的办法即施特利梅尔博士所主张的办法，简直是胡闹。

全德工会联合会成员恩斯特·舒尔茨（他不甘心共产党人在哈雷工会组织中居支配地位，因而阴谋破坏哈雷工会组织）说："造成失业的原因是，人口增长失控，人类就像兔子一样繁衍。所以，明智的办法是控制人口增长。"此人完全不顾世界大战夺去1600万人的生命这一事实，无视战前资本主义国家缺少劳动力这一事实。这位社会党人的记性太差，竟忘记了我们所学的东西，忘记了战前无可辩驳的事实，更忘记了战争使1600万人丧生。他的论点，无非是为发动另一场还要使1600万人丧生的战争辩护，为格鲁贝尔之流保守派的论调辩护，因为格鲁贝尔之流宣称，德国有1500万过剩人口，他们要么迁居国外，要么去死，否则，资本主义难以生存下去。

总之，在阿姆斯特丹追随者中间，上层分子所想的是，如何使生产免于停顿，如何摆脱失业问题对他们所造成的压力。他们得出与资本家完全相同的结论：既然人口过剩，那么多余人口要么迁居国外（可又不知该迁居何处），要么去死。他们重复陈腐的马尔萨斯人口论，并将其作为对马克思主义理论的最新补充，向我们兜售。

殊不知，现在企业主关闭工厂，并不单单是因为生产遭到破坏，而且也是为了清除工厂工人中的革命分子。其目的是什么呢？他们深知，大战击中了资本主义社会制度的要害，资本主义已不能恢复元气，如果布尔什维克浪潮继续滚滚向前，革命就要变为现实。因此，资本家就说："谁鼓动工人，煽动工人不要等死，而要反抗，我就把谁赶出工厂。"于是，这样的工人便被赶出了工厂。可见，资本主义经济危机不仅带来失业，而且，由于资本的进攻，危机本身也愈益加深，也就是，资本家趁机关闭工厂，为的是将革命分子清除出工厂，迫使他们脱离工人阶级，通过饥饿、贫困的手段，将他们变成流氓无产阶级，进而，如果他们上街游行示威，就实行血腥镇压。这种情况不仅西班牙有，世界各国也都有。同志们！资本主义如此对付我们，我们应当采取什么对策呢？必须把我们所掌握的工会力量利用起来，不要等大难临头，而要现在就利用起来。只要发现企业主有预谋，就要立刻以牙还牙。光反击还不行，要时刻准备战斗，把进攻的主动权掌握在自己手中，迫使企业主由攻转守。而要做到这一点，我们工人首先就要联合起来。说到这里，我要指出，有两种情况促使我们必须紧密团结起来，才能对付企业主。比如在德国——在奥地利和别国也是如此——当生产再也维持不下去时，资本家就干脆变卖生产资料，并以此作为生财之道。要知道，资本家搞生产不是为满足人们的生活需要，而是为发财致富。当生产无利可图时，资本家就清理生产资料，认为这样更有利。德国就曾清理过一大批砖厂。德国的制糖工业生产大大低于战前水平。其结果如何呢？将有一大批工人完全失去在该工业部门就业的机会，这是因为，即使我们战胜资本主义，但德国经济由于经历这场危机，而再也不能恢复。既然资本主义预先把所有生产工具破坏殆尽，那我们战胜资本主义还有什么用呢？在这方面，我们决不能让资本家得手。

为此，我们要最大限度地调动工人阶级的力量，**全线主动出击**。比如在意大利，当企业主故意放弃生产时，工人就采取了行动；在别国也是如此。我指的是工人占领企业，以阻止企业主停产，阻止企业主把生产资料运往国外，阻止企业主在招募工人时胡作非为。但是，同志们，能像比如意大利工会官僚所坚持的那样，把占领企业只作为反对企业主的一种当地的并且是有期限的斗争手段吗？绝对不能。当一部分工人为阻止资本家破坏而着手占领工厂和作坊时，全体工人阶级就必须加以支援，因为这一行动较之为期几天的一般工会斗争要重要得多。如果只占领当地企业，那会怎样呢？可以肯定，警察会赶来，用机枪将工人逐出企业。或者，这种局面也许能维持一两个星期，但生产就要随之停顿，因为原料中断，银行停止一切付款，工人也就领不到工资。

可见，要想占领当地工厂，这并不难，但只能占领几天，这叫做工人替厂主护厂，得不偿失。所以，无产阶级应该懂得，如果占领工厂以后，为维护自己的生存，还决心继续有所作为的话，那就要为工厂提供资金，以支付工人的工资，就要提供燃料和原料；而要做到这一点，就必须处理好城乡之间的关系，以实行农产品和工业品的交换。总之，只要工人起来保护生产，就立即会引起激烈的阶级斗争。可见，在当地采取这种孤立的行动，是完全不可取的。同志们，这就是为什么我们必须发动全体工人阶级进行斗争，也只有这样，才能在资本主义社会范围内普遍增加工资和普遍改善劳动条件。有许多人会说，这是办不到的。当然，这谈何容易。但是，资本主义也同样是办不到的。这一点，就连阿姆斯特丹分子也不能不承认。在德国，"独立"派社会民主党人也天天散布这种论调，希望我们不要罢工，以免企业主因收入减少等原因而无力支付工资。不久以前，我们得到一个重要的历史性见证，证明那些赞成在资本主义制度下争取改善劳动条件的阿姆斯特丹分子，已经彻底破产。今年4月30日，阿姆斯特丹工会国际代表在伦敦开会，讨论如何在不使用武力的情况下，履行《凡尔赛和约》和《特里亚农和约》的义务问题。法国和英国的工会领袖建议德国工会领袖敦促本国政府不折不扣地履行自己的一切义务，而德国工会领袖则建议法国和英国的工会领袖阻止本国政府出兵德国，否则德国工人就不履行自己的义务。阿姆斯特丹分子就是这样为资产阶级效劳，就是这样帮助资产阶级扼杀工人阶级。

阿姆斯特丹分子的所作所为造成了后果，斯帕煤炭交易便是一例。在这笔交易中，德国矿工受到了压力。法国总工会代表茹奥跑到德国来，对矿工们说："努力干吧，加班加点地干吧，法国人民会感谢你们。"德国矿工听信了他的话，加班加点地干起来了。结果如何呢？在法国和比利时，矿工失业，矿井倒闭，工人的生活条件恶化，英国矿工的生活也急剧下降，而这些国家的企业主则乘机迫使工人就范。这都是企业主借助工会领袖而迫使德国工人拼命干的结果。各种现象之间的这种不容忽视的联系，必须引起工会运动的重视，而我们也必须从中得出一切必要的结论。

我们共产党人能从斯帕煤炭交易中吸取什么教训呢？教训就是：德国、法国、英国和比利时的矿工必须联合起来，共同维护自己的利益。这种联合可以打破国家自主权的界线。而坚持认为本国工人组织可以为所欲为，这在现阶段意味着断送工厂工人所从事的许多工种。过去，工人只要能成立本国工人组织也就心满意足了，至于国际团结，在他们看来，那不过是共产国际代表大会发出的庄严誓言罢了。但是，现在情况变了，这一点，我们必须指明。各国工人在争取维持现有生活水平的斗争中，建立实际的国际联系已经成为当务之急。这是因为，只要是哪一个工业部门中的资本主义经济发生动摇，资本家就要极力分裂工人阶级，把一部分工人的生活降到更低的水平，以此来对付其他工人。

再以纺织工人为例。当前，许多国家陷入了严重的经济危机，人们无力购买衣物，致使纺织工人失业。由于生活极端艰难，纺织工人无力开展有效的斗争。这就告诉我们，纺织工人必须联合其他工人，即联合自身难保的工人，共同进行斗争，而后者帮助前者，不应当认为是发善心，或为帮助而帮助，相反，应当认为是互助，也就是说，一旦自己陷入困境，别的工人也必定帮助自己。纺织工人也罢，建筑等部门的工人也罢，只要是他们的处境恶化，资本家就要趁机将其他部门工人的生活水平也降下来。这样，轰动一时的英国"黑星期五"的罪恶勾当所产生的影响，也就一目了然了。英国企业主选中了一个工种，存心要把这一工种的工人的生活水平降下来，以此摧毁他们的斗志，为的是日后对别国其他工种的工人也采取同样的手段。运输工人和铁路工人本应参加斗争，这不仅仅是为了支援煤矿工人，而且也是为了自救。由此得出的结论是：任何国家的任何工人运动，不但要维护直接加入这场运动的工人的利益，而且要维护处于这场运动之外的工人的利益。这是当前我们必须善于解决的一个课题。季诺维也夫同志说过，资本家诡计多端。为了分化工人阶级，他们已不再采取惯用的手法，而改用别的手段，即暴力手段。我还想举德国的例子，因为我对德国的情况更熟悉，况且德国工人已经实现过一次革命，只是因为无能才使革命归于失败。这个例子发人深省。德国的煤矿工人历来是工人阶级的一把尖刀，企业主的任何力量都不是他们的对手。我国资本家和"盟国"资本家都干了些什么呢？他们向矿工颁发了所谓"金奖"，也就是给了矿工猪油和香肠。资本家把抢夺来的其他工人的生活资料给了矿工。矿工满意了，但是，其他工人因丧失生活资料而对矿工怀恨在心，这样，工人阶级便被分裂成两部分。因此，每一个忠诚的工会运动工作者都应全力阻止资本家施展这种诡计。

为刺激生产，资本家还另有一手：他们按工人完成的产品数量，发放一定数额的奖金，以资鼓励，并美其名曰："工人分红。"对此，有许多工人表示赞赏，而我们共产党人则必须加以反对。当今，问题不在于分红（要知道，现在的生产水平还不能满足人们的需要），而在于阻止资本家发财致富。这才是我们必须完成的任务。

同志们，尽管如此，但在工人阶级中仍然有人要通过和平途径来解决问题。这种人虽然现在已经不多了，但在过去，为数不少。他们鼓吹社会主义化、国有化。关于这一点，我不打算多谈。其他同志在报告中已经指出，这无非是拙劣的欺骗伎俩，目的在于愚弄工人阶级，巩固资本的地位，帮助资本给工人套上新的锁链。采取和平手段，是不能实现社会主义化的，只在某一个工业部门搞社会主义化，也是不现实的，社会主义化必须全面实行。这一斗争主要应当采取夺取政权和消灭资产阶级经济统治的形式。换句话说，工人必须夺取国家政权，必须保住国家政权，从而为建设新生活廓清道路。

在现阶段，我们可以进行单纯的工会斗争。无论从哪个角度去分析工会斗争，它都将永远产生政治效果。共产党人应该把这一点告诉工人。资本家虽然已经奄奄一息，但只要不死，他们就总想把工人拖入穷困的深渊。工人要不惜采用一切手段同企业主作斗争。应当使全体工人理解斗争手段，应当使全体工人相信，这些斗争手段能够切实保障他们的生活。这些手段并不一定能一举推翻资本，但是一定会使工人阶级联合起来。这些手段的运用，必将证明，任何维护工人阶级利益的斗争都是夺取政权的斗争，都是变革社会制度的斗争，阶级合作不能救活生产，只有打倒企业主，才能救活生产。

总之，工人必须按产业部门组成统一的大型工会。而国际联系，不能只是口头上表示表示而已，要确有志气真正举行国际性罢工，要立志在本国开展经济斗争。还有一点，我们应该懂得，即使完成这一革命任务，无产阶级也不能就此止步。大家看到，各国企业主一计不成，又生一计。在德国，他们组织了所谓技术援助工作队；在意大利，他们网罗法西斯匪帮；在美国，他们拼凑"平克顿①军团"。总之，资本家为保住其财产，为镇压工人阶级，不但动用国家政权，而且还设立专门机构。所以，工人也要在工会中成立工人阶级的自卫组织，这一来是为了使"平克顿分子"不敢轻易冒犯，二来是为了击败法西斯分子，使资本失去保护。大家看到，资产阶级像打疯狗一样，到处杀害工人领袖。因此，为保护我们的领导人，自卫组织也非成立不可。要知道，白卫分子杀害工人阶级领袖，这是工人阶级最觉得难过的事情。以上是建立自卫组织的目的之一。另外，只要企业主向工人发动进攻，例如搞同盟歇业，解雇工人，把技术援助工作队、警察和"平克顿分子"引进工厂，自卫组织就要发挥作用。只要有可能，工人组织就应当随时随地打击企业主。你们一定还记得，德国企业主曾突如其来地搞过一次大规模的停产，工人因预先被解雇而不能抵制，于是，工人起来造反，并且宣布，要对经铁路运来的所有货物一律实行监督。工人指出："让他们知道，拿停产压工人，工人可不答应。"这样一来，局面就人为改观了。这是反抗资本的一种新手段，这种手段到底如何，还有待认真探讨。

　　同志们！我的报告就要结束了，再重复一句：资本主义经济已经彻底动摇了。为了工人阶级的自卫，为了保持工人阶级的现有生活水平，工会必须把无产阶级的力量紧密团结起来。要实现这一目标，靠弱小而分散的当地工会是不行的，唯一的办法就是按部门建立统一的大型工会。要自卫，就绝不能回避，而要坚决地同资本开展无情的斗争。在反对资本的斗争中，不能采取守势，而要发动进攻！这种斗争与共产国际所进行的斗争是完全一致的，因而，不但要共同进行，而且步调要绝对

---

① 平克顿（Allan Pinkerton 1819—1884），美国著名私人侦探事务所的侦探和创建人。内战后，他不仅侦破了许多事件，还参与了反对1877年的工人罢工事件。——编者注

一致。共产党人务必从中吸取教训，也必能吸取教训，就如同从第二次世界代表大会中吸取必要的教训一样。

最后，我要用季诺维也夫同志的话来结束我的报告："共产党人的任务是，要在这一伟大斗争中深入到工会中去，把工会变成群众性的战斗组织，把工会力量统一起来，指导它夺取这场斗争的胜利。在每个企业和每个工会组织中，只要有我们的同志，就要成立党支部，以宣传我们的思想，并同共产国际保持紧密团结，去战胜敌人。"（热烈鼓掌）

主席克南：

请各代表团选派代表参加工会运动委员会。明天上午11时，在"大陆"饭店召开策略问题委员会会议。按照今天的议程，我还要宣布一项要求，要求全体与会者参加为去年在莫斯科逝世的约翰·里德在红场举行的纪念碑揭幕仪式。今天下午6时，在工会大厦举行红色工会国际代表大会开幕式。下次会议定于明天即7月4日下午6时举行。

（会议于下午5时20分结束）

第十六次会议

（1921年7月4日晚7时30分）

主席柯拉罗夫：

今晚的议程，首先是经济委员会作关于世界经济问题的总结报告。由瓦尔加同志作报告。

关于世界经济问题的总结报告

同志们！代表大会为审定提纲而指派的经济委员会业已完成提纲审定工作。经过反复协商，各代表团对提纲个别条文所提出的异议，几乎都已得到解决。其中，有的内容本已包括在提纲之中，对此，各有关代表团也已表示认可，有的建议则通过协商和折中的办法得到解决。不难看出，对提纲所提出的修正意见，不外乎有四类。第一类，要求更详尽地阐明某个特定国家的特定条件。这一类要求，我们很难满足，因为提纲所针对的自然是整个资本主义世界，不可能把每个国家的特点都包括进去。这一类意见，经济委员会几乎一概不予采纳。第二类，关于协约国欧洲成员国经济形势的估计。现在，这一段已经重新改写，问题也已解决。第三类，关于欧洲农民的状况和土地关系问题。同志们都很清楚，世界各国的农民关系即土地关系极为复杂，很难提出既适合英国和西欧，又适合中欧和巴尔干这样一种土地关系的模式。这一段也已重新改写。我想，这一段改写以后，是能够符合大家的要求的。这次改写，我们出于政治目的，侧重利用中欧即匈牙利、波兰和巴伐利亚的地主阶级的矛盾和农民利益的矛盾。同志们知道，这些地区的形势，归结为一点就是：资产阶级正同无产阶级进行较量。在这场较量中，资产阶级迫切需要农民的支持，即希望农民武装起来。至于农民，一般说来，情愿以武力支持资产阶级反对无产阶级。另一方面，农民极力想摆脱所谓"复兴"给他们造成的负担，具体地说，就是不愿纳税，而在强迫农民缴纳农产品的地方，农民不肯缴纳农产品，这样，就抵制了资产阶级复兴资本主义经济的企图。这主要是勃兰特同志所坚持的观点，我认为，改写后的文字恰如其分地表达了他的这种观点。最后，即第四类意见是，确切地说，主张经济委员会继续就策略问题进行讨论。关于这一点，我来解释一下。同志们知道，进攻策略问题，始终是大会的讨论重点，理应在提纲中加以解决，因为这是策略提纲的基础。经济委员会围绕这个问题所展开的讨论表明，就历史范畴而言，工人阶级应当对资本主义发动总进攻。列宁同志和拉狄克同志说过，无产阶级没有进攻的策略，就不可能推翻资产阶级，也就不可能夺取政权，他们指的就是这种进攻。然而，无产阶级的所谓总进攻还包括经济进攻，即在资本主义制度下的经济罢工，这种经济进攻的目的在于改善无产阶级的处境，而在当前资本主义危机的情况下，在工人阶级广大成员革命化和共产党自觉领导的情况下，经济进攻必然会超越经济斗争的范围而变为政治斗争即夺取政权的斗争。总之，一切避开工会要求的政治进攻，纯粹的政治进攻，政治性的武装斗争，夺取政权的最后的斗争，都可以称做进攻的策略。

经济委员会在讨论中涉及这样一个问题：在什么时期，即经济危机时期还是经济繁荣时期，发动政治进攻更为适宜？同志们都知道，马克思和恩格斯在他们的许多著作中历来坚持的观点是：群众政治上的革命化，在经济危机时期要比在经济繁荣时期快得多。基于这一点，宣传进攻策略的同志们便认为，在当前危机时期，发动政治进攻是再好不过的了，这场政治进攻有可能转变成最后的斗争。他们满怀信心，认为当前的经济危机还会持续很长一个时期，正因为如此，他们极力主张提纲的措辞要更加坚决有力。我把提出的修改意见和经济委员会采纳的意见念一下。以上是争论的要点和提出的几类修正意见。现在，我来宣读被采纳的意见，并向同志们作一说明。

第11条重新改写如下：

"法国、比利时和意大利被战争洗劫一空。靠牺牲德国来'振兴'法国经济的计划，是一种与外交讹诈相结合的掠夺，这意味着德国将遭受更进一步的掠夺（煤炭、机器、牲畜、黄金），而法国也并不能得救。整个欧洲大陆的经济将因此而遭受极其沉重的打击，法国之所得远远少于德国之所失。尽管法国农民竭尽全力恢复了大部分荒芜地区的农业用地，尽管战争期间兴起若干新的工业部门（化学工业、军火工业），但法国经济难逃崩溃的厄运。国债和国家开支（军国主义）达到了惊人的高峰。在最近一次经济繁荣的末期，法国通货贬值了60%。战争时期人员大量伤亡，这也阻碍了法国经济的恢复，又由于人口并无增长，人员伤亡也无法弥补。意大利和比利时的经济状况也大致如此。"

我们在改写这一条的时候，尽量采纳了法国代表团的意见。

第18条也作了修改，把货币的不断波动阻碍资本主义商品的正常交换，从而妨碍资本主义的重新发展这一事实表述得更为明确。在第3段"金本位已不复存在"一句的后面增写如下内容："欧洲各国的外汇保证（达99%[①]），为世界市场的商品交换设置了严重的障碍。汇价不断地大幅度波动，使资本主义生产变成徒劳无益的投机。"

[①] 在定稿中，此处为92%。见本卷《世界形势和我们的任务（提纲）》第18条。——编者注

该条还对目前所有国家由于禁止进出口贸易和提高保护关税，而使自己置身于资本主义世界经济范围之外这一事实作了进一步的说明。在该条第5段第1句即"欧洲依然像一所疯人院"的后面，加了一句："大多数国家都在禁止进出口贸易，把本国的保护关税增加3倍之多，就连英国也不例外。"

第18条的最后一段也略有改动。将"巴黎投机分子"改为"协约国投机分子，特别是法国投机分子"；在"德国的出口，和德国整个经济生活一样"这一句中，将"德国"改为"中欧"；其次，将"凡尔赛和约"一律改为"和约"。

对第19条的改动，完全是为了承上启下。改动后的第19条，第1句是："由于苏维埃俄国不再是工业品销售市场和原料供应者，因而极大地破坏了世界经济的平衡。"该条其余部分未作任何改动。

第20条改动不大，只在表述资本积累和工人赤贫化这一句中，加了"一方面，施廷内斯化①，另一方面，无产阶级化和赤贫化"这样几个字。这只是更具体化而已。

第21条重新改写了。其内容如下："农产品价格的上涨，使人们误以为农村普遍富裕起来了，其实，增加收入和财富的仅仅是富裕农民。"原来，提纲初稿只提到人们误以为农村富裕起来了，现在则明确指出，富裕农民确实发财了。这种提法更符合实际，我认为，大会是能够认可的。接下来，"的确，农民用积蓄的大量贬值的纸币偿还了过去货币未贬值时所借的债款。但是，农业问题并不仅仅在于偿还抵押借款。尽管土地价格暴涨，粮食专卖权被滥用，大地主和富裕农民发财致富，但事

---

① H. 施廷内斯（Hugo Stinnes），德国的大工业家，第一次世界大战后被称为"企业大王"，他所经营的公司涉及煤矿、钢铁、报纸、航空、银行、餐饮等许多领域。这里指的是资产阶级资本集中加剧，富者越富。——编者注

实上，欧洲农业正在衰退，例如，转而采取粗放的经营方式，变耕地为牧场，缺乏牲畜，实行三区轮作制。农业衰退的另外一个原因在于劳力不足，牲畜数量减少，人工肥料缺乏，工业品价格昂贵，而在中欧和东欧，还在于农民有计划地压缩生产，这都是对政府企图攫取农产品支配权做法的反应"。大家知道，在整个中欧和东欧，农产品历来实行固定价格，农民有计划地压缩生产，是因为他们不肯按政府规定的低价出售农产品。现在，我们换了一种说法来说明这一事实。

现在，我来宣读该条有关政治的部分。"富裕农民和一部分中农正在建立牢固的政治组织和经济组织，这不仅是为了摆脱'复兴'所带来的负担，而且也是为了利用资产阶级的困境，迫使国家实行单方关税和税收政策，以报答农民在资产阶级同无产阶级的较量中给予资产阶级的支持。他们这样做，阻碍了资本主义的'复兴'。城乡资产阶级之间发生分裂，导致资产阶级的势力遭到削弱。同时，大部分贫苦农民正在无产阶级化和赤贫化，农村中怨声载道，农业无产阶级的阶级觉悟日益提高。"该条结尾部分未作改动。

第38条有关英国的部分作了改动。英国同志希望清楚明白地阐明一个事实，即英国工会领袖是一群胆小鬼，他们被警察当局即国家武装力量的干涉所吓倒。现在，将这一部分修改为："在英国，近一年来，由于国家无情地动用军事力量，由于工联领袖被这种军事力量所吓倒，因而波澜壮阔的罢工运动屡遭失败。如果工联领袖们继续忠于工人阶级事业，那么，即使工联的机构不健全，还是可以进行革命斗争。不久前的'三业同盟'危机，本来有可能使工人同资产阶级发生革命的冲突，但由于工联领袖们的保守、胆怯和背叛行为，这一革命冲突未能实现。"

同志们，现在，谈谈提纲中关于政治即策略方面的条文，也就是第39条和第40条。根据德国代表团的建议，第39条末尾①补充如下："鉴于资本主义复兴的先决条件是变本加厉地剥削，置千百万人于死地，使另外千百万人的生活处于贫困线以下，使无产阶级的生存永无保障，因此，工人就必然强烈不满，他们就必然要举行罢工和起义。在这种暗无天日的压迫下，在这种接连不断的斗争中，群众推翻资本主义制度的意志必将日益增强。"

现在，谈谈对第40条的修改。由于这一部分修改与策略问题密切相关，请允许我把波加尼同志提出的修改意见（后来他对自己的修改意见又稍稍作了变动）连同委员会根据托洛茨基同志的意见所通过的条文一起向大家宣读。波加尼同志的修改意见是："现在，经济危机迫使无产阶级转入防御。这将是激烈的防御战，这种防御战必将转变成为政治斗争，因为资产阶级要在这场斗争中变本加厉地运用国家权力手段。经济危机时期是无产阶级加紧出击即进行国内战争的时期。如果无产阶级不在这场防御斗争中发扬必要的进攻精神，那资产阶级就将使工人阶级的生活水平降到工会运动以前的水平。"

后来，波加尼同志对自己的修改意见稍稍作了变动。现在，依照托洛茨基同志提出的、经委员会一致通过的并经波加尼同志和德国代表团同意的修正意见，第40条的开头部分修改如下："在当前危机时期，共产党的基本任务是，领导无产阶级进行防御战，以便使防御战不断扩大、深入和协调，并视发展情况，把斗争转变成为政治上的决战。"

正如同志们所看到的，争论点是要不要着重指出共产党在当前经济危机时期的任务。至于当前的经济危机，我认为，它不会持续太久，而波加尼同志的意见则刚好相反。为迁就波加尼同志的意见，现在，对第40条的主旨加以改动，把原来认为必然发生的事情修改成只是可能发生的事情。具体修改如下："如果发展的速度较为缓慢，而当前的经济危机在多数或少数国家转变成"等等。总之，完全变成一种推测。第40条第2段指出："如果无产阶级在当前的危机时期被资本的进攻所击退,那么,一旦形势好转,无产阶级就要立即再次转入攻势。"①

同志们看到,我们就是这样消除了两种观点之间的分歧,用多少能符合双方观点的折中办法,使双方接受并理解提纲。同志们,以上所述,是经济委员会开会研究的基本精神。至于若干纯属修辞即纯属文字上的细小改动,我看就不必在此一一罗列了。我想,大会不经进一步地讨论也能通过。(全场活跃,表示赞同,鼓掌)

讨 论

主席柯拉罗夫:

弗勒利希同志要发表简短声明。

弗勒利希:

同志们!在我以德国代表团名义发表声明之前,请允许我先说几句。我认为,凡是参加委员会工作的同志,得知我们对进攻的策略有争议这一说法,都会感到惊奇。再者,指责那些主张对第39条中有关经济发展的估计进行修正的同志是什么别有政治企图,我认为也是毫无道理的。事实是,提纲初稿仅仅指出了未来有利形势下的策略路线,而只字未提当前的危机。这就容易造成一种错觉,似乎我们对于在危机时期采取革命行动已不抱任何希望。这才是争议所在。我认为,委员会对这个问题的处理十分恰当。我以德国代表团名义声明:我们同意并将投票赞成提纲的现有文本。(鼓掌)

---

① 见本卷《世界形势和我们的任务(提纲)》相应的条款,定稿时文字又作了一些改动。——编者注

主席柯拉罗夫：

托洛茨基同志要发表简短声明。

托洛茨基：

我想作一个小小的修正。提纲初稿第39条阐述了无产阶级的进攻性和防御性两种斗争，至于繁荣时期，假如它真的出现的话，初稿提出："无产阶级在经济上的进攻性斗争如同目前的防御性斗争一样，也有转变为公开的国内战争的趋势。"换句话说，既确认防御性斗争，也确认防御性斗争有转变成国内战争的趋势。所以，不能断言这种提法忽视防御性斗争及其革命的趋势，而只强调繁荣时期的进攻性斗争。鉴于这种提法简明扼要，况且引自策略提纲，是提纲已经采用的表达方式，所以，我们表示同意。这似乎是小小的倒退，但却把第39条原有的内容具体化了。

表决并通过经济委员会说明和修改的提纲

主席柯拉罗夫：

没有人要求发言了。讨论到此结束。进行表决。提交大会表决的是瓦尔加同志在委员会报告中所说明的、经过修改的提纲文本。

（提纲一致通过）

选举策略委员会、"合作社"问题委员会、"东方问题"委员会、工会运动委员会主席

主席柯拉罗夫：

现在进行下一个议题。先谈委员会的问题。第一，必须指派策略委

员会。主席团提议将执行委员会所指派的、由拉狄克同志任主席的策略问题研究委员会定为策略委员会。这样，就由这个原先为研究策略问题而指派的委员会来专门从事这项工作。应邀参加第一次会议讨论执行委员会报告的委员会成员，将不再参加该委员会的工作。既然没有反对意见和其他建议，现在宣布提案获得通过。请至今尚未派代表参加策略委员会的代表团，立即指派代表参加策略委员会的会议。主席团提议选举报告人拉狄克同志为策略委员会的主席。还有其他建议吗？有反对意见吗？没有。宣布提案获得通过。

其次，建议选举"合作社"问题委员会，因为"合作社"问题是一个亟待研究的问题。请各代表团指派代表参加。主席团提议由欣丘克同志领导委员会的工作。还有其他建议吗？没有。宣布通过。

"东方问题"也是一个亟待研究的问题，也要选举委员会。请各代表团指派代表参加，指派的方式不变。委员会开会的日期由小执行局决定，因为至今尚未有人向主席团提议由谁来领导委员会。有其他建议或异议吗？没有。宣布通过。

主席团提议由黑克尔特同志担任工会运动委员会的主席。

霍塔：

应当由委员会自己来选举。（有人喊："选举罗斯默！"）

主席柯拉罗夫：

为保证委员会胜任工作，我们才提名一位同志为委员会的召集人。委员会当然有权选举别人为主席。

拉狄克：

这不是一个单纯技术方面的问题，因此，我提议法国和德国各指派一名同志担任联合主席。

（主席团接受拉狄克同志的提议）

主席柯拉罗夫：

黑克尔特同志和罗斯默同志被提名为候选人。有人反对吗？宣布这两位同志当选。建议策略委员会主席和工会运动委员会主席于明晚6时在隔壁分别召开会议，并开始工作。

拉狄克：

关于工会问题，我提议由工会运动委员会自行决定开会的时间，以便同工会代表大会的会议步调一致。

讨论工会问题

主席柯拉罗夫：

鉴于本次代表大会即政治代表大会和工会代表大会应当在工会问题上达成原则上一致的协议，工会运动委员会的活动应尽可能同红色工会国际代表大会委员会的活动相配合。同志们，关于工会问题的报告我们已经听过了，大家愿意进行大会讨论还是听取工会运动委员会的报告？

拉狄克：

同志们！我认为现在进行大会讨论比较合适，其理由是，如果大家在工会运动委员会会议上出现观点分歧，而大会也先一步就这些分歧展开讨论，那么问题最终仍须提交工会运动委员会去解决。所以，现在进行大会讨论，我认为利多弊少。

主席柯拉罗夫：

还有其他意见吗？有人反对吗？既然大会主张进行一般性讨论，我就必须以主席团名义报告诸位，讨论只能在星期三早晨开始，因为：第一，季诺维也夫同志已经临时去彼得格勒，星期三以前难以返回；第二，我们手头没有提纲文本，最早也要等到星期三才能得到。

拉狄克：

季诺维也夫同志今天不能出席会议，实在令人遗憾。不过，在作总结发言和正式通过决议之前，他仍有机会看速记记录，了解讨论的情况。现在，问题不在于报告人，也不在于报告，重要的是，应当先在大会上听取和了解对于这个问题的不同观点。比如，我们现在暂时可以不表决提纲。其实，报告已经说出了共同的观点。所以，假如现在无重大分歧，那么把提纲提交委员会表决也未尝不可。重要的是，代表大会应当弄清，在组织问题这一重大问题上，我们的观点是否一致，有无重大分歧。正是基于上述理由，我才提议今天就进行讨论，除非主席团已决定今晚讨论其他重要问题。我们的时间是宝贵的。代表们今天已经休息过了，因此我提议及早讨论这个问题。

主席柯拉罗夫：

还有其他建议吗？宣布拉狄克同志的提案获得通过。但是，主席团要通知大家，现已决定明天由列宁同志作关于俄国的政治形势和经济形势的报告。如果今天就开始讨论工会问题，那明天就要停止讨论一天，星期三继续讨论。大家赞成吗？

拉狄克：

同志们！我们从报纸上以及从那些可以判断各政党对不同派别的态

度的材料中，能得出明确的结论，即在工会问题上，只有德国共产主义工人党在这里所维护的原则观点同我们的看法相对立。再者，法国共产党对工团主义和工会所采取的方针也造成了观点上的明显分歧。所以，我提议，只要德国共产主义工人党的同志和法国同志愿意，就让他们在这里多发表自己的观点，这是非常重要的。这样，讨论也就有内容了。

主席柯拉罗夫：

德国共产主义工人党请求准许它就工会问题作补充报告。主席团同意将该党发言人的发言时间延长到半小时。

泽曼（德国共产主义工人党）：

主席团认为半小时就够了。我们对此表示抗议，要求代表大会允许我们作一个名副其实的补充报告。我可以证实拉狄克同志的话，我们在工会问题上的观点确实不同。大家都十分重视这个问题，所以我们呼吁大家拒绝接受主席团的意见，主席团作为施舍给我们半个小时发言的时间，而它给法国同志和其他同志的发言时间却长得多。

拉狄克：

我提议，与其在程序问题上白白争论半个小时，不如让德国共产主义工人党发言一个小时。（赞同）

主席柯拉罗夫：

现在就拉狄克同志的提议进行表决。赞成德国共产主义工人党发言一个小时的人请举手。有赞成半个小时的吗？宣布拉狄克同志的提议获得通过。请德国共产主义工人党代表贝尔格曼同志发言。

德国共产主义工人党代表贝尔格曼作工会问题的补充报告

同志们！昨天，季诺维也夫同志在他的报告中特别强调如何看待工会，这是一个关系革命的发展与进程的具有决定意义的重大问题。我们都知道，夺取政权和夺取经济权力二者是缺一不可的，况且，问题不仅仅在于夺取这两种权力，而且在于我们现在就应该有精神准备：单单夺取政权是无济于事的，还必须创造条件，以巩固和保住政权。这就是我们应当在这里解决的课程。在以往的革命时期，我们在各国都曾看到，某些集团夺取政权眼看就要成功了，然而他们没能把已经到手的政权巩固住和保持住，大多以惨败而告终。究其原因，就是在夺取政权之后，没有足够的本领把经济权力巩固住，1918年德国革命初期就是这样。

同志们！这种现象很值得研究。我们要动动脑筋，避免犯类似的错误，要拿出办法，防止这类事情今后再发生。我们不能也不应指望在高度发达的资本主义国家里会发生意外的情况，或凭想象一切都会好起来。我们应该在资本主义社会里尽可能具体地建立一种机构，以便在需要它们完成任务时，它们能够真正胜任。黑克尔特同志昨天作报告时已经向我们说明了旧工会为自己确定的任务，以及它们是怎样试图在资本主义社会范围内解决这些任务的。季诺维也夫同志也已明确指出了工会在革命时期应当怎么办，以及按照我所说的想法，它们以后应该怎样加强巩固经济权力。仔细研究一下资本主义制度下工会的任务及其组织结构，我们普遍可以看到，在高度发达的资本主义国家里，工会的任务就是改善工人阶级在资本主义社会中的地位。工会为自己确定的这一任务现在已无法完成了，在这一点上我们之间没有分歧。尽管如此，但是我们看到，迄今为止，仍有许多工会在设法解决这些老问题。这些老问题在革命前的时期是合理的，也是正确的，但是今天情况已经完全明朗了,这些老问题工会是解决不了的。如今,工会已经间接地成了资本主义国家手中的武器了。

季诺维也夫同志昨天指出,当前资本主义国家不仅企图用武力,而且企图用欺骗手段来压制工人阶级。目前,旧工会就是资本主义国家一直压制工人阶级的欺骗机关。可见,旧工会现在已经成为资本主义国家首先是德国的工具和堡垒。

然而,同志们,现在竟有人认为争取旧工会并使之成为革命的工具是可能的!在这点上,德国共产主义工人党——岂止是德国共产主义工人党,尽管有人硬这样说——同加入共产国际的大多数政党有着观点分歧。我刚才说,这不光是德国共产主义工人党的观点,其他组织,如英国的车间代表委员会、美国的世界产业工人联合会以及法国、西班牙和意大利的工团主义组织,也都认为借助反革命工会,即用争取反革命工会的办法是不可能使工人群众革命化的,因而也不可能使反革命工会成为革命的工具。德国的事态发展最能说明这一点。德国共产主义工人党的同志从来也没有说过不要工会。不错,昨天我们第一次听到季诺维也夫同志和黑克尔特同志都说必须除掉现有的工会,尽管他们的说法不尽相同。果真如此,那我们和在座的大多数人之间也许就有共同语言了。我们坚持认为,反革命的旧工会必须彻底除掉。这倒不是因为我们有这个瘾,而是正如大家所看到的,这些组织确已成为资本主义国家压制革命的机关。自大战爆发之日起,直至大战结束之日止,德国的工会及其领导机关就一直在鼓吹要斗争到底,并且它们自己也在进行斗争,但是,在1918年,当德军吃了败仗,夺取政权的时刻已经到来的时候,当政权一度转到我们手中的时候,它们却帮助摇摇欲坠的国家恢复了元气。工会领袖诺斯克一伙依靠军官权臣,帮助被击败的资产阶级残余势力重振旗鼓,从而阻碍了德国革命的进展。

当前，旧工会依然没有放弃它们的这一套做法。它们企图取消工人群众的公开斗争，而代之以虚假的战斗。1918年，当德国工人模仿俄国革命准备建立工人代表苏维埃时，当苏维埃思想已深入德国无产阶级群众的心中而无法根绝时，工会领袖就百般阻挠，把建立工人代表苏维埃一事拖延到1919年4、5月间。他们先是极力反对苏维埃思想，甚至不惜使用暴力，继而当这一思想日益深入人心时，这群工会走狗便颁布了一部表面上保证工人群众干预生产、合作社和整个经济生活的苏维埃法令。工人群众真的以为有了苏维埃法，他们就能左右事态的进一步发展，其实是上当，实际上，这部精心策划的苏维埃法，逐渐变成了镇压革命的最凶恶的工具。现在我们看到，受苏维埃法欺骗的工人群众正在将它抛弃掉。

这并不是说所有的工人都已经识破了这种公开的欺骗。但是，我们看到，现在已经有大批革命工人坚决抵制这部表面上是革命的而实际上是反动的苏维埃法。当初经选举产生的苏维埃并没有成为群众所掌握的革命工具，而是卖力地为反动派效劳。这一点，我们从工人同资产阶级所发生的大大小小的冲突中都可以看到。举一个例子。今年3月，德国中部爆发一场斗争，其规模日渐扩大，这时，在一个最大的企业即莱讷工厂中，苏维埃的威信一落千丈，该厂的2.5万名工人首先解散了厂苏维埃，选举了革命行动委员会。（黑克尔特喊道："胡说八道！"）黑克尔特同志！莱讷工厂的情况我比你清楚得多，我了解事件的经过。德国统一共产党和德国共产主义工人党各有一名同志经过一番小小的周折，解散了苏维埃，星期二早晨，该厂工人便选举了革命委员会。

凡是工人奋起斗争的地方，情况都是这样。同志们！我们应当研究一下，这样发展下去行不行，应不应该？既然工人根本不信任依照苏维埃法选举产生的厂苏维埃，那就应该想别的办法把工人联合起来，就应该建立另外一种苏维埃，即在革命胜利到来之时，工业无产阶级广大群众能信得过的苏维埃。怎样才能做到呢？不打破旧工会运动的框框，这办得到吗？我们认为，不打破旧工会的框框，这是办不到的，因为事实证明，旧工会已经成为资本主义国家的组成部分，并且是相当重要的组成部分。

我们不仅在德国，而且在其他国家也普遍看到，工会都在朝这一方向发展。美国的龚帕斯庞大工会是如此，最近，英国和意大利也是如此。意大利的大罢工，在反动的社会党的帮助下，被镇压下去了。我们到处看到，旧工会和旧社会民主党狼狈为奸。它们密切配合，妄图抹杀阶级矛盾，而我们共产党人的任务是消灭阶级矛盾，这个任务我们应该完成并且也愿意完成。旧工会就其结构及内部制度而言，是一种适合在资本主义制度下开展工作的机构，实际上，它也已经完全适应了资本主义制度。在旧工会中，任何个人或相当多属于少数派的人，要想发挥主动精神和意志，是不可能的。要想冲破限制工会的清规戒律和战胜旧工会领袖的意志，是绝对不可能的。

我们到处看到，就连大多数人的意志，就连那些积极工作、加入组织严密的工会会员的意志也受到压制，他们现在不得不违心地受工会领袖摆布，这些工会领袖不仅操纵组织命脉，而且把持组织机关和财政机关的大权。所以，众多的工会会员无从发挥任何革命的作用，他们注定要无所作为，因而不得不违心地去维持现存的资本主义工会。我们的观点是，指望这样的工会实现革命化，是根本不可能的。这已经试验过多次了。当前，德国正在首次进行最大的试验。德国统一共产党的同志正在建立共产党支部，试图以此使工会革命化，但是，按照事物发展的逻辑，这些支部将导致工会彻底瓦解。坚决否认这一事实也罢，反正在建立这种支部的地方，我们实际看到的是工会组织一垮到底。我们普遍看到，尽管建立了支部，但是工会的性质并没有变，工会领袖的奇异的影响也并没有消除。相反，由于这些群众与工会领袖有着组织上的联系，所以他们宁愿听从黄色反革命领袖，也不响应共产党的号召。在德国中部有典型的例子，说明德国统一共产党的大批党员置党的要求于不顾，反对罢工，这是因为这些党员同时也是工会会员，他们这样做是响应工会的号召。这样的事例随处可见。季诺维也夫同志昨天指出，工会应成为管理未来建设的机构，应在共产主义社会的建设中发挥尽可能大的作用。仔细研究一下工会的历史以及工会自己提出的任务及其当前对革命的态度，就不难看出，工会同革命的利益，同它现在应起的作用是完全背道而驰的。在德国，早在战争时期，工人就对工会运动强烈不满，在很大一部分工人中间甚至发生分裂，工人纷纷脱离旧工会。在革命初期，即在革命爆发后的头几个星期，我们没有把工会问题看成是一个亟待解决的问题。现在看来，这个问题在斯巴达克联盟成立大会上并没有得到妥善解决。我们当时认为（岂止是我们，包括俄国同志在内的其他同志也都对革命的进展作了错误的估计），革命浪潮会异常迅猛，德国和其他国家的革命发展的速度会加快，工会问题不会起到它在革命发展阶段中所起过的那种重要作用。我已经说过，早在战争时期就有大批大批的工人脱离工会，因为旧工会早在战争前所实行的叛卖政策在战争爆发之后暴露得更加明显了。因此，在战争爆发后不久，即在革命的头几个月，斯巴达克联盟便向工人阶级提出了退出工会的口号。这一口号在鲁尔区工人群众中尤其得到热烈的响应。由于工会政策的虚伪性在鲁尔区的矿工工会中暴露得异常明显，所以大部分矿工都积极响应这一口号，纷纷建立自己的组织，并在工厂中成立矿工办事机构。固然，后来，在优秀的革命领袖罗莎·卢森堡、卡尔·李卜克内西、莱奥·约克希斯和成千上万名无产阶级无名战士牺牲之后，在莱维及其一伙窃取大权之后，这一口号被篡改，被歪曲了，这是因为莱维一伙害怕斗争，不愿同反动的工会官僚作斗争。于是提出了新的口号：加入工会，从工会内部实现工会革命化，将工会争取到手。不久，随着革命的发展，工会的范围扩大了，共产党支部也建立起来了，但是，人们很快就认识到，工会很难保持完整、统一。果然，不仅党支部的个别成员，而且当地的整个整个的机构开始被排挤出工会。在德国，人们现在可以看到，有的工会不仅把所有的共产党支部成员，而且把整个整个的团结一致的组织都开除出去了，这样，工会组织就实际面临着彻底垮台。旧工会官僚和我一样，也认定工会正在垮台，唯独德国统一共产党的同志却坚持认为不是这样，说他们建立共产党支部是为了保全工会。他们希望把革命精神灌输给工会，灌输给反动派的这个顽固堡垒。

同志们！昨天有人在大会上指出，工人阶级不仅遭受武力镇压，而且受人欺骗；也就是说，工人阶级既遭受军警的镇压，又受资产阶级走卒——工会官僚的欺骗。在这一点上，我们之间没有意见分歧。我们认为，目前的工人大军不可能接受共产主义精神。正如同这一支工人大军不可能成为革命的工具一样，专门愚弄工人的机构——工会也不可能变成革命的工具。这是普遍的规律，是事态发展的普遍情况，所以，共产党人的口号不应当是争取工会，而是瓦解工会，建立新的工会。

同志们！无产阶级在取得革命胜利之后，为保住和巩固政权，它到底应采取什么样的组织形式，我们现在就应该弄清楚并把它确定下来。为此，首先必须使高度发达的资本主义国家中的无产阶级群众认识到，他们必须立即着手成立将来能在适当的时候管理生产的组织。黑克尔特同志昨天指出，工业企业中现存的共产党支部都应该超越企业范围而成为产业组织；在德国，一些主要是在革命时期产生的、隶属于不同派别的联合会正朝此目标努力，并且，它们的这个目标也提得更加明确。刚才我提到的旧矿工工会，就其整个组织结构和整个倾向而言，完全不同于早期的组织。它同反动势力、同阿姆斯特丹分子势不两立，努力建立能够管理生产的机构。当然，这种机构目前还不是十全十美，但是，随着革命的发展，它们会愈来愈健全，愈来愈巩固。比如，这个矿工工会至今仍坚信"合法的"工厂委员会是革命的工具；但是，随着革命的发展，矿工建立的工厂组织和生产组织迟早会相信，苏维埃法是地地道道的欺骗工具。

与德国共产主义工人党密切合作的全德工人联合会从一开始就提出，当前，工会必须改弦易辙，必须彻底改组，必须改变斗争方法。全德工人联合会断然摒弃了工会以往所鼓吹的斗争方法。联合会章程规定，加入工厂组织的必要的首要前提是承认无产阶级专政。其次，章程指出，凡是愿意成为联合会会员者，必须放弃参加议会选举这一陈旧过时的政治武器。联合会把原来的工厂支部建成苏维埃，将来到了革命阶段，这种苏维埃就是政权机关，它将率领无产阶级群众进行斗争。同志们，这种苏维埃和我们1919年初即革命后在德国所看到的那种冒牌苏维埃毫无相同之处。它没有被资本主义国家的法律缠住，它也不是那种依照工业苏维埃而有责任增加生产、维持企业秩序和安宁的机关；它深入工人群众，亲自从事机床操作，率先开展日常的斗争，它代表本企业所有工人的意志。它拥有坚实的群众基础，并为群众指引斗争的方向。同志们，到了斗争时期，这种苏维埃必将成为群众所拥护的机关。我们必须创造前提，以使德国在1918年成立工兵代表苏维埃时所出现的情形不再重演。那时候，德国无产阶级还不懂得苏维埃思想，他们只是模模糊糊地知道苏维埃思想是从俄国传入德国的。但是，在当今革命时代，我们如不事先设法建立这种苏维埃，不设法为群众具体指明他们应走的道路，那么，无产阶级在未来的革命浪潮中就有再次被出卖的危险，并且他们会认为我们没有能力建立为巩固胜利而必须建立的组织。同志们，这就是为什么我们必须普遍建立这种机构的原因。不只是在德国要这样办，现在，在高度发达的资本主义国家中也都在这样办。英国有车间代表委员会，这种组织同英国工联主义者势不两立。诚然，这种组织的影响目前还不大，因为它毕竟是一个工人组织，它既要对付工会官僚，又要对付整个政府当局。现在，旧工会几乎都已变成了政府机关，受到政府的大力保护。在德国中部的革命战斗结束之后，大企业中的工人迫于企业主的压力，不得不加入工会组织，否则就不被雇佣。总之，情况到处是如此。但是，有的同志却坚持认为，只要把共产主义精神灌输给工会，就可以从内部把工会争取过来。这是一种糊涂观念，是我们所不能同意的。我们坚信，实践将证明我们是对的；我们深信他们的主张是行不通的。当前，我们要建立的组织一定要有能力把捍卫资本主义国家的一个一个的堡垒彻底摧垮。

　　同志们！国际工人运动即国际共产主义运动，应当把自己的全部注意力都集中到这一点上。只要它不想犯错误，只要它清楚地了解资本主义国家的情况，它就一定会采取这一方针，因为只有采取这一方针，它才能保住取得的政权。我们看到，迄今为止，所有工会的任务仍然主要是抹杀日益尖锐的阶级矛盾，回避阶级矛盾，目的是愚弄工人阶级。因此，我们就更有必要通过实践向工人证明，现在就有条件建立这种机构，而这种机构也可以通过实践向工人指明苏维埃制度的实质及其任务和组织结构。这在旧工会内部是绝对做不到的。我们所设想的工会，将建在工厂、企业，建在工人生产第一线，它将形成一个大的整体。在这个整体中要发动工人实际工作，即建设自己的组织，要敦促他们都来关心工会的共同发展及其各项工作。同志们！要想通过建立产业工会中央领导机构，即通过自上而下实行中央集权制来实现这一点，是不可能的；只有建立能保证群众的意志，即觉悟高的产业工人群众的意志，发挥自下而上的作用的工会，才能做到这一点。在这个整体中，我们要通过生产过程教育工人，使他们成为真正的革命工具。这种工会不能建立在自上而下的集中制上面。在大企业中，工人加入工厂组织，他们自己选举苏维埃，即选举维护自身利益的机构。黑克尔特同志昨天说，我们共产主义工人党拒绝参加工人的日常斗争，说我们历来只追求大目标。

我们作为共产党人不应当向工人群众提出这类**日常斗争**的口号,这类口号应由企业中的工人自己提出来。我们应当经常告诉工人群众,光解决日常的困难并不能改善工人的状况,更不会使资本主义社会瓦解;我们作为共产党人,有责任经常向工人群众指明大目标——消灭资本主义,建立共产主义社会。但是,我们共产党人也有责任参加日常的斗争,并起先锋作用。总之,同志们,我们不否定这种日常的斗争,不仅如此,我们在这一斗争中还起着先锋的作用,我们向群众指明通往崇高目标即共产主义的道路。

这就是各国共产党和工人组织中的共产主义派别所应完成的任务。

我们知道,这种经济组织极容易陷入机会主义的泥潭。我们到处看到,这种经济组织由于缺乏对终极目标的认识而面临着危险。不仅德国工会是如此,而且别国工会也是如此,即使它们已经脱离旧工会的领导机关而走上了革命道路。例如,意大利工人占领了工厂,世界产业工人协会坚决反对搞政治斗争;这种经济组织到处都在蜕化。共产党人就要用革命精神、共产主义精神去占领这些工会,使其不陷入机会主义的泥坑。我们对亲自参加日常斗争的理解是:哪里有斗争,共产党人就要在哪里冲锋陷阵。

同志们!建立这种工厂组织,不能也不应忽略一点,即一定要把工厂组织联合成一个大整体,一个坚强砥柱。要在各地、各州,要在全国普遍建立这种工会组织,这样,苏维埃制度的基础便能在资本主义社会内部逐渐建立起来。而有了这个基础,苏维埃制度也就能建立和巩固起来(即使只是初步的),同时,有了实践经验,工人也能了解苏维埃制度是怎么一回事。只要这样坚持下去,只要教育工人阶级,使之成为推翻资本主义国家和建立共产主义社会的工具,就不愁没有革命的必要前提,而且,待到进行革命时,我们就不会两手空空,因为那时工人阶级已经真正有了使命感。我们有责任促进这种组织的发展,要努力用共产主义精神去占领它们。(舒尔茨喊道:"十足的'迪特曼主义'!")舒尔茨同志,我不明白我的话什么地方与迪特曼有共同之处?我们看到,参加红色工会国际代表大会的各国组织一心一意要加快世界革命,一心一意要在群众中传播革命精神,一心一意要推翻资本主义社会,目睹这一切,我们就应该想想办法,按照统一的原则把这些群众团结起来,同时,给他们以充分的余地,以便他们根据本国的特殊条件,发挥独立自主精神。各国的运动不尽相同,各地的倾向和发展条件也千差万别。譬如,世界产业工人联合会成员加入旧工会,这说明,在美国非如此不可,然而,在加入旧工会的同时,他们却拥有特殊的革命组织,这个革命组织才是运动的核心。

但是,当前德国的情况就完全不同。既然德国统一共产党的同志承认(我们坚信,他们也必须承认)争取工会是妄想,是不可能的,那他们就必须承认**非走别的路不可**。尽管有250万—300万德国工会会员表决通过了关于参加莫斯科即参加红色工会国际的决议,但是,只要他们不摆脱其领袖的控制,这项决议就毫无意义。在形式上对莫斯科表示一番好感,是毫无用处的。只要他们不彻底脱离旧工会,我们就敢说,别看这些工人凭一张选票或举手表示赞成参加莫斯科的行列,一到决战时刻,他们就会听从他们的旧领袖。黑克尔特同志,这种情况我们在开姆尼茨见到过,你对那里的情况很了解,假如你另有见解,就请拿出证据来。同志们!事态发展得很快。如果我们认为革命即将来临,那我们一定要采取行动,否则会措手不及。只说有一部分工会会员已经参加红色工会国际,我们认为,还不足以证明建立共产党支部这个办法就能使群众革命化。我们热切期待为我们提供其他证据。

在工会已经直接成为资本主义的强大支柱的国家里,要想使工会革命化,这在目前是根本不现实的。任何这样的尝试都注定要失败。假使900万—1000万德国工会会员已经革命化,假使德国工会已经成为革命的机构，那他们今天就能把政权真正拿到手；假使他们已经站在我们一边，那他们随时都能把握时机，在德国推翻资本主义社会，掀起革命，从而促进世界革命。然而，我们到处看到，旧工会完全无能，因此，出于革命利益，我们要求除掉旧工会。正像革命前我们不得不除掉旧政党一样，在取得革命胜利之前，我们也不得不除掉旧式经济组织即旧工会。

同志们！如果说在高度发达的资本主义国家中工会的垮台，工会内部的斗争至今仍不明显，如果说我们对此至今尚不重视，那是因为这些国家的革命着眼点与其说是经济方面的，不如说是政治方面的。我们看到，当前，经济问题越来越突出，斗争的经济基础越来越明显，因而工会瓦解与垮台的过程也越来越快。我们看到，在英国和德国，工会官僚在战时所犯的罪过不亚于革命前各政党所犯下的罪过，但是，这些国家的工会瓦解得并不那么快，究其原因，是没有对工会提出特别多的要求。同志们，我的意思绝不是说政治组织已经完成了自己的任务。我不希望大家这样理解我的意思。但是，我已经说过，现在我们处处看到，经济问题已经相当突出，相当尖锐。既然革命前的工会不能解决革命任务，那就必须把这些工会除掉。

总之，在工会问题上，我们和到会的多数同志有严重分歧。我们坚决主张把旧工会除掉，这并不是因为我们一时心血来潮，而是因为德国以及其他国家（例如最近在英国）的整个革命发展过程使我们坚信，必须毫不迟疑地建立能够掌管生产的机构。我们这样主张是出于革命的利益，也是为了推动革命进一步地向前发展；否则这些国家的革命就将倒退。我们注意观察各个国家经济形势的发展，从中得出指导我们行动的必要的结论。我们只要认真估计形势，只要采取这一方针，就能为革命真正出一把力，就能建立起预备机构，将来革命成功之后，这种机构就成为无产阶级专政的堡垒。别的出路是没有的。要取得革命的胜利，就不能让反革命的旧工会继续存在下去，更谈不上从内部把它整垮，而要努力建立平行的革命组织，以推翻资本主义，实现共产主义。

埃尔斯曼（澳大利亚）：

同志们！我从季诺维也夫同志的报告中知道，第三国际即共产国际并不打算控制工会，这使我十分满意。倘若第三国际不让工会自由地发展，那我们澳大利亚同志是不会同意的。但是，我的意思绝不是说不必对工会施加影响；对工会施加影响是必要的，但是方式不同。

如果我向大家讲讲澳大利亚所做的一切，那我相信，我们的许多德国同志会承认，在工会组织方面，除俄国之外，澳大利亚是做得最好的一个国家。我是根据其他国家有关这方面的可靠材料作出这种论断的。今天早晨我收到一个消息：澳大利亚工会于6月初召开的第一次代表大会作出了参加红色工会国际的决定。我想，这是第一个宣布参加红色工会国际的国家。

在我动身之前，即3月份，共产党人估计他们将在这次代表大会上共获得45%的票。现在我们看到，三个月后的今天，他们获得的票数达40%，即约占代表大会总票数的85%。

可见，我们澳大利亚的情况与其他许多国家的情况有很大的不同，所以我们有理由向我们的德国共产主义工人党的朋友们证明，旧工会不是不可救药的。所谓旧工会即"行业工会"已经全盘采纳了关于逐步按生产部门成立工会，即成立革命产业工会的建议。旧工会在向新型的组织过渡时，除作出决议之外，还将决议付诸实施。现在，澳大利亚共有20多万个现代化工业企业已加入"统一大工会"，成为这个大工会的组成部分和细胞。

但是，澳大利亚的"统一大工会"不同于其他国家通常所理解的那种工团主义性质的大工会。它不具有工团主义性质，它承认工会国际的各项原则。努力把工会运动引向共产主义,这项工作我们才开展不久。近几个月,我们在工会领袖中间进行了清洗。同志们,我想说说我国的情况。也许你们中间不少人对此不感兴趣,但是我要指出,在澳大利亚,议会成了清洗工会的工具。事情是这样的。在澳大利亚,每个州有两个议会,加上一个全国议会,共约有14个议会。除维多利亚州以外,在所有的州都是由工党组成工人内阁。近25年来,你们可以不止一次、两次而是多次地看到,工党执政的次数多于民族党。这说明什么呢?这说明,只要你是工会运动的正式领导人,你就会自动地从工会行列上升到议会中去。结果,我们的领袖都力图接近群众,他们深知,他们借此能够谋到比领导工会更为轻松愉快的差使。[①] 后来,即在1917年至1920年期间,澳大利亚的工会运动停滞不前了。它虽然没有彻底垮台,但是一日不如一日,究其原因,主要是内部争吵不休;其次是,1917年末爆发了大罢工,这次大罢工由新南威尔士州一直波及到维多利亚州,并以大批罢工工人遭迫害和拘捕等等而告终。许多领袖被捕入狱。在以后的几年中,我们致力于营救领袖的工作。那几年,革命运动实际上不存在了。当我们的领袖获释时,我们认识到,我们在工会运动方面必须迎头赶上其他国家,当时的工会领袖对欧洲工会运动的发展十分了解,他们也清楚地认识到,如果参加当时的工党,那他们很快就会完蛋。他们明白,澳大利亚的革命运动正在高涨,假如他们愿意革命和相信革命的话,他们就只能站到共产党一边。于是,这些工会领袖于1920年成立了共产党。根据今天早晨收到的消息判断,他们已经出色地完成了自己的任务,因为在今年召开的第一次工会代表大会上获得了多数票。请注意,工会代表大会不是革命工会召开的,而是工党召开的。工党感到内部分崩离析,于是为把群众重新吸引到自己一边来,便

---

① 原文如此。——译者注

召开工会代表大会,并提出一个把过去的工会同工党联结在一起的纲领。但是,共产党人也机警地注意并恰当地估计工会的作用。尽管以往世界产业工人联合会对工会起过重大的影响并做了大量的鼓动工作,但实际上并没有起任何作用。共产党人反而利用其影响达到了自己的目的。我想,如果本次代表大会就这个问题作出决议,那决议肯定会与季诺维也夫同志的报告提纲相吻合。

我再谈一个问题,谈完之后,我就结束我的发言。这就是中立问题。我认为,这个问题甚至不值得一提,是一个荒唐的问题。我要进一步地指出,坚持这一主张的人不懂得,他们迟早会被赶出中立这个避难所,而不得不向右转或向左转。那何不今天就作出选择呢?何苦要等到被赶出的那天才作选择呢?目前工人的立场很坚定,即使在社会革命临近的时刻,他们的这一立场也决不会改变。既然如此,我希望,在代表大会闭幕之前,我们的工团主义者朋友们和德国共产主义工人党能明白:他们应当留在旧工会中,他们在旧工会中大有用武之地,经过他们的努力,我们必能取得圆满的结果。

主席柯拉罗夫:

工会代表大会的下次会议定于明晚 7 时举行。共产国际代表大会的下次会议定于明天上午 11 时举行。议程是:列宁同志作关于俄共策略的报告。

(会议于午夜 12 时结束)

第十七次会议

（1921年7月5日中午12时）

庆贺克拉拉·蔡特金六十五寿辰

主席洛里欧：

在正式开会之前，即列宁同志作关于俄国形势报告之前，我有责任报告大会：今天是我们敬爱的克拉拉·蔡特金同志六十五寿辰。（热烈鼓掌）由德国代表团成员黑克尔特同志致贺词。

黑克尔特：

同志们！德国代表团很高兴地履行这项义务。我们代表团中有一位为社会主义而奋斗的老战士——克拉拉·蔡特金同志，今天是她六十五寿辰。蔡特金这个名字对整个工人国际来说是一个特殊纲领。蔡特金不是在晚年，而是在青年时代就参加社会主义运动，她怀着一颗年轻火热的心投入了工人运动，她至今仍是工人运动的一位忠诚的、忘我的战士。

蔡特金的一生是战斗的一生；资本主义国家的暴君迫害过她，资产阶级诽谤过她，甚至连她的一些老战友也诽谤过她。在反社会党人法迫害工人阶级，迫害英勇反对旧普鲁士、反对旧德意志的工人阶层的漫长岁月中，我们的老同志蔡特金也始终站在斗争的前列。反社会党人法废除后，在德国社会民主党内出现了右派，蔡特金同志就毅然转到该党的左翼一边。她是一位坚决反对修正主义思想的英勇战士；修正主义运动刚一出现，她就和罗莎·卢森堡、弗兰茨·梅林及其他同志一道，以笔为武器，为国际激进派效力，正是她慷慨激昂地批判了伯恩施坦的思想，也正是她在很长一段时间内，支持了卡尔·考茨基在德国社会民主党内所采取的激进立场。大战前不久，在真正的左派在德国社会民主党内明显形成之后，蔡特金就站到左派一边。她的心始终在真正的战斗的无产者一边。她一贯地、全心全意地站在无产阶级的战斗部分一边。她从不半途而废。大战爆发后，蔡特金作为《平等报》编辑，采取了反对德国社会民主党人，反对极端爱国主义，反对社会爱国主义的立场，从而为四分五裂的无产阶级的重新联合廓清了道路。自大战爆发之日起，她就为促进无产阶级革命的胜利而努力联合革命工人。大战期间，德国社会民主党分裂后，左翼形成了，她就立即加入了左翼，并与之一道战斗。战后，即革命时期，蔡特金加入斯巴达克联盟，成为我们的优秀领袖之一，成为当时还弱小的德国斯巴达克运动的英勇领导人之一。不久，德国统一共产党成立，她当选为中央委员会委员，成为这个党的杰出领袖之一。

在这次代表大会上，我们看到，由于蔡特金在一些问题上改变了方针，因而在德国统一共产党现任中央委员会和她之间产生了重大分歧。但是，观点的分歧丝毫也没有使我们对她个人产生敌意。这也是理所当然的，因为我们太敬重我们的这位老战友了。

我们深知，她对我们的运动作出了重大的贡献，我们知道，从一开始，她就坚定地和我们站在一起，我们也深知，她将永远站在无产阶级群众一边。我们希望——岂止希望，我们坚信——她是会和我们站在一起的；我们深知，我们彼此之间在某些问题上的分歧不会长久存在下去。我认为，共产国际和德国代表团一道仍将长期认为蔡特金同志是工人运动左翼的英勇战士。她必将成为无产阶级大军的红色将领，率领我们走向胜利。在这个意义上,我们谨向克拉拉·蔡特金同志表示衷心的祝贺,并请大会全体代表和我们一起向她庆贺。

(全场热烈赞同,长时间鼓掌)

克拉拉·蔡特金(德国共产党):

同志们!你们颂扬我的功劳,称赞我个人,使我很为难。你们批评我,我反倒很高兴,因为我想到我能以自己的战斗行动为真理服务,促使革命进一步发展。但是,你们一表扬我,我就很不安,因为我想到了我要做而没有做到的事情。我深知,生活给了我一切,革命思想给了我一切,可惜,我对革命还有欠债,因为心有余而力不足。同志们!我所做的一切都是理所应当的。我是凭着一颗赤诚的心来行事的,根本不值得赞扬。我就是我,我只能这样行事。怎能因为江河向前奔流,就赞扬它?怎能因为鸟儿歌唱,就赞扬它?这都是自然而然的事情。我为革命事业服务,也是出于内在的必然。(全场热烈赞同)

黑克尔特同志刚才赞扬了我一番,对此,我不想说什么。但是,有一点我认为我不能不说说。我能有今天,我能有成绩,这主要归功于德意志的理论,至于实践,我是向历史学习的,也是模仿我们的法国和英国兄弟的。而我能够立志为革命奋斗——请允许我丝毫不带资产阶级意味地借用一个用语——我能够树立革命道德,这要归功于俄国革命家、俄国社会民主党和布尔什维克。因此,我要终生感激他们。我能有这样的情操,我能有献身革命的这种毅力,这首先是因为从70年代起,我就同俄国革命保持着亲密的联系。

请允许我再谈一点。此时此刻我不能不怀念罗莎·卢森堡,她永远活在我的心中。我所经历的一切,我所做的一切,都是和她分不开的。我为她已离开人世而感到悲痛。

同志们!我太激动了,说不出什么豪言壮语。我只想表示一点,我有一个夙愿,那就是:在我离开人世之前,我要努力工作,争取看到德国革命的胜利,如有可能的话,也争取看到其他国家革命的胜利,我们大家都应当为此而努力。(热烈赞同)我为之工作,为之奋斗的目标只有一个:实现无产阶级革命,取得革命无产阶级的胜利!(全场热烈赞同,长时间鼓掌)

洛里欧:

敬爱的克拉拉·蔡特金同志!我很幸运,能在德国代表团致贺词之后,代表大会全体同志向您表示兄弟的情谊。

敬爱的蔡特金同志!我不善于使用华丽的词句,我要尽量用普普通通的话来表达,因为我深信,肺腑之言最能表达我们大家的情感。

今天,是在这里举行会议的整个共产主义大家庭的一个节日。我们正在为准备革命而紧张地工作,临时中断一会儿工作,为的是当面向您表示庆贺,庆贺您的光辉而崇高的一生。黑克尔特同志简要地叙述了您生平各个时期,但是,敬爱的蔡特金同志,唯独您一个人知道,这43个艰苦奋斗的春秋充满了欢快的喜悦和痛苦的眼泪,使您操碎了心。

您刚才站在这个讲台上,提起您的忠诚的同志——已故的罗莎·卢森堡和卡尔·李卜克内西。的确,只有您才有资格说出这些回忆对于您意味着什么,说出与您的43年斗争历史相联系的事情,也就是您在斯图加特、哥本哈根以及其他地方所从事的艰苦卓绝的工作。这都已经成为遥远的过去了!我们铭记您站在革命运动的左翼立场上,为反对旧社会民主党的倾向而进行的斗争,但是我们更要提到您在大战期间所从事的工作。您是无产阶级国际主义者,国际无产阶级对您在艰苦的战争岁月中所做的工作不能不表示衷心的感谢。无产阶级也没有忘记,几乎就在大战前夕,正是您在由您支持召开的伯尔尼代表大会上唤起了许多国家的妇女,使他们说出了当时误入歧途的无产者没能说出来的话。我不想——描述大战期间各个斗争的阶段,我只想说说我们法国共产党人特别难忘的一件事。

在图尔代表大会召开之前,我们得知您要光临我们的会议,但是,我们对您能否成行,缺乏信心。我们知道法国警方对您了如指掌,他们未必能让您进入法国。我们知道,他们决不准许您入境。但是,我们也知道,您是一位能应付警察的人。后来,当大家得知您已经进入法国国境的时候,当我们在法国本土欢迎您的时候,我们是何等的高兴,而资产阶级是何等的惊慌。

敬爱的蔡特金同志!您为之效力多年、为之作出重大贡献的革命事业方兴未艾。俄国革命的胜利、德国革命的明显发展以及我们同志们的努力,使我们不仅看到,而且坚信:您,敬爱的蔡特金同志,也一定能看到您的事业终于成功。革命正在全速发展。您生前一定能看到您的工作成果:世界无产阶级的彻底解放!这就是我们对您的全部祝愿。(热烈欢呼)

主席洛里欧:

请列宁同志作关于俄共策略的报告。

列宁作关于俄共策略的报告①

同志们!老实说,我没有可能很好地准备这个报告。我的《论粮食税》的小册子②的译本和关于俄国共产党策略的提纲③,这就是我所能系

---

① 列宁作报告用的是德语。见《列宁全集》中文第2版第42卷第38—56页。——译者注
② 见《列宁全集》中文第2版第41卷第192—233页。——编者注
③ 见本卷收录的《俄国共产党(布尔什维克)的策略(提纲)》。——编者注

统地加以准备的一切。现在，我只想对这个材料作一些解释和说明。

要论证我们党的策略，我认为必须从说明**国际形势**开始。我们已经详细讨论了国际范围内资本主义的经济形势，大会也已就这个问题通过了一定的决议①。我在提纲中只是很简略地谈到这个问题，而且完全是着眼于政治的。我没有谈到经济基础，但是我认为，关于我们共和国所面临的国际形势，从政治上说，应当考虑到这样一个事实：现在无疑出现了一种均势，这是为了维护各自的领导阶级的统治而手执武器公开进行斗争的力量之间的均势，是资产阶级社会即整个国际资产阶级与苏维埃俄国之间的均势。当然，所谓均势，也只是从一定的意义上说的。我认为，仅仅是在军事斗争方面国际形势中出现了某种均势。当然，必须强调指出，这里所说的只是一种相对的均势，一种极不稳定的均势。资本主义国家也和那些到目前为止都被看做历史的客体而不是历史的主体的殖民地和半殖民地国家一样，积聚了很多易燃物。因此在这些国家里迟早会突然发生暴动、大的战斗和革命。这是完全可能的。近几年来，我们看到国际资产阶级直接同第一个无产阶级共和国进行斗争。这场斗争曾经是整个世界政治局势的焦点，而现在正是在这方面发生了变化。由于国际资产阶级扼杀我们共和国的企图未能得逞，目前出现了一种均势，自然，这是一种极不稳定的均势。

当然，我们很清楚，国际资产阶级现在比我们共和国强大得多，完全是由于各种情况的特殊组合他们才无法继续对我们进行战争。最近几个星期，我们在远东又看到了新的侵略尝试②，毫无疑问，这种尝试今

---

① 指本卷收录的《世界形势和我们的任务（提纲）》。——编者注
② 指1921年5月26日，符拉迪沃斯托克（海参崴）的白卫分子在日本干涉军的支持下推翻远东共和国滨海州公署的事件。远东共和国人民革命军击溃了白卫军，于1922年10月25日解放了符拉迪沃斯托克，日本军队被迫从远东共和国撤退。——译者注

后还会有。对于这一点，我们党是没有任何怀疑的。我们在思想上必须明确：目前存在着一种不稳定的均势，我们应当利用这个喘息时机，注意目前形势的特点，使我们的策略适应这种特点，同时一分钟也不忘记武装斗争仍然可能突然发生。组织红军和加强红军的力量仍然是我们的任务。在粮食问题上，我们仍然应当而且首先应当考虑我们的红军。在目前国际形势下，既然还要防备国际资产阶级的新进犯和新入侵，我们就只能这样做。国际形势中出现某种均势的事实对我们的实际政策具有一定的意义，但这只是说明，我们必须承认，虽然革命运动向前推进了，但今年国际革命并没有像我们所期望的那样直线发展。

当初国际革命是由我们来开头的，我们这样做，并不是由于我们相信我们能够使国际革命的发展提前，而是因为有许多客观情况促使我们这样做。我们曾这样想：或者是国际革命将会援助我们，那我们的胜利就有充分的保证；或者是我们将做自己的一份小小的革命工作，即使遭到失败，我们为革命事业仍然尽了力量，我们的经验可供其他国家的革命借鉴。我们懂得，没有国际上世界革命的支持，无产阶级革命是不可能取得胜利的。还在革命以前，以及在革命以后，我们都是这样想的：要么是资本主义比较发达的其他国家立刻爆发或至少很快爆发革命，要么是我们灭亡。尽管有这种想法，我们还是尽力而为，做到不管出现什么情况无论如何都要保住苏维埃制度，因为我们知道，我们的工作不仅是为了自己，而且是为了国际革命。这一点我们是知道的，我们在十月革命以前、在十月革命刚胜利的时候以及在签订布列斯特-里托夫斯克和约时期，都一再表示了这种信念。这样想总的说来是正确的。

可是实际上运动并没有像我们所期望的那样直线地进展。直到目前，在资本主义特别发达的其他大国中，革命还没有到来。诚然，革命正在全世界发展，这一点我们可以满意地肯定下来。正因为如此，国际资产阶级不能扼杀我们，虽然他们在经济上和军事上比我们强大

百倍。(鼓掌)

在提纲的第2条里,我对这种局面是怎样形成的以及我们应当从这里得出什么结论等问题作了考察。现在要补充的是,我从这里得出的最后结论是这样的:我们预言过的国际革命正在向前发展。但是,这种前进运动并不是我们所期望的那种直线运动。

一眼就可以看出,在缔结和约以后,无论这个和约怎样不好,其他资本主义国家的革命没能爆发起来,尽管我们知道这些国家里革命的迹象很多很明显,甚至比我们所想象的要多得多和明显得多。现在出现了一些小册子,从中可以看到,近几年来和近几个月来,这种革命迹象在欧洲比我们所预料的要明显得多。那么现在我们应当怎么办呢?现在必须在先进的资本主义国家里为革命扎扎实实地进行准备,并深入研究它的具体发展情况。这就是我们应当从国际形势中得出的第一个结论。对于我们俄罗斯共和国来说,我们必须利用这一短暂的喘息时机,使我们的策略同历史的这种曲折发展相适应。这种均势在政治上很重要,因为我们清楚地看到,在许多西欧国家里,广大的工人阶级群众,很可能大多数居民,都已经被组织起来,正是在这些国家里,资产阶级的主要支柱恰恰就是工人阶级中那些加入第二国际和第二半国际的敌对组织。这一点我在提纲的第2条中已经加以说明,我想,在这里我应当谈一谈我们在策略问题的讨论中已经阐明了的两点。第一,争取无产阶级的大多数。在资本主义发达的国家里,无产阶级愈有组织,历史就要求我们愈加扎实地进行革命的准备,我们就应当愈加扎实地争取工人阶级的大多数。第二,在工业发达的资本主义国家里,资本主义的主要支柱恰恰是工人阶级中加入第二国际和第二半国际的那一部分。假如国际资产阶级不依靠这部分工人,不依靠工人阶级内部的这些反革命分子,那它要支撑下来是根本不可能的。(掌声)

这里我还想强调一下**殖民地运动**的意义。在这方面我们发现,一切旧的政党，第二国际和第二半国际的一切资产阶级和小资产阶级工人政党，都还有原来那种感伤的观点的残余，说什么它们无限同情被压迫的殖民地半殖民地人民。殖民地国家的运动仍然被看做一种无足轻重的和非常平和的民族运动。但事实并非如此。从20世纪初开始，这方面已经发生了很大变化：亿万人民——实际上是世界人口的绝大多数——现在已经成为独立的、积极的革命因素。十分明显，在未来的世界革命的决战中，世界人口的大多数原先为了争取民族解放的运动，必将反对资本主义和帝国主义。它所起的革命作用也许比我们所预期的要大得多。必须着重指出，我们已经首次在我们的国际内着手准备这个斗争了。自然，在这个广大的领域内，困难要多得多，但是不管怎样，运动在向前发展，殖民地国家的劳动群众——农民，虽然现在还很落后，但一定会在世界革命的以后各个阶段中起非常巨大的革命作用。（全场活跃以示赞同）

至于**我们共和国内部的政治形势**，那么，我必须从正确分析阶级关系入手。近几个月来，在这方面有一些变化，我们看到成立了一些新的、反对我们的剥削阶级组织。社会主义的任务是消灭阶级。站在剥削阶级队伍最前列的是大地主和工业资本家。在这里，破坏工作是轻而易举的，只消几个月，有时甚至几个星期或几天，就能彻底完成。我们在俄国已经剥夺了剥削者——大地主和资本家。在战争时期，他们没有自己的组织，他们只是作为国际资产阶级军事力量的走卒进行活动。现在，当我们击退了国际反革命势力的进攻以后，俄国资产阶级和俄国一切反革命政党都在国外建立了组织。流亡世界各地的俄国侨民有150万或200万人。他们差不多在每一个国家里都出版日报，所有的地主政党和包括社会革命党和孟什维克在内的小资产阶级政党都与外国资产阶级分子有着千丝万缕的联系，即从他们那里获得足够的金钱来维持出版物。我们可以看到，在国外，我国先前的所有政党都在通力合作。我们还看到，在国外，俄国的"自由"报刊，从社会革命党人和孟什维克的起到最反动的君主派的止，怎样在为大土地占有制辩护。这在某种程度上使我们易于完成我们的任务，因为我们可以比较容易地看出敌人的力量、他们的组织程度以及他们营垒中的政治派别。另一方面，这自然也增加了我们工作的困难，因为这些俄国反革命流亡者正用各种办法进行准备来同我们作斗争。这种斗争再一次证明，整个说来，统治阶级的阶级本能和阶级意识仍然比被压迫阶级的自我意识强烈，尽管在这方面俄国革命所做的工作要比过去的一切革命都多。在俄国，没有哪一个村庄的人民和被压迫者不曾受到震动。尽管这样，只要我们冷静地估量一下国外的俄国反革命流亡者的组织程度和他们的观点在政治上的鲜明程度，我们就会相信，资产阶级的阶级意识仍然比被剥削和被压迫者的阶级意识强烈。这些人采用各种办法，巧妙地利用各种机会，妄图通过这样那样的形式进攻和打垮苏维埃俄国。密切注视俄国反革命势力的主要意图、主要的策略手法、主要的派别，对我们是大有教益的，我想外国同志一定会这样做。俄国反革命势力主要是在国外活动，外国同志观测他们的活动不会有多大困难。在某些方面我们应该向这些敌人学习。这些反革命流亡者消息灵通，组织周密，善于谋划。我想，系统地比较和研究他们是怎样组织起来的，是怎样利用这种或那种时机的，从宣传的角度来看对工人阶级会有很大的教育作用。这不是抽象的理论，而是实际的政治。从这里可以看出敌人已经学会了什么。俄国资产阶级最近几年遭到了惨重的失败。有一句老话说得好：战败的军队善于学习。这支战败的反动军队学会了很多东西，学得非常好。他们如饥似渴地学习，也确实获得了很大成绩。当我们一举夺得政权的时候，俄国资产阶级还没有组织起来，政治上还不成熟。现在，我认为他们已经达到了当代西欧的发展水平。我们必须估计到这一点，必须改善我们自己的组织和方法，我们将全力做到这一点。战胜这两个剥削阶级对我们来说是比较容易的，我想，对将来其他国家的革命来说也不困难。

但是，除了剥削者阶级以外，一切资本主义国家——也许英国除外——几乎都存在着小生产者和小农阶级。现在，革命的主要问题就是要同这最后的两个阶级作斗争。为了摆脱这两个阶级，必须采取其他办法，不同于对付大地主和资本家的办法。对于大地主和资本家这两个阶级，我们可以干脆加以剥夺，把他们赶走。我们也已经这样做了。但是，对于最后两个资本主义阶级，也就是对于所有的国家都存在的小生产者和小资产者，我们却不能这样做。在多数资本主义国家里，这两个阶级是一个很大的少数，约占人口的30%—45%。如果加上工人阶级中的小资产阶级分子，那就会超过50%。对于他们，不能剥夺或驱逐，必须采取其他斗争方法。如果我们把国际革命看做一个统一的过程，从国际观点看来，现在在俄国开始的这个时期的意义实质上就是我们必须从实践上解决俄国无产阶级同最后一个资本主义阶级的关系问题。在理论上，一切马克思主义者已经很好地很容易地解决了这个问题。但理论和实践是两个不同的东西，从实践上解决这个问题和在理论上解决这个问题决不是一回事。我们很清楚，我们犯过很大的错误。现在我们想确定掌握国家政权的无产阶级应当怎样对待最后一个资本主义阶级，怎样对待资本主义的根深蒂固的基础即小私有制，怎样对待小生产者，——从国际观点来看，这是一个很大的进步。现在，实践已经向我们提出这个问题。我想我们一定能够解决这个课题。不管怎么说，我们现在创造的经验对于其他国家未来的无产阶级革命是会有用的，它们定能把解决这个问题的技术准备做得更好。

我在提纲里就是试图分析**无产阶级同农民的关系问题**。一个只有无产阶级和农民这两个阶级的国家，这在历史上还是第一次出现。农民占人口的大多数。自然，农民是很落后的。在革命的发展中，掌握政权的无产阶级同农民的关系实际上是怎样表现的呢？最初的形式是联盟，紧密的联盟。这是一项很困难的任务，但不管怎样这在经济上和政治上是做得到的。

在实践中我们是怎样处理这个问题的呢？我们和农民结成了联盟。我们是这样理解这个联盟的：无产阶级使农民摆脱了资产阶级的剥削、领导和影响，把他们争取过来，以便共同战胜剥削者。

孟什维克却这样推论：农民占大多数，而我们是纯粹的民主派，因此多数应当决定一切。但是由于农民不能成为一支独立的力量，那实际上只能意味着让资本主义复辟。口号都一样：和农民结成联盟。但我们这样提，意思是加强和巩固无产阶级。我们设法实现了无产阶级和农民之间的联盟，而且第一个阶段是军事联盟。三年内战造成了巨大的困难，但它在某些方面却使我们的任务易于完成。这听起来也许奇怪，但却是事实。对农民来说，战争并不是什么新鲜事。反对剥削者、反对大地主的战争他们是完全可以理解的。广大的农民群众是拥护我们的。尽管在发展水平上有很大差距，尽管我国农民多数不会读不会写，但我们的宣传却很容易为他们所接受。这证明广大群众（在最先进的国家里也一样）从自己的实际经验中学到东西比从书本上学到东西要容易得多。而我国农民容易接受实际经验，还因为俄国是这样辽阔广大，它的各个部分可以在同一个时间里处于不同的发展阶段。

反革命势力能够在西伯利亚和乌克兰暂时得逞，是因为资产阶级在那里得到了农民的支持，是因为农民反对我们。农民常常说："我们是布尔什维克，但不是共产主义者。我们拥护布尔什维克，因为他们赶走了地主；但我们不拥护共产主义者，因为他们反对个体经济。"反革命势力在西伯利亚和乌克兰能一度取得胜利，是因为资产阶级争取农民的努力获得了成功。但是没有多久农民就醒悟了。他们在短时间内就积累了实际经验，而且很快就改口了："是的，布尔什维克相当讨厌，我们不喜欢，但是他们总比白卫分子和立宪会议好。"在农民当中，立宪会议是一个骂人的字眼。不仅在觉悟的共产主义者当中是这样，就是在农民当中也是这样。他们从实际生活中体会到，立宪会议和白卫军是一回事，后者是紧跟着前者来的。孟什维克也利用和农民结成的军事联盟，但是他们没有想到，只有这种联盟是不够的。没有经济联盟，军事联盟就无法维持。我们不是光靠空气过活的；没有经济基础，我们和农民的联盟就绝对不能长期维持，经济基础是我们战胜我国资产阶级的基础，因为我国资产阶级是和整个国际资产阶级联合在一起的。

当然，我们和农民之间的这种经济联盟，基础是很简单的，甚至是粗糙的。农民从我们这里得到全部土地和对大地主作斗争的支持，而我们则应该因此得到粮食。这种联盟完全是一种新东西，它不是建立在通常那种商品生产者和消费者之间的相互关系上的。我们的农民对这一点的了解比第二国际和第二半国际的英雄们要清楚得多。农民心中想道："这些布尔什维克都是严厉的领导者，但他们毕竟是自己人。"这样，我们终于建立了新的经济联盟的基础。农民以自己的产品供给红军，而在捍卫自己的地产时得到红军的支持。第二国际的英雄们如奥托·鲍威尔之流总是忘记这一点，他们根本不了解实际情况。我们承认联盟最初的形式是很粗陋的，我们犯过很多很多错误。但是那时我们必须雷厉风行，必须绝对保证军队的供应。在国内战争时期，我们同俄国所有产粮区的联系都给切断了。我们的处境非常险恶。但是俄国人民和工人阶级在一无所有的情况下，全凭着争取胜利的顽强意志，居然经受住了这样深重的磨难和困苦，这几乎是一个奇迹。（全场活跃以示赞同，鼓掌）

国内战争结束以后，我们的任务毕竟不同了。如果国家的经济没有遭到七年连续不断的战争所造成的那样的破坏，无产阶级和农民的联盟也许能够比较容易地转到新的形式上去。可是，歉收、饲料缺乏等使国内本来就很严重的情况更加困难了。这使农民困苦到了无法忍受的地步。我们必须立即向广大农民群众表明，在决不离开革命道路的条件下，我们准备改变政策，使农民能够感到布尔什维克愿意不惜一切代价马上改善他们不堪忍受的状况。

这样，**我们在经济政策上作了改变**，把征粮制改成了实物税。这不是一下子想出来的。你们可以在布尔什维克的报刊上看到，一连好几个月刊载了许多建议，然而真正有效的方案却没有想出来。但这不要紧。重要的是我们完全是根据实际情况和由实际情况产生的必要性改变了我们的经济政策。歉收、饲料缺乏、燃料不足，这一切对于整个经济，包括农民经济在内，自然都有决定性的影响。如果农民不干活了，那我们就得不到木柴。而得不到木柴，工厂就不得不停工。由于严重的歉收和饲料缺乏，经济危机在1921年春季大大扩展了。这一切都是三年内战所造成的恶果。必须向农民表明，为了立刻减轻他们的困苦，我们能够而且愿意迅速改变我们的政策。我们常常说（在第二次代表大会上也说过），革命是要有牺牲的。有的同志在进行宣传时这样论证：我们是准备革命的，但革命不应过于艰苦。如果我没有弄错，那么这个论点是什麦拉尔同志在捷克斯洛伐克党代表大会上讲话时提出来的。我是从赖兴贝格《前进报》上的一篇报道中看到的。那里大概有一个稍微偏左的派别。因此，不能认为这家报纸是不偏不倚的。不管怎样我应当说，如果什麦拉尔确实说过这话，那他就错了。在那次代表大会上，继什麦拉尔之后发言的一些人曾说："对，我们将同什麦拉尔一道干，因为这样可以避免内战。"（笑声）假如这一切是真的，那我必须说，这样的鼓动不是共产主义的鼓动，不是革命的鼓动。自然，每次革命都会给进行革命的阶级带来巨大牺牲。革命不同于普通斗争的地方就在于投入运动的人要多出十倍百倍，就这一点讲，一次革命不仅仅对某些个人，而且对整个阶级都意味着牺牲。俄国无产阶级专政给统治阶级即无产阶级带来的牺牲和困苦在历史上是空前的，很有可能其他任何国家的革命将来也会是这样。

这里产生了一个问题：**我们怎样来分配这些生活困苦的负担呢？**我们代表着国家政权，在某种程度上我们能够分配这些负担，即把负担分摊在几个阶级身上，从而相对地改善居民中个别阶层的处境。但是我们应当根据什么原则行事呢？根据公平的原则还是根据多数的原则呢？不，我们应当讲求实际。我们应当以保住无产阶级政权为前提来进行分配。这就是我们唯一的原则。在革命开始的时候，工人阶级不得不忍受难以想象的困苦。现在我可以肯定地说，我们的粮食政策所获得的成就一年比一年大。一般说来，情况无疑是好转了。但是俄国农民从革命中获得的好处肯定要比工人阶级多。这是毫无疑问的。从理论上看，这自然表明我们的革命在某种程度上是资产阶级革命。当考茨基提出这个论据反对我们时，我们付之一笑。自然，如果不废除大土地占有制，不赶走大地主，不分配土地，那只能是资产阶级革命，而不是社会主义革命。然而，我们是唯一能把资产阶级革命进行到底并为进行社会主义革命创造有利条件的政党。苏维埃政权和苏维埃制度是社会主义国家的机构和制度。这些我们都已经建立了，可是农民和无产阶级在经济上的相互关系问题还没有得到解决。要做的事情还很多。这场斗争会得到什么结果，就看我们能否解决这个问题。总之，分配负担实际上是一个最棘手的问题。一般说来，农民的境况已经有所好转，而深重的苦难则落到了工人阶级身上，这正是因为工人阶级实行自己的专政。

我已经说过，1921年春由于饲料缺乏和歉收，占我国人口多数的农民极为困苦。不和农民群众建立良好的关系，我们就不能生存。因此我们的任务就是要赶快帮助农民。工人阶级的处境非常艰难，他们非常痛苦。然而，有高度政治觉悟的人却懂得，为了工人阶级专政，我们应当作出最大的努力，不惜任何代价来帮助农民。这一点工人阶级的先锋队是理解的，但是，在这个先锋队里还有人不能理解，他们由于疲劳过度而不能理解这一点。他们认为这样做是错误的，还用上了机会主义这个字眼。他们说，布尔什维克竟然帮助农民，可是农民是剥削我们的，他们要什么有什么，而工人却饿着肚子。难道这就是机会主义吗？我们帮助农民，是因为不和他们结成联盟就不可能有无产阶级政权，就谈不上保持政权。在我们看来，起决定作用的动机是考虑怎样才有利于达到目的，而不是公平分摊。我们帮助农民，因为这是我们保住政权所绝对必需的。专政的最高原则就是维护无产阶级同农民的联盟，使无产阶级能够保持领导作用和国家政权。

为了达到这个目的，我们发现唯一的办法就是**改行实物税**，这是斗争的必然结果。这个年度我们将第一次实行实物税。这个原则还没有经过实践检验。我们必须从军事联盟过渡到经济联盟。从理论上看，只有实物税才能成为经济联盟的基础。从理论上看，只有这样做才能给社会主义社会建立真正牢固的经济基础。社会化的工厂把产品交给农民，农民则以粮食来交换。在小农占多数或至少占很大一个少数的国家里，这是社会主义社会生存的唯一可能的形式，是进行社会主义建设的唯一形式。农民以纳税形式提供一部分产品，另一部分产品则拿去同社会主义工厂的产品交换，或者说去进行商品交换。

这里我们碰到一个最棘手的问题。不言而喻，实物税意味着**贸易自由**。农民在完税之后，有权拿自己的余粮去自由进行交换。这种交换自由意味着资本主义的自由。我们公开说出这一点，并且着重指出这一点。我们决不掩饰。如果我们想掩饰，那我们的情况就很不妙了。贸易自由就是资本主义自由，然而这是资本主义的一种新的形式。这就是说，我们在某种程度上重新建立资本主义。我们完全是公开这样做的。这就是国家资本主义。但在政权属于资本的社会里的国家资本主义和无产阶级国家里的国家资本主义是两个不同的概念。在资本主义国家里，所谓国家资本主义，就是资本主义得到国家的认可并受国家的监督，从而有利于资产阶级而不利于无产阶级。在无产阶级国家里，做法相同，但是这有利于工人阶级,目的是为了和依然很强大的资产阶级抗衡和斗争。不言而喻,我们必须让外国资产阶级、外国资本获得承租权。我们在丝毫不取消国有化的条件下把矿山、森林、石油资源租给外国资本家,以便从他们那里得到工业品、机器等来恢复我们自己的工业。

自然,在**国家资本主义**问题上,我们大家并不是一下子就意见一致的。但是关于这个问题,我们可以十分高兴地指出:我们的农民进步了,他们完全懂得我们目前进行的斗争的历史意义。经常有一些很纯朴的农民从遥远的地方跑来对我们说:"怎么回事?我国的资本家、说俄国话的资本家被赶走了,而外国资本家现在却要到我们这里来?"难道这还不能说明我们的农民已经进步了吗?对于有经济常识的工人是不需要解释为什么要这样做的。七年战争的破坏使我们的工业要很多年才能恢复。我们必须为我们的落后、我们的贫弱、我们正在学习和应当学习的东西付出代价。谁要学习,谁就得交学费。我们必须向大家、向每一个人讲清这个道理,只要我们能够在实践上证明这一点,那么广大的农民和工人群众就会拥护我们,因为这种办法能立刻改善他们的状况,能保证我们的工业得到恢复。是什么情况迫使我们这样做呢?我们并不是孤零零地生存在世界上。我们是……①生存在资本主义国家的体系中。一方面是殖民地国家,它们还不能帮助我们;另一方面是资本主义国家,它们是我们的敌人。现在形成了某种均势,很不可靠的均势。但我们还是应当考虑这个事实。我们要生存,就不应当闭眼不看这个事实。或者是立刻战胜整个资产阶级,或者是向他们缴纳贡赋。

我们公开承认,我们决不隐讳,国家资本主义制度下的租让是向资本主义缴纳贡赋。但我们赢得了时间,而赢得时间就是赢得一切,特别是在均势时期,当我们的外国同志正在扎实地进行革命准备的时候。革

---

① 在德文速记记录中,此处有"作为世界经济的一员"字样。——编者注

命准备得愈充分，胜利就愈有把握。可是在这以前我们不得不缴纳贡赋。

现在我简单地谈一谈我们的粮食政策。毫无疑问，我们的粮食政策制定得很粗糙，不完善。但是，我们也可以举出已取得的成绩。说到这里，我还必须再一次着重指出，大机器工业是社会主义唯一可能的经济基础。谁忘记这一点，谁就不是共产主义者。我们应当具体地研究这个问题。我们不能像旧社会主义的理论家那样提出问题。我们应当根据实际提出问题。现代化大工业意味着什么呢？它意味着**全俄电气化**。瑞典、德国和美国已经接近实现电气化了，虽然它们还都是资产阶级国家。一位从瑞典来的同志告诉我，那里很大一部分工业和30%的农业都已经电气化了。在资本主义更发达的德国和美国，我们看到电气化的规模还更大。大机器工业的含义不是别的，就是全国电气化。我们已经设立了一个由优秀的经济学家和技术人员组成的专门委员会。诚然，这些人在思想感情上几乎都反对苏维埃政权。这些专家都会走到共产主义的，不过不像我们那样要在20年的地下工作中不断地研究、温习和咀嚼共产主义的初步原理。

几乎所有的苏维埃政权机关都主张我们去请教专家。只要我们通过实践证明了这个办法可以提高我国的生产力，专家工程师们就会转到我们方面来。单从理论上向他们证明这一点是不够的。我们必须通过实践向他们证明这一点。如果我们不是依靠从理论上宣传共产主义，而是换一种方式，那么我们就能把这些人争取过来。我们说：大工业是使农民不再受穷挨饿的唯一手段。这是人人都同意的。但怎样才能做到这一点呢？在旧的基础上恢复工业，需要花的力气和时间太多了。我们必须使工业更加现代化，也就是说要向电气化过渡。电气化所需的时间要少得多。电气化计划我们已经制定好了。200多名专家都是兴致勃勃地从事这项工作，虽然他们并不是共产主义者，而且几乎所有的人无一例外都反对苏维埃政权。但是，他们从技术科学观点出发势必承认这是唯一正确的道路。当然，从计划到计划的实现还有很长一段距离。比较谨慎的专家说，完成第一期工程至少需要 10 年。据巴洛德教授计算，德国实现电气化只要三四年就够了。但对我们来说 10 年还嫌太少。我在提纲里举了一些具体数字，为的是让你们知道，直到目前为止，我们在这方面所能做的还多么有限。我所举的数字小得可怜，你们一看就知道，它们的宣传价值要大于科学价值。但是我们还得从宣传做起。参加过世界大战并在德国呆过几年的俄国农民在那里都看到，要战胜饥饿，应当怎样按现代化方法从事经营。我们应当在这方面进行广泛的宣传。这些计划本身还没有多大实际作用，可是鼓动作用却很大。

农民看到，现在必须创新。农民懂得，在这件事情上，不能各行其是，而应当由整个国家一起来做。在德国当过俘虏的农民看到而且认识到，生活，文明的生活，应当以什么作为实在的基础。12000 千瓦是一个微不足道的开端。熟悉美国、德国或瑞典电气化情况的外国人听了也许会笑。但是，谁笑在最后，谁笑得最好。就算它是一个微不足道的开端吧。但是，农民已经开始懂得，必须大规模地进行新的工程，而且新的工程已经开始进行了。我们需要克服巨大的困难。我们打算和资本主义国家交往。只要资本家帮助我们实现我国的电气化，我们不应当因为要给他们几亿公斤石油而惋惜。

最后，我稍微谈一谈"**纯粹民主派**"。我要引用恩格斯在 1884 年 12 月 11 日给倍倍尔信中的一段话：

"纯粹民主派……在革命关头能够作为极端资产阶级政党（它在法兰克福就曾扮演过这种角色），作为整个资产阶级经济、甚至封建经济的最后一个救生锚，在短时间内暂起作用。……在 1848 年时也是如此：一切封建官僚从 3 月到 9 月都支持自由派来镇压革命群众……不管怎样，在危机的日子和危机后的日子，我们唯一的敌人将是**聚集在纯粹民主派周围的整个反动派**，这一点，我认为是不能忽视的。"①

我们不能像某些理论家那样提出我们的问题。整个反动派，不单是资产阶级，还有封建势力，都聚集在"纯粹民主派"周围。德国同志比其他国家的同志都更清楚"纯粹民主派"标志着什么，因为考茨基以及第二国际和第二半国际的其他领袖都庇护这个"纯粹民主派"而反对凶恶的布尔什维克。如果我们不是根据言论而是根据行动来评断俄国社会革命党人和孟什维克，那么就会发现他们正是小资产阶级"纯粹民主派"的代表。在我国革命中，再就是在最近这次危机即喀琅施塔得暴动期间，他们都十分典型而清楚地表明，"纯粹民主派"是怎么回事。农民的骚乱来势很猛，工人中间也有不满情绪。他们已经筋疲力尽了。人的精力毕竟是有限的啊。他们已经饿了三年肚子，但不能四年、五年地饿下去。饿着肚子，政治积极性自然大受影响。社会革命党人和孟什维克表现如何呢？他们一直动摇不定，从而加强了资产阶级的力量。俄国的所有政党在国外组织起来的事实表明了目前的形势。俄国大资产阶级最聪明的领袖们盘算着："我们不可能在俄国立刻取胜。因此我们的口号应当是：'没有布尔什维克参加的苏维埃'。"立宪民主党党魁米留可夫拥护苏维埃政权而反对社会革命党人。这听起来很奇怪。但是实践的辩证法就是这样的，我们在我们的革命中用了一种特殊的方法来研究这种辩证法，即从敌我双方各自怎样进行斗争的实践中研究这种辩证法。立宪民主党人拥护"没有布尔什维克参加的苏维埃"，因为他们对形势了解得很清楚，他们想骗一些人上这个圈套。聪明的立宪民主党人就是这样说的。当然不是所有的立宪民主党人都是聪明的，但是其中有一部分是聪明的，他们从法国革命中吸取了一些经验。现在他们的

---

① 见《马克思恩格斯全集》中文第1版第36卷第252—253页。——编者注

口号是：不惜任何代价坚决反对布尔什维克。整个资产阶级现在都帮助孟什维克和社会革命党人。社会革命党人和孟什维克现在是整个反动派的急先锋。今年春天我们已经有幸看到这种反革命合作的成果了。

　　因此，我们必须同这些分子继续进行无情的斗争。专政是一种激战状态。我们正处于这种状态。目前军事入侵是没有了，但是我们处境孤立。不过，从另一方面说，我们又不完全孤立，因为整个国际资产阶级现在已不能公开对我们发动战争了，因为整个工人阶级尽管大部分还不拥护共产主义，仍有相当的阶级觉悟，不允许进行武装干涉。资产阶级不得不考虑群众的这种情绪，尽管群众的思想还没有完全达到共产主义的水平。因此，资产阶级现在不能向我们进攻，虽然这并不是绝对不可能的。只要总的最终结果未定，可怕的战争状态就将继续下去。我们说："在战争时期我们是像作战那样行事的，我们决不许诺任何自由和民主。"我们公开向农民说，他们必须作出选择：或是选择布尔什维克政权，那时我们可以在保住政权的前提下作一切可能的让步，然后领导他们走向社会主义；或是选择资产阶级政权。其他一切都是欺骗，都是十足的恶意煽动。我们必须同这种欺骗、同这种恶意煽动作最无情的斗争。我们的观点就是：暂时我们还要作重大的让步，要极其谨慎，这是由于存在着某种均势，由于联合起来的敌人比我们强，由于我们的经济基础太薄弱，而我们是需要有一个更强大的经济基础的。

　　关于我们的策略，关于俄国共产党的策略，我要向同志们说的就是这些。（长时间鼓掌）

讨　论

主席洛里欧：

　　同志们！现在讨论列宁同志的报告。到目前为止，还没有人报名发言。我希望就这个报告展开热烈的讨论,这是十分重要的。请各代表团指派自己的发言人。

扎克斯(德国共产主义工人党):

同志们!由于到目前为止,没有一个代表团报名就列宁的报告发言,所以,按照我们代表团对我的委托,我认为我有义务来填补这个空白,承担这一很难得到成效的任务,即首先发表意见。

列宁同志的报告使我们受益匪浅,他说明了俄国共产党要如何克服因俄国经济发展落后和世界革命发展缓慢而产生的困难。列宁同志在关键时刻说出了关键的话。他说:在工业发达国家的同志做好全部充分准备之前,我们俄国将不得不缴纳贡税。可见,列宁的意思显然是这样的——这一点,列宁同志也说得十分明确——赢得时间就能赢得一切。

但是,我要指出,这样一来,我们就不能不感到某种担忧。(有人喊道:"我们也一样!")我完全相信你们说的是真心话。我还认为,对这种担忧公开议论一番是较为妥当的,因为不仅西方同志而且俄国同志也都有这种担忧。我们始终感到不安的是,俄国党的政策即俄国党的国内经济政策和对资本主义国家的经济政策,并不仅仅间接能加强俄国的经济地位和创造恢复俄国本国经济的条件;我们总觉得,这个政策还必然导致另外一种后果,也是更加危险的后果。在俄国国内,任何政党,不论其力量多么强大,也不论其纪律多么严格,都永远不能不受其所依赖的经济基础的制约。我们作为马克思主义者,对这一点是应该赞成的。党的生活和政治生活不可能长期不受不断变化的经济条件的影响,因为经济条件也影响着政治生活。因此,我们首先担心的是,俄国党限于闭关自守,限于严格的纪律,限于大权独揽而不能绝对保证俄国党在经济条件变化了的情况下仍然保持其本色;至于俄国党同外国的关系,我们在讨论托洛茨基同志的提纲时,至少在委员会中,已经发表过意见。托洛茨基同志的提纲中有一处说，苏维埃俄国恢复同资本主义国家的经济联系，在最近的将来不会带来多大的变化。我在委员会中曾对这种论断提出过异议，但我只能服从多数人的意见。提纲业经代表大会通过，但是，这个问题现在又出来了，所以我认为我有权再次正式谈谈这个问题，并说明如下。依我之见，恢复资本主义形式的国际经济联系可采取订立协定的方式，但方式有两种：一种是主要目的要对方在政治上承认苏维埃政府，至于协定的经济性质，不过是一个幌子，而且也不对俄国的经济恢复提供任何援助；另一种是（我们认为采取这种方式的可能性最大）以协定为基础，建立具体的、行之有效的经济关系，即实行租让或以信用担保大量输入商品。

果真这种协定得到履行，并且有助于苏维埃俄国的经济生活，那有关资本主义国家的资本主义也就随之必然得到加强。假如俄国同志已经预先考虑到这种后果并估计到这种危险，那么，鉴于这种情况与我们的政策，与共产国际的政策相关，我们就要问：各国共产党和共产国际在这个问题上应该怎么办？必须承认，俄国迫于形势，目前不得不继续走这条路，应该承认，这种必要性无疑是存在的。因而，所有工业高度发达国家的共产党以及整个共产国际就要更主动地抵消这一政策给资本主义所带来的活力。但是，我们恰恰有一种印象，认为共产国际的政策对这种危险估计不足。本次代表大会和经代表大会通过的决议都能证明这一点。完全可以预料——岂止是预料，简直是可以肯定地说——西方国家革命工人的利益与苏维埃政权的利益是不完全一致的。我们这样说，并不是指责某个个人。这是客观事实。克拉辛同志在同《红旗报》记者的一次谈话中就说过，英国矿工的罢工实际上妨碍了俄英贸易协定的执行。这个例子说明，利益是有矛盾的。反之，假使对英国矿工明确说，"你们不应该罢工，因为俄国需要煤，需要机器"，那就对世界革命作不出任何贡献了。我觉得，有人要在这个问题上搞折中，那是害己又害人。坦率地说，英国矿工在罢工期间既没有得到有效的援助，也没有人对他们说过："为了俄国的利益，你们不要罢工。"尽管到目前为止尚未发生过这类事情，但是，我们非常担心，怕我们的机会主义者与我们俄国同志的意愿相反，抓住这个理由不放，对开展经济斗争的工人说："当然，我们站在你们一边，但是，你们要替苏维埃俄国想想，俄国需要你们提供货物，所以不要罢工了。"拉狄克同志说：这只不过是一个俏皮的玩笑罢了。拉狄克同志要是这样认为的话，那他对我国的情况缺乏了解，这太遗憾了。

  同志们！我们的任务是要保证不发生这种危险。这是各国共产党的任务，因而也是本次代表大会的任务。如果说本次代表大会的思想路线实际是由我们的俄国同志确定的话，如果说本次代表大会的领导权主要掌握在俄国同志手中的话，那么，这不怪俄国同志，而怪其余各党，因为它们缺乏批评的态度，没有用实际行动来改变代表大会（以及共产国际）的性质，也不进行任何抵制。不过，我这样说，是另有用意的。我要告诫所有工业高度发达国家的共产党：现在，由于受俄国国家政策的影响，它们都已看上了（依我们看，是看准了）另一条路，所以它们不但要用言论，而且用具体行动，用公开的批评来抵制这种影响，现在，正是它们进行公开批评的机会。（赞同声）

拉狄克（俄国共产党）：

  同志们！德国共产主义工人党代表肯于在此就其提出的问题发表看法，我真的认为应该给这个党记上一功。同时，我也要指出，扎克斯同志刚才关于一些事实和本次代表大会所发表的言论表明，他的胆量确实不小。德国共产主义工人党的态度我们认为是难能可贵的，因为在共产国际代表大会上，孟什维克是没有发言权的，所以德国共产主义工人党代表只不过是说出了孟什维克在其报刊上屡次攻击苏维埃政府和共产国际的政策时所发表的言论。我不想深入地评论扎克斯同志在他发言中所依据的经济理论。我不想剖析人所尽知的见解，即认为俄国向西欧采购商品会阻碍全世界资本主义危机的发展，等等。我只想谈谈一个问题，即：俄国共产党所执行的内外政策，从俄国无产阶级角度（即不仅从俄国国内各种力量的对比的角度，而且也从国际无产阶级的角度）看，是否必要？我们既然已经听到了列宁同志的发言，我想就没有必要再来证明：不仅在由战争转入和平的这种形势下，而且一般来说，在农民占多数的国家中，除了我们所采取的政策之外，不可能有别的政策，况且这项政策包含着各国共产党必须吸取的理论精华。多年来，孟什维克一直断言，限于俄国国内各种力量的对比，在俄国搞社会主义的尝试是不可能成功的；因此，有必要有意识地维持资产阶级的政权，让资产阶级把国家的经济力量发展到足以实现社会主义的水平。15年前，即第一次革命时期，在旧党中，布尔什维克也曾坚持认为，实现无产阶级革命和建立无产阶级专政是不可能的。但是，布尔什维克又指出，除非依靠无产阶级同农民的联盟，否则战胜沙皇制度是不可能的，而托洛茨基同志却认为，任何经济落后国家的工人阶级只要掌握了政权，那么根据事物的内在的逻辑，它就不能不尝试实现社会主义，以使自己的政权也有一个相应的经济形式。托洛茨基提出一个实际问题：若出现失业现象和资本家开始怠工，那依靠工农联盟的革命政府该怎么办？那就要尝试实现社会主义。在第一次革命时期，限于当时的经济发展状况以及因西欧资本帮助沙俄政府摆脱了困境和身穿军装的农民镇压了革命，我们的这一目的未能达到。那次革命一开始，共产党就非常慎重地提出一个问题：如果我们掌握了政权，那该怎么办？1917年，列宁同志在其《四月提纲》中写道："我们在通往共产主义的道路上只能从头做起，因为在农民和小资产阶级占多数的国家中，在经济支离破碎的国家中，共产主义作为社会组织的普遍形式是不可能的。我们只考虑大工业、运输和银行社会主义化，只考虑对外贸易垄断制。"我们现在的发展水平已经超出了这一纲领的界线。关于这一点，列宁同志在其《论实物税》的小册子中作了阐述。他指出，如果说我们为了进行战争而不得不耗尽国家资财的话，那么，这资财就不仅包括大工业，而且也包括中小工业。但是，我们在实施政策的过程中，有可能遇到其他的、更重要的、非解决不可的问题。首先，资产阶级不能一下子就打垮，虽然它是应该被打垮的。资产阶级仍在反抗。所以，只好把资产阶级力量的源泉夺过来。而资产阶级的力量源泉就是生产资料私有制和商品私有制。除此之外，还有第三个原因是，在缺衣少食、多灾多难的国家中，工人阶级自然要试图实行极端平均主义的共产主义。当时这样做，日子总要比从前好过一些。多吃一口面包或多穿一件衣服，是当时促使工人阶级实行平均主义的动力。现在，我们正处于由外部战争转入暂时和平的阶段，因而经济问题变成了首要问题。政策要适应具体条件。过去，迫于战争，我们的政策无法考虑这些。而现在，就有一个本着苏维埃政权的原则和共产党的原则，实行真正社会主义化的问题，但是，这仅仅指大工业社会主义化。至于别的方面，就不是实行社会主义化的问题，而是确立社会主义大工业和小资产阶级经济之间的相互关系问题。无论从苏维埃俄国的角度看，还是从世界革命的角度看，都非这样办不可。假使你们不否认苏维埃俄国迄今为止仍是世界革命的坚强砥柱，不否认苏维埃俄国一方面束缚着反革命势力，另一方面，不仅为在大工业中实行共产主义经济制度创造条件，而且还把俄国农民的力量用来实现各个不同的革命目的（否则，农民的力量将会为反革命服务），那你们就应该承认，从世界革命的角度看，我们所做的一切都是必要的。诸位不妨回忆一下同劳芬贝格、沃尔弗海姆等人的争论。那时，你们摇摆不定，而他们却鼓动你们说："我们如果有力量，就应当撕毁《凡尔赛和约》。"你们再回忆一下，正当我们遭到封锁的时候，我从俄国无产阶级的角度出发，针锋相对地指出：这个政策现在反不得。因为说不定德国革命为争取喘息的机会而承认《凡尔赛和约》是必要的。即便我们所执行的政策从世界革命的角度看是必要的，那也要得到共产国际及其所有支部的赞同，这样，共产国际就要从上到下对这一政策负责。这样做，是为了说明我们的政策追求的不是被孤立的俄国的利益，而是世界无产阶级的利益，也正因为如此，我们才坚持我们的这个方针。

由此便产生第二个问题，即共产国际对俄国政策的态度问题。我可以结合具体情况，证明有人就这个问题所发表的议论是荒谬透顶的。

扎克斯同志质问道："那么英国矿工的罢工呢？为何你们不过问他们的罢工？为何你们不呼吁给他们以援助？就因为你们订立了贸易协定，所以张不开嘴！"同志们！我可以向你们说明我们为什么没过问他们的罢工。原因是，我们知道，说空话无助于英国矿工。只有动员德国和美国矿工停止对英国输出煤炭，才能援助英国矿工。但是，在德国，三月发动刚刚失败，假使我们提出不向英国输出煤炭的口号，那纯粹是为提口号而提口号。至于美国矿工，很可惜，我们同他们的联系非常不够，向他们呼吁，不起什么作用。所以，注意到共产国际一改过去的方针，尽量少作普遍号召，多做具体工作，我们经过反复讨论认定：放空炮是无济于事的。假使你们说：就算是这样，不过，我们到底对苏维埃政府的政策也有发言权，那我们的回答是：在执行委员会中，其余各国共产党的代表加起来是占多数的。我要明确指出，执行委员会没有就采取任何行动提出任何建议，至于执行委员会中的俄国代表，他们已经学会实行弹性而弹性的政策，所以，即便到海地去履行我们的革命义务（只要是我们与该国结盟），那我们也不会感到为难。

现在，根据以上情况，我来简要地作一个结论。苏维埃俄国的政策究竟是什么，你们已经看得清清楚楚。这不仅仅是俄国而且也是国际无产阶级当前力量对比的必然结果。假使现在有人提出：这样的政策有没有风险，我们的回答是：当然有风险，而且风险很大。列宁同志在他的提纲中说过，无产阶级政府只能在某个时期内孤立地存在。在我们党的代表大会上，我们一再就这种风险展开热烈的讨论。对付这种风险的唯一有效办法就是加速世界革命。

现在，我来谈谈扎克斯同志及其拥护者提出的批评，其中有一处从逻辑上讲是非常矛盾的。他们说："你们是孤立的；你们的政策使你们冒着很大的风险，这是你们已经承认了的。既然如此，那你们从俄国国家政策的角度得出什么结论呢？"如果问题仅仅涉及俄国国家政策，那么，照他们这么一说，我们就成了"盲动主义分子"，就像有人往往形容我们的那样。我还记得，我在德国出狱之后，《前进报》主编施坦普费尔①采访我时说："当我得知您的活动时，我感到十分惊讶；我认为，由于你们国内的日子不太好过，所以您才到德国来，以迫使协约国占领德国。"哥尔特和潘涅库克指责我们发动三月斗争是"盲动"，你们在内心深处跟他们是同一个观点。但是，你们却又说我们极力要使共产党变成机会主义的党。这就非常矛盾。我们既不是盲动主义分子，又不是机会主义分子。我们认为，假如工人阶级被击败，那苏维埃俄国的日子也不会好过。我们可以大胆地说：尽管有风险，但是我们宁死也要捍卫我们的立场，而你们则不应该战败，你们要做好战斗准备，不打则已，打则必胜。（泽曼喊道："必胜的革命是没有的！"）必胜的革命是没有的！这完全正确。但是，**只有蠢材才去进行必败的革命。我们不希望你们做这样的蠢材。**（全场活跃表示赞同）

1919年，你们在斯巴达克联盟中拼命攻击我们的时候，一口咬定：革命已经成熟，唯独斯巴达克联盟看不到这一点。事实证明，当时并不

---

① 此处原文为"施坦姆费尔"有误，应为施坦普费尔。——编者注

是革命的前夜，革命尚未成熟。两年过去了，我们仍然没有处在革命的前夜，只能说是革命有希望了。目前，我们还只是在组织进行斗争的骨干队伍，而敌人则企图乘此机会消灭我们。所以，我们才劝告你们：不要回避战斗，战斗是必不可免的。但是要记住一点：我们的基础越广泛，胜利就越有把握。所以，我的最后结论是：我们在这里所作的让步，我们所实行的妥协政策（我们实行妥协，是明摆着的事实，谁看不见这种事实，谁就会摔跤），是符合共产国际的利益的。而共产国际的利益则要求把所有的党都动员起来，彻底做好决战的准备。反之，既冒风险又无成功把握，硬要去闯，那是违背共产国际的利益的。从这个意义上讲，共产国际的政策和苏俄党的政策，用列宁同志的话来说，是大有教益的政策。我们现在都懂得，不认真考虑力量的对比，是非常有害的，所以我们建议你们也要像我们那样，积蓄力量，等待时机，一有成功的把握就出击。我们是在极为不利的条件下开始斗争的。1918年底，协约国开始进行武装干涉，我们展开了斗争，托洛茨基同志（他在大会上发言时格外慎重）在这种情况下完成了一个革命家应该完成的任务，他在极为不利的环境中，依靠党建立了红军，但是当时红军的力量还很薄弱。同时，我们的政府也巧妙地向威尔逊问道：你们想从我们这里得到多少磅鲜肉？说这句话的目的在于设法赢得时间。当这一招不能奏效时，我们就怀着一颗希望爆发世界革命的心和不顾一切的决心展开斗争，因为我们知道，世界革命的强大砥柱能否存在，取决于俄国的胜败。但是，我们仍然努力赢得时间，我们至今仍然处于这样的时期。出路只有一条，那就是苏维埃政府和共产国际的政策必须适应形势的变化。我们的口号是：要赢得时间以准备夺取胜利。而要准备夺取胜利，正如列宁同志所说，不能光啃书本，而要靠生活经验，靠生活强加于我们的战斗。（全场活跃表示赞同，鼓掌）

柯伦泰（俄国共产党）：

同志们！我在此并不代表俄国代表团，而是代表俄共一小部分同志发言。依我们看，我们共产党人肩负着比党纪要求于我们的更为崇高的职责。我指的是整个共产国际的纪律和我们应对共产国际所担负的职责。我这样说，是希望其他国家的同志知道，在我们俄国共产党内也有相当一部分人对俄国的现行政策，对俄国的国内政策的转变非常担忧，所以，我们认为我们有义务也对其他国家的同志谈谈我们的忧虑。

第一个问题，也是主要的问题是，这种转变，这种政策能否切实巩固和发展俄国的共产主义新经济？要知道，我们作为马克思主义者都懂得，只有崭新的共产主义生产制度才能真正向前推动和促进生产力的发展。只要旧的生产制度（分散的制度，以及这种制度所产生的各式各样的传统，也就是资本主义生产方式）还存在，生产力就不可能提高，就不可能进一步地向前发展。同志们！我们的根据是，在全世界，资本主义体系、资本主义社会制度已经过时了；我们也知道，正是这一点促成了社会革命：不是全人类彻底毁灭，就是正在崛起的新阶级创造新的、更加完善的生产方式。总之，我们眼看现在的俄国，眼看俄国国内正在形成的关系，就自然而然地会提出一个问题：对内政策的这种转变会不会导致以资本主义为基础的旧生产制度的复辟？我们不想隐瞒自己的观点，即新经济政策有可能使资本主义在俄国死灰复燃，卷土重来。

问题在于我们现在的这种有可能使资本主义在俄国复辟的做法能否促使俄国的生产力发展，能否促使俄国的经济繁荣？恢复资本主义，是否就能扭转经济衰败的局面？如果这样认为，那就错了。由于实行贸易自由，在俄国恢复私有制就有了现实的可能。成立小企业并在法律上予以承认，让小企业与我们的中央经济机构并存，这都是恢复资本主义的做法。这就是承认可以对资本作一定的让步。我们知道，到目前为止，俄国还不是人口单一的国家，我们的政策仍然受到三个社会阶层的影响。第一，农民占我国人口的大多数；第二，日暮途穷的资产阶级现在有的已变成我们的官僚，有的已变成依附于资产阶级的专家，他们与外国资本——当然不是在物质上而是在精神上——相勾结；第三，**工人阶级**是主要的社会力量，是主要的社会阶层。

总而言之，恢复旧生产制度即资本主义，是否真的是无产阶级的要求？决定我国经济政策转变的是否真的是无产阶级，还是小资产阶级和农民？小资产阶级和农民满脑子旧传统观念和私有制观念，留恋小块土地，把土地看做是自己的财产。这里是不是也有外国资本的势力在作怪？外国资本在我们俄国有自己的所谓思想代理人，并通过这些代理人对我们的政策施加影响。列宁同志也并不否认我们现在和俄国农民结成联盟。但是，这是什么样的联盟？说这种联盟是我国整个经济政策对俄国小资产阶级作出的重大让步，不是更合适吗？的确，坦率地说，这就是让步。列宁同志以及其他同志也都承认这是让步。但是他们又说，我们没有别的出路！为了等待时机，我们不得不作这种让步；这是在我们外国同志完成社会革命之前，摆脱困境的一种临时出路。但是，在我们的外国同志未完成社会革命之前，俄国必将因这种让步而遭到极其严重的危险，如果其他国家的社会革命迟迟几年也不能完成，那就更加危险。当然，我坚信，外国同志的社会革命不会一拖就几年，但是，假如外国同志的社会革命拖延下去，那这种让步将给我们造成什么样的后果呢？那就只有承认，我们的政策所依据的共产主义原则使我们大失所望，共产主义原则是有问题的。这种看法将挫伤工人的锐气。相反，农民却会因此而认为，他们是支撑国家经济繁荣的阶层，从而认定必须要由农民来左右我国的政策。此外，这种让步还会使工人群众失去对共产主义的信任，不相信自己只要努力就会有成就，不相信自己能够建立起崭新的共产主义经济制度。因此，我非常担心，我们如果继续执行这种让步政策，那么等到别国爆发社会革命时，就后悔也来不及，因为那时候我们就没有一个革命可以依赖的真正可靠的有觉悟的无产阶级核心了。到那时候,俄国的农民和市民阶层在政治上和经济上将会大大巩固起来,以致为了实现共产主义,我们将不得不重新进行一次工人革命,以肃清这些敌对的社会势力。这是我们许多同志所担忧的,因此,我有必要再耽误大家几分钟。

列宁同志在这里说过,没有别的出路。我知道,我们好多同志是赞同这一看法的。但是,在寻找出路的时候,为什么我们往往忘记俄国还有一支未被充分利用的伟大力量呢?这种力量就是我国工人阶级的创造毅力。同志们一定会说:工人阶级不是不可以大显身手!同志们!你们自己也知道,恰恰是最近一个时期以来,这种创造力没有被充分利用。如果说在革命的头几年,广大工人群众真正地、创造性地参与了共同的工作,那么现在他们就愈来愈受到种种敌对社会势力的排挤,这些敌对社会势力对俄国整个生活的影响正在迅速增长。值得注意的是,列宁同志在其提纲中极为重视俄国工业、机械的振兴及其发展,但是,对生气勃勃的新生力量即富于创造性的工人阶级如何通过建立新的生产方式来促进生产的发展,却绝口不谈。关于如何教育和鼓励工人去建立新的生产制度,只字不提。对这个问题毫不重视。殊不知,唯有无产阶级这支生气勃勃的、创造性的力量才能建立起新的生产方式,才能创造出新的生产力。要想使无产阶级发挥创造性,就必须为他们提供充分的用武之地,提供发挥主动精神的条件,但是,我国目前的做法却越来越束缚他们的主动精神。为使群众树立起新的精神,我们应该切合实际地考虑如何改变这种做法,而不能光是纸上谈兵。除非照此办理,否则我们就得没完没了地寻找能使我们摆脱困境的新生力量。同志们!有几个例子可以说明我们现在如何对待无产阶级的创造毅力。但是,我只举其中的一个,来说明我们多么不重视培养和鼓励无产阶级的创造毅力。

大家知道,目前,我国饥荒十分严重。可是,我们非但不动员工人去救济饥民,非但不协助工人组织起来以实现救济饥民的目的,却反而在俄国成立什么救济饥饿的农民和无产阶级的委员会,指派政治上敌视我们的异己分子,如库斯柯娃,担任这个委员会领导人,而库斯柯娃就是俄国的贝阿特里切①。我们竟然安于这种情况,而不以全副精力去增强工人的自信心,从而加强工农之间的联系。我们也忘记了,我们重新改变我们的经济政策,就等于是我们的全盘工作付诸东流。我们不应当忘记,工人已习惯于这种取代旧征税制度而由国家供给他们一切生活必需品的新制度。他们舍不得放弃这种制度。他们的心理,他们的观点也都变了,已经适应共产主义了。工人们说过:囤积实质上是犯罪行为,即便我们工人也搞囤积,那仅仅是因为国家对我们供应不足,口粮不够,不得已而犯下的罪行。但是,他们已经逐渐开始树立公有制即公共福利的观念,而这的确是我们革命取得的一个重大胜利。

培养无产阶级的这种新的创造毅力,造就真正能够帮助我们实现新的社会制度的新人,这项任务我们忘记了,我们因政策的转变而把这项任务放弃了。当然,同志们,借助政策的转变,在某个时期内可能会提高俄国的生产力,但只能提高到一定的程度,在资本主义社会,生产力的提高幅度不会很大。即便我们能够达到这一目的,暂时救活俄国的工业,但我们仍将遭到严重的危险——工人群众失去对我们党的信任。所以,我认为这种政策绝对不值得大加赞扬,而我们偏偏有许多同志极力赞扬这种政策。相反地,我们应该批判这种政策,使来自目前还仍然是资本主义国家的同志能够从中吸取教训。对我们来讲,唯一的出路是,保全我们党的强有力的核心,使之维护我们以往的坚强原则,使之能够在革命爆发时大显身手。如果整个苏维埃政策继续转变下去,如果我们的共产主义共和国变成普普通通的苏维埃共和国,而不是共产主义共和

---

① 意大利诗人但丁《神曲》中的人物。——编者注

国，那么坚定的共产党人核心就要把革命红旗接过来，以确保共产主义在全世界的胜利。

托洛茨基（俄国共产党）：

我没有机会经常阅读亨利希·库诺夫主办的、所谓社会民主党理论性机关报《新时代报》，但偶尔也翻阅一下，于是偶然读到亨利希·库诺夫写的一篇关于布尔什维克主义蜕化问题的文章，这也正是我们现在所讨论的问题。他是这样提出问题的："怎样才能避免全面的经济崩溃？怎样才能增加工农业生产？怎样才能保证城市工人、职员和科学家的饮食基本得到满足？怎样才能消除这些人日益强烈的不满？"这种提法，从论战的角度看矛头是指向我们的，但实质上是对的。接着，他谈到他认为我们党内存在的派别："布哈林、拉柯夫斯基、皮达可夫、拉林、绍尔尼柯夫等人都支持托洛茨基。"绍尔尼柯夫何许人，我不清楚，也许是索柯里尼柯夫和施略普尼柯夫两人的合名。他没有提柯伦泰同志，不知何故。

库诺夫写道："其他左翼共产党人"，库恩·贝拉同志，请听，他说左翼共产党人（笑声），"其他左翼共产党人经过研究，认为只有进一步严格实行共产主义劳动制度才能解决问题。工厂和农业企业应受到更严格的监督；目前仍保有自主权的经济机构也应当国有化；农民应该把余粮交售给缺少食物的城市居民；取缔倒卖和囤积粮食的法律应当强化。总之，必须大力健全经济企业的法规，大力加强中央统一管理。但是，这一目标只有在停止由工人选举各级负责人的情况下才能实现，因为工人选举出来的负责人大都没有文化。必须把国家即苏维埃政权指派的人安排到各级领导岗位上去。为提高生产率，托洛茨基主张把大多数不赞成共产主义的工会控制起来，不准其在政治上发挥作用，也就是说，将其置于政治组织的监督之下。其次，必须实行农民义务劳动制；

宣布经营土地是履行对国家应尽的义务，农民必须生产并提供一定数量的粮食必需品，否则要严厉制裁。此外，托洛茨基还反对把大面积的土地租让给外国资本主义公司，认为这违背共产主义。"

一句话，这是一幅我们的朋友柯伦泰的政治画像，只是把它安到托洛茨基头上罢了。总之，这篇文章跟所有杜撰的文章一样，是90年代毫不新奇的伯恩施坦主义的翻版，看来，这种思想现在已经成为战后的新理论，成为德国社会民主党的精神食粮。伯恩施坦所宣扬的一套比之亨利希·库诺夫要系统得多，周密而有条理得多。但其实质是一样的。我们还是拉回来谈俄国问题。有人说我们内部存在着严重分歧，说我本人在租让和改变我国经济政策问题上属于反对派，这不仅仅是库诺夫先生一人的说法，也不仅社会民主党的报刊，而且资本主义的报刊也都这样说。除一小撮人（我们刚才听了其代表的发言）之外，凡是稍稍了解我们内部情况的同志都十分清楚，我们党内在这些问题上不存在任何重大分歧。如果说我们中央委员会讨论过这些问题，那也只是讨论必须将哪一部门的哪一部分租让出去较为合适，也就是说，具体讨论租让细节，而恰恰在这些具体问题上，我是赞同列宁的。无论布哈林同志还是拉柯夫斯基同志，总之，凡是文章提到的人，原则上都不反对租让，不反对新的农业政策或新的农民政策。这篇文章充分地说明了德国社会民主党的思想水平。其实，任何一个多少真正拥护国际的人（即便在第二国际鼎盛时期也是如此）都会经常关心兄弟党的情况，即使同它有分歧，也是如此。过去，有人说沙皇制度坚如磐石，是压不垮的，但那是谎言；而作为一个党的理论家，就理应平心静气地研究客观现象，至少也应当——我的意思并不是要他理解我们，为我们辩解，上帝保佑，决不是这个意思——对他所写的东西有一定的了解。但是他连这一点也做不到。

总之，在这个问题上我们党内没有任何分歧，绝大多数都持赞成态度，即使用99%这个数字来形容绝大多数，也不为过分。那么，德国共产主义工人党代表和柯伦泰同志分别以西欧资本主义和俄国共产主义两个不同的方面向我们论述的那种危险究竟是怎么一回事呢？这个问题我们在经济委员会中也讨论过。有一位同志试图证明：资本主义如能在"俄国大草原上"施展本领，那它就得救了，就有了摆脱困境的出路。其实，资本主义要想在俄国有所作为，就不能不受到我国铁路网、我国运输能力、我国领土的制约，总之，不能不受到我国整个经济水平的制约。我们指的不是赫尔恩格罗斯之类的公司（如果它为苏维埃共和国提供货物的话，那它就会靠苏维埃共和国而得救），我们指的是资本主义。

果真资本主义能在今后10年内借助俄国而恢复其均势的话，那么，这说明我国没有任何必要求助于西欧资本主义；这说明我国的实力很强，即便不跟西欧资本主义和美国资本主义合作也能发展。但事情并非如此。我国的实力不强，我们离不开资本主义的技术，而这种技术目前只讲资本主义的方式，正因为我国的实力不强，所以资本主义不可能借助俄国而治愈自己的全部创伤。这就是事物发展的内在逻辑。凡是担心资本主义一旦有了俄国这样一个活动场所就会增强起来的同志，至少应该看到，在俄国这种发展中的资本主义和世界革命之间隔着一个苏维埃俄国，因而在俄国的资本主义"在俄国大草原上"得到休整和增强，进而把萌芽中的共产主义经济扼杀之前，还要经历漫长的时期。这样，首当其冲的是萌芽中的我国社会主义经济组织。我在经济委员会中说过："主要因素不变：在我国，政权属于无产阶级先锋队，在我国，占统治地位的是工人阶级，而在政治上和国家事务中代表工人阶级的是这个先锋队"；所以，我们搞租让，只能以有利于我们的事业为条件。这是无须解释的前提。假使资本主义通过战争取得胜利，那就不存在租让问题了，因为资本主义就可以为所欲为了。要是那样，策略问题也不存在了。但目前，策略问题是存在的。为什么呢？因为我国的政权属于工人阶级，就是说，要由工人阶级出面同资本主义谈判，工人阶级既可以提出租让，也可以拒绝租让，可以根据本国的经济发展和整个世界革命的形势灵活变通，作出决定。事情就是这样。

我由此得出结论：西欧同志和美国同志之所以担心资本主义会在俄国恢复元气，是因为他们一方面过高地估计了我国的技术设备和运输工具，另一方面却低估了我们的共产主义头脑。我在前面说过，文章在谈及租让问题时，没有指名道姓地提出以所谓左翼共产党人自居的柯伦泰同志。谁知她自己跳了出来，这完全是她的权利。她认为共产国际的纪律高于党的纪律。我不知道，也许这与租让问题也有联系，她想显示一下骑士精神（我不知道该用什么样的恰当的德语来形容），想把自己看做女骑士……（拉狄克喊道："看做瓦尔基利亚女神！"）……对，看做瓦尔基利亚女神。拉狄克同志这样说，就由他来负责。（笑声）柯伦泰同志正是这种态度，她擅自报名发言，尽管按照我们的习惯，本应事先在代表团、主席团和中央委员会中进行研究。我只是想问柯伦泰同志所代表的在座的同志，在中央委员会会议上本来没有人反对搞租让，不知你们对这一事实持什么看法？我们认为，政治上无足轻重并在这个问题上居于区区少数地位的同志，向国际代表大会陈述自己的意见，说说自己的倾向，完全是正常现象。

现在，我们来正面地说说柯伦泰同志的发言。她的主导思想是：资本主义制度已经没落，因而没有油水可捞了。这是她的基本思想。其余对她来讲都是多余的。这使我们充分认清了柯伦泰同志的历史观和政治经济观。用哲学的语言讲，这纯粹是一种搬弄静止的、非历史的、教条主义概念的脱离实际的观点。再重复一遍：她认为资本主义已经没落，因而从它那里捞不到什么好处了。同志们，果真资本主义已经完蛋，那假使英国或法国军队进攻我们，即使进攻黑海沿岸，我们就可以满不在乎地说：资本主义已经没落了，可以不去理它了。（鼓掌）我认为，如果依了柯伦泰同志，那我们就都得完蛋。（热烈鼓掌）要知道，资本主义决不会按照柯伦泰同志的教条观念去研究它没落与否，它将用资本主义工厂生产出来的刺刀屠杀我们，将派遣经资本主义纪律严格训练出来的士兵消灭我们。既然没落的资本主义尚且能屠杀我们，那足以证明资本主义仍然相当有力量。就说眼前的事实吧，柯伦泰同志作为俄国党内的反对派不得不在莫斯科召开的国际代表大会上发表反对派观点，这至少能证明：虽然从宏观的历史角度看，资本主义已经没落，不可能为人类开创新局面，但它目前仍然相当强大，足以阻止我们在巴黎或柏林召开国际代表大会。（鼓掌）再拿资本主义的技术来说，不知柯伦泰同志对精良的机车即真正德国造的资本主义机车是怎样想的？这是一个很有意思的问题。恐怕德国无产阶级在夺取政权之后，至少在两年之内，仍然要利用现有的资本主义机车来往于全国各地。须知，德国无产阶级要做的事情很多，我认为它不可能立即（在头几个月之内）着手制造新机车。可是，同志们，可不可以（从柯伦泰同志的教条观点看）向艾伯特公司购买新的德国机车呢？我想，柯伦泰同志在回答这个直截了当提出的问题时，是不会反对我们向艾伯特公司购买机车的。购买新机车就得付钱，而且必须支付黄金。可是，同志们，俄国的黄金流入资本主义银行，这会增强资本主义。当然，这笔款额很小，不足以偿还德国的债务。幸好，我们没有这么多黄金。（笑声）不管怎样，我们如要坚持原则，就不能向资本家支付黄金。不过，也可以采取另一办法，比如说，不支付黄金，而用木材交换。这样，柯伦泰同志也许会说：我赞成苏维埃俄国与德国或英国进行贸易，但不赞成租让。那么，什么是租让呢？为了得到机车，就得出卖木材。然而，我们没有足够的锯子和其他机械设备，于是我们就说："森林中有的是木材，让英国资本家携带他们的机器和技术装备自己去砍伐吧，我们将以此来换取机车"……一句话，我很想知道柯伦泰同志采取这种原则性反对态度究竟是为了什么：

是反对购买机车？是反对支付黄金？还是反对支付木材？我想，她连砍伐森林也都反对吧。（哄堂大笑）

其次，柯伦泰同志硬说我们要以专家和其他人员即技术人员取代工人阶级。（柯伦泰反驳道："我没有这么说！"）你说，工人阶级的创造性被其他力量取代了，工人阶级的先锋队不得不让位给别人。但是，所谓其他力量无非是指有技术的知识分子和农民。农民想取而代之是绝对不可能的。不过，掌握政权的阶级必须跟农民打交道。至于技术人员问题，我们党内有过争论。争论的余音至今犹在，柯伦泰同志的发言就是一例。发表这种言论的人，柯伦泰同志如果不是最后一个，就是倒数第二个。同志们，说到底，无产阶级具有相当大的力量和创造性，这是用不着怀疑的，我们也相信，有了工人阶级的力量，全人类的面貌必将改观。但是，我们从未说过，工人阶级生来就有能力建设新社会。工人阶级只能为建设新社会创造必要的社会前提和政治前提。此外，工人阶级一旦直接掌握了政权，就可以物色必要的辅助力量，使其服务于共产主义经济，使共产主义经济开足马力向前发展。但是，我们从未说过，一个普通工人一旦成为共产党员，就具备胜任技术人员、天文学家或工程师工作的能力。因此，把这种技术力量笼而统之地称之为"其他社会力量"，把技术力量用来为我们的事业服务这一事实说成是对工人阶级的不够信任，我认为这种说法是与马克思主义和共产主义毫无共同之处的。

同志们！在我们至今仍需开展工作的极普通的领域即军事领域，我们从一开始就不得不求助于敌视我们的技术力量。关于这个问题，我们有过许多争论。中央委员会在这方面犯过不少错误，我们的军事组织曾多次遭到它的阻挠。有人曾对我们说："你们把敌视我们的技术力量（指旧军官）拉来为无产阶级服务。"然而，后来事实表明，假如我们单靠那些忘我执行职责的同志们的毅力和自我牺牲精神，假如我们不善于利用敌视我们的军事力量,那我们早就不在人世了。这是显而易见的道理。俄国工人阶级有才干,有自我牺牲精神,做到了它能够做到的一切。它在夺取政权之后,认识到国家落后,农民占人口的大多数,于是发挥了极大的主动精神,通过强制或宣传手段,把旧军官争取过来,为自己服务。(鼓掌)当时,我们需要军队,但工人阶级缺乏足够的经验和知识,我们不可能一下子从工人中普遍培养军官。现在,我们已经拥有许多来自工人阶级的红色军官。他们占据着要职,而且其人数日益增多。

技术领域也一样。目前我们仍处于资本主义世界的包围之中,这一情况迫使我们在这方面也不得不让步。但是,我们满怀信心,我们的工人阶级愈来愈认识到自己是伟大国际的一员,他们能够顶住资本主义的暂时复原和现在业已形成的不稳定的均势,趁机利用敌视我们的力量,利用外来的手段,使其服务于我们的事业。可见,我们对俄国工人说:"我们虽然同外国资本家进行谈判,但我们将千方百计坚持自力更生";我们希望工人阶级通过自身的活动作出这样的评判。"我们通过租让向德国资本家和美国资本家提供某种东西,以换取机器",这难道是对俄国工人阶级即俄国无产阶级力量的不信任吗?如果说有人因对工人阶级力量不太信任而应当受到指责的话,那这个人不是我们,而是柯伦泰同志在此所代表的极少数人。(热烈鼓掌)

克伦:

同志们!我对报名参加俄国政治形势问题讨论的发言人数量如此之少,感到惊讶。在今天会议上,就这一问题发言的只有一位德国同志。我本人认为,俄国的经济形势要比政治形势重要得多。我担心许多代表将带着这样的印象回国,即认为俄国什么问题也没有,什么东西也不缺。其实,我敢断言,在俄国,样样都不富余。假如代表们认为俄国东西很富余，那他们就大错特错了。要想了解俄国的真实情况，就不能从表面看问题。我除了懂英语之外，还会其他语种，所以我有更便当的条件更好地研究这个国家的状况。我敢向代表们断言，当前俄国正在经历极其严重的危机。而且最伤脑筋的是，这一危机显然还将持续很长一个时期。

我知道，今年俄国最主要的产粮省份将严重歉收，这会使经济危机至少延长两年。但问题不仅仅局限于农业歉收。俄国工业生产实际上也处于停滞状态。尽管如此，但是我们看到，来俄国的工程师并没有被作为专家使用，他们作为翻译被派到共产国际执行局工作，或被分配类似的其他职务。从国外来到俄国的同志很多，可惜他们的知识并没有得到合理利用。至于俄国是否有能力从国外输入货物一事，我认为（我深信，俄国同志根据自己的实际经验会证实我的话）俄国即使倾其全部黄金也无力购买它所需货物的千分之一。全世界的黄金储备量也不够支付俄国所需的全部货物。正因为如此，俄国要签订某种协定，向资本家提出租让，相当困难。在这方面，我们共产党人如能同本国的合作社组织谈妥，那将帮俄国一大忙。在我离开英国前不久，那里召开过合作社代表会议。代表们纷纷质问批发合作社的常务理事会：为何至今还未同俄国发生贸易关系。理事会的回答是：他们很愿意同俄国进行贸易，只是同俄国同志就这个问题的谈判毫无结果。其实，只要善于同这些人真正打交道，只要愿意向他们实行某种租让，英国的合作社肯定会对俄国企业大量投资。对此，我深信不疑。

柯伦泰同志今天说，对外国资本家实行租让，是要担点风险的。不瞒大家说，在这个问题上我完全同意俄国大多数同志的看法，即必须是不受法律约束的。假使俄国同志能够促使外国资本家给予某种帮助的话，依我看，俄国同志就应当不惜一切代价去争取实现。即便是魔鬼，只要他能助我一臂之力，我也欢迎。在这个问题上我们应该做现实主义者。我不能因俄国同志向外国资本家提出租让而对他们进行指责，何况我们无力援助他们。

顺便提一下，我在德国同维冈交换过意见。他认为，俄国搞的共产主义试验已失去其大红的色彩，变成了粉红色，因此，那些有身份的人物现在可以放心大胆地去俄国了。我途经比利时和德国时，曾接触过那里的资本家，发现他们对俄国投以贪婪的目光，并感叹道："哎，要是能同俄国做生意就好了！"我在英国也遇到这种情况。有一个德国百万富翁（应当承认，他在某种程度上是个幻想家），表示愿意跟我一道去俄国，因为他对俄国所搞的试验很感兴趣。我认为他说的完全是真心话。他肯定地说，如果这种试验确有把握奏效并最终成功的话，那他愿意把自己的全部资本和所有企业都交由俄国支配。

最后，我要指出，我们作为大会代表，应该对所有这些问题作更深入细致的研究。假如我们同俄国同志就从德、英、法及其他国家派遣专家问题达成协议的话，依我之见，就应当给这些专家以特殊的优待。假使我是俄国同志，我就要力争招聘10万名专家，为他们提供他们所需要的一切，哪怕牺牲其他10万同志的利益也在所不惜。对于俄国来说，利用别国工人的技术经验是至关重要的，因为，如果俄国的试验失败，如果俄国人恢复不了本国的经济和工业，那我们的全部理想就会化为泡影，这样，我们也就不可能粉碎资产阶级的反抗。我们必须证明，首先，我们要完成革命；其次，我们要建立起确保全体居民衣、食、住的经济制度和工业体系。

我很关心俄国和俄国人，因此，很想知道我们作为外国人能为俄国恢复其经济机构而尽一点什么样的力量。我经过研究发现，战前，俄国的多数工业企业都掌握在外国人手里，在俄国从事企业管理工作的外国人约有400万。如今，大多数外国人已经回国，致使俄国工业破产。这是导致俄国工业萧条的无可争辩的原因。俄国人称得上是全世界最优秀的宣传家，但作为组织家，他们并不称职。所以我认为，其他国家的共产党有必要认真研究这个问题，并设法帮助俄国同志恢复其工业。我不想指责俄国同志，但我认为，愿意来俄国帮助恢复其工业的外国专家肯定是有的。

赫姆佩尔（德国共产主义工人党）：

同志们！首先，我要对现在缺席的拉狄克同志（有人喊道："他在这里！"）提个不同的意见。我要对拉狄克同志说，他应该停止使用那种把我们同孟什维克等同起来的攻击性语言，他这样翻来覆去地攻击，实在可笑。

其次，拉狄克同志要我们对下述问题作出回答，即我们是否认为俄国的政策符合共产国际和俄国的利益？我们的回答很简单：俄共执行的政策是否正确，俄国同志自己可以去评论。我们始终认为，俄国同志在本国实行的策略是正确的。我们从柯伦泰同志的发言中了解到，当前，应该更加注意发扬工人的创造性和主动精神，不对资本家实行过多的租让。必须指出，如果俄国的现状与柯伦泰同志的说法相符合的话，那俄国的政策在这方面是有错误的。我们所以指出这一点，是因为在西欧和德国，人们对党的无产阶级专政的理解截然不同。诚然，我们认为俄国的专政完全适合于俄国的国情，因为无产阶级本身缺乏成熟的力量，所以有必要采取自上而下的专政。但是，现在我们必须看到俄国无产阶级中间出现的倾向，即他们愿意为国出力，愿意为各项事业的发展尽一份力量；我们应该支持这种志向，支持这种自下而上的热情。这样，我们就将拥有一支自己的力量，这支力量将胜过外国资本，成为无产阶级专政的可靠支柱。这支力量发挥的作用愈大，我们对资本家要作的让步就愈少。

另外，我们应当研究一下俄国政策对共产国际的影响。不能不指出，当前很难断定这一政策是错的还是对的。只有一点是清楚的，即整个准备工作是沿着错误路线进行的，这要讲清楚。问题在于：我们的俄国同志是否具有超人的力量，他们能否完全不受既成局势的影响而行动，还是他们的工作完全受周围条件的支配。这是必须弄清楚的。我们的本意绝不是说这项政策一无是处，我们只是想弄清错在哪里。错误是有的，错误在继续发展，我们知道，这一错误还会进一步发展下去。"赢得时间"，这是托洛茨基同志完全公开说的。这是对的，我们大家也都同意这一看法。归根结底，我们的任务是：要让我们的先锋队冲破障碍，勇往直前，打破列宁同志所说的不稳定的均势局面，促使爆发世界革命或促使别国爆发革命，以求得外援。但是，我们的先锋队，我们的国家政权能否跨越不稳定的均势局面这一障碍？托洛茨基同志的回答仅仅谈到问题的一个方面，他说：我们如不选择捷径——向小资产阶级即小规模的资本主义和外国资本让步，也就是向国家资本主义让步，就有灭亡的危险。他认为非照此办理不可。既然非照此办理不可，那还有什么可说的呢？但是，既要让步，又要做一个共产党人，这两者能兼顾吗？有毅力做到这一点吗？我想把问题归结为如下主要一点：假如这种让步持续一年或数年，那共产党能否坚持到底？这个共产党还会像我们现在所看到的这个样子吗？共产党会不会由于某种原因而变得更倾向于不输出革命，因为输出革命就会招来新的灾祸。如果在那边，即在德国爆发革命，而这场革命也许要持续一年或更长时间，那我们就无法援助俄国。我们不应忘记：俄共同全国人民一起，一旦走上建设的轨道，就会习惯于过太平和相对安定的日子。这也是完全可以理解的。但是，一旦国内发生动乱，一旦贸易中断，一旦重新遭受过去那样的苦难，人民就又会对现存国家政权不满。这证明广大群众在完成革命之后要求过太平日子，要求休养生息。当前，这一点暴露得十分明显。这一情况今后也会对共产党发生影响；党不得不为此付出代价。请问：俄共顶得住吗？

另外，我还要指出一点。我们知道，在一切经济不景气并由资本家恢复其经济的国家（现在德国重新遇到了这种情况）中，腐败现象极为严重。投机诈骗，危害共产党的勾当，无奇不有，恐怕连列宁和托洛茨基这样精明强干的人也无力与之斗争。这恰恰是我们面临的最大危险，对此不能等闲视之。因此，我们再重复一遍，俄国革命、世界革命和共产主义的利益要求这种不稳定的均势局面早日结束。（笑声）我们不会落在别人的后边。我们将很快就这个问题举行磋商，看看能有什么办法加速事态的发展。俄国同志不大了解西欧的现状，以为那里的居民同俄国的居民一样。这就错了。历代沙皇的长期统治使俄国人民锻炼得坚强起来。而我们那里的无产阶级，中了议会主义毒素，完全腐败了。我们需要采取不同的做法，必须堵死通往机会主义的道路。（有人喊道："这是谢德曼的理论。"）胡说，这不是谢德曼的理论。谢德曼什么时候堵过机会主义的道路？这里说的是防止战斗的无产阶级、共产党滑向机会主义，因为它们应该永远战斗在最前列。我们指的是在经济方面利用议会主义和资产阶级的机构。

其次，有人试图把消费合作社当做斗争手段来利用，为的是不以革命手段，而以无产阶级所拥有的这种资本来支援俄国。同志们，这意味着什么？对国际无产阶级施加影响吗？难道你们认为，你们迫使我们的消费合作社同俄国建立贸易关系，就能帮上俄国的忙吗？帮不了什么忙。消费合作社跟所有企业一样，首先注重的是资本，说不定，它们提出的价码更高呢。这就偏离了正确的方向。问题的关键就在于此。第三国际的任务是通过纯粹革命的手段，而不是资本主义的手段，使俄国得到无产阶级的支持！这就是问题的实质。假若遵行第三国际的策略，那一切都无法达到。我们需要更坚定的方针。这是症结所在。（笑声）同志们笑也罢，列宁同志笑也罢，反正这是我们的信念。（有人喊道：

"我们笑的是什么,等会儿布哈林同志将作出回答。")人人都可以笑。我再次提醒各位,在德国以及在民主运动并非沿着革命轨道发展的所有国家中,工人群众、群众性共产主义政党及其众多的机会主义分子,都宁愿借助议会、工会等组织,而不愿采取坚决的手段来支援俄国。但不是真正的支援,这纯粹是脱离斗争……

现在谈谈另外一个问题,假使我们不全力阻止外国资本家在俄国势力的发展,假使我们不对此加以防范,不使无产阶级加以监督,那么,总有一天,苏维埃俄国(我们的看法与托洛茨基同志的看法完全不同)就要变成国际资本复原(即使不是彻底复原,至少也能复原一个相当长的时期)的土壤,对此,国际无产阶级将会痛心疾首。第三国际的政策应是竭力防止这种资本主义发展时期的到来。用企业怠工、暗中破坏生产的方法可以达到此目的。当然,我们所说的破坏生产并不是破坏生产资料,而是使企业减少收入。这也就是世界无产阶级的任务,即在尽可能短的时期内把革命推向前进。至于劳动人民生活贫困是革命的原动力,这仍不失为一条真理。

总之,同志们,我们认为有必要向第三国际申明如下:"俄国党应进一步看到危险并对这种危险不加隐讳。唯其如此,才能减少危险。"

其次,俄国党应该充分认识到它是第三国际的基石,因为其余各党无论在精神上或物质上都不及它。这表现在俄国同志在此没有什么反对派。俄国同志应该看到并懂得:如果他们迫于事态的发展而在国家政策上越来越——坦率地说——向右转,那就说明他们并不是超人,说明需要有像第三国际这样的力量与之相抗衡,而第三国际将摒弃议会主义、各式各样的工会和妥协策略。

罗兰-霍尔斯特(荷兰共产党少数派):

同志们!我今天本来不打算要求发言。但是,我看到大会的讨论是这个样子，我认为我有责任指出，所谓第三国际左派在评价俄国政策问题上彼此存在着分歧。我想简略谈谈这里提到的三个问题。第一，群众的主动精神以及俄共为依靠群众的主动精神和创造性活动而采取的措施。我既不想一一谈论当前的困难，也不想评论显然是迫于既成复杂局势而颁布的法律和政府新近采取的措施。我只想强调指出，从总体上说，近几年来，俄国同志以种种有力的事实向我们证明，他们善于激发和支持工人群众的主动精神和创造性。不然，苏维埃共和国早已不复存在了。俄国无产阶级正是以这种创造力而使革命得以进展，不然，我们在组织教育和增强军事力量方面就不可能有现在这样的成就。（赞同声）

第二个问题是：俄国党真的热衷于继续维持欧洲资本主义的某种均势即稳定吗？果真如此，那我们显然就面临一场可怕的冲突，一场无法摆脱的悲惨的冲突。但是，我对这个问题并不这样看。俄国党绝不热衷于维持这种均势；相反，它最关心的是推进欧洲革命和世界革命。我们可以完全相信俄国同志一再作出的保证，因为他们的结论与我们平心静气地、不带偏见地观察整个既成局势所得出的结论是完全一致的。诚然，苏维埃俄国以沉重的代价即通过租让，也许能够从资本主义欧洲和美国获取商品，但是，另一方面，苏维埃俄国仍面临着资本主义欧洲对其发动新进攻的危险。为防范这种危险，苏维埃俄国必须保持军事组织，其规模即使不像以前那样庞大，但也不能太小。因为，我们在来此之前，早就了解并经常从报上看到，后来又听到托洛茨基同志说，俄国正处在整个经济破败不堪，物质生活极端困难，俄国作为世界革命的先驱，为了维持自己的地位，为了捍卫世界革命，而不得不艰难地生存和力不胜任地工作这样一个历史时期，所以，不可避免的军国主义仍在千方百计动摇苏维埃俄国的根基。因此，其他国家加强革命，这对苏维埃俄国具有极大的意义。我们完全相信，即使俄国一时无法从国外获取它所需数量的商品，那它也仍可以将自己的军队复员，一心一意地全力建设共产主义经济。

　　关于第三个问题即俄共对第三国际的方针问题，我也说几句。现在给人们的印象是，似乎俄国在某种程度上阻碍着革命的发展。但是我深信，这仅仅是一种与实际情况相矛盾的表面现象。我在本国也曾经一度为此而苦恼过，但来到这里之后，所见所闻太多了，经过深入观察，我得出的结论是：我大概是错了。有一个问题：为什么伟大的革命领袖，正像列宁同志今天在他的讲话中所强调的那样，都提出必须全心全意地、扎扎实实地做好革命的准备？为什么他们告诫我们要防止"左"的危险，防止"盲动"的危险，防止过早地发动革命？难道他们也听信不愿意革命的西欧机会主义分子所鼓吹的论调？我们大家都知道，俄国同志这样做完全是为了革命，他们对革命满怀信心，并坚定不移地认为：资本主义也许会再现一次活力，但它决不会彻底恢复元气。这一点，在大会讨论世界形势时，诸位都已经弄清楚了。在专门委员会中，俄国同志的基本论据是：的确，我们有时在爬坡，有时又下坡，但有一点是肯定的，那就是我们正处于革命发展阶段。这一点我们必须牢记。只有用这个观点去观察俄国的政策和第三国际的政策，才能对俄国的政策有正确的认识。必须指出：俄国同志并没有向右转，他们坚持左的方针，他们仍然是左派。这就是我来到俄国之后所得出的看法，我认为我有义务把这一观点公之于众。从总体上说，俄国同志坚持左的方针，因为他们对革命忠贞不渝。我们生活在西欧和中欧，那里的条件不同，就是说，那里还没有革命，资本主义还在统治，我们不得不在西欧资本主义铁蹄之下生活和斗争，所以，人们不大可能产生这种想法。

　　"要谨慎，切忌急躁"，这是修正主义者和机会主义分子这样劝告我们，他们这样说，是因为他们不愿意革命。而俄国同志这样说，其出发点是完全愿意革命的，对革命充满信心。他们知道工人群众中蕴藏着多么大的力量。他们知道，工人群众必能实现革命。即使在今天即困难时期（说不定，这个困难时期预示着美好时期的到来）不能实现，那么在明天或后天他们必定会实现革命。当前，革命力量还不那么强大，第三国际可以把西欧看做俄国的革命配角，因为俄国至今仍然是世界革命的坚强柱石。（全场赞同，鼓掌）

布哈林（俄国共产党）：

同志们！我要就某些发言人的发言，特别是德国共产主义工人党代表扎克斯和赫姆佩尔两位同志的发言，谈几点看法。扎克斯同志用以攻击我们的最有力的论据是：我们对资本主义国家实行租让和同资本主义国家进行贸易，会助长西欧国家的资本主义，因而阻碍革命事业。我的看法不是这样，其理由如下：首先，我们的帮助，从数量上讲，对西欧资本主义来说是微不足道的。我们从西欧国家所得到的东西都用之于俄国。相反，我们的东西出口到资本主义世界的各个国家。数字对比，显然于我们有利得多。其次，这种经济现象将加剧各资本主义国家之间的政治竞争。这一点不可忽略。的确，我们签订了租让合同，但是，这可以破坏世界资本主义的整个政治结构，而这在经济上必然引起后果，因为任何政治瓦解同样也意味着经济生活的混乱。第三，把我的意见归纳一下：我们的东西不是白给，而是有出有进。如果你们注意到这一点并加以比较，那你们就立即会承认，与其说是我们帮资本主义的忙，不如说是我们加强自身的力量。以上三点理由足以驳斥扎克斯同志的说法。

现在谈谈柯伦泰同志的发言。她现在显然是处在精神发育时期，在她身上，孟什维克的阴魂不散。（笑声）所以，她重弹孟什维克的老调也就不足为奇了；看得出来，她与德国共产主义工人党也有一定的联系。不过，柯伦泰同志的论证过程相当可笑。她一开头就断定并预言道：我们国内正在产生官僚——有产者专家阶级，说这是新阶级；这个新阶级将越来越强大，因而我们将不得不进行第三次革命，以打倒这个新阶级。

只要透过放大镜仔细看看这所谓第三次革命，我们就会发现，这正是孟什维克和社会革命党人所鼓吹的"第三次"革命。但是，他们的议论却有条理得多。他们把十月革命视为反革命，所以，他们认为第三次革命才是真正的革命，这场革命将恢复被镇压下去的二月革命。但是，柯伦泰同志所说的未来的第三次革命是大成问题的革命。柯伦泰同志要说明什么呢？说明原先的资产阶级现在实际上已经是执政阶级；下一步就是突然由必然王国跃进自由王国。她的论断颇为新奇，她说什么在我国实际执政的既不是无产阶级，也不是这个新的资产阶级，而是农民。这是柯伦泰同志提出的完全出人意料的又一论题。现在我们来从实质上剖析这两个论题。她的论据是什么呢？论据就是我们在经济上对农民作出重大的让步。同志们！我也作一个对比。假设一个资本家即厂长和工人罢工。迫于罢工工人的压力，厂长将工人工资增加一倍，在经济上向工人作出重大的让步。柯伦泰同志便会说："怎么样！厂长明明向工人作出重大的让步，这说明他已经不再是资本家！……"实质上，这两种论据是没有区别的。请大家从逻辑上来推敲推敲。这说明什么？说明这是货真价实的修正主义理论。这不禁使我们想起这样一种人，他们看到资产阶级政府在战时向工人作出重大让步，甚至从工人阶级中选用某些不说话的配角充当部长，就称这个政府已经不再是资产阶级政府，是超阶级的政府。这种思想方法与马克思主义毫无共同之处。（赞同声）

现在谈谈第三个问题即国家资本主义。列宁同志在此阐述的国家资本主义，绝对不是西欧的那种"国家资本主义"。这完全是另一码事。大家知道（也是完全有根据的），西欧的国家资本主义是资产阶级国家对资本实行国家垄断。这是国家资本主义的正确概念。这与列宁所说的完全不同。在这种国家资本主义下，一切生产资料的真正所有者是以资产阶级国家为代表的资产阶级。而我们的所有制关系则不同。即便在实行租让的情况下，生产资料的真正所有者是无产阶级，只不过是它把自己的财产出租给承租的资本家罢了。所有制关系和相应的生产关系是截然不同的。这是一种独特的经济结构，在理论上不能把它与通常所说的"国家资本主义"概念混为一谈。

柯伦泰同志说（这是在她提出的所有批评意见中最有分量的一条），我们面临着极大的危险。她的惊人妙语是"我十分担忧"。由此得出的结论是什么呢？一个忧心忡忡的人是干不成大事的。（拉狄克喊道："可是能高谈阔论！"）柯伦泰同志希望我们怎么办呢？比如说，我们用实物税代替了余粮征集制。这是我们实施新方针的开端。怎么，难道柯伦泰同志主张我们重新实行征集制吗？这办不到！在党代会上，工人反对派关于租让问题一句话都没有说，一条反对意见也未提。我不知道柯伦泰同志是代表哪个反对派发言的。我认为，这个反对派就是一个人，柯伦泰一个人就完全代表了这个反对派。（笑声）我要明确指出，反对我们策略的论据一个也没拿出来。说实在的，不能把宣扬创造力、机械精神之类的骗术当做论据。

哥尔特同志在其人所共知的小册子中说，由于俄国同志背离了历史唯物主义观点，所以世界正走向灭亡。我们今天才明白，哥尔特所说的历史唯物主义指的是什么。原来就是柯伦泰同志的历史唯物主义，柯伦泰大谈创造性精神之类的空话，鼓吹那种轻视低下的物质条件的精神和机械世界观，而这些都受过列宁同志的批判。

总之，我认为柯伦泰同志整个发言的一个主要毛病是，谁都猜不透她的主张究竟是什么。谈话的内容可以各种各样。比如，说我们这里有贪污现象，说我们的组织工作不善，说我们有种种失误，这都是对的。但是，同志们，你们应当具体地说出来我们该怎么办，要知道，我们正在全力克服我们的缺点。假如你们有什么灵丹妙药，就请告诉我们，不要客气，我们将感激不尽。（笑声）

至于克伦同志的发言，他说得完全正确，我们确实应该利用合作社（在这个问题上，赫姆佩尔同志也说得完全对，他说：西欧的合作社是按照资本主义原则建立起来的。但是，利用合作社这件事与共产国际无关，这是苏维埃政府的事。克伦同志的发言在共产国际代表大会上有点不太合适，但拿到对外贸易人民委员部则非常恰当。我们一直公开申明，我们愿意同社会爱国主义者做生意，愿意同别国共产党人一起搞革命，二者绝不相互排斥。

另外，赫姆佩尔说，现行政策对苏维埃俄国是否合适，他管不着，这是俄国同志的事。（难怪他在发言之后，又专门批评我们的立场。）但我认为，每个共产党都有责任干预其他任何共产党的事务，目的在于总结经验。这是国际上通行的观点。赫姆佩尔同志说，柯伦泰同志在这次大会上的发言使他对俄国的政策有了清楚的了解。接着，赫姆佩尔同志谈到了"发扬主动精神"问题。是的，同志们，我们可以大谈特谈主动精神，但是请说出来，应该怎样发扬这种主动精神？我们搞过一些试验，如举行非党会议，实行工人监督及其他措施；请大家提出具体的办法。同志们，只要是你们提不出具体的办法，那我们就要说，这种批评是无的放矢。你们提出任何建议，我们都会十分感激地接受，而空谈发扬主动精神是无济于事的。这种言论我们已经听过千百遍了。这是一种中立政策。如果考虑问题而又不接触实际，那这种议论是徒劳无益的。（全场活跃表示赞同）赫姆佩尔同志还说："假使你们能促使社会阶层自下而上地施加压力，那你们就会有力量，而有了力量，就不必对资本家实行任何租让。"假如这种自下而上的压力指的哪怕是教育过程即启发我们工人的过程，那么，为扶植这支日益壮大的力量，这个意见是可以成立的，因为这是我们的崇高义务。但这种自下而上的运动有时也夹杂类似喀琅施塔得所发生的那种情况。喀琅施塔得叛乱就是自下而上搞起来的。（托洛茨基喊道："但其目的是要自上而下施加压力。"）

（全场活跃表示赞同）至于同农民进行斗争的阶级性问题，我在另一场合已经谈过。赫姆佩尔同志还谈到实行租让的国际意义。用他的话来讲，我们热衷于维持对我们起重要作用的西方经济生活，因此，同西方进行贸易和实行租让的策略往后是不能容许的。有一个对比，在这里也许是恰当的。卡尔·伦纳曾经这样对比过。他说：工人和资本家是两个相互关联的概念，资本不能离开工人而存在，工人则不能离开资本而存在；可见，在资本和无产阶级之间存在着利益的共同性；因此，革命是不可能的事情。当然，在每个发展阶段，资本和无产阶级之间存在着利益的相对的共同性。但是，工人阶级还有着更为重大的长远利益，这种利益使资本和无产阶级之间的利益的共同性化为乌有。我们现在的情况也是如此。能从英国那里得到任何东西应该说是件好事，但是，我们清楚地知道，工人运动的发展将使我们获得更加重大的更加可靠的保障。俄国革命的利益实质上就是世界革命的利益。因此，我们是共产国际的最积极的部分。

当然，我并不打算驳斥赫姆佩尔同志提出的论据。这些论据把全体德国工人阶级说成是中毒者，这近乎是对德国工人阶级的侮辱。尊敬的德国共产主义工人党同志们，如果说全体德国工人阶级都中毒了，那你们还搞什么革命呢？你们的革命岂不成了纯粹放毒吗？！我真不知道应该怎样形容才好。至于赫姆佩尔同志为怠工辩护的论据，确实有点可笑。他说，我们应该使资本主义企业成为收益不高的企业。由此不难看出他的思想方法。无产阶级应当促使经济状况恶化，以此来实现自身革命化。一句话，为了保住工资就要实行全面经济抵制。这样一来，没有一个工人会满意，他们都要挨饿，不满现实，起来革命，进而推翻整个资本主义社会。

赫姆佩尔同志还说："假如你们同各资本主义国家进行贸易，那你们就不是真正的共产党人。"同志们！我们在签订布列斯特-里托夫斯克和约时期也听到过这种论调。那时，有人对我们说："你们跟将军们同坐就席，因而你们自己也就成了将军。"但是，难道你们不知道，现在的形势变得有利得多，资本主义社会生怕我们让它感染布尔什维主义的毒素。另一方面，也不能说现在就不存在危险，但危险没有过去那么大了。我们已经有了一定的免疫力。现在是时间问题，就看我们能否坚持住？

我们能否坚持住？对这个问题无法作出完全有把握的回答。但是，当前我们的主要任务是赢得时间。如果说我们要灭亡，那这并不说明西欧革命也要灭亡。你们将会吸取我们的经验。至少我们现在还没有灭亡。至于赫姆佩尔同志的发言，说实在的，我不知道他是赞成还是反对同资本主义国家进行贸易。他是赞成还是反对租让，这个问题他也没有回答。其实，这是要害。他提出的批评跟柯伦泰同志一样，空洞无物。假使赫姆佩尔同志的意思是说，俄国党应当看到危险，那我们就回答：我们看到了危险。既然所有俄国发言人上台都表示：阶级力量的对比迫使我们为维护无产阶级的政权而不得不向农民作重大的让步，这说明什么呢？这正说明我们看到了危险。

一场旨在清除官僚分子的斗争已在我们党内开始了。前些天，中央委员会已经决定在政治委员的严格监督下把许多人清除出党，也许要清除10多万名。这说明看到了危险。所以，赫姆佩尔同志的劝告尽管很好，但他提得晚了点。他的论调无非是通常所谓"俄国指挥棒"的翻版。这是德国共产主义工人党从理论上进行进攻，以此来说明各国代表团不可能独立行动，因为有俄国指挥棒。但是，这种攻击不会得逞。至于把第三国际比做苏维埃政权的对立物，赫姆佩尔同志的这套说法，简直是不合逻辑，因为第三国际是国际联盟的对立物。

然而，重要的是，我们的国家机构和作为工人阶级独立革命组织的第三国际之间是有分工的。

总而言之，我要指出，所有针对我们的批评都不是真正的批评，都是无的放矢。（全场热烈赞同）

主席柯拉罗夫：

所有报名发言的人都作了发言。讨论到此结束。现在由列宁同志作总结发言。

列宁（俄国共产党）：

同志们！我完全同意我的朋友布哈林在会上所谈的看法。我没有什么好补充的，因而不作总结发言。（全场喧哗，笑声）

表决并通过关于俄共策略的决议

主席柯拉罗夫：

关于俄国问题的决议①已转交主席团，以便向大会宣读。现由克南同志宣读。

克南（宣读）：

共产国际第三次代表大会听取了列宁同志关于俄国共产党的策略的报告并研究了这一报告所附的提纲，现发表声明如下：

"俄国无产阶级近四年来为夺取和维护政权而进行的斗争，使共产国际第三次代表大会感到欢欣鼓舞。代表大会一致赞同俄国共产党的政策，认为俄国共产党无论在何种情况下都始终能正确地看到危险，始终

---

① 这里宣读的决议文本与大会正式通过的文本基本一致，但个别文字有改动。参见本卷收录的《俄国共产党（布尔什维克）的策略》。

能找到防止这种危险的办法,而又不违背革命的马克思主义原则。而今,公开的国内战争已告结束,在西欧工人尚未前来进行兄弟支援之前,俄国共产党正以其农民的政策以及在租让制和恢复工业问题上的政策,集中无产阶级的全部力量来维护俄国的无产阶级专政。

"代表大会确认,由于俄国共产党有这种始终不渝的、方向明确的政策,苏维埃俄国才能继续成为世界革命的第一个强大的堡垒。代表大会谴责各个孟什维克政党的背叛行为,它们正在各国诋毁苏维埃俄国,诋毁俄国共产党的政策,从而为资本主义国家的反动派反对俄国助纣为虐,妄图推迟全世界的社会革命。

"代表大会号召各国无产阶级站到俄国工农方面,以实现全世界的十月革命。

"争取实现无产阶级专政的斗争万岁!

"社会革命万岁!"

主席柯拉罗夫:

现在就这项决议举行表决。先通知大会,捷克斯洛伐克代表团已在决议上签字,并把签了字的决议文本交给主席团了。

朗格雷:

我代表法国代表团声明:法国代表团也同意这项决议。

主席柯拉罗夫:

有反对这项决议的吗?宣布决议一致通过。(长时间的热烈赞同声、掌声)我宣布,下次会议定于明天即星期三下午6时举行。议程是继续讨论工会问题。

(会议于晚上7时休会)

第十八次会议

(1921年7月6日晚8时)

继续讨论工会问题

主席柯拉罗夫：

现在由马尔察恩同志发言。

马尔察恩（德国统一共产党反对派）：

同志们！季诺维也夫同志在他就工会运动问题所作的报告中完全正确地指出，阿姆斯特丹工会国际是资产阶级的主要依靠力量。他还说，对阿姆斯特丹国际的斗争不是派别斗争，而是名副其实的阶级斗争，所以我们的任务就是除掉阿姆斯特丹国际这个世界革命的赘疣。我们也完全赞同季诺维也夫同志在与红色工会国际的相互关系问题上，以及在铲除工会的政治中立态度问题上所表示的意见。但是，同志们，代表大会应重视的最主要问题，却是为夺取工会并使其变成社会革命工具而应采取何种斗争形式的问题。现在让我们稍事回顾一下：共产国际第二次代表大会曾作出决议说，共产党人必须通过工会内部斗争的途径来掌握工会。所以，我们的任务就是消除一切旨在反对我们并力图使我们放弃这条途径的趋向。要知道，革命知识分子从工会中、从群众性的经济组织中的任何一点退让，无疑都意味着我们斗争的削弱，同时也意味着我们无产阶级革命的准备工作的削弱。

同志们！从德国工会运动的实例中可以清楚地看到由于革命分子的退让所造成的困境。全德工会联合会的资料表明，1919年春，自由工会的会员人数为300万。后来到1920年报告年度，会员人数竟由300万猛增到900万。如果我们把全德工人联合会、盖尔森基兴的自由工人联合会和工团主义团体的会员人数与上述情况对照一下，我们就会得出结论说，尽管这些小团体竭力进行宣传，但它们所争取到的会员并没能超过30万人。可见，一方面是900万自由工会会员，而另一方面，虽说工会干尽了叛卖勾当，但若把自由工人联合会和工团主义团体的会员计算在内，总数也达到了30万人。

同志们！我们都是从事工会工作的，所以我们都深深体会到分裂所造成的后果。首先是，革命分子不仅没有建立起统一战线，而且分裂导致的斗争反而削弱了革命无产阶级的战线，这只会有利于阿姆斯特丹国际，有利于全德工会联合会，总而言之，有利于工会的反革命官僚。这些小团体提出的"退出工会！"的口号，居然打进了我们德国的党。作为共产国际的同情党的德国共产主义工人党却经常提出"退出工会！"的口号，这就为工会官僚提供了十分有利的宣传材料，从而掀起了反对在工会中进行共产主义工作的斗争。因此，我们拥护代表大会对德国共产主义工人党所作出的决议。

现在，德国工会运动正经历着危机。各个工会都出现会员人数锐减的情况。例如，五金工人工会这个最强大的组织，去年的会员人数总共减少了10万人。独立工会联合会的会员人数总共减少了100万。这种现象不仅出现在德国，而且也出现在世界各国工会运动中。我殷切希望这个问题能得到认真的讨论。毫无疑问，出现这种逆流对革命是危险的。因此，我们要弄清造成工会会员脱离工会的原因。在十一月革命以后，群众犹如汹涌的浪潮涌进了工会。他们下意识地期待着改善他们的处境。他们认为，加入了工会，也就完全履行了自己的革命职责，而工会本身必定会为群众的利益进行斗争。但是，我们清楚地看到，工会没有执行积极斗争的政策，没有将群众组成自觉的革命队伍，而由于在工作中采取协调政策，以致背叛了为夺取政权而进行的一切经济斗争和政治斗争，从而使尚未摆脱资产阶级思想影响的群众深感失望。

工会抵制革命斗争，实行社会改良政策，实行与资产阶级协调的政策。而共产党人则鼓吹革命，千方百计地阻止实行这种政策，所以工会官僚开始将他们，首先是将他们的领袖逐渐从工会中排挤出去。工会官僚提不出真凭实据，硬说共产党人要分裂工会、破坏工会，使工会瓦解。工人联合会和德国共产主义工人党的宣传给工会官僚提供了好机会。德国共产主义工人党认为工会中的这种逆流有利于革命，这种立场显然是荒谬的。要知道，离开工会的群众并未参加其他组织，而是陷入了局外主义的泥潭。显然，这种现象对工会运动是有害的。因此，在工会中工作的共产党人的任务，就是要尽一切力量使工会革命化。由此可见，工会问题是关系革命成败的重大问题，工会革命化已成为革命取得胜利的先决条件。贝尔格曼同志声称，无产阶级在夺得政权以后，为了掌握国家的经济，必须有工人联合会。但他若能深入地理解工会运动的实质，认识到应当利用工会来达到夺取政权的目的，那么，贝尔格曼同志就会把他的报告发挥得更完善。有人认为，对工会的控制似乎应当主要看掌握的会员人数，似乎一切领导职位，甚至最基层的领导职位，都应由共产党人担任，似乎60％的会员应信奉共产主义——这种观点，是很不正确的。大家都知道，工会中有一定数量的会员在政治态度方面是积极的。这些人是领导各种集会和活动的重要工作人员，我们应当掌握他们。在企业主企图压迫工人的情况下，揭露工会官僚的背叛行为并不困难。如果德国共产主义工人党的同志们不考虑掌握工会问题，那我们倒要问，他们打算通过什么方式来干革命？共产国际世界代表大会和红色工会代表大会应当为各国共产党人在工会中的活动制定一条明确的

路线。(赞同声)

米夏诺（意大利共产党）：

我认为，我们在代表大会上讨论这个问题极其重要。因为，如果说打仗需要有一个确切了解兵力对比、地形条件、对敌斗争方法的司令部，那么，同样也需要有一支在任何战斗时刻都能保持高度机动灵活、纪律严明的军队。如果说，在我们的国际政治组织中，即在第三国际中，需要有一个明达的政治领导核心，那么，我们就更需要有工会这样一支军队，由它去完成向它提出的一切要求，并将毫无畏惧地投入战斗。

可见，在工会问题上，也必须使全世界都了解第三国际的口号和纲领。

我们现在讨论这个问题，可是我们手边却没有工会运动委员会制订的提纲。因此，对于明天可能要详细讨论的那些观点，很难具体表明我们的意见。这样一来，我们只好自行其是，不得不擅自讨论起第三国际第二次代表大会的提纲。

在共产国际第二次代表大会上，我们谈论过纲领中有关我们现在讨论的这个问题的各个主要条文。总的说来，我们完全同意第二次代表大会的提纲，特别同意一条其中写道：经济组织和工会组织不应从属于政党，所以共产党人的职责是争取在工会中起领导作用。显然，问题可以这样表达：既然工会应有一定限度的自主权，那么，就必须考虑到，一定程度的形式上的外部自治是不可避免的，因而必须明确规定工会在纪律方面要服从政治运动。当然，要特别指望由共产党人即党员们来维护这种纪律，我们才能对领导机关和工会组织的中心产生影响。实际上，我们应当力求经济组织和政治组织的完全统一，以便一当政治组织，即我们军队的司令部下达命令，我们的军队就能严守纪律，听从指挥，坚决去执行命令。

因此，我们的代表大会应当为这一形式上的自治规定一些明确的范围。同时，必须使工人懂得，从现在起，只存在一项斗争，这就是为无产阶级革命、为共产主义的胜利而进行的最后的斗争。

我们不打算谈论这一斗争前的小接触。我们必须指出，有些小的冲突反而会推迟决定性战役的到来。我们不能避免一些次要的行动，但我们却不应因此忽视向工人指出：早晚要发动一场真正的战争，因为只有以革命方式推翻资本主义制度，才能解决工人阶级的一切大小问题。所以我们必须明确认识共产党人在工会中应采取什么政策。

在我们不得不参与的那些小冲突中（如为提高工资和缩短工时而进行的罢工），要明确指出我们的纲领不同于改良主义者和社会民主党人的纲领。同时，我要指出，意大利的某些共产党人在各次行动期间的表现，同改良主义者毫无二致，因而他们的行动不够坚决果断；有几次，党不得不对某些丧失积极工作信心的党员进行谴责。我们请求所有同志，不论是俄国同志，还是其他国家的同志，在制订工会问题提纲时，帮助我们分清在我们必须同工会一道进行的那些革命行动中，共产党人的斗争和社会民主党人的斗争有什么区别。代表大会必须注意到这一点。在意大利（我想，在其他国家可能也是如此），工厂委员会这样的机构，是出于政治运动的需要而建立起来的。我们在意大利，特别是在都灵，曾作过一系列这方面的尝试。

当然，不只是在都灵。我们在其他城市也建立了工厂委员会，但是，我们一直未能在全意大利建立起真正的这一类组织。在第二次代表大会的提纲中，确切地表明了共产国际在这个问题上的观点；但是，必须使建立工厂委员会这种组织不只是一纸方案，不只是停留在提纲中，而是要使参与大会的代表们回国后就能开始工作，就能在各个工厂和工人聚集地区组成工厂委员会，因为这种委员会，特别是在反对工会官僚以及过去的社会民主党人（现在几乎在世界各国的经济组织中都有这种人）的斗争中，具有重大的意义。我们不能像德国统一共产党那样认为，有了工会就万事大吉了。最重要的是工厂委员会，它是和工会进行斗争所必不可少的。

我们这样做，是为了争取工会。同时我们必须确认，为了达到这一目的，工厂委员会必定会给我们强有力的支持。我们从工厂着手开展反对社会民主党人的斗争，因而我们一定能从他们手中夺得经济组织的领导权。

可见，不仅要谈论工厂委员会，而且也要在世界各国到处建立起工厂委员会。

请原谅，我要在这段时间只谈意大利的情况。我们的斗争在世界上是很突出的。因此，斗争中最最重要的是，我们要了解整个世界政治情势。

在意大利，有一些在政治组织中工作的共产党人小组。它们置身于工人中间，活动于工人劳动的场所，它们的任务是积极进行反对工会的宣传鼓动和斗争。我们在各处建立了这样的共产党人小组，不过，我们也只是做了这方面的工作。

至于意大利的情况，大家都知道，领导意大利劳动总联合会的是改良主义者和社会党人。在第二次代表大会上，我们曾看到达拉贡纳和总联合会一些大机构的其他领导人。因此，我们意大利共产党人力图推翻他们的统治，展开了反对改良主义者的激烈斗争。必须彻底揭露从屠拉梯到塞拉蒂的意大利社会爱国主义者和社会民主党人的可耻行径，以便使具有革命情绪的意大利群众得以参加共产国际的行列。必须使意大利工人群众懂得：第三国际是真正世界性的革命组织，有些人所以不参加这个组织，是因为他们不是革命者，或者是假的革命者，对于这种人必须加以揭露，事实上他们所进行的是反革命勾当。所有这一切，都必须加以阐明,因为至今还有一些党员以为只要坐在他们的办公桌旁,就可以成为革命者。

意大利劳动总联合会把资产阶级从我们的共产主义运动中拯救出来。我们在这次代表大会上声明,意大利共产党人有能力、有资格理解自己面临的伟大任务,他们决不容许再次和那种不明朗、不确定、不坚决的立场和平共处了,而在里窝那和第三国际第二次代表大会上,就曾有过这种调和的情况。为了把工会中的工人群众吸引过来参加革命斗争,必须和那些暧昧不明的改良主义者以及假马克思主义者(他们是世界无产阶级最凶恶的敌人)决裂。

同志们!应该告诉你们,在里窝那代表大会期间,我们就已认为必须和第三国际结成统一战线。但是改良主义者害怕意大利社会党加入第三国际,于是他们依靠自己在人数上的优势,开始筹建工人政党的工作。后来,当他们确信绝大多数社会党人不参加第三国际时,他们才不再做这种努力了。劳动总联合会对共产党人进行了残酷无情的斗争,它想通过不让共产党人有权在所参加的工会中担任书记的办法,使共产党人脱离工作。可见,改良主义者伙同资本家和工厂主来排斥处于各个组织领导岗位的共产党人。

还有一点要告诉大家:劳动总联合会的代表大会通过的一项决议表明,总联合会仍留在阿姆斯特丹组织中,但打算派代表来参加我们的大会,以便观望一下它是否能参加与第三国际采取一致行动的红色工会组织。因此,无论是领导工人运动的俄国同志,还是来自其他国家的同志(他们都将在工会代表大会上讨论这个问题),都不应忘记,来这里参加讨论红色工会国际形势的劳动总联合会的领袖老爷们,是最坏的改良主义者,他们正领导着反对全世界革命的共产主义组织的斗争。我们的同志要谨防落入他们的圈套。

意大利革命派完全拥护第三国际,并支持苏维埃俄国。因此,意大利改良主义者和假马克思主义者为了不失去在工人群众中的影响,力图同莫斯科及共产国际搭上关系。要制止这一真正反革命的活动。要对这些搞阴谋活动的老爷采取对策……同志们,规定我发言的时间快到了,我得说简短些。意大利劳动总联合会对于一些反革命组织,例如法西斯组织登上政治舞台,应承担责任。

同志们,对资产阶级和白卫分子的进攻采取防卫立场的改良主义者们,对此也应承担责任。可见,共产党人之所以遭到迫害,他们之所以未能坚持对资产阶级的斗争,这都是改良主义者的过失。今天报纸上登载,在格罗塞托又有15名工人共产党员被法西斯分子和资产阶级杀害了。

请代表大会允许我再用两分钟时间谈谈我所预见到的情况:现在意大利改良主义者正力图把工会从反抗压迫的机构变成阶级合作的组织。我看到一种可能会从意大利传播到其他国家的现象,即工会将变成专门收购衣、鞋等用品并以廉价向工人兜售的组织。我们看到意大利纺织工人工会除从事上述商业性工作外,一连几个月没有做其他任何工作。工会没有对资产阶级进行斗争,没有对资产阶级实行抵抗,反而和法西斯分子一样为非作歹。

请问大家,你们是否认识到,隶属于阿姆斯特丹的那些组织,为了反对我们在工会中的政治组织的革命活动,有了怎样的新式武器?

在意大利还有另一个工会联合组织。这是没有参加劳动总联合会的工人组织。同志们,我们曾竭力想使这个工会联合组织加入劳动总联合会,以便把全体工人联合在同一组织中。但是,我们得到的回答是,领导这个工人组织的无产阶级的无政府主义者和工团主义者不肯参加劳动总联合会,因为他们反对无产阶级专政和共产主义,所以不愿从属于我们的组织。

不能再对这种组织工作抱幻想了,因为想把所有工人组织联合起来的打算是徒劳的，是达不到目的的。

我要结束我的发言了。同志们，在这个问题上，我们必须有鲜明的原则和明确的纲领。这个纲领要反映出共产国际第二次代表大会所作出的一切决定，它应给予我们所必需的强大的威力、明确的认识和内在的力量，以便参加决定性的斗争并推动工人向第三国际靠拢，向共产主义迈进。

埃尔瓦莱（上西里西亚）：

谈到工会问题，我想指出，在上西里西亚以及在捷克斯洛伐克某些地区，由于无产阶级成分复杂，以及由于难以建立统一的无产阶级战线，我们的工作正面临着一些巨大的困难。显然，这些困难立即为资产阶级及与其勾结的各种反革命分子所利用了。无数经验表明，在工会活动方面，我们应当竭尽全力地工作，不要在各个工会之间，以及在波兰工会和德国工会之间，造成在上西里西亚出现的那种分隔状况。我们工作的目的是为所有工会建立共同的基础，并力图使它们接受我们的领导，从而建立起阶级斗争的统一战线。同志们！我们在德国已经取得了丰富的工会工作经验。在那里，我们费了很大力气才使工会接受我们的领导，但是我们在那里取得的胜利毕竟比在上西里西亚容易得多。

关于工会官僚的作用，即关于那些脱离群众的工会领导者的作用，在这里，我想指出这样一点。虽说诺斯克这类过去曾领导工会的人，为了扼杀工人阶级而脱离了工会，参加了社会党的资产阶级政府；虽说诺斯克这一类人在德国已臭名昭著、名声扫地了，但他们毕竟还没有达到我们上西里西亚所出现的那种状况。在我们那里，工会领袖们都成了反革命头子；我们清楚地知道，在最近发生的事变期间，我们波兰最强大的一些工会（仅波兰工会组织就有13万有组织的工人，而所谓有政治觉悟的工会则有6万多名会员）的领袖，参加了波兰起义行动委员会，和科尔丰蒂先生联名签发了一项无异是宣判罢工工人死刑的命令。这就是波兰工会的所作所为。而另一方面,德国工会也不甘落后。例如,我们看到,在波兰工会将剑举到工人阶级头上的时候,德国工会领袖们参加了奥德尔那一派的所谓行动委员会,并和奥尔盖什一起对整个工人阶级发动了进攻。德国工会的某些领袖和黑费尔将军沆瀣一气,参加了奥尔盖什的动员。在人民公决的整个期间,德国工会以及波兰工会不仅暗中破坏工人运动,而且公开充当德国帝国主义和波兰帝国主义的代理人。

同志们!在我们上西里西亚也有一些革命工会。只有这些工会的会员才是有觉悟的无产者,在我们最近的那些惊险的日子里,他们坚持阶级斗争观点,没有参加奥尔盖什的行列。那么,就产生这样一个问题:在今后的革命发展中,在今后的斗争中,这种工会是否有必要存在。这种工会在德国也存在,而且还有一定的基础。根据我个人在这方面的经验,我认为这种工会是多余的。很显然,我们的力量还相当薄弱,不能把力量分散在所有的工会中,这就是说,不应当把我们革命工会的力量分割在全德工会和与之同时存在的波兰各行业组织(即波兰工会或工团主义联合会)中。最后,我们应当谈谈我们打算怎样组织工会和企业中的工作。以往,因为没有其他办法,只好如此解决。在上西里西亚,我们已经承认,两年前宣布的"退出工会!"的口号不正确。这一错误造成的后果是:优秀的力量真的退出了工会,因而使他们不能对今后各阶段的斗争产生影响。他们离开了其他人,孤零零地站在一边。我们不能预见这问题将如何继续发展下去。马尔察恩同志指出了工会中有组织的工人大量减少的情况,100万人退出了工会。但是,这并没有使革命运动得到进一步的发展,因为这100万工人没有投向我们,也没有组成共产主义工会。这一情况表明,整个说来,目前工会运动正处于低落时期。经验使我们认识到,必须争得工会,否则就不能进行坚决的斗争,工人阶级也就不能对资本主义制度开始进行决战。因此，我们现在应当执行的政策是：渗入到工会中去，并在工会中建立我们的组织。

为了说明现在工会所具有的重大意义，我可以摆出人民公决时期的情况。那时，在将近一年半的期间里，德国工会和波兰工会没有成为革命斗争的工具，而是为资产阶级波兰和资产阶级德国的帝国主义政策帮了忙。工会及其波兰和德国的领袖没有从事阶级斗争，即没有从事反对降低工资、反对所谓"第七次换班"的斗争。他们所进行的也不是思想斗争，而是地地道道的民族主义斗争。波兰工会联合会建立了工人的军事组织，以防止可能出现的起义冒险行动，但是，这在更大程度上是为了和革命工人进行日常的斗争。德国工会的脱离群众的领袖们，也是这样做的。在整个这段期间，他们都是奥尔盖什的支持者。于是，我们看到，当运动有可能具有革命性质时，各个矿井的工人便按民族成分组织起来；但他们很快就灰心失望了，有些矿井的工人竟把红旗也撕毁了，而工会领袖们则乘机伙同官僚和资产阶级平定了起义。情况还不止于此。阿姆斯特丹国际的主席茹奥和他的几个同志特地到我们那里。他们用明显的谎言和虚伪的保证来安抚日益革命化的工人，说什么上西里西亚问题一定会在有利于工人阶级的情况下得到解决，应该劝说他们各自先回矿井，并放下武器。我要再次强调说，我们将坚持这样的观点：参加工会，并通过革命的工厂委员会来争取工会。（热烈赞同）

海伍德（美国）：

首先，我想对季诺维也夫同志的提纲加以修正。需要修正之处是指战后，特别是在美国，工会会员人数增长的那一段。读了提纲会使人们以为，艰难的时刻和失业现象迫使美国工人像潮水般地涌进了工会。可是，事实并非如此。实际上，最近一年来，有组织的工人人数，就拿美国劳工联合会的会员人数来说，已大为减少。在当前艰难的情势下，美国劳联不可能有所发展。战争以及战争所引起的许多现象，过去和现在都对它产生着强烈的影响。其实，会员人数猛增的时期很短。那是因为战时政府责成所有造船厂、军需厂以及其他直接为军队服务的生产部门中工作的工人都要参加美国劳联的缘故。我想利用让我发言的这 10 分钟时间，使代表大会清楚了解劳联是怎样一个组织。这是一个具有"两面性的"工会，在它的构成中所使用的每一块水泥板上，都溅满了在盖马尔克被杀害的人们的鲜血。我希望有一天能详细谈谈这个所谓的工人组织（它只不过是美国政府和美国资本家阶级的同盟军和工具而已）的历史。美国劳联上个月在丹佛召开的代表会议上，由执行委员会提出并经代表会议批准了这样一个独特的文件：

"美国有组织的工人不应该采取任何行动支持俄国苏维埃政府，或对它表示同情。美国劳联执行委员会在它今天通过的年度工作报告中，以及在它即将向一年一度在丹佛召开的劳联代表会议提出的说明性声明中，对苏维埃政府提出它不能代表俄国人民的警告，并指出该政府对工会的工人运动一直抱敌视态度。"

在季诺维也夫同志的提纲中有两项重要条文，是代表大会理应予以特别重视的。这就是第 1 章的第 5 条和第 6 条。这两条都着重指出：必须和各种革命组织共同进行工作，并支持各个国家中的较小的革命团体。这个规定特别适用于美国世界产业工人联合会。我所以要谈这个问题，是因为前来参加红色工会国际和产业工会代表大会的美国代表团中有代表行业公会的分子，即疯狂热衷于消灭世界产业工人联合会的美国劳联分子。同志们，这是怎么一回事呢？在美国，15 年来，一直有人想消灭这个组织。美国所有的资本主义势力和报刊，从未放弃过这一幻想，而且现在还抱有这个幻想。现在这些工会工作者特地来到莫斯科，以便找到机会促使红色工会国际向美国共产党执行局指出：应当取消世界产业工人联合会组织或其部分组织。理由何在？就是因为我们的会员人数少。他们指出,美国劳联的人数不断增长,并对我们这些世界产业工人联合会的成员说:"你们代表不了什么,你们是一小撮。"他们在谈论我们的会员人数时,对我们进行诽谤,这说明他们根本不了解世界产业工人联合会。我们的联合会是由于美国工人极其需要革命组织而建立的。它从西部煤矿工人联合会孕育出来,如果更进一步探究,它起源于"劳工协会"。在盖马尔克诉讼期间,美国劳联对它百般迫害,资本主义报纸也同它进行了殊死的斗争。当时,赛米尔·龚帕斯这个老酒鬼和老淫棍乘机把美国工人诱入美国劳联。

有人说,似乎世界产业工人联合会曾宣传退出工会。情况并非如此。有成千上万的世界产业工人联合会会员同时也是美国劳联的成员。不管怎么说,世界产业工人联合会是一个革命组织。它坚持必须消灭雇佣劳动;它承认阶级斗争。它的成员被捕和被关进监狱的,不下3万人;许多人被杀害。他们遭到告密、诽谤,蒙受各种耻辱。在美国,没有任何一家资本主义报刊敢于谈论世界产业工人联合会的真实情况。这是一个把力图推翻资本主义制度的男女工人联合起来的组织。它在阶级斗争的战线上占有一定的地位。它已经做到了这一点。尽管美国劳联对它进行迫害、造谣中伤,但是,在举行罢工时,任何一个参加美国劳联的工会都会得到世界产业工人联合会的支持。我不会由于赛米尔·龚帕斯及其同伙的所作所为而责备美国劳联的普通成员。但是我们知道,美国劳联中的反动分子并非只是这些高级的工会官僚,我们即使争得了美国劳联的领导职位,离掌握住普通成员也还有很大的距离。普遍的贪污受贿以及向资本家乞求优待和赏赐的现象,不只是在担任高级领导职务的人们当中存在,而是侵蚀了整个组织,在职位低下的一些爪牙当中也存在。这是一个盗贼的巢穴、腐化的组织。

现在,我们共产党人都认为必须建立产业工会组织。在这里,在俄国,也感到需要这种组织。实现俄国革命的,不是共产党人,而是工人阶级。但是，后者不是按产业原则组织起来的。于是，我们看到了它的后果。工人们在阶级斗争中、在国内战争中进行了战斗，而现在，他们还得为无产阶级专政而斗争；但是，因为他们对组织劳动和组织生产没有足够的知识，所以俄国工业实际上已陷于瘫痪状态。当然，我承认，在各个产煤区，在顿涅茨矿区，在各个工业部门，都已作出了巨大努力。我知道，四年大战和三年不断的冲突，必然会使这个伟大的国家濒于崩溃。但是我也知道，如果俄国工人能受到世界产业工人联合会成员所受到的革命与科学方面的教育，那就易于扭转俄国的状况了。目前，我们的联合会在美国已发出约 80 万张会员证。参加红色工会国际代表大会的代表，是从 8 万到 10 万会员中产生的。我们在按产业工会划分的六个地区组织起来，这是根据世界产业工人联合会的组织宗旨，即包罗人类活动的一切领域的原则进行的。在各产业工会之间进行了区域划分。尽管美国劳联和资本家阶级要尽了阴谋诡计，但在某些生产部门，世界产业工人联合会的会员仍占据多数。他们在美国参加了多次战斗。他们遭到了其他任何组织所不曾遭受过的巨大痛苦和牺牲。世界产业工人联合会的成员在马克—基兹—洛克斯的钢铁企业中举行了罢工。这是破天荒第一次对钢铁托拉斯进行的胜利斗争。世界产业工人联合会的成员还在加拿大北部举行过罢工，为那里的工人争得了一些较好的条件。他们在劳伦斯发动了纺织工人大罢工，结果，首先使非熟练工人得以提高 25%—30% 的工资。他们领导了其他一系列罢工运动，并在美国各个城市为争取言论自由进行了斗争。他们的斗争十分坚决，因而美国各州（只有一个州例外）对无政府主义者、工团主义者及其组织本身施行了追究刑事责任的法令。尽管如此，世界产业工人联合会还是生存下来了，虽说它的成员数以百计地被投入监狱，而我也作为流亡者来到这里，来到俄国。

世界产业工人联合会有一个巨大的印刷所，它的轮转机可以不停地印出革命文献资料。我们在美国西部各地,特别是在有芬兰工人工作的地方,出版了报纸,设有阅览室、小卖部、合作社,还建立了集体宿舍。可是现在,在红色国际中,还有些人叫喊要求取消世界产业工人联合会。他们不愿意理解这个始终保持忠诚的革命团体以及这个革命核心对革命所具有的重要意义。这个核心用自己过去的行动表明它有革命的决心,它善于参加阶级斗争,善于在国内战争中进行搏斗,它理解无产阶级专政的重要性,世界产业工人联合会的情况就是如此。我在这里所以这样谈论它,是希望参加这次大会的每一位代表都能竭力利用自己对红色工会国际代表大会的影响,说服它不要通过任何反对世界产业工人联合会的决议。

勃兰德(波兰共产党):

我想对参加代表大会的从事工会运动的同志们——法国的、西班牙的和其他国家的代表,讲几句话。同志们,概括地说,你们来到这里,是为了和我们一起争取达到一个共同的目标,这就是推翻资本主义制度和解放工人阶级。我们知道,在党和工会的相互关系问题上,你们当中存在着各种不同的观点,但是你们中间竟没有一个人在这里向我们表明自己的思想。我们希望听到一些权威人士发表的意见。为了使我们了解情况,请你们利用你们的发言权,详尽地把你们的观点告诉我们。

洛佐夫斯基(俄国共产党):

同志们!关于革命的工团主义,我要引用5月21日《人道报》上发表的一个文件《工团主义革命派中央委员会的声明》。文件的开头用的是"工团主义革命派委员会"一词,而后来却这样说:"革命的工会委员会声明法国工团主义有独立性和自治权,并且毫无疑义地确认这一点。"

革命工团主义的哲学就是如此：完全的独立和自治。但是应该弄清楚：对谁独立，自治是对谁而言？应该弄清楚：如果这样提出问题，那么，独立是指何而言，而自治的概念本身又包含着什么意思。必须把不要共产党人参加共同工作的观点，同那种力图通过共产党人和工会协作以达到共同目的的观点加以对比；应当把共产主义运动的指导思想，同那种认为革命工团主义足以实现社会革命和建设未来生活的想法加以对比。由此就可以看出革命工团主义的实质。我们应当弄清楚，我们在英、德、法各国所进行的斗争中，工人运动是否可以脱离共产主义。那么，是否可以脱离呢？我想实事求是地告诉大家，1906年的神圣《亚眠宪章》的提法早已过时，现在有充分的理由废弃它。实际上，如果我们声明工会运动有独立性和自治权，那我们就得承认存在着两个追求不同目的的平行运动；我们就得承认，既存在一种打算取代共产主义的工团主义，又存在另一种类似共产主义的工团主义，而这后一种工团主义与共产主义的关系，就像友好的邻居相处似的，虽然它现在也住在这同一幢房子里，但后来是会从那里搬走的。

但是在社会斗争中，是否可以把无产阶级机体、把无产阶级精神划分为二，即划分为工团主义的和共产主义的？共产主义组织是否可以享有完全的自治？我问过自己的同志们：如果存在着两种平行的运动，那么，是否可以在它们之间架起一座大桥呢？他们回答说：可以架起来的不是大桥，而是走在上面很危险的不牢固的一些小桥。如果他们不把"小桥"这个词理解为密切的联结，那么，工团主义以及共产党将被打得粉碎，因为要战胜资产阶级，必须有一个条件，这就是斗争的目的、行动和意志的统一。因为，信奉工团主义的同志们所持的观点，不能使工人阶级取得胜利。这种错误观点使我们的同志越陷越深，以致几个月以后，那些《亚眠宪章》的拥护者竟转入我们敌人的阵营，同那些支持改良主义的人勾结在一起了。

但是《亚眠宪章》不只是工团主义革命派委员会和其他一些人的口号,梅尔黑姆等人也日日夜夜地叫嚷拥护《亚眠宪章》,而工团主义者中的共产党人竟追随他们,也开始这样叫嚷起来。这个口号是我们的敌人抛出来的。你们清楚地知道,改良主义的工团主义和革命的工团主义这两种思潮,都是工人运动的阶级敌人。值得指出的是,工团主义革命派在谈论《亚眠宪章》时,并未理解他们的敌人正是借助于这个神圣的宪章来扼杀工人的工团主义,反而对敌人倍加称颂。同志们,在当前残酷的斗争中,共产党人和工团主义者不能不携手并进。他们如果不互相支持,就一定会互相攻击。现在世界各国都面临着二者必居其一的选择。为了向大家说明在国际政治中不能有所动摇,即不能在第二国际和第三国际之间摇摆不定,我向大家讲述一件小小的趣闻,它很能说明意大利劳动总联合会和阿姆斯特丹正式代表乌捷格斯特之间的谈判情况。后者来到米兰,劳动总联合会十分热情地接待了他。乌捷格斯特声称,劳动总联合会对他的热情接待,使他深受感动,接着补充一句:"同志们!我们不应让理论上的分歧把我们分隔开,而应在实际工作方面协调一致。"我向大家讲述这件事,是为了证明他们只是由于一些抽象问题而分隔开的。

还有第二个例子。同志们,你们都知道,白色恐怖笼罩着西班牙。两天前我们得知许多工团主义者同志在那里被杀害了,而且根据政府的命令,每天都有一些积极工作者被人以残酷手段消灭。工会国际感到焦急不安,于是,给西班牙国王的一位大臣写了一封信。原文如下:

"工会国际执行局提请马德里政府注意:贵政府曾同意《凡尔赛和约》第13款对工会运动所作的庄严规定,贵政府曾派出代表德·艾萨子爵参加华盛顿的国际会议,而且达成了协议,承认并同意执行《凡尔赛和约》和国际联盟所规定的关于劳动自由和劳动权利的各项原则;贵政府派出德·艾萨子爵为国际劳工局管理委员会的代表,而这个机构的主要职能是尊重劳动者的权利,并监督执行上述国际协议。"

请看,对充当白色恐怖帮凶的政府,口气是多么委婉友好啊!只是对它说:要知道,你们在规定工人自由的著名的《凡尔赛和约》上签了字。而随后,在阿姆斯特丹国际向西班牙政府说了这些甜言蜜语之后,黄色国际的一位代表就来到意大利,他说:"同志们,意大利工人们,不要再进行原则上的争论了,必须在经济问题上协调一致……"

最后,还有一个性质相同的例子。美国劳联对阿姆斯特丹国际的革命行动表示十分满意。其实,对于龚帕斯说来,阿姆斯特丹国际甚至是过于革命了。他责备它不应将革命的阿姆斯特丹国际表示对埃佩尔顿不信任的那项声明公诸于世。当时,茹奥、马尔滕斯等人写道:"龚帕斯老头子,你听着,你责怪我们有革命精神,但是要知道,你太愚蠢了,你在什么地方看到过这种革命精神?我们不能不解除埃佩尔顿的职务,我们这样做并没有错。问题是他在朴茨茅斯代表大会上遭到了一个小小的不幸。总之,这件事不是由于我们过分革命而发生的,而是他本国议会中的工会委员会所代表的800万工会会员对他不信任造成的结果。"

英国工联主义者对这件事就是这样评论的,此外,还可以再引一段意味深长的话:

"至于对个别一些人来说,代表大会认为,工会会员有充分自由可以在工会组织以外参加符合自己哲学观点和政治观点的各种形式的斗争。代表大会只是要求他们不要把他们在工会以外所奉行的观点带到工会中来。"

你们可以看出,这些论断中所包含的,正是使阿姆斯特丹和莫斯科分道扬镳的那些小小理论上的分歧。

请看,他们到意大利来访问劳动总联合会的情况。在那里,他们不仅受到了礼仪上的欢迎,而且还得到了更大的收获。显而易见,乌捷格斯特到米兰去,不是为了发表演说,而是为了和劳动总联合会商谈具体合作问题，也就是为了重演在华盛顿演过的那出戏。意大利劳动总联合会的代表们声称，他们要等待代表们从莫斯科归来后再商谈。他们还没有确定是投靠莫斯科，还是投靠阿姆斯特丹？他们就像布里丹笔下的驴子一样，站在两个干草垛之间，不知道该选择莫斯科，还是该选择阿姆斯特丹。他们不知道该往何处去，他们既向莫斯科派出了代表，同时又期待能和乌捷格斯特先生进行谈判。

同志们，试问，难道这种中立政策就是自治政策吗？我觉得，这里既没有独立，也没有自治。难道工团主义革命派在发动共产主义行动时是独立、自主的吗？就拿1906年拟定并通过的著名的《亚眠宪章》来说吧，请老工团主义者、意大利党的党员们想一想，难道劳动总联合会对要求自治的思潮采取过中立态度吗？从来没有过。它顺从过无政府主义者。无政府主义革命派在劳动总联合会的所有机关报刊上撰过稿，而且劳动总联合会还延聘过无政府主义者任编辑人员。我们来看看劳动总联合会的机关报《人民之声》吧，再看看1906年以来的意大利劳动总联合会的全部文献吧！我可以肯定地说，意大利劳动总联合会从来就不是中立的，因为中立主义是实际生活中并不存在的无稽之谈。它只是那些力图掩饰自己对某些政治思潮，特别是对现代共产主义持敌视态度的革命家头脑中的东西。这就是"独立"和"自治"这些概念的真实内容。

至于《亚眠宪章》问题，我对于那些讲我们倒退的同志是能够理解的。但是，请问那些致力于社会革命的工团主义革命派：难道除了《亚眠宪章》，从1906年到1921年就没有过其他任何事物吗？

我们经历了世界大战和社会革命，难道这一切不曾改变世界局势吗？而《亚眠宪章》却似乎永远站得住脚。这真使人难以理解。看来，极力追求自治和独立的策略，似乎实际上是为了保证工会运动不致遭受外部的侵犯，保证工会运动不致被其他思潮所影响，从而不致使工人组织遭到破坏。这意味着对本身力量缺乏信心，也就是不相信自己。这就是这个理论的基础。《亚眠宪章》的最后两款中写道：

"代表大会声明：为了使工团主义能尽量发挥最大的影响，它在经济领域中的活动应直接与企业主相对立；工会团体这样的联合组织，不应和政党及派别打交道，因为它们有可能甩开前者、不顾前者的利益，随心所欲地实行社会变革。"

同志们，这简直太荒谬了，正如一位伟大的俄国作家所说的，这是一种"疯狂的无稽之谈"。难道可以要求某个人不把他的观点带入工会吗？

难道你们能在政党和工会中执行两种各不相同的政策吗？你们有两个衣袋，一个装着共产主义信念，而另一个则装着社会党的信念。当你们在工会中工作时，你们便像从架子上取货一样，从不同的衣袋中取出适用的信念。同志们！我真不能理解，因而我要问：工会运动这项伟大的运动，在其存在的15年当中，怎么没有告诉同志们不能过这种双重的生活呢。要知道，不能对人们说："把自己的信念放到一边去。"没有信念，我是不能在工会中工作的。我这样说，是什么意思呢？我认为，不能再按《亚眠宪章》行事，早就该制定新宪章了，而制定新宪章所需要的文件、实例和决议，即为建立一座新大厦所需要的全部材料，已经具备了。

不能在这个小小的《亚眠宪章》的圈子里永久生活下去。要建立一所可以满足现代要求的新房屋。《亚眠宪章》的口号是不正确的，因而它不会引出好的结果。根据群众的要求，你们必将提出一个适应时代要求的新宪章，用以代替《亚眠宪章》。

请看，这是著名的神圣《亚眠宪章》最后部分中的一段话："对各个人来说，我们的要求是，他们不得把自己的信念带进来；至于各个组织……"

还算不错，竟然允许其他团体自由从事政治活动。《亚眠宪章》的作者是多么宽宏大量！

但是，同志们，这里所说的是给予政党行动自由的问题吗？是使那些争取达到同一目的的各个组织能协调一致行动的问题吗？在法国，你们总是把"独立和自治"这个口号作为组织的基础，那你们就是倒退一步。如果把改良主义者开除出去，把他们赶出你们的组织，你们就会前进一步。宣布自治和独立，你们就是倒退两步，因为这个口号早已过时了。关于这样的独立和这样的自治，茹奥之流一定会说："好啊！我们完全赞成《亚眠宪章》。"

我到达德国时所看到的情况也是如此。那时，有人对我说，地方政府是由独立社会民主党人和多数派代表组成的。在此以前，就是他们这些人用了一星期时间费尽心机来制定某种纲领。最后，他们作出决定："我们来组成一个五人政府，并以1891年制定的纲领作为依据。"同志们，可见我所担心的是，如果你们总是记挂着《亚眠宪章》，如果你们在制定新纲领方面得不到大多数人的赞同，那你们的策略就会带来十分危险的后果。你们要知道，我是善意地提出这个问题的，因为我注意到法国目前存在着的困难、法国工人所具有的特殊才智以及党的领袖们的变节行为（我们可以把这些领袖和背叛工会运动的头头看做是一丘之貉）。问题不在于领袖，而在于对运动如何领导。此外，我们的代表大会以及我们在各国的种种行动，都必须拟定出明确而又坚定的行动路线。任何时候都不应提出那种使多数派代表和少数派代表都能接受的口号，因为这种口号必定会像《亚眠宪章》那样，含义模糊不清。

我还要就工会、共产国际和德国共产主义工人党（它有自己的《亚眠宪章》）等问题说几句。德国共产主义工人党在专心一意地破坏工会。有人认为，咳，甭提了！是这样一些工会！领导它们的是一帮改良主义者。因此，就应该把这座大厦焚毁，另建一所只容纳忠诚信徒的小房。当然，这种忠诚的信徒不是有 1000 万人，而只是我们现在同他们一道从事革命的 5 万人。

这种观点不仅是错误的，说得更严重些，简直是反革命观点。为什么呢？因为现在工会是群众性的工人组织。在德国，有组织的工人达 1000 万人。假如有些工人革命分子好心地声称："我们不愿和这 1000 万人打交道，因为我们比他们高明"，那我们就要对他们说："你们永远干不成革命，因为你们不懂得什么是革命的战斗精神。你们不懂得应当怎样干革命，因而也干不成革命。必须和工人们携手前进。假如工人大厦中闯进一些唯利是图的家伙，那就要把他们赶出去。不应焚毁我们的大厦，因为这是毫无意义的行动。工会是我们建立的。我们说要争取工会，并不是指要争得工会的钱柜、房屋和工会群众，而是指要争得工人的心。只要群众还没有加入你们的组织，你们就干不成革命。"

在这方面，我们的法国同志已论证德国共产主义工人党的纲领所依据的那种思想是错误的。法国同志指出，在工会中已有一个人数不多的革命少数派，现在它的人数几乎将近半数，再过几个月，它就要成为多数派。如果工人站到你们这边来，那工会就归你们掌握了，因为这种组织是由工人组成的。

要坚决而又明确地谴责那种唆使工人反对我们的观点。因为工人们会说："怎么着？多年来我们建立了工会，我们又费了多年时光来巩固工会，而那里坐着的却是一帮盗贼……"所以，我们必须把有组织的工人争取过来，把盗贼们赶出去，这样做就万事大吉了。

如果在德国的革命群众中宣扬破坏工会的口号，那就会使这个国家当前发展中的所特有的痉挛状态更为严重，从而使该国受到彻底的震撼。这意味着左派力量将处于经常分裂状态，则革命不仅在德国，而且在全世界都将长期停滞不前。

同志们，正是为此，当我们研究我们的方法和我们所追求的目的时，我们要说：不！不应当把我们像在学校或兵营中那样彼此隔绝起来，形成两条平行的路线。我们必须联合起来进行活动，才能更快地达到目的。而且，我们越是要更快地达到目的就越需要尽力把各种力量、思想和策略紧密统一起来，使它们能够密切地合作和协调。我们就是依靠这些从资产阶级那里学到的方法来从事社会革命的；那些违背阶级利益的自治和独立的方法是不中用的，因为它们不符合我们的革命策略，而且会延缓革命和无产阶级专政的到来。

马歇尔（美国）：

同志们！我要代表美国代表团消除你们那里产生的两大困惑不解的问题。第一个问题产生于这件事：在第二次代表大会上一再提到美国党及其代表团是患有"左"倾病的组织。第二个问题则和刚才海伍德同志的发言有关。

应当承认，去年的美国党代表团在某种程度上患有"左"倾病，这种病是最近 26 年来美国革命运动实践的结果。

有一种观点认为无法对工联组织进行改革，说它们是反革命组织，并且甚至还认为，尽管这种组织现在为数很多，但都无助于革命派引导工人去革命。这是 26 年宣传活动的遗风，它对美国年轻的共产主义运动也产生了影响。显然，在第二次代表大会以后，它的提纲传到美国时，甚至还在此以前，有些美国同志的眼界就打开了，他们坚信：必须和广大工人群众一起前进，并成为他们当中的一个重要组成部分，以便推动他们不断前进。

我们看到，26 年来革命派和工联组织分别自行活动的实践，产生了一些不良的后果。我们看到，脱离了工联组织的革命派的人数，总共只有数千人，最多不过一万人，而他们退出以后，并没有使阶级斗争机构更加革命化。另一件重要的事实使美国同志们清楚地看出，他们当中某些人所采取的立场是错误的。这一事实就是革命的工会运动和反动的工会运动所提出的口号是一样的。我们所说的革命派是以威廉·海伍德为代表，而反动派是以赛米尔·龚帕斯为代表。他们两人有一个共同的愿望，都想让革命派退出工联组织。现在毋庸置疑，要是革命派的论断和反动派的意见一致起来，事情就不妙了。现在我们看到，从这种精神中还会引出另外某种论断，这就是今天海伍德同志在这里所着重指出的。他断言，革命的首要条件是要有一些革命的工联组织，或者更确切地说，需要有一些产业工会组织，从而他竟然得出结论说，如果在俄国有世界产业工人联合会，或者确切地说，有这个组织的精神的话，那么，俄国革命就会进行得更加顺利。他极其独特地认为，在俄国进行革命斗争并取得革命胜利的不是共产党人，笼统地说，是工人阶级。我们不想就这个问题进行争辩，因为不管怎么说，在俄国，工人阶级的大多数确实行动起来了。不过要知道，在那里，恰恰是共产党人教育了工人阶级，推动它前进，引导它进行革命，并引导它最终建立了无产阶级专政。我们现在得出的结论，也正是海伍德同志的世界产业工人联合会做过的结论，这就是：干革命不是靠形式，而是靠工人群众的精神，不是形式干出革命，而是革命创造形式。我们清楚地了解并高度地评价世界产业工人联合会组织中蕴藏的革命潜力。可是反过来，我们也可以向你们提出一系列例证，说明联合会的政治纲领并没有防止它对苏维埃俄国采取敌对立场，至少这个纲领没有防止联合会的机关报刊（不是一种而是许多种）诽谤俄罗斯苏维埃共和国。为了向大家说明在世界产业工人联合会这个革命堡垒的成员中的主导精神是什么，我举出一个事实为例。有一次，《团结报》上登载了一篇论述无产阶级专政的文章，其中说俄国不是工人国家。为什么？因为俄国不允许工人自由迁移居住地，不允许工人自由选择职业；而美国工人，一般来说，只要自己能找到工作，就可以享有这种自由。我们共产党人认为，形式不能妨碍一个组织成为革命的组织，而同时也认为，革命精神可使工人打破一切阻碍他们前进的形式。

现在谈谈关于取消世界产业工人联合会的问题。有人责怪我们，或者确切地说，责怪参加红色工会国际代表大会的代表们，说我们想取消世界产业工人联合会，或者想促进这个目的的实现。海伍德同志给我们摆出了一系列情况。我也想这样做。他极力想证明美国劳联日益崩溃，会员人数锐减，而世界产业工人联合会的力量却在不断增长。我要指出的是，根据美国劳联在其战后年度工作报告中所公布的材料，劳联的会员人数，1918年为2726478人，1919年为3260068人，1920年为4078740人，而1921年，只有3906528人。战后第一年的数字表明，增加了533000人，第二年增加了818600人，而最后一年则减少了172000人。

目前，会员人数的这种增长情况，不管怎么说，都不能借以证明美国劳联中革命倾向的加强。我们知道它的缺陷。我们知道这个组织内部已经腐化到怎样的程度。另一方面，我们也看到迄今已存在15年或18年（如果从1905年算起）的世界产业工人联合会的情况。根据正式工作报告中的数字（不是会员人数，而是去年所收会费总额）来核算，世界产业工人联合会的会员人数为15774人。当然，如果把这个数字作为确定联合会会员人数的根据，那是不能认为绝对无误的。如果用25（每个会员应缴纳会费25美分）除会费总额的办法来计算会员人数，这个数字显然会有所缩减。其次，在头三个月内，会费的标准可能低一些，这样，会员的实际人数又会多一些；此外，失业以及其他情况都可能使会费收入减少，而这并不意味着会员人数必定下降。但无论如何，这种情况是确实可信的。因此，可以有把握地说，现在世界产业工人联合会的会员总数不会超过2.5万人。

规定的发言时限就要到了，我只讲下面一点。美国共产党人懂得，要建立一个自身能保证达到革命目的的新组织来引导工人从事革命活动，那是不可能的。他们清楚地知道，应当把现有的组织引到工商企业中去，引到工厂中去，然而不是把它们的形式引进去，而是把它们的革命精神和热情引进去，以便使它们成为进行革命活动的基础。美国共产党人懂得，真正的革命者和共产党人，只要不脱离广大工人群众，成为他们当中的一个重要组成部分，推动他们为维护革命而不断发起进攻，向他们指出"丹麦王国"里的腐朽事物，并向他们说明一切组织形式所应采取的革命策略，那么他们就能把工作做得更好。

主席柯拉罗夫：

现在宣布今天的会议结束。下次会议于明天下午 6 时召开。日程是：继续讨论工会问题以及青年团和妇女书记处的组织问题。

（会议于晚 11 时 45 分休会）

第十九次会议

(1921年7月7日晚7时30分)

继续讨论工会问题

主席杰纳利：

关于工会问题，登记要求发言的还有13人。主席团决定，首先让那些一直尚未参与讨论的政党的代表发言。然后，再由大会决定是否还让其他人发言。现在由兰德勒同志发言。

兰德勒（匈牙利）：

同志们！季诺维也夫同志在他的报告中指出，对于共产国际来说，工会是个极其重要的问题。从大家在大会上的表现上看，似乎并不同意这个观点。昨天在代表大会上显现出对这个问题不感兴趣、漠不关心的态度，这实在令人惊讶，今天也许还会如此。假如这种情况不会产生必然的严重后果的话，我也就不会说这番话了。这种漠不关心的态度之所以特别引人注意，是因为季诺维也夫同志曾相当婉转地指出：在参加国际的各个党派中，竟没有一个党派贯彻执行第三国际第二次代表大会有关这一问题的提纲。同志们！我们都知道，例如，洛里欧同志在执行委员会中就曾说过，法国党根本没有在工团主义者当中建立支部。追究造成这种情况的原因是没有意义的，值得重视的是大家都没有按提纲去做。我们从拉狄克同志以及一些英国代表那里，也得知我们的英国同志对采煤工人的罢工所采取的立场。

　　季诺维也夫同志在报告中还简短地提到捷克斯洛伐克党在工会问题上所做的，或者确切地说，所没有做的事情。我们还看到，在工会由于政治性罢工而遭到解散时，兄弟的南斯拉夫党并没有在议会中采取必要的相应行动。由此可见，有些党所采取的是莫迪利扬尼的那种行动，即声明自己拥护第三国际，除此之外，只是在万不得已时，再给共产国际寄一张明信片而已。有些党派在理论上承认必须对工会施加影响，但在实践上，它们却竭力使后者不受党的影响。另一些党派则干脆认为山岳应当前来朝拜穆罕默德。他们想用强迫命令的办法争得工会。同志们！请问，用这种办法能争得工会吗？既然承认争取工会对于革命的发展是个至关紧要的问题，那么，党究竟应当怎样对待工会运动问题呢？季诺维也夫同志在他的报告中正确地指出，对工会不能机械地施加影响，同时还指出怎样才能取得施加影响的效果，这就是：不靠机械式的工作，不靠"下达命令"，而是靠耐心细致的、有组织的日常革命工作，即党要时时关心有组织的工人日常生活中的重大问题，并在工会内部进行工作。只有这样做，才能争得工会。从代表大会对讨论这个问题所表现出来的漠不关心的态度来看，应当直截了当地说，大会的大部分代表对于夸夸其谈革命工作要比商谈组织工作更感兴趣。这真是令人感到惊奇，要知道，这里的代表中有很多工人。提纲中写道：要把那些议会主义者和玩弄权术者从领导岗位上赶走，干脆就让一些没有经验的工人来接替他们。要知道，这些没有经验的工人有群众基础，同群众在生活上能打成一片。可是，同志们，没有经验的工人被提拔到负责工作岗位以后，很有可能会与群众断绝联系，接着会变成所谓的"伟大领袖"，因而从这一变动中我们所赢得的，只不过是用一些单纯没有经验的善良的人来取代那些有经验的、狡猾的玩弄权术者。我认为，那些担任了领导职务的同志，为了争取群众，应当多做一些日常的革命工作。这是一个具有国际性的问题,然而,在大多数共产党内,却往往为人们所忽视。当然,也有一些例外。不过,看来这已经是习以为常的事了,因此,党对工会产生影响的情况也就十分罕见了。如果都能重视这个问题,都能按我提的方式进行工作,那也就不存在是否要消灭组织的问题,至少,这个问题是不会成为组织问题的。

只有从事日常的革命组织工作,并怀着革命热情去进行这项工作,人们才会承认进行这项工作的必要性,才会懂得根本不存在首先应从哪里着手革命的准备工作这个问题。那些起决定性作用的社会阶层组织起来了(西欧就是如此),失业者也组织起来了,在这种情况下,显然,首先必须在工人阶级的主要阶层和失业者已经组织起来的地方,即在工会中,进行革命的准备工作。至于它们是工团主义组织还是孟什维克组织,是无关紧要的。如果我们能正确理解问题的实质,那么,关于这些工会是不是战斗组织这个问题,就成为次要的了。

要知道,根据倍倍尔、列金等人的观点,工会应当致力于一些日常问题。工会并不力求达到最终的目的,而只是关心改善工人的生活条件。但是,这里曾有人明确指出,目前是危机时期,不可能改善无产阶级的生活条件,不可能实现增加工资的要求,所以我们只能通过必要的宣传和行动来启发有组织的群众的阶级觉悟。正是因为工会在危机时期什么事情也办不成,所以我们才开展这项工作,使工人摆脱孟什维克和工团主义领袖的影响。

当然,各国共产党不应把一切希望都放在这一点上,它们还应当在其他方面进行革命的准备工作。但是,十分明显,不管在怎样的历史时机和心理状态下,最好是尽可能由工会出面发起革命行动,因为只有这样,我们才有把握在这一主动行动中使那些专职工会工作者,即脱离群众的工会官僚、孟什维克等人在行动期间失去对群众的严密控制能力。此外,我认为必须着重指出,涉及工会和有组织的工人的每个重要问题，最好都对共产党议会党团下达有关的指示，使其在议会中开展广泛的共产主义活动，因为这样做，会对有组织的群众产生良好的影响。

再说两句，我的发言就结束了。

我所要说的是一个国际性问题，即有关降低工资的问题。我认为，这个问题十分重要，不只是工会国际，而且共产国际也应当值此危机时期，在全世界范围内进行广泛的宣传。我们应当在这方面给全世界工人以启发，也许我们在危机时期对他们的激励会使我们得以准备更广泛的行动。即使这后一个目的未能实现，即使这个时期的情势有所好转，那么，工人们至少也会自觉地开始为提高工资而斗争。如果我们现在就着手进行相应的工作（这也是一种准备工作），我们必然能壮大行动的声势。（鼓掌）

里斯（奥地利）：

同志们！这里讨论的问题，对于宣传工作极为重要。因此，我们不应当认为这项工作枯燥无味。当然，关于谁是我们的敌人以及我们应当和谁作斗争这个问题，大家的看法是完全一致的。但是后来，开始出现较大的分歧，例如，同德国共产主义工人党的同志们的分歧，他们认为我们能够和工会这样强大的组织进行有效的斗争。这些同志错误地估计并确定了我们的斗争重心。把社会爱国主义者和社会和平主义者大骂一通，未必就万事大吉。他们确实掌握着一定的力量。他们从工会中吸取到这种力量，并利用这种力量来反对我们。由于他们和工会是互为补充的，所以他们才能对资本竖立起一堵防护墙。但同时，每当我们投入战斗时，又不得不在企业中、在街头上同我们自己的兄弟，同工人们进行搏斗。如果你们认为工会本身没有力量，我们可以另建一些单独的工会，这样你们就大错而特错了。你们当中任何人都不会认为德国共产主义工人党的同志不是全心全意地拥护革命事业，但是看到他们所采取的方法，却又不得不认为他们是生活在月球上，因为他们看不到工会的巨大力量。在奥地利这个具有高度组织性的国家里，参加工会的工人有80万左右，而政党，即社会民主党，则有25万党员，他们大都是通过工厂委员会或所谓特派员被吸收到党内来的。但是，该党能在24小时内号召没有参加它的组织的工人（20万—40万人）走上街头。难道这不清楚地表明，我们可以竭尽全力地把那些持局外主义的工会会员争取到我们方面来吗？要做到这一点，并不怎么困难。我们在工会中忙于其他事务时，社会民主派和工会官僚对我们几乎并不在意。可是，只要我们一开始在工会和企业中组织我们的支部，斗争就激烈起来了，因为我们的敌人马上会意识到问题的严重性。这时，我们在企业中从事工作的所有同志，就会立即被赶出去。这表明我们击中了他们的要害。我们不仅可以通过召集会议和写革命文章，而且还可以通过在工会中进行积极的宣传鼓动把群众吸引到我们方面来。所以，我们拥护提纲中所说的，社会民主党人在党内和工会内的行动是互为补充的，我们也应当像他们那样在工会中和在共产党中进行工作。如果我们能够做到这一点，我相信，我们在短期内也会像他们一样，能把比我们现有的党员多得多的工人引向斗争。但是，如果置这项工作于不顾，那我们就永远不能达到这一目的，因此，必须对那些由于目光短浅而不理解这一点的同志加以劝导。如果敌视工会的话是那些坚持这种观点的理论家所说的，那倒可以理解。但是，如果这出自企业中的工人之口，那我们就不能理解了，他们的目光怎么会这样短浅，竟看不出这会造成怎样的后果。（鼓掌）

雷斯（澳大利亚共产党）：

我代表澳大利亚共产党代表团发言。我要反驳埃尔斯曼同志的两个论点。他所坚持的那种观点是共产党人所不能理解的，而且几乎是不可思议的。他说澳大利亚共产党是由工会领袖们创造的。最近四年来，我们对于许多胡言乱语已经习以为常了。但是，要想使一个共产党员相信共产党是由工会领袖们创造的，那就未免太过分了。我要向大家证实，我们的党是1920年由澳大利亚社会党创建的。从整个发展的情况看，你们会了解这个事态是多么重要，要知道，在我1910年入党时，澳大利亚社会党就已经是一个非常重要的革命因素了。

在第三国际第一次代表大会之后，我们党曾向莫斯科提出申请加入共产国际，但是未获答复。在第二次代表大会之后，我们又采取一些措施争取加入国际，也未获得答复。后来，我们党总算被承认为共产国际的成员了。在第三国际第二次代表大会就铲除澳大利亚存在的"左"倾幼稚病和宗派主义的问题向澳大利亚社会党提出质询以后，澳大利亚的党便和澳大利亚左派分子建立了联系，以便召开会议讨论建立群众性的共产党问题。在这次会议上，我们的共产党也就诞生了。但是，在会议期间发生了分歧。社会党召回了自己的代表，并以澳大利亚共产党的名义办理了登记。其余的代表则继续开会，于是，在澳大利亚出现了两个共产党。上述情况清楚表明，澳大利亚共产党不是由工会会员们创建的。

我还要反驳的另一个论点，涉及共产党与工会的关系以及应该在工会中进行的工作。埃尔斯曼同志说，从1912年到1920年，在澳大利亚没有进行过任何革命的宣传鼓动或革命工作。事实并非如此。澳大利亚社会党从来没有停止过自己的革命活动，从来没有害怕过宣传无产阶级专政和宣传与俄国工人联合。我可以举出实例来说明我们在工会中怎样适时地进行了工作。1916年，澳大利亚资本家决定消灭当地的世界产业工人联合会组织。1916年和1917年，这个联合会的许多成员被关进监狱，处以10—15年徒刑。其他人则必须在规定限期内退出自己的组织，到期不服从这个决定的任何人，都有失去自由的危险。世界产业工人联合会的许多成员没有执行这个命令，因而遭受到迫害。结果，世界产业工人联合会这个组织被消灭了，可是，澳大利亚资本家却因而给工人们指出一条路，我们在这次代表大会上就是要沿着这条路走下去的。世界产业工人联合会曾深入到工会中去，在工会中和社会党一起齐心协力地进行了紧张的宣传工作。

埃尔斯曼同志的第三个论点，我也要加以反驳。他说，在6月间举行的澳大利亚工会代表大会上，有80%的代表赞成加入第三国际。在我们的提纲第1页上，关于共产党支部那一段，即第1节末尾部分，明确指出：还没有任何一个国家，共产党对大多数工人已产生影响。但是，埃尔斯曼同志却说，80%的澳大利亚工人作出决定，要加入红色工会国际。如果真是这样，在澳大利亚就不会有人被判处15年监禁了。如果我们真是如此强大，我们早就把他们解救出来了。如果有51%（这比80%少得多）的工人拥护红色工会国际，那他们就会毫不迟疑地实行无产阶级专政。不然，他们就不是共产党人了。

我把我讲的三点归纳一下：第一，我想证实澳大利亚共产党不是工会创建的；第二，我请大家相信，从1917年到1920年，澳大利亚共产党和世界产业工人联合会一起积极地进行了富有成效的宣传工作；第三，我不认为我们在澳大利亚工会中能获得80%的拥护者，果真是那样的话，我们也许能够建立无产阶级专政了。

摩根：

同志们！在美国和加拿大，共产国际与工会运动的关系问题，不仅对工会运动，而且对共产主义运动也具有重要的意义。应当承认，在这两个国家中都还没有能吸引革命群众追随的工人运动。我提醒大家注意海伍德同志在他的发言中所说的一些情况，那是值得我们深思的。任何反对这种欺骗行为的人都应该认识到，这里所说的那个组织，不仅在美国以工人代表自居，而且在全世界都以工人代表自居。你们不要听信海伍德在第三次国际代表大会讲坛上所讲的那些空话。世界产业工人联合会在美国所进行的空洞宣传，给我们带来了很大的危害。这个组织宣称它有80万成员。80万成员和16年活动，这是多么动听的词句呵！但是，我们从这个组织最近的工作报告中可以看出，它的成员顶多只有1.5万—1.6万名。我想劝告德国共产主义工人党的成员们仔细研究一下世界产业工人联合会的历史，那时，他们就会想象得出他们自己未来的景象。

想在社会奴役制的圈子里建立理想的产业组织，这种企图本身就是幼稚可笑的。迄今在这方面所采取的一切措施的破产，就是一个明证。想利用"旧的躯壳"来建立新社会，这难道不是毫无意义吗？不久以前，我在这个联合会的一张报纸上看到一张有趣的图片。这是世界产业工人联合会的分布图。它在世界地图上所占的位置，是以纽约为中心的。我考虑了一下，究竟谁应该坐镇这个中央呢？不是丹尼尔·德莱昂，就是威廉·海伍德。在美国和加拿大，到处可以看到世界产业工人联合会的各种宣传画。但是他们宣传的口号，并不是高呼"打倒资本主义"，而是"请赞叹我们组织的完美形式"。这是无可争辩的真实情况。我这里有一份世界产业工人联合会的官方报纸。让我把其中一段读给大家听听："直到现在，世界产业工人联合会还未能与俄国工会发生直接联系。我们深信，谁也不会提出反对加入工会国际。而另一方面，我们却认为，在世界产业工人联合会中，只有少数成员赞成直接加入政治性的第三国际。"这讲的是真话。接着写道："我们过去一直是工人组织，现在依旧是工人组织，因而我们希望在产业联合主义的基础上解决社会问题。我们要建立一些产业工会来作为生产和分配机构。这些产业工会的中央理事会，将是地方和地区的管理机构。各产业工会以及中央理事会应服从世界产业工人联合会的统一管理。这就是我们解决社会问题的方案。只有我们把政党（不管它是不是共产党）纳入我们的方案，我们才会放弃我们的原则和取消我们的独立性。接受第三国际的提议，就等于把我们的阵地交给世界工人运动的领袖，就等于承认从社会各阶层聚集起来的政党成员是自己的导师和领导者。世界产业工人联合会有过在精神上独立的美好感受，理解自己是自己命运的主人。因此，它在任何时候也不会去实际接受这一类的提议。联合会的目的是建立工人的统治。为此，它奋斗了15年，现在它已成为一个世界性运动。它决不会同意那个自己受政党监督的预定方案。"

这段摘录是我从世界产业工人联合会的报纸上引来的。你们都清楚地知道，它害怕第三国际，因为第三国际不相信它能起世界性的领导作用。只有1.5万—1.6万名成员，竟想进行"世界性的领导"！

现在，我们来看看世界产业工人联合会坚持的一项基本原则：关于退出旧工会的问题。按我的经验来说，我是比较有资格来谈这个问题的。不错，也许有人会说："要知道，你本人属于'双重性的'工会，你本人还是加拿大'大统一工会'的成员。"说得很好。我属于这个工会，不过，它不像世界产业工人联合会那样高傲自大，它并没有自认为可以起世界性组织的作用。它认为自己只不过是革命潮流的一个传导者。它是由于我们无力制止的某种情势而产生的。在战争初期，即在1914—1915年，加拿大工人不仅被本国政府，而且也被自己的反动官僚逼进了绝境。他们成了战争牺牲品。当时，美国唯一的一个革命政党——社会党的情况如何呢？它面临一种选择：或者加入工会，参加工人的斗争，或者就得继续进行它的启蒙性的宣传活动，而甘冒被消灭的危险，因而不能完成自己历史性的革命使命。在形势的逼迫下，我们加入了西加拿大工会。革命者加入工会，并不像有些人那样，打算从内部去搞破坏活动，或者为谋取较高职位而丢掉自己的人格。就某种意义来说，他们服从自己组织的纪律，而组织也对自己的成员实行监督。从温哥华到温尼伯这2000英里长的地段上，革命者之间经常以书面方式讨论策略问题。他们彼此商议如何发展工会,如何把群众吸引到自己方面来,如何选举出席代表大会和代表会议的代表。由于采取了"打入内部"的策略,社会党人才得以在1917年派出51名代表参加渥太华代表大会,从而在工会内形成了一个强大的派别。从这时起,在加拿大运动史上开拓了一个新时期。这个策略的结果如何呢?这里也许会有一些反对论者对我们说:"不能走向妥协啊!"可是实际上出现什么情况呢?我们掌握了理事会,即掌握了温尼伯的旧工会理事会;有些工会选出社会党代表来为工人谋福利。他们是革命者。他们的任务不只是进行议会斗争,而且也要利用运动来达到革命目的。随后爆发了罢工,即这里某些人所说的"工人与雇主的集体讨价还价"。这是"集体讨价还价"!说实在的,当时温尼伯的整个罢工是一种策略,是革命行动。采用集体讨价还价这种通常的办法,是为了把工人团结起来。五金工人罢工了。他们为争取较好的条件而停止了工作。雇主只想同个别一些工种的工人协商,例如同锡矿工人、下水道工人等等协商。但是,五金工人们说:"不行,我们要联合起来,我们要选派一个专门委员会,你们得和我们整个集体进行谈判。"理事会的同志们立即抓住了这个时机。"不行,我们不愿签订这种小范围的集体合同,不行!我们要使本地区的全体工人都参加五金工人的斗争。"他们十分积极地进行卓有成效的活动,终于把工人们团结起来了,因而1919年的温尼伯罢工也就成了美洲工人运动史上的一个重要标志。不只是两三个工会,而是所有工会都理解这次行动的意义,因而所有工人以及公务员、邮电局官吏都参加了罢工。他们参加了延续七个星期的宏伟的统一示威行动。

  当时的情势简直已临近要夺取政权了。在温尼伯,没有罢工委员会的命令什么事情也办不成,罢工委员会拥有的权力不亚于国家本身。当然,这只是温尼伯的情况,而不是整个加拿大的情况。如果温尼伯的斗争席卷了整个加拿大,那么,毫无疑问,这个局面将以革命而结束。同我们相对抗的是一个反动政权，群众没有跟我们走。在我们的拥护者大都被关进监狱以后，罢工也就不得不停止了。

请问，难道你们认为温尼伯革命者的策略不正确吗？我们是牢牢地掌握了工会组织。可见，你们要是遭受了挫折，你们不该怪罪根本原则、怪罪组织保守、怪罪领导人员，只能怪罪你们自己，因为你们未能找到接近工人的正确道路。这就是我的经验。我把这点经验告诉共产党人和工会工作者，以便他们将来能从中得到教益。

古尔维奇（美国）：

同志们！我想谈几点意见。首先，我想同我们代表团的另一位代表马歇尔同志一道指出威廉·海伍德同志在这个讲坛上所作的某些不正确的论断。他在昨天的发言中说，如果俄国工人阶级拥有世界产业工人联合会那样有觉悟的组织和那样的革命精神，那么，俄国革命就会更加顺利，而且也不会使工业处于那种混乱状态了。这种论断显然表明，连世界产业工人联合会的领袖们也是不太了解事情的真相的。任何人都应该了解，俄国工业的混乱，不是由于缺乏觉悟和缺乏正确的组织造成的，而是七年战争和其他经济原因造成的。至于革命精神，俄国工人阶级在这方面不需要世界产业工人联合会的指教。俄国工人阶级不是在口头上，而是在行动上表明了自己的革命性。此外，我们美国代表团可以证明，世界产业工人联合会的一切自负表现，只不过暴露出他们狂妄自大而已，同时也证实了他们和其他工团主义者在工会作用和任务方面所奉行的理论是工联主义理论。

他们的思想不外乎是：工会在资本主义社会内部能建立新的社会制度，工会是新型经济关系的传导者。实际上，俄国的实例使我们相信，无产阶级革命以前存在的工会和无产阶级革命以后建立的工会，两者是完全不同的。资本主义时期的工会不能领导共产主义社会的工业，因为这种工会的建立及其在资本主义社会的唯一作用,就是同资本主义进行经济斗争。我们在世界产业联合会的成员中间,也没有看到实行经济管理的任何科学观点和任何科学准备工作。我们不愿冗长地谈论世界产业工人联合会。我们不想否认它作为革命组织所具有的积极意义,但是我们认为,海伍德同志对它狂热吹捧的态度,不仅越出了真实阐明事实的界线,而且也越出了共产主义观点的界线。他谈到了"取消"世界产业工人联合会的问题。的确,到目前为止,红色工会国际中的某些代表(不是共产党的代表),同样也存在着这种倾向。我们不同意这种倾向,我们认为,取消这个组织,和企图取消美国劳工联合会一样,是违背共产国际提纲的。只要世界产业工人联合会还存在,我们就必须尊重它,承认这个事实。如果说,共产党现在需要解决是否组织世界产业工人联合会的问题,那我们也许会劝告共产党人不要建立新组织,而仍留在美国劳联的行列。我们必须重视世界产业联合会这个现存的组织。我们必须和争取美国劳联一样地争取它,如果我们劝告世界产业工人联合会中的某些共产党人为了美国劳联而离开这个组织,则无异于使世界产业工人联合会去接受其内部势力强大的无政府主义者和工团主义者的影响。基于这个理由,我们主张既要在美国劳联中进行工作,也要在世界产业工人联合会中进行工作;既不要离开前者,也不要离开后者。我们不希望取消世界产业工人联合会,至于革命精神,我们认为它还是具备的,只不过缺乏共产主义的革命观点,这从海伍德同志的声明中也显示出来了。

世界产业工人联合会声称它要操持领导权,认为其他任何革命组织都没有必要存在。这再次表明共产党人在世界产业工人联合会内部进行工作的必要性,以便在其中扩展共产主义世界观。

接着,我来谈谈其他一些问题。季诺维也夫同志在他的提纲中谈到中立问题。我们认为,强调一下季诺维也夫同志的话极为重要,因为世界产业工人联合会虽然缺乏共产主义意识，但它仍不失为一个重要的革命组织，可是我们看到，特别是在美国，有些同情共产主义的工联主义者，竟也持有中立的倾向。你们往往会看到一些在工联中担任重要领导职务的共产党员，在未跨入工会大门之前是个共产党员的样子，可是一跨进工会组织的门槛，他们就脱下共产党员的外衣，换上通常的工联主义者的服装。参加了工会的共产党员，常常不愿干预工联事务。我们应该对工联中的共产党员，特别是在美国，建立一种在俄国所存在的那样的信念，即对于加入工会的共产党员来说，必须遵守共产党的纪律，而且对这些党员的要求也许要比对其他党员更为严格。

那时，我们就会像深入到社会党内部那样顺利地打入美国劳联的队伍。既然我们对于在美国劳联中工作的我们所有成员都要实行某种监督，那么，我们的纪律对于在工会中工作的所有同志，也是有约束力的。必须特别强调的一点是：一切工会积极分子，只要参加了共产党，就要受共产党的管理和监督。我们不想也不可能把自己的意志强加给工会，但是在工会中工作的我们的党员，必须首先把自己看成是共产党员，其次才是工会会员。然而，在许多情况下，特别是在美国，我们看到的情况恰恰相反。要知道，工会会员往往要请共产党员为工会工作出主意，因而工联主义者往往易于理解共产党有关工人运动的观点。共产党的观点要比普通的工联主义哲学高出一筹。

最后，我还有几点意见。我们认为，在代表大会即将通过的提纲里，应特别注意红色工会国际驻各国执行局与各该国共产党之间的相互关系。这对于避免在各个地区出现双重领导现象，至关重要。

红色工会国际驻美国执行局，也和驻其他国家的执行局一样，一方面要执行莫斯科红色工会国际的指示，另一方面要与美国共产党协同工作，这样一来，彼此就会有充分的了解，不致产生任何摩擦。还应当制定出有关的章程。

托拉尔巴·贝奇（西班牙共产党）：

关于工会问题的讨论，使西班牙共产党深感兴趣。西班牙共产党和工会之间的联系，是不久前，即第二次代表大会的提纲公布以后，才建立起来的。这个提纲使西班牙共产党员得以在工团主义团体中建立共产党支部，并根据第三国际的精神在那里进行实际有效的宣传。本次代表大会上所制定的关于工会运动的提纲，若是与第二次代表大会的提纲有所不同的话，那么，这对于西班牙共产党以及对于整个共产主义运动，无疑都会产生危害。西班牙工团主义者已习惯于第二次代表大会的口号，如果提纲有所改变，那他们必然要对共产主义运动和共产党支部采取不信任的态度，并回到工会方面去。在西班牙有两大派别。第一个是社会民主党，它的主要长处是受过良好的马克思主义教育。况且它现在还领导着约有10万会员的西班牙劳动总联合会。很显然，这个总联合会是完全按照茹奥和黄色阿姆斯特丹国际的精神行事的。西班牙工团主义工会代表着第二个强大的运动，它是真正按照共产国际的精神行事的。至于它的组织形式，则是无政府工团主义的。这样一来，在共产主义小组面前便提出了争取无政府工团主义工会的问题。不错，这些工团主义者没有马克思主义的基础理论，不过，共产主义小组可以尽力提供给他们。近来，在西班牙成立了两个共产党。第一个是老社会民主党中的左派与西班牙青年共产主义组织的联合，第二个是统一共产主义工人党。这两个党有可能在最近期间实行合并。作为西班牙强大革命因素的群众，将由工会和工团主义者来共同领导。现在，只有一些微不足道的障碍尚待克服。但是，鉴于这里对德国共产主义工人党的同志和意大利党的某些同志所采取的态度，我们不能再采用他们那种口号了，因为这会妨碍两个共产党，即统一共产党和共产主义工人党的联合。我们希望在这里，在莫斯科，执行委员会能允许放宽一些期限，使我们得以有充足的时间解决西班牙的这个问题。西班牙统一共产党已掌握五金工人、采矿工人和马德里的大多数工会,可见,它现在已成为西班牙最重要的革命力量之一。我再说一遍,现在我们在西班牙仍然按照第二次代表大会提纲的精神进行工作。毫无疑问,我们还得沿着这个方向工作一个时期,以免影响两个共产党的联合,并且更有把握地把工会和工团主义者争取过来。(赞许声)

柯拉罗夫(保加利亚共产党):

保加利亚工会还比较年轻。在我们那里,社会民主党的产生比工会早得多。这表明党在工人的经济组织中起过极其重要的作用。社会党人把工人团结在自己周围,教导他们懂得工会运动原理,并号召他们组织起来。此后,社会党人在工会生活中也起了显著的作用。工会一建立,就产生了这样的问题:工会运动应具有怎样的性质?工会组织和社会党之间应建立怎样的关系?社会改良主义者希望工会只是一个捍卫工人直接利益,即单纯职业利益的友谊组织,不愿看到工会成为其他某种组织。因此,他们鼓吹工会中立。正相反,革命的社会党人(紧密派)所依据的观点是:经济斗争只是工人阶级的斗争形式之一,工会在自己的活动中只应根据工人阶级的利益行事,因而根本谈不上在工会和社会党之间的关系上要保持中立。

由于有这种论点,才产生了两个不同的工会组织:一个组织维护自己的中立地位,另一个组织则与社会党紧密派并肩携手地进行工作。

两个组织的命运如何呢?

最初几年,中立组织占优势。但是,由于紧密派坚持不懈的工作,红色工会日益成为工人运动的中心。在产业无产阶级觉醒以后,他们纷纷加入革命工会。由于社会党(紧密派)在战争期间的活动,由于他们在艰难的情势下毫不动摇地忠于工人阶级,捍卫工人阶级的利益,并在工会中热情宣传社会主义思想,红色工会很快就成了保加利亚唯一的工会组织。战争结束以后，各个中立工会迅速瓦解了，就连那唯一一个比较稳固的中立组织，即铁路员工和邮电职员工会，也未能经受住1919年总罢工的考验。去年，所有中立组织的残余分子纷纷加入了红色工会联合会。实际上，保加利亚现在存在的都是革命工会。

我们的工会是真正的红色组织。它们密切地、有机地同共产党联系在一起。工会委员会中的所有同志以及所有工会领袖，都是既在工会中又在党内进行工作的可靠的共产党员。大部分工会会员也加入了党。其余的是党的同情分子，我们极力培养他们成为优秀的共产党人。共产主义教育工作普及到了广大的工会群众。工会组织在自己的一切斗争中，都依靠共产党在物质上、道义上和政治上的有力支持，党也得到了工会的支持。工会和党到处拥有共同的活动场所，即他们用以进行集中活动的工人俱乐部。

可见，工会运动和政治运动只是一个统一的巨大革命运动的两个组成部分。第三个组成部分是工人合作社。它们都具有同等价值吗？工人阶级的工会组织和政治组织，对于革命斗争来说，同样都是必要的。就斗争性质和斗争方法来说，只有共产党肩负有领导革命运动的使命。实质上，党是高于工会组织的，它在革命运动中要把所有被压迫的社会阶层团结起来。同样地，从无产阶级夺取政权这一目标的革命斗争实质来看，党不能被其他任何组织所代替。只要党发出举行罢工的信号，党所拥有的种种斗争手段就能使党把被剥削、被压迫群众的全部力量和战斗力用于革命。

共产党是资本主义社会制度下的所有革命力量的结晶。由于历史的必然性，共产党在斗争过程中必然成为所有革命行动的领导中心。这种发展过程是历史的必然性；我们会亲眼看到这种发展过程。属于黄色工会的群众，将大批脱离阿姆斯特丹，投奔红色莫斯科。任何力量也阻挡不住这一革命潮流。我们的工团主义同志也走上了这条道路。他们迈出了第一步,到这里来参加红色工会代表大会。现在他们还应该迈出第二步,我相信他们会毫不迟疑地这样做。这种发展进程越快,各国共产党就会越迅速、越坚决地抛弃旧机会主义政党的方法,并以自己的忠诚和革命行动赢得工人群众的信任。

托马西(法国共产党):

同志们!法国在共产党和工会的相互关系问题上的观点,本应由洛里欧同志亲自向大家阐述。但因为他生病,只好由我代替他了。在讨论这个问题以后,请允许我对洛佐夫斯基同志提出一些反驳,因为我认为他的论证多少有些偏颇。洛佐夫斯基同志昨天建议我们阐明法国工团主义者的观点。我们理解向大家阐明我们的观点的全部重要性。对于我们自己来说,在这里坦率地阐明自己的观点是很重要的;这对于至今还不完全赞同共产主义观点的人来说,对于那些认为理应拒绝参加共同积极活动的人来说,也同样是重要的。

同志们!我们从共产主义观点出发,研究了工会问题以及工会和党的相互关系问题之后,得出的结论是:这个问题,无论是从整体来说,或是从局部来说,都和伟大的革命任务有着密切的联系。工会想成为不过问政治的、在原则上保持中立的组织,但它们过去和现在任何时候都不能做到这一点,原因很简单,就是它们不能这样做。工团主义的提纲,特别是《亚眠宪章》(即洛佐夫斯基同志所说的神圣的《亚眠宪章》)所引证的工团主义概念,是这样说的:

"劳动总联合会要把所有认识到必须进行斗争来消灭盛行的雇佣劳动制度的工人联合起来,而不问他们的政治派别。"

同志们,我们认为,这种说法显然自相矛盾。如果这样组织起来的劳动者认识到他们必须进行斗争来消灭剥削者,那他们也应该清楚地懂得,只要他们在政治上保持中立,他们就做不到这一点。他们应该了解，任何阶级斗争都是政治斗争，不破坏资本主义制度的全部政治机器，就不能推翻雇主。在这一点上，意见是有分歧的。我希望其他工团主义阵营中的同志们能阐明这种分歧的原因，我相信他们在这里一定会发表自己的见解，因为使大家了解我们和他们在各种问题上的观点是极为重要的。但是我并不认为，策略上的不同观点会把我们分开，而且我们断言，连那些口口声声说"工会里不准搞任何政治"的人，也摆脱不了政治。

其实，在这些模糊不清的形式后面隐藏着一大堆各种各样的政治观点，而且是一些最坏的政治观点。工会是所有政党彼此竞相施加影响的一个公开斗争的场地，更不要说仍旧联合着大量工人的黄色工会了。资产阶级政党在工会里有自己的代理人。这些人被派进工会，他们在那里说："工会是专门从事改善工人阶级状况的组织；搞政治不是工会的事。工会可使群众在某个时刻有力量去反抗任何权力、任何政治，以便立即满足工人迫切的物质需要。"

似乎只要严格实行小社团政策，就能取得一定的成果。除了资产阶级政党和黄色工会以外，还有其他一些政客，为了达到自己的目的，也用政治上中立这个幌子作掩护，因为只有靠这种中立，他们才能放手进行活动。但是这种中立不只会使工会对政党保持中立态度，而且会使工会变得过于软弱无力。

另一方面，我们还得同无政府主义派别的同志们打交道，而他们也在极力把自己的观点强加给工会。令人惊奇的是，这些积极的宣传者却接受《亚眠宪章》的错误论点，他们说："法国各工会组织不应从事政治活动。它们应该在自己内部实行自己的政策。在工会之外可以有任何信念；可以说，可随意追随任何派别，可随意参加任何政党。但是，你既然加入了工会，你就应该真正成为一个工会会员。"我们的无政府主义同志们向我们表明，他们很善于在工会中从事自己的政治活动，但却要求别人在政治上保持中立。诚然，必须承认，社会党最近60年来在法国试图举办和准备选举事宜的行为，给这些同志提供了反对党员从事政治活动的理由，要知道，该党党员就打算把管理工会的权力抓到自己的手里。不管怎么说，工会依旧是所有政治派别互相残酷争斗的战场。情况也只能是这样，因为工会如果不实行明确的政策，就不能存在，也不能进行活动。确实，只要工会中一提出某个问题，立即就会出现各种政治流派，而不管它们是否需要，工会运动的基本方针都是由这些流派决定的。

我只想举出最近10年来出现的性质相同的两个运动。1910年，铁路员工工会为要求增加5法郎工资举行了罢工，因为当时的工人工资十分微薄，工人无论如何也无法生活下去。虽然发表声明，各个政党都将保持中立，但我们的同志在政治家的影响下还是参加了这场斗争。结果，他们遭到了失败，这只是因为这些政治家缺乏真诚的政治态度，他们在继续玩弄自己的权术，而对工会和运动本身却很少关心。他们葬送了运动，不过领导运动的人们却声称他们是不过问政治的。其实，他们属于当时占统治地位的"某个"政治派别，这就是说，比德加雷（工会运动的书记和领袖之一）是受一位著名政治家的影响的。我所说的这位政治家是拉比耶先生，早在1920年，比德加雷就是为他所使用的一个工具。（赞同声）

我们在1920年看到同样的情景。工会协同各种成员——共产党员、真正的工团主义者和无政府主义者，共同进行斗争。从一开始就已表明，只有放弃自己的小社团性质，采取明确的政治形式，这个运动才能取得胜利。但是胆小鬼以及一切不再坚决进行革命的人，即那些再度吹捧《亚眠宪章》以对付社会党的改良主义政策的人，都站出来说："打倒任何政治！"这就意味着，在需要扼住敌人咽喉的时候，在需要掌握工人全部战斗力的领导权的时候，在需要加入地下党行列的时候，在需要自觉地采取故意怠工行动的时候，他们还想留在狭隘的小社团里。这就意味着，在这种关键时候，他们打算说："不行！"这些企图打入工会运动使工会运动具有其他形式的异类，就是如此。我们不能容忍这种情况。在这次持续整整一个月的罢工之后，铁路工人在劳动总联合会改良主义领袖的压力下，被迫放弃了斗争。这次显然能够取得胜利的革命行动竟没有成功，因为这些人已经没有革命热情，已经放弃了一切革命活动。

因此我们断言，工会从来就没有置身于政治之外。既然已经证实工会摆脱不了政治，各种政治力量已深入到工会中去从事活动，那么，整个问题就在于要肯定这种力量了。至于法国的情况，同志们，你们没有理由不重视工团主义者和其他派别单独地或整个地在那里所代表的力量。法国工会运动有50年历史。它是在政治组织中工作的人们的意志的产物，是社会党人的意志的产物，其目的是同当时盛行的个人主义思想作斗争。但是，他们没有组织革命行动，没有培育群众去进行决定性的冲击，没有极力促使劳动者和雇主彻底决裂，没有为劳动者的利益而力求夺取政权，他们仍然搞自己老一套的政治活动——选举运动。这就是各种派别得以产生和各行其是的原因。有人认为，《亚眠宪章》似乎永恒不变，不可动摇，这种观点是极端荒谬的。我们可以证实，情况恰恰相反。我们可以指出，有些曾鼓吹制定这个宪章的活动家，也有了一定的进步，并且日益向我们靠拢。大家不要认为，目前那些看来是回避共产主义行动的分子，都是共产主义的敌人。他们不是共产主义的敌人，他们只是要求共产党真正按照共产主义方式行事。

当党从自己的队伍中把修正主义分子赶出去的时候，当党从自己身边除掉那些长期以来妨碍党进行革命活动的修正主义败类的时候，到那一天，就可以指望那些追求纯粹工团主义或无政府工团主义目的的工会会员会向共产党靠拢，以求加速这种进步的过程，并使进步的方向更加明确。但是，他们并没有这样做。如果这一可能性成为事实，那么，这就可以证实那些真心打算探索战争和俄国革命原因的人的论断是正确的了。党应该给他们提供比定理更多的某种东西。党应该给他们提供比代表大会的号召和决议更多的某种东西。党应该使他们相信，党有能力采取行动，只有党才能引导工人走向自由。

那时，工人们才会知道，不能用一个尺度去衡量所有政治组织和所有政党。他们必定会明白，在某个政党和他们自己的组织之间存在着差别，因而他们全部或者大部分会回到自己的党内。他们虽然懂得在工会中应该有政治小组，在工会中应该从事政治活动，但他们还会怀疑共产党是否真正是这个必要政策的代表者。必须深入到工会中去，我们是否能做到这一点，就要看这次代表大会了。第三国际不会说"从明天起，你们不要再同那些分子打交道了"，也不会说"从明天起，你们应该同你们的所有左派朋友决裂"。我们深信，劳动总联合会的左派分子，除少数外，都懂得进步的必要性。如果我们在策略、立场、联合等问题上未能达成协议，那主要是因为我们长期执行了错误政策。有些社会党人，甚至有些共产党人说："在工会中只搞工会运动问题就行了。"实际上，我们都在搞政治。我们自己应该清楚为什么我们要搞政治，我深信，我们在这个问题上会达成协议的。

然而，洛佐夫斯基同志过分夸大一个方面。他说：应该使神圣的《亚眠宪章》失去一切作用，把它踏得粉碎，然后扔掉。我们不同意这个观点。请洛佐夫斯基同志原谅，我们认为，最好实行一种能使我们彼此达成协议的明智的灵活政策。我们知道，我们在革命行动问题上，意见是一致的。除几个人外，我们几乎全都同意这一点：只有工会本身，即劳动总联合会，才能发起革命行动。我们并不主张分裂。在即将举行的里尔代表大会上，法国工会组织的代表会详细说明我们不希望分裂的理由。他们会坦率地讲明这一点，因为他们想把劳动总联合会吸引到自己方面来。在代表大会之后，我们要立即在我们的组织内，在法国工会运动的所有组织内，实现我们的策略原则。我们应该停止互相攻击，我们应该弄清楚哪些原则和哪些策略问题会使我们分裂。我深信，到那时，红色工会国际会看到在法国已出现革命斗争的统一战线。在我国，根本不存在工会的从属性质问题。但你们可以相信我们，共产党员以及今天属于共产主义组织的那些人，决不会收卷起自己的旗帜。他们将高举自己的旗帜前进，以便在工会中实现自己的信念和主张。我们要把自己的信念和主张直接向我们的同志摆出来。那时，我们的敌人就没有任何可能再用政治和中立作为借口了。

我们完全同意你们的这一看法：这两种力量不仅并行不悖，而且还要密切协作。应该做到能日益密切地进行协作。况且，在那些目前还没有固定见解的人当中，并没有人反对这样做的必要性，也没有人企图回避这样做。在极左派或中派的人当中，即在法国少数派当中，没有人考虑要躲避共产党。在由于动员工作而引起严重事件的面前，大家都一致宣称：我们要和共产党一起行动，我们不管共产党是否打算听从我们。要知道，只有弱者才听从别人，决不能使强者受节制。至于以后的事情，那就要靠自命为共产党人但仍然和我们疏远的人们去做了；而我们的任务则是详细阐明我们的观点，指出我们确实想在工会中实行合理而又明确的革命政策。因此，对我们关于工会组织的观点以及对共产党所提出的种种责难，我一点也不会介意。工人们比对任何公式更为重视的东西是行动。工会中的革命分子决心去采取行动。

在结束我的概要的论述时，我想向大家指出有些不能不算搞工会运动的人的观点。这些人从事工会运动20年，他们在言论和行动上证实了《亚眠宪章》只是工会生活中的一个因素，它并不能体现整个工会运动。他们懂得这一点，他们中间没有任何人持有不同的看法。

战争初期，只有我们的五金工人同志支持过梅尔黑姆，你们想知道他们现在是怎么说的吗？那个时候，梅尔黑姆还不是今天这样成了俄国革命的诽谤者；当初，他也曾大力颂扬俄国革命。老实说，俄国同志本身对于梅尔黑姆后来所发生的变化是有责任的。谁叫他们忘记了在征得他的同意后再进行革命，忘记了在这个问题上征求他的意见。使我们感到非常羞愧的是，我们认为，对他的敬仰维持得太久了，追随他也太久了。由于对他过分好感，我们也就易于上当受骗了。

现在，五金工人的组织重新恢复了。它在革命工会委员中占有突出的地位，将来一定会大有作为。由于矿工工会和铁路员工工会转到我们方面来，所以我们确信，五金工人会重新回到他们曾暂时离开的那条道路。他们必将同我们并肩携手地进行革命活动。请洛佐夫斯基同志及其拥护者注意一下五金工会革命反对派委员会的下述声明：

"依附齐美尔瓦尔德是我们采取和平主义观点的结果，而依附莫斯科则应该是我们采取革命观点的结果。但我们要反复指出：革命工会委员会作为一种组织，在莫斯科不会有自己的地位。在里昂，组织少数派的问题已经提了出来。在里昂所预见到的事，将在奥尔良得到实现。少数派的拥护者将在那里建立自己的宣传小组。如果认为革命工会委员会想把工会运动置于共产党的保护下，这种观点也是不正确的。决不搞分裂，决不搞依附——我们的口号过去是这样，现在也是这样，何况奥尔良多数派已作出决议，要同每个革命政党一起工作，即在工会运动保持自主的情况下进行协同工作。"

我们既要加入红色工会国际，又要忠于我们的国际主义观点。谁也不会真正认为阿姆斯特丹国际是个名副其实的国际，因为它的领袖在整个战争期间领导过民族主义运动。确切地说，它是一个没有任何内在能力的人们的联合体，是一个表面上统一但一遇到战争危险就会分崩离析的联合体。如果说，工团主义者在赴莫斯科的途中和一些政党的拥护者有所接触，那是因为我们和他们在追求同一的目标。我们不能阻止他们走上我们所走的道路，同样地，我们也不能阻止某些政治家为了恢复被破坏的领域而和劳动总联合会一道进行工作，我们也不能干预对赫赫有名的国际劳工局大唱赞歌，应对成千上万工人被解雇负责的劳动总联合会代表诺布勒梅就常驻在这个劳工局中。无论如何都可以肯定地说，虽然观点不同，名称各异，但却存在着两派：一派力图维护目前的社会制度，而另一派则勇敢地走向革命。不应再有可使一切动摇分子和胆小鬼赖以藏身的中立区。这种动摇必将造成危害。对这个问题采取明确立场的时机已经到来。至于我们，我们要极力使我们的联合会摆脱目前所处的混乱状态，因为这种混乱状态有造成我们党同革命工团主义疏远起来的危险。

我要向那些了解法国工会运动的人，知道法国工会运动在自己发展的道路上经过多么困难的斗争的人，阐述我们五金工人同志的声明，因为它能使我们详细了解整个事态。那些昨天还大都赞成进行某种协同工作的人，今天也都承认有一点是毋庸争论的，即：退出阿姆斯特丹工会执行局，加入莫斯科国际。

在一个国家的范围内，还有一个要点能使人们大为接近。只要一同意与革命政党进行协同的工作，就会有人说这是赞同它的坏政策。可见，只有这个党实际行动起来，那些今天还反对我们的人才会表示愿意同我们商谈，愿意同我们一起进行斗争。

我想请大家注意某个同志的观点，他自称是工团主义代表。他属于那种曾促使革命运动在我国复活的人。我所指的是莫纳特同志。他也是那种说1906年的《亚眠宪章》具有某种意义的人，但认为后来有两个重要因素显然影响了人类的心情和见解。他认为，由于战争和俄国革命，应当重新审查《亚眠宪章》，并清除其中一切不符合现代要求的论点。请听莫纳特同志在圣艾蒂安举行的一个工团主义少数派分部代表大会上说了些什么话。

他说："如果说，有什么毫无根据的指责的话，那就是对中央委员会追求威望和集中制的指责。其实，倒不如对中央委员会提出相反的指责，现在人们也正在这样做。事实上，我们的革命工作委员会所进行的革命活动是不够积极的，因而造成一种印象，认为只有中央在说话、在起作用、在发号施令。应该到处开展活动，应该关心一切问题，那时，这种印象就会消失了。至于派赴俄国的代表团，则是由代表各个不同倾向的少数派同志组成的。如果说省里来的同志在代表团中为数不多，那是由于许多原定要来的同志后来不来了。在代表人选问题上，有两种不同的观点：一些人主张采取指派方式，另一些人则主张采取选派方式，使一切派别都能参加这种组织形式的表决，尽管各个派别彼此毫无相似之处，它们除革命精神以外，没有任何共同点……"

法国不是唯一一个要求工会运动独立的国家，因而莫纳特认为，俄国同志会在这个问题上让步。但是，重要的是要使我们的工会能够在不改变自己性质的情况下加入红色工会国际。

同志们！请想一想，我们还得克服多么大的困难啊！我们面临着来自右派分子的危险，不管怎么说，这确是一种非常严重的危险。请不要忘记，法国工人阶级仍然相信胜利是会给损失带来补偿的。四五年来实行的恶劣政策，给我国工人灌输了邪恶的沙文主义和民族主义思想。过多的利己主义渗入他们的心灵。这一切都应该结束了。我们一定能做到这一点。我们要正告那些从1914年起就背叛了工团主义的人："行了！你们按自己的道路走下去吧，我们不会对你们作任何让步。"还有另外一些因素也是我们应当重视的。我们法国工团主义者，我们整个共产党，请你们相信我们，并允许我们在各种不同的同志之间，在各种不同的派别之间，寻找接近的机会。

贝尔（英国共产党）：

我们基本上同意季诺维也夫同志的这一意见：去年的经验证实了上一次代表大会的提纲是正确的。这个提纲规定了共产党应该与广大工人群众保持密切的联系。工会和生产联合会乃是目前国际工人运动中人数最多、最优秀的一个部分，因此，共产党的任务就是要把这些群众或者其中的大部分吸引到共产主义方面来，吸引到共产党的行列中来。可是，在我们的代表大会上，却有人提议在工人当中推行"退出工会"的口号。

我想告诉大家我们在英国试图实行这个口号所取得的经验。在1905年芝加哥代表会议以后，英国广泛传播了产业工会的思想，其拥护者鼓吹要在实践中实现这种思想。就在这个时候，我们打算建立一些崭新的工会，即按产业原则，而不像以往那样按职业原则，建立一些工会。当时我们的主张，正是德国共产主义工人党的同志在这次代表大会上所表明的那种思想，即首先要有革命的经济组织，然后才会有政治活动和政治成就。我们在英国曾长期坚持这种想法。但是我们的经验向我们表明，遵循"退出工会"的口号，不能取得丝毫成就。

尽管我们通过散发传单和在工厂及各种社团中作报告来进行广泛的宣传，但我们并没能动摇旧工会的地位。经验告诉我们，积极斗争才是工人运动最好的学校。我们只是在很少的一些情况下，例如在新的工业部门，在科学用具生产部门，或在发动机生产部门，得以把那些脱离旧工会组织的人吸收为我们的新会员。其次，我要提醒大家，"退出工会"的口号将会极其有利于企业主，因为工会中的反对派所提出的争论问题，将交由旧工会领袖去解决。革命分子最善于搞斗争，他们看清了企业主的全部阴谋诡计，如果他们离开了工会，有力的武器就要由资本家来掌握了。因此，季诺维也夫同志说得对，他指出，企业主不仅凭恃自己的力量，而且还竭力采取欺诈和哄骗工人的手法。他们经常利用在英国被叫做"劳动骗子"的那种工人运动领袖来达到自己的目的。可见,"退出工会"的口号会把整个工会交到"劳动骗子"手里,这只会使企业主的地位得到巩固。

至于工会组织内部的工作原则,我们战前在英国的十年经验告诉我们,要想挽救在我国还残存的那一点产业自由,就必须采用崭新的策略。这就是工人委员会运动或人们现在称之为车间代表委员会运动产生的由来。它是对企业主要求的一种反映,因为企业主想要剥夺工会所应有的社会一般权利。现在,工人委员会在捍卫工厂中工人组织的基本原则。但是,这个运动并不像我们共产主义工人党的朋友们所想象的那样,它并不想成立另外的工会。它所追求的完全是另一个目的:它想使工人们理解对企业必须实行工人监督的思想和原则。我们号召开展车间代表委员会运动,是为了把这个原则运用到工会中去,推动工会积极参加革命斗争,不让反动领袖阻碍开展革命的宣传工作。我们要继续坚持在旧工会中对工会领袖及其方法进行批判,谁也没有想过要退出旧工会,从而使"劳动骗子"得手。

我们要支持工人中的革命情绪,要正确阐述工厂生活中的每一细微事件,使工人了解最通常的日常阶级斗争形式,并要向他们说明我们的观点,争取他们的同情。如果我有时间的话,我可以列举出许多事实来证明:工厂委员会中的积极宣传和积极活动以及车间代表委员会运动,有力地铲除了分裂的情绪,团结了工会中的优秀分子,使他们联合在一起了。

我还想提出一个值得在这次代表大会上讨论的问题。在阐明工会的作用时,你们在这里谈到工会不能叫做共产主义学校的问题。我不大明了这种说法的含义,但我同意工会应有助于共产党进行鼓动和宣传工作。我认为,由此可得出这样一个结论:如果工会能成为共产主义学校,那我们就应该在这种学校里进行工作。至于是否能取得成就,主要取决于共产党员，因为他们将在那里以教师身份出现。如果学生不想接近共产党员，那教师应该主动去接近学生。

在这种共产主义学校里，即在这种工人联合会里，应该比通常学校的教育提供更多的知识。不应只是散发一些课本，作一些一般的讲解。我们要特别注意到，普通工人不怎么了解经济理论和历史，只习惯于具体概念。如果谈论减少工人工资的问题，他们会清楚地理解一切，他们懂得这是对他们不公平的对待，他们能清楚地判断自己工厂生活中的日常事件。共产党员应该很好地组织起来，以便始终能密切关心工人的日常利益和需要。那时，他们就会找到以共产主义精神教育工人的最好材料和最好方法。但是，工会不应仅仅是共产主义学校，它们也应该是学习斗争的学校，因为不管你的意愿如何，工会总是要按照自己的观点来影响斗争，并按自己的见解来阐述斗争。共产党员最重要的任务，就是要把工会组织的领导权抓到手里，使工人的愿望和观点与共产主义观点相一致，反之亦然。我希望，现在你们已能明白我的意思，即工人委员会在工会中不应只限于援助工人进行日常的斗争，主要的是它应当在工会中灌输共产主义思想，消除工会中那种分裂成各种产业小组的旧倾向。我们应该反对各个小组单独行动的企图。我们应该对它们进行改组，在我们尚未实现"整个产业部门建立一个统一工会"这个口号之前，我们应该对它们进行改造。我们应该为实现这个口号而斗争。共产党员应该学会懂得，工会的职能不只是准备和领导斗争，而且还包括我们大家都力图实现的新的共产主义社会的建设工作。目前俄国危机的原因就在于此。如果俄国工人在工业上的组织程度能像他们在政治上的组织程度那样，那么，苏维埃共和国的工业生产早就突飞猛进了。

至于工会不过问政治的问题，我们英国在这方面取得的经验是值得注意的。目前我国出现的工会运动，不愿使产业问题带有政治性。这是当前我国工会运动的突出弱点。工会不想搞政治活动，对政治行动抱有反感，这是很值得注意的。因此，共产党员的主要任务就是要向工人们说明：现在，经济问题不能与政治问题分开，在每一次经济斗争中，迟早总会出现使这种斗争带有政治性的时刻。把这两种斗争结合在一起，乃是共产党员的一项任务。

最后，我还想谈一谈共产国际与红色工会国际的关系问题。我们英国代表团认为，产业运动，即红色工会运动，是我国共产主义工作的一个补充。

我们在进行共产主义革命的准备工作时，希望有组织的工人能给我们提供必要的力量，以支持我们的共产主义政治运动。如果我们这种希望是现实的，显而易见，共产党员就应该对红色工会国际产生影响，对它进行领导，并注意监督它的活动。因此，在共产国际和红色工会国际之间必须建立密切的接触，并以互换代表的方式建立联系。

至于阿姆斯特丹，我们不要忘记，对它盲目崇拜是很危险的。在英国，对这一点并没有争议。我们认为，对批评我们的意见不予介意，乃是最好的反批评。

最好是通过各个全国性组织来抨击这个国际，只有加入了工会，并把反动领袖从工会中排挤出去，我们才有可能使阿姆斯特丹国际失去这些工会的支持。

主席杰纳利：

登记要发言的还有两个人，然后就停止讨论了。报告人在各委员会的工作结束以后才能发言。

莱奥·皮夫洛（美国芬兰人组织）：

同志们！我不打算对季诺维也夫同志的提纲提出异议。首先，我要表态，我完全同意贝尔同志有关对工会关系的论点。但我还要就世界产业工人联合会问题说几句。自从 1907 年我到美国以后,我就是这个组织的成员,并以这种身份经常参加美国的工人运动。我认为,我有责任纠正这里所报道的关于世界产业工人联合会的一些不确切、有缺陷的材料。我特别要强调指出,这里所宣读的摘自联合会出版物的引文,决不能反映出这个组织的观点。这些摘录大部分与事实不符。实际上,任何人都没有提出过反对苏维埃俄国的意见。引文中针对第三国际和共产主义的部分,已由世界产业工人联合会收回了,而在这个问题上犯了错误的桑格伦,已被撤掉《大联合》这一大型月刊编辑的职务。虽然他向几星期前在芝加哥举行的世界产业工人联合会代表大会提出了申诉,但是他一无所获。

因此,我要在这里提出的意见,就有其重要意义了。的确,在类似世界产业工人联合会的一些组织中,有些人并不赞同世界产业工人联合会的立场。他们甚至走得很远,竟背弃了该组织的传统。1917 年,在联合会中也发生了类似的情况。它的许多成员和积极分子采取了与该组织的传统原则完全不同的观点,从而败坏了它的名声。他们印刷反对苏俄的小册子,撰写反革命文章,出版反革命著作。但是,世界产业工人联合会组织和所属各地的工会知道这种情况以后,立即表示抗议,要求收回所有这些著作和文章。联合会的执行委员会毫不拖延地执行了这一要求,因而所有文章不仅收回了,而且甚至全部销毁了。可见,如果你们认为引文中所表明的观点是该组织的观点,那就大错特错了。不过,还得把这个问题讲清楚,以便俄国同志们能够了解世界产业工人联合会在 1917 年、1918 年和 1919 年的情况。在宣读引文时,这里有些同志一边听一边摇头,他们大概在暗想:"嗯,原来是一个反动组织!"

1917 年,世界产业工人联合会是唯一一个反对战争的大组织;它在西部诸州宣布了总罢工。它使整个西部地区掀起了反对战争、反对威尔逊政府、反对美国整个金融寡头政治的活动。但是,它没有得到社会党以及目前坐在这里的工会代表的任何支持，任凭它在反对政府的斗争中听从命运的摆布，其结果是美国资本家向它发起了联合进攻。报纸工作人员、宣传鼓动员、组织工作者和积极分子，总共3000人被投入监狱、被打死、被驱逐出境。整个组织遭到了破坏。资本家的爪牙闯进世界产业工人联合会的会址，焚烧了书籍和文件，捣毁了打字机等等。当然，没过多久，反动势力的镇压就激起了顽强不屈的罢工。世界产业工人联合会在美国政府和资产阶级的暴行的镇压前不久，就举行了罢工，而且有些罢工进行得很顺利。无须向俄国同志们解释经济罢工的意义，他们只要想起1896年至1900年期间俄国工人运动的状况就行了。当时，就连社会党人发出的号召书中也曾说：任何革命者都不应参加工会，因为工会中有大批暗探在从事不可告人的勾当。1917年，世界产业工人联合会也发生了这种情况。结果，组织被消灭了，它的斗争了10年的全部优秀力量，即它的领导人、组织者、演说家和报纸工作人员，都被关进了监狱。

在这种情势下，还能期待着什么呢？工人们相信经济斗争，因为在这方面，他们取得了某些成果。组织中只剩下一些年轻人，他们没有经验，不了解组织的传统和原则。在这里，也和在其他组织中一样，隐藏着大批特务。在芝加哥对我们进行审讯期间，政府声称，从1916年起，它在世界产业工人联合会中有86名从事陷害活动的特务。不过我记不清了，是56名，还是86名。

我再说一遍，不能以此来责备这个组织；正相反，同资本家和金融寡头斗争得如此坚决的组织，显然具有一个健全的领导核心，它必然是个强有力的组织。既然资产阶级不得不集中自己的全部力量来战胜世界产业工人联合会，就像1917年所发生过的那种情况，那就显然地表明，该组织曾对资本家进行了勇敢的冲击。不仅如此，世界产业工人联合会还是最早表示拥护布尔什维主义的组织。1917年，它为苏维埃制度和布尔什维克进行过有力的辩护。美国共产党人只不过是收获了由该联合会播种的庄稼罢了。

鉴于上述情况，我应该谈谈另一个问题，即共产国际与革命工会的关系问题，特别是季诺维也夫同志关于这个问题的观点。如果在对美国革命工会的关系上采取敌视世界产业工人联合会和产业联合主义的观点，那就要犯严重的错误。如果美国共产党人犯下美国社会党人所犯过的那种过错，如果他们对美国产业工会的千百万追随者采取敌对的立场，那么，等待他们的将是社会党所遭到的那种命运。首先，在这种情况下，他们始终将是一个小党，而对美国共产党来说，增加党员人数是极为重要的。现在，与其说它是个政党，不如说它是个流派。使它成为一个群众性的政党是非常重要的。如果它不从积极的革命分子当中征集党员，它到什么地方去征集呢？

美国有数十万积极的、有阶级觉悟的革命者。他们虽还不是共产党员，但却具有共产党员的胆略，奉行共产党员的策略，不知疲倦地为革命进行工作。他们从来没有站在资本家方面去维护当前的社会制度。因此，从这几十万真正的革命者当中，即从世界产业工人联合会及不属于该联合会的各产业组织的积极分子当中征集自己的成员，对美国共产党来说，是很必要的。党应该把所有年轻、坚毅而又有斗争决心的革命者吸引到自己方面来。这就是美国党的任务，如果不了解这一点，它就会丧失进一步发展的可能性。美国共产党不应当向产业联合主义宣战，否则，它将遇到社会党遇到过的情况，即形成一个左派，因而造成分裂。在世界产业工人联合会中，有数百名成员是共产党员。我了解所有的芬兰同志，我相信他们个个都是产业工会的成员，同时我也了解有相当多的美国共产党员拥护产业联合主义。如果你们采取敌对的观点，那就只会促使共产党分裂，把它变成社会主义工人党那一类空谈的流派。

我还想就人们对海伍德同志的一项指责表示不同的意见。这里有人说，他主张建立"平行工会"一类的东西。我手头有他打算提交红色工会代表大会的提纲，我来摘录其中能说明他的观点的一段引文：

"共产党的革命政治活动所追求的只有一个目的，即以暴力推翻资产阶级国家的整个资本主义生产组织和分配组织，代之以通过苏维埃制度实现的无产阶级专政。因此，服从这个目的并参加共产主义运动，对于工人联合会来说，是历史上和策略上的必然性。"

对此，我认为，不必再多作解释了。

马尔科维奇（南斯拉夫共产党）：

同志们！我请求发言是为了驳斥兰德勒同志的一个极其轻率的论断。根据速记记录来看，他认为，在工会解散的时刻，兄弟的南斯拉夫党放弃了政治罢工，甚至没有利用这种情势在议会中采取行动。这种论断完全不符合事实，它所依据的资料是社会爱国主义的中派分子报刊上那种含糊不清的资料。

其实，由于反对矿工军事化而宣布的政治罢工，不仅成了解散工会的借口，而且也成了解散南斯拉夫共产党的借口。我们党对此作了什么反应呢？宣布的总罢工，一天、两天、三天地延长下去。尽管面临极端的恐怖，矿工的罢工还是持续了两个星期。南斯拉夫共产党采取坚决集中力量的方法，扩大和深化了矿工的罢工斗争，从而使南斯拉夫资产阶级遭受了重大损失。我要再次强调指出，我们这次取得了很大的胜利。要知道，在南斯拉夫相当广阔的地区，矿工的罢工已经发展成为公开的国内斗争，有些地方竟发展到同警察和军队进行流血冲突的地步，结果双方都有一些伤亡。这就是南斯拉夫共产党对政府的进攻所作的反应。

至于议会中的行动，我应该作如下声明。目前在南斯拉夫召开的会议不是通常的议会，而是立宪会议，其工作是在十分特殊的情况下进行的，只具有一项专门的任务，即在尽可能的短期内制定出宪法。立宪会议的所有其余工作，几乎完全放下了。我们的议会党团不顾所有这些情形，终于通过强有力的行动，迫使立宪会议就解散工会和共产党问题进行了三次辩论。这三次辩论，场面热烈，规模宏大，而在议会外，在广大的无产阶级群众中，也得到了革命的反响。你们可以看出，情况完全不像兰德勒同志有意歪曲的那样，我真不知道他是何居心。

主席杰纳利：

我收到了挪威代表团的声明。让我来宣读一下。

挪威代表团的声明

季诺维也夫同志就挪威运动所说的话，并不完全符合实际。用他的话说，挪威工会的领导权依旧掌握在中派分子手里。实际情况是：在去年举行的最后一次工会代表大会上，有6名共产党员和3名中派分子被选入总委员会。其中一位是总委员会主席。我们没有敢让共产党员占有总委员会中的所有职位，因为这样会给我们整个全国性组织造成威胁。在许多工会联合组织中，尤其在那些无关紧要的联合组织中，领导权迄今仍然掌握在中派分子和社会民主党人手里。

再过几个月，将根据参加运动的大批群众的愿望，再次召开代表大会。由于六月大罢工遭到制止，这些群众更加愤怒了。在这次代表大会上必将表达出全挪威工会组织的新立场。许多旧的工会组织可能要被解散，从而工会中的官僚主义将不复存在。

主席杰纳利：

星期日晚7时在季明剧院开始举行青年代表大会会议。请全体代表出席它的隆重的开幕式。

下次会议于明晚 6 时举行。

会议日程：策略委员会的通告，青年团国际，国际妇女书记处。

（会议于晚 12 时 10 分休会）

第二十次会议

(1921年7月8日晚8时)

主席柯拉罗夫：

现在由明岑贝格同志作关于青年问题的报告。

明岑贝格作关于共产国际与共产主义青年运动的报告

同志们！季诺维也夫同志在他的执行委员会工作报告中已经指出，必须十分注意和重视共产主义青年运动问题。季诺维也夫同志的这一指示是完全正确的。尽管共产主义青年运动业已经历了一段时期，但现在还有不少同志把共产主义青年问题看做是某种次要的、不成熟的、幼稚的东西。而另外一些同志却唯恐有些共产主义青年团不会变成类似共产党的组织。这两种观点都不符合青年共产主义运动的实质。对于共产国际来说，青年共产主义运动具有极其重大的意义，由于资本主义生产的特殊方法，由于机器的使用，大批妇女和少年被吸引到生产过程中去。这里以及我在下面的讲话中所使用的"青年"这个字眼，是指那些已离开学校的，年龄从十四五岁到十九、二十岁的工人。我们总是用"青年"这个字眼来表明工人阶级的这一阶层，而我们就是要把他们联合到一些单独的共产主义组织中去。战前，就已有相当大一部分青年参加了总的生产过程，成了工厂辅助工或工人。由于军火工业的产生，由于资本主义和帝国主义的迅速发展，青年参加生产过程的速度更为加剧。结果，以往年代里的大批青年农业工人和手工业学徒就大批被吸引到大企业中来，成了工厂工人和辅助工。这一过程，目前还在继续。现在，在生产过程中处于上述地位的青年大军，已达千百万人。此外，青年的经济状况也发生了根本的变化，这使他们更加日益直接地、积极地参加生产。同时，还出现了早在60、70和80年代就已开始的社会变动。目前，对学徒进行手工业剥削，日益成为次要问题。总而言之，这一切是同志们所熟知的。我只是举一些实例来说明这个过程是多么迅速实现的。例如，1912年在瑞士共有40万雇佣工人，其中学徒不到3万人，可是，年轻的工厂辅助工却超过了6万人。在瑞士一个典型的资本主义工业部门中，即纺织部门中，有9.7万名工人。其中学徒不到1.5万人，而年轻的工厂工人却有2.25万多人。1913年在维也纳有学徒6.15万人，1916年就只有2.9万人了，而到1917年，总共才有1.8万人。在这里，手工业学徒的人数急剧下降，而工厂中青年辅助工和青年工人的人数却在增多。在世界各国和各个工业部门中，都有这种趋势。现在，学徒和帮工在三年出师后，已经无指望成为独自经营的工匠，这是这种变化的一个主要因素。此外，一个青年工人一进工厂，就已打算在厂里当一辈子工人，这也具有决定性的意义。在讨论我们的问题时，这都是一些很重要的情况。青年工人的利益是和他们的成年伙伴的利益相一致的。和成年工人一样，青年工人也要捍卫自身的利益，因而也竭力争取以高价出卖自己的劳动力。此外，青年人在各方面的处境，都比成年人差得多。青年人的劳动收入，比其他各类工人还要差。我们研究统计资料后发现，最近几年来，各地青年人的工资只提高了一丁点。

在德国，各类手工业学徒以及青年工人的工资，和他们在战前或战时工资一样多，或者略高一点，而总的生活费用却涨了好多倍。青年工人承担着几乎和成年工人一样重要的工作，但是他们的工资收入，相对来说，却是工厂中最低的。从工资微薄、受工头虐待、占失业人数比重大等方面来看,即从经济观点着眼,他们属于工人阶级中最悲惨的阶层。这一事实就足以使他们和失业者处于同等的地位,因而他们和失业者到处都是工人阶级中最易于接受共产主义思想影响的一个阶层。除了经济上的困难处境以外,他们在政治和文化条件方面,也很艰难。在所有资本主义国家中,青年在政治上毫无权利,他们既无权积极参加议会活动,也无权参加依法建立的工厂组织和其他组织,这就是说,他们不管在什么组织中都没有表决权。不仅如此,在某些资本主义国家,战时还颁布了一些对付青年工人的特殊紧急法令。此外,他们在文化上也很落后。如果说,在战前,资产阶级的国民学校办得很差,那么,在战争的年月里,学校就办得更差了。再就是青年的心理特点,即他们对新事物、革命事物的敏感性,也起着一定程度的作用,使他们易于接受共产主义思想。这种情况,在殖民地国家,在东方,表现得特别突出,那里的青年一代是最先被卷入共产主义运动的。

在个别一些国家,青年工人群众达到了数百万人,例如在德国就有400万人。把各资本主义国家的青年工人人数估计为2000万人,是毫不夸张的。

同志们!我觉得,这一概略的论述可以证明,就一般经济处境来看,就政治和文化状况来看,以及就心理特点来看,这2000万人的工人阶层是特别能够接受共产主义思想的。我们坚持的观点是,根据上述理由,共产国际和各国共产党必须竭力对这些由于自己的处境而日益向我们靠拢的2000万男女工人扩大、加强和深入地进行共产主义宣传。若能将这2000万人当中的大部分争取过来,对于整个共产主义运动来说,乃是一项巨大的成就。青年加入共产国际总的战斗行列这一事实,就已极为扩大了共产国际的规模,增强了它的力量。而且还不止于此。革命运动的历史,首先是近几年来无产阶级运动的历史,表明在芬兰和匈牙利,在一些边远国家以及在俄国,从青年队伍中征集到的是一些最富有自我牺牲精神的、为社会革命而斗争的战士。这就是我们要竭尽全力争取青年群众的重要理由之一。老社会民主党领袖在某些方面曾是卓越的战略家，但他们并不懂得要利用青年工人的激情。1908年，列金等人就青年人的自我牺牲精神进行辩论时，除了说一些不高明的俏皮话外，竟找不到其他任何动听的词句。在战争期间，威廉、兴登堡和鲁登道夫却还能比较巧妙地利用数十万走上战场的青年的激奋之情和自我牺牲精神。

后来，还有一个情况。在我们德国有过这样的事：在德国社会党以及后来的独立社会党发生分裂时，旧的经过考验的领导核心中的负责人员和积极分子，仍然留在旧党内，而能被共产党吸引到自己方面来的，只是其中很小一部分。可是后来，由于争取到青年，并且有计划地发展了青年组织，共产党就有了可能建立起一个拥有经受过考验的积极分子和领袖的卓越领导核心。

还应该补充一句：现在就可以吸引相当大一部分青年来直接参加党的积极活动。在党的生活中，总是有许多特别适于青年去做的工作。我指的是秘密运动中的各种各样的职能，如传递信息、秘密宣传，特别是反军国主义宣传。

在执行委员会中，结合讨论法国问题曾提出有关这种宣传的问题。当时，法国共产主义青年遭到了不公平的指责，说他们向前走得太远了，说他们宣传拒不服兵役是站错了立场。但是，我们必须承认这一事实，即我们在中欧和西欧，为维护共产党的利益，曾在捷克斯洛伐克、意大利、法国和波兰的数十万常备军中经常不断地进行革命活动。

这是共产主义青年最宝贵的一项职能。由于他们的社会地位，他们势必会去执行这一职能。除了这项工作，还有另一项工作。在德国，在卡普冒险活动时期，我们看到一些青年参加印刷所的工作，张贴宣传标语，等等。其中也包含着极其有利于共产党的活动。我们的任务并不只限于夺取政权。俄国以及俄国共产主义青年团的例子,恰好可以证明:在夺得政权以后,在无产阶级专政时期,共产主义青年组织能为共产主义运动和共产党作出有益的贡献,它们为各个人民委员部培养和造就了无产阶级指导员和领导者,并为红军培养和造就了军官。其实,这里还有一个可供共产主义青年活动的广阔天地:从自己的队伍中派出一些人作为新经济体系的无产阶级指导者,以代替资产阶级知识分子。由于共产国际的所有敌人都在极力设法把这正在成长着的无产阶级一代拉过去,所以共产国际和各国共产党更应重视争取这2000万人。我要提醒大家,资产阶级国家想通过他们的组织——学校、教堂,以及供少年阅读的报刊,干些什么呢?资产阶级国家走到了我们的前头。我们看到,在德国、法国和英国,有数以百计的资产阶级青年组织,从宗教组织到所谓的体育组织。随着无产阶级革命的不断发展,这些资产阶级机构的阶级性也在增强。在德国,我们看到这些团体大部分处于资产阶级大学生领导之下,曾被用来对付革命工人。最后,无论是社会民主党,还是第二国际,也都在尽力争取年轻的无产者。

最近几个星期以前,另一个黄色国际已着手建立。在有些国家里,我们还有强大的(至少在数量上是占优势的)社会民主青年联盟。在德国,共产主义青年团的成员只有2.5万人,而社会民主青年联盟的成员则有7万余人。此外,我们在工会中还有一些青年组织,其成员有25万人。在荷兰,我们的成员只有500人,而社会民主青年联盟的成员却有1万人。近来,第二国际已着手联合这些组织,并且有系统地开展青年运动。你们要知道,这有多么重大的意义,第二国际多么重视青年运动。不是别人,正是现在的总统弗里茨·艾伯特在他尚未就任总统之前,多年来一直担任对德国青年进行宣传工作的委员会主席。在第二半国际维也纳代表大会上,考茨基老头子千方百计地想把青年聚集在他的卵翼之下,于是就同时成立了青年第二半国际,并在奥地利(有2.5

万名成员）和其他一些国家设立了分部。

同志们！我们不应过高地估计我们的敌人在这方面所作的努力，因为我们清楚地知道社会爱国主义者和中派分子所能达到的境界。不过，我们也不应低估我们敌人的这项活动。决不能让社会爱国主义者、黄色工会国际和中派分子离间青年和共产党人的企图得逞。对于共产国际和各国共产党来说，这是比较容易做到的，因为青年希望加入我们的行列。青年本能地感觉到，他们的真实利益是与共产国际的利益相一致的，实际上，只有共产党才能真正捍卫他们的利益。

在共产党能为吸引青年而开展工作的地方，在共产党能公开地、自由地进行宣传的地方（例如，迄今在意大利，在斯堪的纳维亚、丹麦、挪威和捷克斯洛伐克），在共产主义青年组织能自由地和一切资产阶级青年组织、社会爱国主义青年组织竞争的地方——在这些地方，青年必定会站到共产党人一边，去和社会爱国主义者以及资产阶级作斗争。无产阶级青年本能地感到共产国际的革命策略是正确的，所以他们在战时最早参加了那些反战的团体；这些团体的领导人在德国是卡尔·李卜克内西、罗莎·卢森堡、克拉拉·蔡特金等人，在瑞典是霍格伦，在奥地利是科里乔纳。在齐美尔瓦尔德—昆塔尔派形成前，青年已自行召开了第一次国际代表大会。瑞典青年联盟、挪威和瑞士的青年组织以及德国的反对派团体，都是最早参加齐美尔瓦尔德—昆塔尔派的，后来它们又参加了齐美尔瓦尔德左派。季诺维也夫同志在写给俄国青年的一本小册子中曾指出：革命的青年联盟当年所从事的活动，对于反对战争、对于团结一切革命分子，具有重大的意义。1919年秋，20个这样的联盟在柏林召开了代表会议，决定将青年国际改组成为青年共产国际。当时，这20个联盟有成员30多万人。由于一系列灾难和阻挠，直到去年夏末，设在柏林的执行委员会才得以安排好按计划进行旨在扩大和加强青年国际的宣传鼓动工作。同志们！我一开始就肯定地认为，我们将在最近期间把这 2000 万人争取过来，我的这种看法之所以正确，可以从这一事实中看出来：从 1920 年秋开始，在很短期间内，加入青年国际联盟的组织，已由 20 个增加到 50 个，而其成员人数则由 30 万增加到 80 万，而且这一切成就，是在最初几个月我们拥有很少经费的情况下取得的。在这一时期，开展了坚决有力的宣传活动，其目的是争取当时还在观望的一些团体，而主要的是和那些一直操纵中欧整个无产阶级青年运动的中派组织作斗争。不久前，全法国青年还受中派分子的操纵，因而一年来的活动就是为了卓有成效地把这些青年争取过来。青年国际借助于杂志和报纸（这里，我特别要提一下《青年国际》这个刊物，它现在用法、俄、犹太、英、匈等语言每月出版一次，发行量为 16 万册），极力引导整个青年共产主义运动沿着共产国际所指出的道路前进。虽说各个国家的青年团存在的时间很短，但它们都进行了极其紧张的宣传鼓动工作。在讨论捷克问题和法国问题时，也曾一再指出共产主义青年团参加革命工作和各种战斗的情况。意大利和边远各国的共产主义青年团进行了特别坚决有力的活动，它们现在也还是共产党秘密活动的代表者。

各国资产阶级政府极其注意共产主义青年组织，从而可以看出共产主义青年运动所具有的重要意义。例如不久前，法国政府为了取缔反军国主义宣传，制定了一项对付青年共产主义运动的紧急法令。我们在其他所有国家，几乎都能看到这一类迫害共产主义青年组织的行动。在法国，在阿尔萨斯-洛林，在巴伐利亚，青年国际是受取缔的组织。不久以前确有一种传闻，说卡尔政府在巴伐利亚甚至把共产主义的儿童杂志《少年之友》也查禁了，罪名是煽动阶级仇恨。（笑声）当然，这只能反映卡尔政府张皇失措的景象，而根本不能证明我们少年共产主义者在进行阶级斗争。但这至少可以说明我们的青年共产主义者为教育儿童已做了一切力所能及的事。

同志们！我只能简短地谈这一些。我所以要说这些话，主要是因为我想告诉大家，必须扩展我们已经做了的工作。青年人要承担这项工作中的主要部分。他们一直是共产主义青年运动的真正宣传鼓动者和创造者，今后还应当在这方面继续进行自己的活动。他们是能够做到这一点的，因为总的共产主义运动的发展，必将使他们在为少年无产者进行的工作中作出自己的贡献。

同志们！你们都知道，随着一般工人运动的发展，无产阶级青年运动也得到了一定的发展。这个运动兴起于战前，最初出现于中欧，其目的是对资本主义剥削实行自卫；战时，在社会民主党垮台以后，这个运动便成了反战革命宣传的真正策源地。不但如此，在个别国家，青年国际竟担负起本应由成年人承担的职能。

青年国际一度曾经是各个反战革命派别的联合中心，从而在这方面发挥过共产党的作用。但是，由于革命的群众性共产党的出现和发展，由于共产国际的建立，无产阶级青年便摆脱了这项工作。这时，已经没有必要让他们执行这项工作了。甚至正相反，如果在已有共产党的情况下仍让他们具有这项职能，那就会给共产主义运动带来不良的后果。这样，就会存在两个共产党，其区别只不过是党员年龄上的不同罢了。

因此，在三人委员会征得共产主义青年组织的同意后向代表大会提出的提纲中，有一项主要条文是：在目前的发展阶段，即在现代国际共产主义运动业已发展到一定程度的情况下，共产主义青年组织不再起政治上的领导作用，不再起政治上独立组织的作用，从而在政治方面成为党的一部分，必须服从党的指示。青年国际只应是向全世界青年工人群众传播共产国际政治意向的转达者。这一条在所提出的提纲中，具有主要的、决定性的意义，因为战时作为革命中枢的青年组织所起的那种政治作用，现已转移给各国共产党。这样，青年就可以重新从事他们的独特的任务，首先是引导和开展无产阶级青年的经济斗争。这可使工厂中的青年工人认清需要立即争取的切身利益，并提出一些明确的要求和口号。在工厂和作坊中，共产主义青年团应大力宣传这些口号，并应深入到工会的青年小组中去，深入到工会组织中去宣传这种经济斗争的战斗口号。在采取革命行动时，共产主义青年团应当提示共产党注意青年工人的经济利益，而青年组织本身也应参加这一斗争。我们深信，即将举行的共产主义青年代表大会一定会在这方面为各国共产主义青年团作出必要的决定。这样一来，青年团就一定能和2000万广大的青年工人群众建立联系，从而在德国和荷兰以及在意大利和法国，使那些由自觉的、有知识的、成熟的青年工人组成的小团体扩大自己的组织，也就是说，使它们走上党在开展群众运动时所遵循的那条道路。

借助于青年国际和各国青年团来改善和扩大宣传鼓动工作，应成为第二个迫切的重要任务。直到现在，还有一些在资本主义世界经济中起决定性作用的国家，根本没有青年团，或者只有少数青年组织。其次，对农村青年，即对年轻的农民进行宣传工作，有其十分重大的意义。增添宣传鼓动的方法，列举生动的实例，也是很重要的。由于一般工人运动状况的改变，青年组织就要承担相当大的一部分教育工作，以便从青年工人当中培养一批具有马克思主义思想的、干练的革命战士。在青年小组中，要通过组织学习班、座谈会、报告会和放映电影来进行这项工作，以尽可能影响青年人的思想，同时也可对广大群众产生影响。

同志们！我还要谈谈宣传鼓动形式的问题。在什么地方和怎样才能把青年聚集在一起呢？我们认为，建立单独的青年组织是实现这一目的最好的办法。我已经说过，在政治和策略方面，青年组织应当服从共产党，受它的领导，但这并不排除青年在其组织内讨论当前的一切政治问题，讨论一切紧迫的策略问题，并就这些问题形成某种观点和作出某种决定。

最后，作为结束语，我要特别强调青年的拥戴对于共产国际和共产主义运动所具有的重大意义。

托洛茨基同志依据种种理由完全正确地指出，在中欧、奥地利以及在德国个别地区，由于经久不息的战争和长年累月的贫困，许多工人的体力疲惫，心神不安，因此，他们已经不能承担无产阶级的斗争任务。托洛茨基同志还指出，中欧工人阶级的另一部分，受到社会民主党理论和工会官僚的毒害，因为后者对他们作了几十年的宣传，使他们丧失了对革命的信心。托洛茨基同志还声称，对付这种祸害的办法只有一个，就是及时地取得青年一代的拥护，因为他们还未受到社会民主党理论长期腐蚀的影响，而在体力和精神上还能不断向前推动无产阶级革命。我要指出，战后，资产阶级企图把无产阶级青年一代吸引到它那方面去，并唆使他们去反对成年的无产阶级。我们不得不与之进行坚决斗争的诺斯克军队，大部分是由青年工人组成的，这些工人是在饥饿和贫困的驱使下暂时参加这支军队的。各种各样军国主义的志愿部队，现在也是从青年工人中征募的。同志们！青年工人问题是一个非常值得重视的问题，因此，不应以嘲弄的态度对待它，也不应把它看做是某种幼稚的、不成熟的问题。要使这些青年真正跟随我们走，以便我们能在全世界继承和实现革命事业。（热烈掌声，表示赞同）我提请代表大会注意我所提出的提纲。

主席柯拉罗夫：

现在由弗勒利希同志发言。

弗勒利希的发言

同志们！现在提出的提纲意味着青年运动向前迈进了一大步，这是具有历史性的一步，因为现在青年可以坦然地为革命运动的利益而放弃自己政治上的独立性（我们应当承认，这是目前的一个断然的转变），而这种独立性，对于共产党员和革命运动来说，曾经在一个时期具有重大的意义。青年决心要打碎把他们和社会民主党捆在一起的锁链，要独立地、不受任何党派约束地走上从事积极政治活动的道路，这个决心有力地促进了共产国际以及各国共产党的建立。在战争时期以及在革命的最初年代，青年组织在政治上的独立性，使我们取得了很好的成果。而现在，我们认为，必须取消青年组织在政治上的独立性，也是他们从事活动所取得的一项巨大功绩。他们使一些重要国家得以建立强大的共产党，并推行革命的共产主义政策。由于青年运动面临这一转变，我认为必须指出、必须竭力强调青年组织对各国共产党以及对整个共产国际所具有的意义。我要再三强调，青年承担着我们非常重要的工作，即教育我们正在成长的一代去进行斗争。青年组织是我们党所需力量的最好储备库。经验表明，我们德国党的优秀工作者，都来自青年组织的队伍。我们相信，现在或者将来，其他各国党的优秀力量，也必定出自青年组织，他们在那里接受了初步的政治教育，以便将来献身于整个共产主义运动。我们都知道，这样的青年组织还是我们政治斗争中的一个极其重要的因素。这不只是因为青年组织的处境有助于开展斗争，有助于把广大革命青年群众组织起来去进行斗争，而且还因为有许多任务，由青年组织去完成要比由共产党去完成好得多。我们德国共产主义运动的经验表明，某些具有秘密性质的任务，其中包括一项对我们说来是最重要的任务，即在军队中进行宣传，由青年组织去完成，比由党员或借助于党员同志去完成会更好、更安全、更有成效，会产生有力的影响。但是，青年组织只有同党、同党的有关机构保持密切的联系，才能完成所有这些任务。由于当前青年运动中所发生的转变，青年组织应在政治上绝对服从我们党的领导，而且这个转变要求党对青年组织采取极其严肃的态度。我们现在有两个必须积极参加政治斗争的独立组织。它们之间的从属关系，只有在吸收青年组织参加全党工作、实现党的一切重要政治步骤时才能体现出来。同志们！我认为，我们应当非常重视这一情势，因为经验表明，党内大多数人至今还认为青年组织在政治上尚未成熟。我要指出，彻底消除所有这种偏见，认真对待这个问题，已成为当务之急。尽管组织上各自独立，但是党组织和青年组织的活动，应当密切合作、互相支持；要使全党，从党的领导机关到最小的支部，都能感到青年组织对党的事业所起的作用，要使青年组织充满党内那种政治生活。我认为，只有根据这些原则，青年组织才能大胆地迈出这重要的一步，即完全服从党的政治领导。

通过关于修改青年问题提纲的五人委员会的任命

主席柯拉罗夫：

名单中的发言人已发言完毕，因此暂停讨论。但由于明岑贝格同志提出的提纲须作某些修改，主席团建议任命一个五人委员会于明日向大会提出这方面的工作报告。主席团提议由弗勒利希、柯拉罗夫、布哈林、明岑贝格和沙茨金五位同志组成这个委员会。有不同意见吗？没有。那么，就通过了。

现在由克拉拉·蔡特金同志发言。她作关于共产主义妇女运动问题的报告。

蔡特金作关于共产主义妇女运动问题的报告

同志们！根据执行委员会所属国际共产主义妇女工作书记处的委托，我要对共产主义妇女运动作一简要的叙述，并提出关于共产主义妇女代表会议的报告。

很明显，最近一年来，无论是在广大群众日益自觉地加入共产党的各个国家里的共产主义妇女运动方面，还是在不断实行国际团结以力求有高度政治觉悟的广大妇女阶层为无产阶级革命服务方面，我们都可以看到使人欣慰的进展。我们在夺取政权和建立无产阶级专政的斗争方面，以及在无产阶级已夺得政权的那些国家（如俄国）在共产主义建设中捍卫革命成果方面，也可以看到这一进展。但是，在取得的成就所带来的喜悦中，还掺有点滴的苦痛……在大多数国家，共产主义妇女运动并没有得到共产党的支持，有时反而受到共产党或隐或显的反对。如果没有妇女自觉地、合乎时机地、认清方向而忘我地参加革命斗争的话，无产阶级就不可能在国内战争结束之后建立并巩固自己的政权，也不可能在建立政权之后着手共产主义社会的建设——对于这一点，我们还理解得很不够。早在战前整个社会主义工人运动中，人们就已认识到这一明显的真理：如果没有妇女参加，无产阶级就不能将自己的经济斗争和政治斗争进行到底。当然，旧社会民主党的实践和工会的实践，已远远落后于它们的口头声明。妇女所从事的政治活动和经济活动，总是或多或少地被看做是纯服务性的和辅助性的工作，而没有按其真实意义肯定为无产阶级解放斗争的一个重要因素。同志们，对于无产阶级来说，当前的情况已经完全不同于以前了。现在，无产阶级的经济斗争，在资本主义日益崩溃中更为激烈。这意味着什么呢？这就是说，现在进行斗争更加困难、更加艰巨，从而也就比过去需要作出更大的牺牲。归根到底，这还意味着斗争所追求的是最高的目的，这就是说，不只是要争取缩短工时，增加几分钱工资，实现较好的工作条件，以改善艰难处境。不，整个经济斗争所追求的一个最终目的是，由革命无产阶级监督生产并占有生产资料。当前，无产阶级的政治斗争不是为了争得一点改善和让步，不是为了取得微薄的施舍和少得可怜的政治权利，不是为了对资产阶级社会实行改革，而是为了摧毁这个社会。这是资本主义和共产主义相互之间生死存亡的斗争。这个斗争是在激烈的国内战争气氛中进行的。鉴于无产阶级斗争具有如此重大的意义，如果没有妇女参加，无产阶级是绝对不可能进行这一斗争的。

此外，还有一个实际问题。现在，必须空前广泛地促使妇女群众参加为推翻资本主义、为推翻资产阶级国家而进行的斗争，必须动员、教育、培养她们，使她们成为共产主义建设的有用之才。（掌声）

早在战前，欧洲妇女的人口就比男人多五六百万。目前，根据我们所掌握的材料，按整数计算，妇女的人口比男人多1500万。如果说，以前只是在一些大的工业国才出现妇女人口占多数的情况，而在巴尔干各国，则是男子人口占多数，那么，现在在一些大的工业国，妇女人口占多数的情况就更为显著了，而在巴尔干各国，男人人口占多数的情况已不复存在，反而明显地出现相反的情况。可见，如果没有妇女自觉地、愉快而热心地参加，怎么设想能开展夺取政权和建设共产主义社会的斗争？我所引用的数字表明，广大的无产阶级妇女群众在遭受资产阶级的压制，因而她们直接的生活需求促使她们去参加这一斗争。这些数字还表明，资产阶级妇女，即在家中过着和谐、美满生活的那些妇女，其人数一天比一天减少。不，现在连资产阶级妇女也不能对社会生活、对斗争抱消极的、漠不关心的态度了。她们当中有数以百万计的人不得不参加工作，她们还要经受男人的竞争，因为只要资本主义还存在，就有男子夺走妇女饭碗和生活资料的威胁。国内战争及其一切后果，甚至也严重地干扰了资产阶级的社会生活，因而即使想采取昔日那种漠不关心政治的冷漠态度，也是不可能的了。同志们！我决不是想要过高估计资产阶级妇女队伍中这个发展过程的意义。但我们不应对它估计不足。当然，如果指望这些在资本主义崩溃时代，由于革命的阶级斗争加剧而被赶出资产阶级队伍的妇女群众，会转变到先进的革命队伍中来，那就是愚昧无知了。她们决不会来加强工人阶级的战斗队伍，因为这支队伍要为建立无产阶级专政而进行殊死的搏斗。但是，我们不应忽视这一点，即她们在国内战争期间会起到游击队的作用，从而给资产阶级阵营，即给我们不共戴天的敌人阵营带来不安、震动、分化，以削弱敌人的力量。所以我认为，各国共产党在发动男人进行革命斗争方面，以及在吸引妇女参加革命斗争并教育她们自觉进行战斗方面，如果不同样坚决地去开展工作，那就会给革命造成意想不到的危害，而且会削弱群众参加革命的积极性。如果共产党员不组织、不培养妇女成为革命的自觉体现者、革命的战士，那我就把他们看做是自觉的或不自觉的革命怠工者。

同志们！各国共产党在这个方面所犯的过错所以不很明显，只是因为执行委员会曾极力通过言语和行动来激励广大妇女群众积极参加第三国际的行列。执行委员会主席季诺维也夫同志充分阐述了对妇女进行的共产主义工作，说这一工作不是别的，恰恰是其一半的工作内容。所以，在第二次世界代表大会以后，执行委员会曾对各国党积极吸收女共产党员一事，给予了精神上、政治上和经济上的支持，以便日后将她们在国际范围内团结起来，投入共同的斗争。可见，执行委员会支援了由各国忠实的、有觉悟的女共产党员所组成的人数不多的先锋队去进行热火朝天的斗争，从而促进了斗争的发展和取得胜利。我们取得的成果，实际上是这支人数不多的女共产党员先锋队的光荣和成就，而她们在个别一些国家，却往往得不到任何支持，甚至受到猛烈的抨击。她们就是这样集合在第三国际的旗帜之下的。

从去年起，在许多国家，女共产党员为发动和教育广大妇女群众参加革命，开始进行了有计划的工作。我们俄国同志和俄国共产党为我们指出了道路，并在这一工作中为我们作出了榜样。德国女共产党员，在老的斯巴达克联盟中以及后来在统一共产党内，从组织产生之日起，就为把成员培育成斗争的积极参加者进行了有计划的、坚持不懈的工作。在保加利亚，我们也看到一个具有真正共产主义意义的、强大而又自觉的妇女运动，即男人和妇女为把广大的女无产者和女农民群众吸引到革命斗争中来而从事的共同工作。但在其他国家，目前只不过刚刚着手这项工作，而在个别一些国家，甚至连计划工作的迹象都没有。我们希望，我们的国际妇女代表会议和我们这次代表大会能提示各国共产党认清它们的职责，因为它们直到现在，不是忘掉了这项职责，就是在执行时带有一种尖酸不快的情绪，只不过是表面上应付一下罢了。

我们第二次国际妇女代表会议可作为见证，表明各国女共产党员和执行委员会是多么有效地、多么富有成果地共同工作。去年，有16个国家参加了在莫斯科召开的第一次国际女共产党员代表会议，总共只有20名有表决权的女代表。而今年，有28个国家的男女代表前来出席代表会议，女代表共82人，其中61人有表决权，有发言权的21人。第二国际曾出面组织过国际革命妇女联合会，但是它的尝试从未取得这样的成就。如果从女代表的人数来看第三国际所影响的国家数目，那我们可以说，任何一个国际资产阶级妇女代表会议都没有达到过这样广泛的程度。我们还要指出，从历史角度来看，这是一个极其突出的重大事件，因为东方妇女代表们参加了这次代表会议。

同志们！我们当中有些人也许单纯就美学观点希望能在代表会议上看到近东和远东的代表团，但是我要向大家肯定地说，这是一种比东方美学上的体现更为重大的事件。这是一个真正伟大的时刻。它意味着东方各族人民开始觉醒，并且准备投入斗争；这意味着就连数百年来在旧的宗教观点、风俗习惯的枷锁下生活的最受压迫的东方妇女，现在也准备投入革命斗争了。她们出席代表会议，标志着东方革命化已达到多么广泛和深刻的程度。这对于处在西方的我们，对于所有资本主义国家的无产者，具有极其重要的意义，因为我们看到英国、法国和美国无产阶级的解放斗争，不仅在他们本国内进行着，而且也在印度、波斯、中国的火热平原上进行着，在整个东方进行着。

同志们！第三国际这个从事革命斗争的国际，还具有另一个非常重要的意义。它是迄今唯一一个能真正体现东方各族人民希望的组织，它得到了他们的信任，因为它是第一个包罗了全人类的国际。

同志们！让我们概略地审视一下这次国际代表会议。所谓共产主义妇女运动，其宗旨和任务是由第三国际的宗旨和任务、原则和策略确定的。这次代表会议的任务是为了提供武器来捍卫这些原则和策略，以进行反对整个资本主义世界的斗争，反对一切拥护这个资本主义世界的事务的斗争。因此，代表会议的大部分工作是关于下面两个问题的：第一，确定对妇女进行共产主义工作的方式和方法；第二，结合工作，通过第三国际这个领导机构，确定各国女共产党员及其政党同妇女共产国际的相互关系。

同志们！代表会议在讨论第一个问题并通过相应的决议时，以这一基本原则为依据：只有在共产党内部，在与共产党员共同进行活动的地方，才有共产主义妇女运动，才有共产主义妇女组织，此外，不存在任何特殊的共产主义妇女运动，不存在任何特殊的共产主义妇女组织。共产党员的任务和目的，也就是我们的任务和目的。打倒宗派主义，决不再自行其是！否则，只会分散革命力量，使革命力量脱离无产阶级夺取政权和建设共产主义这些伟大的目的。共产主义妇女运动的含义，就是在共产党内有计划地配置并组织妇女和男人的力量，以便吸引最广大的妇女群众参加无产阶级革命的阶级斗争，参加为推翻资本主义和建设共产主义而进行的斗争。这一使组织和工作协调起来的原则，也曾为旧社会民主党所承认，但是它们眼光狭窄，见识浅薄，只是机械地运用，因而未能利用妇女的力量来为革命服务。女共产党员具有革命性，所以不会忘记利益和斗争相统一的这一最高原则。她们在对妇女进行共产主义工作时，清楚地看到需要考虑的一些具体条件。她们不会忽略妇女活动的社会条件、她们的政治觉悟、她们的政治斗争，即不会忽略社会制度、家庭生活以及社会迷信中所包含的那些条件。她们不会忘记千年来妇女遭受奴役的传统。因为，她们认为，尽管组织是统一的，但是为了接近无产阶级妇女群众，为了把她们组织起来，并以共产主义精神教育她们，还是需要有一些特殊的机构和特殊的办法。我们建议在党的各级领导机关之下设立各种委员会（名称无关紧要，可以由党确定），作为这种机构，从最小的地方组织到最高的中央领导机关，到处都应建立这样的机构。我们称这种机构为妇女部，因为它们要对妇女进行工作，但我们并不坚持它们要由妇女组成。正相反，我们衷心地热情欢迎具有各种经验和能力的男人也来参加妇女部。主要的是，这种委员会要在无产阶级一切生活领域中对妇女群众进行有计划的、经常性的工作，它们要对有关妇女生活的一切需要和利益，对千百万妇女无产者和半无产者的欢欣和痛苦，表明明确的立场。当然，这些妇女部能够而且应该在同全党各级机构保持密切的组织联系和思想联系的情况下进行工作。但是，很显然，它们在执行自己的任务时，应发挥主动精神和享有一定的自由行动权利。据我所知，俄国共产党以及德国和保加利亚共产党就满足了或力图满足这些要求。所以，从这个意义来说，它们的经验是很成功的。

　　对妇女进行工作的机构，在进行口头上和书面上的宣传鼓动、组织和教育活动时，应有高度的计划性，并要利用一切可以利用的手段。在进行工作时，它们不应忘记团结和教育广大群众的最重要、最必要的手段，并不是口头上和书面上的宣传，而首先是工作和斗争。因此，它们应当竭力吸引妇女作为独立的积极因素参加共产党的各种活动，吸引她们参加无产阶级群众的一切战斗，以便把那些经常对革命斗争起阻碍作用的妇女变成革命斗争的动力。同志们！我们清楚地知道，妇女群众若不是被革命所吸引，就是被反革命所吸引。不要心安理得地以为，妇女的被动性不会产生这样的结果。随着国内战争将采取日益尖锐的形式，妇女不得不作出选择，而且她们正在作出选择。如果我们共产党人不关心将广大妇女群众吸引到革命阵营中来，那么，资产阶级政党就会考虑把她们拉到反革命阵营中去。谢德曼分子和迪特曼分子，即一切半国际主义者及与之类似的国际主义者，竭力想把妇女置于革命和反革命之间的边缘，而这个边缘目前是反革命和资产阶级社会最可靠的屏障。

因此，共产党领导者应通过妇女部吸引女共产党员既参加合法工作，也参加秘密工作。在秘密工作方面，有许多最适于妇女执行的任务，如传递信息，因为这种任务要求忠诚、机警，由妇女执行最合适。很显然，共产党也应当竭力将广大妇女阶层真正纳入战斗的行列。

无论是反对延长工作日的斗争，还是街头示威、举行起义、武装搏斗，每一个革命斗争阶段，每一种革命斗争或国内战争的形式，无不是企图通过共产主义求得自身解放的妇女的事业。

同志们！我们向大家提出的决议案，详细地拟定了我们所阐述的原则。至于各国女共产党员之间的国际联系，以及她们与莫斯科书记处的联系，我们要求各国共产党首先要在各自国内选定国际女通讯员，她们彼此之间要保持联系，而且她们要与莫斯科书记处保持联系。其次，我们要求莫斯科国际妇女书记处……

（蔡特金同志感到身体有些不适，请求暂时休会5分钟。会议恢复以后，蔡特金同志继续作报告。）

在评价我们代表会议的工作时，我忘记指出其中特别重要的一点，即我们应当特别重视工会中的共产党小组，并应向女工们说明，只要一涉及反对剥削者的斗争问题，就必须和工会官僚作斗争。这是一条广阔的战线，在工会中工作的共产党员同志可以在这条战线上向工会官僚发动进攻。工会官僚已经三次背叛从事生产劳动的妇女的利益。他们为了讨好资本家、为了资本主义利益放弃了争取"男女同工同酬"的斗争，从而出卖了她们。他们同意在企业和机关中首先解雇妇女，这是他们第二次叛卖。为什么呢？因为他们害怕男工，而不太害怕饥饿的妇女，而且他们知道，妇女政治上落后，易于将她们抛向街头，推上卖淫的道路。最后，工会官僚又第三次背叛从事生产劳动的妇女的利益，他们拒绝参加失业女工反对在补助金数额上少于失业男工的斗争。我认为，所有这一切都是我们共产党小组应当注意和利用的时机，以便把在企业中工作的妇女变成革命的战士。

我还应补充一点，这就是代表会议已经决定，或者更正确地说，已经作出决议，要将一切有助于改善各国女共产党员之间的国际联系问题提交代表大会审议。我已经说过，党应该选定国际女通讯员，她们必须与莫斯科共产主义妇女书记处保持联系。必须使这个书记处更具有活动能力，因为我们不仅希望它成为女共产党员的一个情报机关，而且成为能把男女无产者的共同斗争联合起来的领导机关，使斗争更加尖锐，更加有力。书记处本身应当设在莫斯科，这不仅是因为它和执行委员会有密切的组织联系，而且还有其历史原因，执行委员会就是由于这种历史原因而设在这个城市的。要知道，莫斯科是革命的心脏，是革命俄国的首都，而且这里所积累的革命斗争经验可用来进行理论研究和指导实践。我们还肯定认为，就连西欧一个很小的辅助机构，也会作出宝贵的贡献，所以我们希望大家同意我们的决议案。代表会议再次审议了妇女在争取建立无产阶级专政和苏维埃制度的斗争中的职责和能力。我们研究了这个问题对整个无产阶级革命斗争所具有的一般原则意义和实践意义。我们联系世界经济形势和政治形势研究了这个问题，认为无产阶级在这种形势下只有一种选择：或是以革命方式夺取政权，或是屈服于日益加重的剥削和奴役。自由或者回到野蛮状态，二者必取其一，这是历史使无产阶级、同时也使妇女群众所面临的选择。然后，我们讨论了在取得专政以后妇女参加工作的问题，并结合争取妇女法律上和实际上的政治平等讨论了妇女参加捍卫无产阶级专政、参加建设经济生活和社会生活的问题。

代表会议一致认为,条条道路通罗马,妇女作为生产参加者提出的和理应提出的各种要求,是为了通过有益于社会的劳动把自己变成具有同等权利和同等义务的社会成员,这些强烈的要求聚集起来,便成了为争取无产阶级专政、为建立苏维埃制度而斗争的号召。而在达到这一目的之后,就不仅要手持武器,而且要手持铁锹来为保卫苏维埃制度、为建设新的社会生活而忘我工作到最后一息;而这种忘我的工作则证明,建立无产阶级专政、确立苏维埃统治,是有理由、有其牢固依据的。

同志们!在讨论这些问题时,我们始终坚信,共产主义妇女运动不会也不应被政治上"中立"的云雾所笼罩。尽管当时提上日程的一些主要问题和策略问题在妇女会议上未能得到彻底解决,但是很显然,每个女共产党员还是讨论了妇女运动所面临的各项任务,提出了自己的观点;此外,我们清楚地理解,在共产党内部,你们的斗争、你们的原则和你们的策略应当和我们的斗争汇合在一起。同志们!我们各自回到自己的国家以后,要向全世界妇女指出,俄国给她们提供了一个伟大的、具有历史意义的榜样,这就是说:不夺取政权,不建立苏维埃专政,就没有共产主义建设,妇女就不可能获得解放,她们的平等权利就不可能取得。我们还应当告诉各国共产党:"俄国给你们提供了一个伟大的、具有历史意义的榜样,它表明:没有妇女的合作,没有她们参加斗争,就不可能夺得政权,因而也就不可能着手共产主义建设。"为了实现共产主义,无产阶级需要斗争,需要妇女既在数量方面又在质量方面实行工作上的合作。我们幸而不是猴子,不是蹩脚的模仿者。我们对革命斗争和革命建设都曾作出自己精神上的宝贵贡献。这样做对革命斗争不会带来损害,不会使斗争变得贫乏无力,恰恰相反,会使它更为壮大,更为增强。同时,这也不会使新的社会生活枯燥乏味,反而会使它更加丰富，更加多彩。因此，在苏维埃国家，要让妇女加入各种管理和监督机构，加入各种经济、政治和文化组织。在那些尚由资本主义统治的国家，要让妇女无产者参加斗争，参加无产阶级的武装队伍。请不要忘记昔日俄国革命运动的一位优秀革命家斯捷普尼亚克，当时在他那本著名的《地下俄罗斯》一书中说过的话。他说：这个国家的革命运动之所以具有这样崇高的理想，这样纯宗教式的激情和力量，就是因为这里的妇女是和男子一起工作、一起斗争、生死与共的。这是一个极其伟大的、至今在俄国仍然保存着的传统，它也必将成为所有欧洲国家和东方国家的伟大斗争传统。

  同志们！这次代表大会上提出的一个口号是：警惕，警惕，再警惕！决不要失去同广大无产阶级群众的联系，只有他们才能决定决战的最后结局。我们知道，这一切都是真实的、正确的。但是，根据历史的经验，我们还要提出另一个口号：勇敢，勇敢，再勇敢！要唤起革命群众进行坚决的进攻。我肯定地告诉大家，我们是怀着极大的热情追求共产主义世界的妇女，我们显然是反对资本主义的最有力、最坚决的妇女，为了最后的胜利，我们打算既要冷静地思考具体的环境，又要体现出英勇气概和大无畏精神。我们知道，我们的处境是多么危险，不仅在那些正极力夺取政权的地方是如此，而且在即使已夺得政权的地方也是如此，因为那里的政权一直受到国内外反革命势力的威胁，并处于极其艰难的环境中。但是，我们妇女，过去没有丧失勇气，今后，我们也不会被吓倒。我们始终注视着那光明的远景——解放全人类的共产主义。我们清楚地知道，在国内战争和革命斗争的道路上充满恐怖和苦难，但尽管如此，我们仍然坚持这个口号："前进！"（热烈的掌声表示赞同）

讨 论

路易莎·科利亚尔（法国共产党）：

同志们！我代表女共产党员发言。首先，我应该让大家知道，派我到这儿来的那个共产党，从来没有为吸引妇女参加它的队伍做过任何工作。在法国，虽然有一些妇女参加了共产党，但是她们分散在各个角落，彼此几乎互不相识。我们大家都认为，要想吸引妇女参加革命，必须进行特殊的宣传。可是，当我们要求党在这方面进行某项工作时，得到的答复却是：在进行党的宣传工作方面，委派的妇女已经够多了。但是要知道，这些妇女同志不仅要对妇女进行宣传工作，而且还要从事一般性的宣传工作。尽管如此，我们经过商讨还是决定向管理委员会提出组织妇女小分队去从事性质完全特殊的宣传工作。对农民的宣传也应如此，因为吸引农民参加党的队伍，也需要采取一些特殊的宣传方法。妇女和男子的利益是相同的，因而她们在党内应从事同样的工作。但是，又必须有一些特殊的组织，例如工厂附设的托儿所，以便使她们能在这种组织中发挥应有的才能。也许有人会对我们说，这是工会的事情。可是我认为，不应只由工会从事这种工作。共产党以及革命工会应当组织一切与妇女和儿童利益有关的活动。过去我们从来没有考虑过这个问题。人们对我们不闻不问，根本没有想过妇女可以和男子一样参加斗争，甚至还会听到这样的话，说什么妇女在战争期间未能完成自己的革命职责。我非常不爱听男子对我们这样的指责。要知道，男女双方都应承认，他们都未曾胜任自己的职责，这是十分可悲的。但是，在当今这个革命前的时期，在我们准备斗争的现阶段，如果我们不想互相出卖，我们就应当竭力把妇女吸引到党的队伍中来，加强对她们的宣传工作。我们不只是要更多地吸收妇女到党内来，而且要把她们组织到各分部和支部中去。在那里，在男同志们中间，我们将对她们进行教育，她们也将以革命精神进行自我教育；我们要使她们认清自己的阶级职责，以免当革命到来时再像她们在战时所表现的那样毫无作为。

男同志应当承认，他们在吸收妇女入党这方面未恪尽职守。现在他们才开始懂得，如果妇女不参加组织，至少也得使她们保持中立，以求不干扰男子的活动。在我们去年的五月运动期间，工会通过实践已经确信，只要妇女参加运动，甚至只要家庭主妇能参加工会和共产党人召开的集会，在这种情况下，罢工运动就会开展得更广泛而坚决，持续的时间也就会更长。接着，工会懂得了所以必须吸收妇女参加共产党和革命工会，这不仅是为了妇女运动的特殊利益或整个运动的利益，而且也有利于工会自身的自由，使工会得以从事群众性的活动，因此，我们有些同志提议，要像俄国、德国和保加利亚所做的那样把妇女组织起来，即首先在特设的妇女组织中对她们进行教育，使她们有必要的信心在各种混合召开的会议上和分部的全体会议上发表自己的意见。我们还要建立一些能更广泛地进行这种教育工作的组织。妇女没有自己的党报，而男子仅在巴黎一地就有两种日报，青年团也创办了自己的刊物。有几位女共产党员同志出版了《妇女之声》，可是它并不是党的机关刊物。第三国际应指令我们的管理委员会（我们自己也将竭力敦促它）去组织妇女，吸收她们入党，对她们进行教育，并让我们亲自担负起这项职责。所有这一切，都是为准备我们大家早已渴望实现的革命所必需的。为了革命，我们也要像男子那样组织起来，以便使革命不致像战争期间我们的革命宣传工作所陷入的那种可悲的惨境。

柯伦泰（俄国共产党）：

同志们！蔡特金同志的报告如此详尽，因而我们对此问题只能略作补充了。共产党应利用自己对广大群众的影响，把群众吸引到共产主义方面来，这是一个十分重要的问题。这是我们纲领中的一个主要问题，亦即共产党全部工作中的一个主要问题。共产党应当对广大非党群众施加影响，以便把他们吸引到共产主义方面来，这也是一个策略问题。

无论是在资产阶级的资本主义国家，或是在苏维埃国家，各国的广大非党群众是由哪些人构成的呢？当然是由女工构成的，因为男工可以参加某个资产阶级组织或社会爱国主义组织，即参加第二又四分之一国际和第二半国际，或是参加某个政党。

未组织起来的妇女还很多。在资产阶级国家，她们受到小资产阶级观点的影响，因而共产党易于把她们争取过来，易于把这些消极阶层中的新的积极因素解放出来，而这些积极因素是当前我们达到伟大目的所不可缺少的。

我们怎样才能接近广大女工群众呢？共产党以及过去的社会民主党总是说："我们的大门对妇女是敞开着的。她们应当到我们这里来，应当参加我们的党。"但遗憾的是，我们并没能把妇女争取过来。那么，是否应当采取其他办法呢？既然必须采取其他办法，那就要考虑到妇女在社会中的特殊地位，这里既指资产阶级国家的妇女，也在某种程度上指苏维埃共和国的妇女，因为后者甚至在家庭中的社会地位也还是独特的，她们不能享有与男子平等的权利。我们在考虑到这一切以后，就应当建立一个新的机构，即在各个党内建立这样的机构。同志们，这个问题并不是一个新问题。早在去年召开的妇女共产党员第一次国际代表会议上，我们就已讨论并解决了这个问题。

但是，正如蔡特金同志所指出的，直到现在，只有个别国家的一些党执行了这个决议；而其余的党都未做到这一点，其理由是这一决议是在我们的代表会议上，而不是在国际代表大会上通过的。我们认为，如果我们现在能通过这个决议案，那就会促使同志们尽可能在今年也在他们的国家建立起这一种特殊的党的机构。这种机构不应使人们产生这种印象：似乎它只是维护妇女利益的，只是为了对妇女进行工作的。

　　遗憾的是，我们党内有些同志仍然反对吸收妇女积极地参加重要的工作。所以我认为，大家一定要担负起建立上述机构的职责。这不是对妇女进行工作的问题，而是对我们其他同志进行工作的问题。因此，我们不只是把这个机构叫做妇女委员会，而且也叫做对那些迄今尚未消除旧观念的同志进行宣传的委员会。现在，妇女已开始参加党的生活，在苏维埃俄国，妇女已开始担负起创造性工作的重任。但是，在需要由妇女担任或大或小的重要职位时，总是有人说，这种工作还是由男人担任合适。一般说来，在资本主义国家，还存在着是否需要吸收妇女参加组织的问题，而在苏维埃俄国，我们面临的则是另一个任务，这就是对妇女进行教育，以便使她们能参加积极的创造性工作并能担任重要的职务。同志们，在这里我要着重指出，在我们对妇女进行的工作中，借助于我们所采取的工作方法，实践活动本身就会使她们接受共产主义思想，使她们通过具体的事物逐渐更广泛、更深入地理解一切。我们应根据这个基本原则对妇女进行工作。同时，我们坚决地认为，现今各国共产党要关心吸收妇女参加自己的队伍，这不只是因为要从她们当中培育出革命战士，而且还因为我们不应当忽视社会革命—完成社会出现的那种迫切的需要，即目前俄国所出现的那种亟待解决的问题。怎样使新的力量不断壮大？怎样发展我们的生产？这是一个大问题。办法只有一个，就是把国内一切人力调动起来。所有男子和妇女都要为人民造福，成为创造者。因此，在已实行普遍劳动义务制的苏维埃俄国，我们面临着一项宏伟的新任务，即不仅要把妇女组织起来，而且还要利用工农妇女的力量来建立新的经济秩序和新的社会制度。现在，由于妇女的力量已受到重视，妇女的社会地位也有所改变了。这是一场革命，或许它比苏维埃共和国和十月革命带给妇女的解放更为深刻。这是情况的一方面，而另一方面，党面临着教育妇女的任务，以便于她们能积极参加创造性的工作。

在所有资本主义国家，共产党面临的一项新任务是：不仅吸收妇女参加自己的队伍，以便和男子共同进行斗争，而且还要通过吸引她们参加工作和担任职务来激发她们的革命热情。因为这样做，可以消除她们先前那种消极的情绪，从而培养并增强她们的新的创造力、实干精神和自信心。蔡特金同志的话是有道理的。她正确地强调指出，我们需要女工的主动精神和创造力来加速党的发展，从内部丰富党的生活。同志们，我们看到了俄国的范例，在那里，我们设立了对妇女进行工作的专门机构。不应忘记，这不是一个独特的组织，而是一个男女在其中共同工作的机构；遗憾的是，其中男子的人数总是不太多。我们打算使他们认识到，执行这项任务也是他们对党应尽的职责。这种组织不只是消极地按党的指示办事，不，我们要把自己的主动精神贯注到党的活动中去，即使不能始终这样做，也要经常这样做。一系列问题，例如普遍劳动义务制问题，就是由我们提出的。对于俄国社会生活和经济生活中的各种伟大变革，我们一直拥护。但同时，我们以我们的机构即委员会的名义经常声称，党应当特别关心那些做母亲的女工的特殊利益，可是在这方面，我们做得还很不够。因此，我们经常指出，在共产党领导的国家，妇女面临着双重任务：一方面，她们要尽可能成为战士，成为创造性的力量；而另一方面，她们却还要继续执行母亲的职能，向世界提供新的、健康的一代人。她们作为这样的母亲，应当受到整个国家、整个社会的保护。在一系列问题上，例如关于废除旧的堕胎法问题，关于同卖淫现象作斗争问题，关于妇女保健问题，关于民警制问题，大都是由我们委员会主动提出的。难道我们这样做给苏维埃建设工作带来了什么损害吗？一点也没有！我们只是丰富了它的内容。这也就是蔡特金同志所说的那种首创精神。因此，我们认为，为了达到吸引广大群众的目的，这种机构应当具有特殊性质，应当制定出自己的特殊工作方法和自己的策略。这样一来,妇女就可以得到一定的行动自由,从而参加共同的斗争。在资产阶级国家,有组织的妇女运动应当在最艰难的斗争时刻起到促进落后妇女向共产主义靠拢的作用,应当向她们说明,只有无产阶级专政,才能使妇女得到解放。在苏维埃国家,我们的机构和我们的党正在参与宏伟而又艰巨的、必要而又重大的建设新社会制度和新社会主义体系的工作,我们应当鼓励那里的男女工人将来还要为在全世界范围内实现共产主义而进行伟大的斗争。(热烈鼓掌表示拥护)

表决并通过关于妇女运动问题的两个决议

主席柯拉罗夫:

名单中的发言人已发言完毕。宣布停止讨论。现在我们进行表决。关于妇女运动问题有两个决议和两个提纲。决议内容如下:

加强妇女工作的国际联系以及共产国际妇女书记处
在这方面的任务

(第二次国际女共产党员代表会议在6月11日会议上就柯伦泰
同志的报告和蔡特金同志的闭幕词所通过的决议)

第二次国际女共产党员代表会议根据共产国际的决议,向西方和东方各国共产党提议,授权各自的妇女工作部选定负责的女共产党员担任国际女通讯员。

各国共产党女通讯员的职责是:同其他国家女通讯员、主要是与莫斯科共产国际执行委员会所属妇女书记处尽量保持经常密切的情报性联系。

只有广泛利用各国共产党的全部技术力量和手段，女通讯员才能完成自己的使命。而共产党有责任将它们提供给女通讯员使用。

国际妇女书记处每年召开两次女通讯员例会，必要时，可增加开会次数。

莫斯科的国际妇女书记处应与共产国际执行委员会保持密切的组织联系，它在工作中受执行委员会的直接领导，并应与西方和东方各国女通讯员保持极密切的联系。国际妇女书记处特别关注那些工作松懈的无产阶级妇女工作部，它们的工作不符合共产国际的指导原则和规定。国际妇女书记处力求各国共产主义妇女运动具有统一的方向，并且关心在争取无产阶级专政的斗争中组织妇女无产者的国际行动。

为了对国际妇女无产者进行密切的联系和有计划的工作，国际妇女书记处将设立西欧技术辅助机构，其任务是进行准备工作和实施国际妇女书记处以及第三国际执行委员会的各项决议。

国际妇女书记处将委派一名女代表参加西欧机构。

西欧辅助机构的人员、建立、任务和活动范围，由共产国际执行委员会和国际妇女书记处共同确定。

对妇女进行共产主义工作的方式和方法

（第二次国际女共产党员代表会议在 6 月 18 日会议上就柯伦泰同志的报告所通过的决议）

在莫斯科举行的第二次国际共产主义妇女代表会议发表声明如下：

资本主义经济及以其为基础的资本主义制度的日益崩溃，以及全世界社会革命的发展，愈来愈迫切地要求那些资产阶级制度还占统治地位的国家的无产阶级开展夺取政权和建立无产阶级专政的革命斗争。这项任务，只有在广大女工自觉地、坚定地、不怕任何牺牲地参加这一斗争的情况下，才能实现。

在无产阶级已经取得国家政权，实行苏维埃制度即建立无产阶级专政的国家，像苏维埃俄国，如果广大女工不能树立明确而坚定的信念，即这一斗争和这一建设也是她们的事业的话，那么，无产阶级要想同本国和世界反革命势力进行斗争，要想建立共产主义制度，是不可能的。

因此，在莫斯科举行的第二次国际共产主义妇女代表会议，号召各国共产党根据第三国际的决议，大力组织广大女工参加革命斗争和革命建设，对无产阶级妇女进行共产主义思想的宣传鼓动，吸收她们加入共产党，使她们要求积极行动和进行斗争的意志与才能得到巩固和增强。

为此，加入第三国际的各党，必须在各级党委会下面设立妇女工作部，并指派一名党委成员领导该部工作。妇女工作部不是各国共产党内的特殊组织，而只是为动员和教育广大女工参加争取无产阶级专政，实行共产主义建设而设立的机构。妇女工作部应在党的领导下开展各项工作，但是工作方式和方法应有必要的灵活性，以适应妇女在家庭中和社会上所处地位的特点。妇女工作部的工作细节，已由代表会议通过的提纲作了规定。

妇女工作部必须始终明确它的双重任务：

（1）使无产阶级妇女有明确的认识和坚定的决心，去参加一切被污辱者和被压迫者反抗资产阶级和争取共产主义的革命的阶级斗争；

（2）在无产阶级革命胜利以后，引导她们自觉地、忘我地献身于建设共产主义大厦的共同事业。

妇女工作部必须牢记，自己的任务不只是进行口头的和书面的宣传鼓动，而且首先是通过实践这一强有力的手段来进行宣传鼓动。这就是说，在资本主义国家，发动女工积极参加革命无产阶级的全部活动和斗争——罢工、游行示威和武装起义；而在苏维埃国家，则发动女工积极参加各项共产主义建设。

主席柯拉罗夫：

这两个决议和两个提纲是统一的整体，彼此不相矛盾，所以我们可以对它们同时进行表决。

有不同意这两个决议的吗？没有。有弃权的吗？没有。那么，决议和提纲获得一致通过。（表示热烈拥护）

下次会议于明天举行。会议日程是：策略问题委员会的报告，工会运动委员会的报告，关于青年国际的工作报告。

（会议于夜 12 时 15 分休会）

第二十一次会议

(1921年7月9日晚8时30分)

主席杰纳利：

现在由拉狄克同志谈谈策略问题委员会的工作情况。

拉狄克关于策略问题委员会工作的说明

同志们！策略问题委员会已经结束了自己的工作，并一致通过了所有重大的修正案。我不想一一宣读那些主要是文字上的修改。在最近两三天内，代表同志们就会了解这些修改之处。我只想谈谈具有政治性的重大修正。修正之处如下：

关于法国那一节，重新作了加工，尤其对于力图过早开始革命行动的思潮所作的评述。大家都知道，在前一文稿中，说得过于尖锐，现在的提法已比较缓和。

至于捷克斯洛伐克的情况，大家都会记得，共产国际执行委员会曾就这个问题通过一项冗长的决议，在决议中，中派主义倾向被描述成为什麦拉尔派，而且宣布要与这个派别作斗争。

在我们的决议中，我们保留了对这种倾向的评述，何况当时来到这里的什麦拉尔同志也不否认在他的议论中谈到党内存在中派思潮，甚至他还企图证明，由于旧党大多数成员是在没有发生特别深刻分裂的情况下向共产主义过渡的，所以也就必然会产生这种思潮。捷克斯洛伐克问题在策略委员会的工作中占据重要地位。为讨论这个问题召开了一次特别会议，会上既听取了什麦拉尔同志的说明，也听取了克雷比赫同志的说明。因此，我们可以说，争论所得出的结论是：对于捷克斯洛伐克党的领导集团来说，正如列宁所指出，必须向左走两三步，而对于德意志捷克党组织及其领导人克雷比赫同志来说，则要向捷克斯洛伐克党的广大群众靠近一步。最重要的是，我们产生了这一印象：什麦拉尔同志已经肯于贯彻执行委员会的路线。

于是，作出这样的决定：一方面详函党的领导人，指出所犯的错误和党内存在的右倾思潮，而另一方面，在这一函告中不提什麦拉尔同志的名字。这并不意味着削弱反对党内半中派主义倾向的斗争，我们只是想借以强调斗争不是针对什麦拉尔同志本人的。

在提纲中关于为准备斗争而进行局部行动一节里，作了如下补充：任何在原则上否定共产国际的斗争具有进攻性质的说法，即否定在具体条件下发动进攻的说法，都违反共产国际的原则。

在提纲中关于三月发动的经验教训一节里，我们作了如下修改：在指出这次行动是前进一步的同时，我们具体说明了这一步的意义，以便谁也不能说这种提法是无谓的空谈。我们所以说这是前进一步，就在于：第一，成千上万的工人进行了英勇斗争；第二，党开始站在斗争的前列。

我们所做的其余修正，大都是文字上的修改。我们提请代表大会一致通过这个提纲，因为它不仅是我们所赞同的，而且就政治观点来说也是无须改动的。

（报告人逐条宣读了所有修改之处）

表决并通过策略问题的提纲

主席杰纳利：

现在我把策略问题委员会的提议付诸表决。有谁反对委员会一致通过的提纲？

扎克斯：

同志们！德国共产主义工人党请求把我们就策略问题提纲所作的如下声明列入记录。

德国共产主义工人党的声明

策略问题提纲直接继承了第二次代表大会所开创的根本路线和执行委员会始终贯彻执行的政策。这个提纲，特别是提纲中关于世界经济问题一节，会使那些经常曲解革命概念的机会主义者和改良主义者当中的奸险的知识分子肆无忌惮地任意作出解释。这样一来，我们同希法亭分子的明显界线就完全被抹掉了，而同当代阶级斗争实质的任何内在联系，也就完全不存在了。

这次代表大会的所谓左翼，在拥护它的革命工人的推动下，曾作了微不足道的尝试，企图对策略问题提纲作某些修正。这种不合理的尝试理应遭到大多数人的拒绝，我们也没有予以支持。要知道，尽管他们的修正中也有提高革命积极性的意愿，但其中缺乏对斗争的具体条件的理解，其中既没有反对资产阶级议会的二十一条基础，也没有反对提纲中同这个基础相协调的一些总的倾向，换句话说，这种修正会成为进一步发展的障碍。

在资本主义国家，只有在斗争的过程中才能准备取得无产阶级革命的胜利。资本在经济上和政治上的进攻，必然导致这种斗争的出现。共产党即使不能领导这种斗争，它也不应回避战斗，否则，它就是对准备胜利实行抵制。只有在群众的一切幻想不复存在，而斗争的目的和方法已十分明确的情况下，共产党才能在这种斗争中起领导作用。可见，只有在辩证的过程中，共产党才能成为团结那些在斗争过程中取得群众信任的战士的核心。

发表本声明，以表明我们坚决反对接受这个策略问题提纲，我们所援引的是我们提出的关于党在无产阶级革命中的作用的提纲。

德国共产主义工人党代表团

主席杰纳利：

还有谁反对策略问题委员会制定的提纲？现在我们进行表决，并请提出反建议。

季诺维也夫：

投反对票或弃权票的代表团对此可以提出申述，但不能再进行讨论了。结果是，没有一个代表团投反对票；那么，修正后的提纲获得了一致通过。（表示热烈拥护）

同志们！我以俄国代表团的名义提议，大会已相当详尽地讨论了德国统一共产党的状况问题，现在我们提出如下的决议案：

俄国代表团提出关于德国统一共产党状况的决议

第三次世界代表大会满意地指出，一切最重要的决议，特别是策略问题决议中经过热烈讨论的关于三月发动的那一节，已获得一致通过，甚至德国反对派代表在其关于三月发动的提案中，实质上也接受了代表大会的观点。代表大会认为，这足以证明：在德国统一共产党内部，根据第三次代表大会的决议开展步调一致的工作，不仅是需要的，而且是切实可行的。代表大会认为，如果再有任何瓦解德国统一共产党内部力量的现象发生，如果再进行各种宗派活动（更不用说实行分裂），都会给整个运动带来严重的危害。

代表大会希望德国统一共产党中央委员会和多数派对以前的反对派采取宽容的态度，只要他们能忠实地执行第三次代表大会的决议。同时，代表大会相信，中央委员会必将全力团结党内的一切力量。代表大会要求以前的反对派立即解散一切派别组织，议会党团要完全、绝对地服从党中央的领导，报刊要完全服从有关党机关的领导，并立即同那些被开除出党和开除出共产国际的人断绝一切政治上的合作（例如，在他们的报刊上的合作，等等）。

代表大会委托执行委员会密切注视德国运动的今后发展，如发现稍有违反纪律的情况，要立即采取最坚决的措施。

季诺维也夫

我还要摘录一段我们执行委员会在德国的一位代表来信中所说的话。这封信是我昨天收到的。信中谈到："党的右翼日益聚集起来。6月25日召开了反对派会议。约60人出席了会议，其中有莱维和多伊米希。会上作出决定，每两星期举行一次会议，以增强反对派力量和确定对第三次代表大会的态度。多伊米希作了一次详细的报告。他认为，海德堡派意味着革命马克思主义对无政府工团主义倾向的胜利，使德国独立社会民主党中的革命工人得以与斯巴达克联盟联合起来。在联合代表大会之后，德国统一共产党中开始突出地显示出德国共产主义工人党的精神。同海德堡派相比，德国统一共产党是后退了。目前，德国统一共产党的唯一目的,是同德国共产主义工人党实行组织上的联合。莱维高谈罗莎与列宁的争论以及俄国党似乎走投无路,用以补充多伊米希的论断。"

我认为我有责任把上述信中内容讲出来,以便大家认清德国统一共产党到底在哪些方面还有相当大的危险。我们完全坦率地谈论了中央委员会中的朋友们所犯的错误。代表大会也发表了自己的意见。按照俄国代表团提出的决议案,如果反对派服从代表大会的决定,代表大会就一定会要求大多数党员对反对派采取容忍的态度。代表大会要明确地强调指出,在代表大会作出决定以后,共产国际决不会容忍德国党内再存在任何派别。如果说,这种情况在代表大会之前还可以存在的话,那么,在代表大会之后,这就是完全不能容许的了。根据我们同蔡特金、诺伊曼、马尔察恩等同志以及反对派其他成员多次的交谈,我们深信,到这里出席大会的同志们都打算忠实地贯彻执行代表大会的决议,他们会利用自己在德国的巨大影响来体现这种忠诚。我想,执行委员会应当同那些不愿服从代表大会决议的集团和同志进行十分认真的商谈,并且告诉他们,谁若是不服从代表大会的决议,继续在德国党内建立派别,那他现在和将来都不能成为共产国际的成员。(热烈赞同)

讨 论

主席杰纳利:

谁想就俄国代表团的决议案发言?

马尔察恩(德国统一共产党反对派):

同志们!当然,我们非常关心三月发动所引起的在德国发生的冲突能得到彻底解决。这种关心,在代表大会讨论策略问题提纲中有关三月发动的问题时,也已充分表现出来。我要再说一遍,我们非常关心德国代表团能和我们达成协议。要知道，德国社会民主党和德国独立社会民主党这些孟什维克政党，在三月发动之后就在从事反对德国统一共产党的活动，在德国发生了严重的经济冲突，政治上的困难也日益加重——在目前这种情况下，我要再说一遍，我们所关心的是党能带着十分明确的立场回到德国，要尽快消除党的危机，制止内部的一切争论，从而保持住外部斗争和工人阶级革命化所必需的完整力量。但是我必须声明，俄国代表团提出的文稿无助于分清是非。（有人叫喊："完全正确！"）不管怎么说，这个决议案并未阐明代表大会所制定的路线，而它那经过精雕细刻的文稿则力求造成一种印象：似乎在这里，在代表大会上，反对派受到了谴责。我们已经说过，在这方面，代表大会的决议对我们是有约束力的。诚然，我们既然是无产阶级反对派的代表，我们理应在德国竭尽全力为党的利益使反对派保持沉默。可是，从另一方面看，也应提防不要由于这个决议而出现不满的新动机。因此，我们提出一个文稿，它可以非常清楚而明确地说明争论双方能达成协议的基础，因而它必然有助于制止内部的争论，有助于在德国建立协同工作的条件。下面就是这个文稿：

"第三次全世界代表大会满意地指出，关于策略问题的决议，尤其是其中曾引起热烈争论的有关三月发动的那一部分，已得到一致通过。代表大会认为，坚决走上贯彻执行代表大会决议的道路，放弃组成派别的一切企图和搞宗派活动的种种意图，团结一致地进行工作，并依据共产党的原则与策略观点共同进行斗争，以维护党的纪律，乃是各种不同思潮的维护者必须遵行的职责。德国的经济与政治状况，所有各方面斗争的尖锐化，以及德国社会民主党和德国独立社会民主党反对共产党的运动，都要求共产党在一切领域发挥高度的积极性，时时准备投入决定性的战斗，同无产阶级群众保持更加紧密的联系，并在政治上和精神上对他们施加越来越大的影响。要做到这一点，必要的条件是党的坚强的团结,以及全体同志,所有党的机构和组织须根据共产国际第二次全世界代表大会规定的二十一项条件绝对遵守党的纪律。

"大会授权执行委员会密切注视德国运动的进一步发展,并采取一切必要措施以执行相应的决议。

保尔·弗伦肯　亨利希·马尔察恩
保尔·诺伊曼　克拉拉·蔡特金"

在这一决议案中,一般地谈到德国统一共产党全体成员的行为,而在俄国的决议案中,则使人们产生一种对反对派偏激敌视的印象。如果大家希望我们能在德国迅速消除危机,并为革命的利益立即着手进行统一工作,那我们请求大家接受我们提出的决议案。

塔尔海默(德国统一共产党):

同志们!我代表德国代表团声明,德国代表团同意俄国代表团的提案。(掌声)我们请大家尽可能一致同意这一提案,而摒弃反对派的提案,因为后者过于老生常谈了。俄国代表团的提案明确而又严谨,完全符合德国的现实情况;而另一决议案,则含糊其辞、模棱两可。

季诺维也夫(俄国共产党):

反对派中的同志们声称,他们并不要求对马尔察恩提出的文稿付诸表决,只是希望把它作为由马尔察恩、诺伊曼、弗伦肯和蔡特金签署的声明列入记录。这样,问题就清楚了。我们只需要对俄国代表团提出的决议案进行表决了。

我想再说两句,以反驳马尔察恩同志的见解。他说,决议案被人为地尖锐化了。不,决议案是既肯定又明确的,实际情况就是如此。我想,几个月以后,诺伊曼和马尔察恩同志在德国将会遇到对大会决议采取不同于自己立场的一些同志的反对,那时,诺伊曼和马尔察恩同志也许会对这个决议案感到满意的。要知道，我刚才根据德国的来信已经提到这方面的一些情况。我们没有理由对这些情况表示怀疑。如果在德国，大家都感到应该结束原来的争论，那是再好不过的了。我们的决议案并没有使情况复杂化；但是对付那些喜欢搞宗派活动、想继续争论下去的德国同志，这个决议案将成为诺伊曼和马尔察恩同志所掌握的有力武器。因此，请大家一致通过这个决议案，以便我们以代表大会的名义，即以共产国际的这个最高领导机构的名义，为实现德国统一共产党的真正统一作出应有的贡献。（热烈赞同）

表决并通过关于德国统一共产党状况的决议

主席杰纳利：

报名发言的还有两位，即诺伊曼和拉狄克同志。主席团希望停止继续讨论。有谁反对吗？没有。

现在对俄国代表团的决议案进行表决。有反对这个决议案的吗？有弃权的吗？没有。那么就一致通过了。

下一议程是合作化运动问题。现由美舍利亚科夫同志作报告。

美舍利亚科夫作关于合作化运动问题的报告

请法国同志们原谅我讲不好法语，因为最近14年来，我没有机会说法语。

同志们！革命以前，工人运动由三种因素构成：政治因素，即政党工作；职业因素，即工会工作；还有合作化因素。所有这些运动是各自独立进行的。

革命前，共产党人和革命社会党人不愿参加合作社，因为他们认为这项工作没有多大意义。因此，合作化组织由顽固的改良主义者掌握了，这就是革命思想和共产主义思想至今没有渗透到合作化工作中去的原因。

但是，共产党决不能再容忍这种情况存在下去．共产党应自行做好准备，并应使无产者和合作化组织也做好准备，以便使合作化组织在革命期间能起到应起的重大作用。这就是在国际代表大会日程中提出合作化问题的原因。我不能也不想就这个问题谈得过多。我只想指出某些重要的方面。革命完全改变了合作化工作的性质。以往，合作化运动并没有打算同资本主义作斗争，运动的目的是使自己的组织适合于资本主义的环境，而如今的合作化组织则应敌视资本主义环境。

以往，只有一部分居民参加了合作社。如今，所有俄国公民毫无例外地都是统一的合作社的成员。革命促使他们这样做。我不想向大家长篇大论地阐述俄国合作化运动的状况。将来，共产国际合作化工作部开展工作以后，我们是要在它所发表的报告中来阐述的。现在，我只想宣读一下由代表大会某些成员组成的合作化工作委员会所制定的提纲，这个提纲要提交大会批准。

关于共产党人在合作社中工作的提纲

1. 在无产阶级革命时代，无产阶级合作社面临两项任务：
（1）帮助劳动群众进行夺取政权的斗争；（2）在已取得政权的地方，帮助他们建立社会主义社会。

2. 旧合作社所走的是改良主义道路，因而它极力回避革命斗争。旧合作社体现了无须通过无产阶级专政而逐渐"长入"社会主义的思想。

旧合作社宣扬政治上中立，借以掩盖其从属于帝国主义资产阶级的政治目的。

它们只是在口头上谈国际主义，而实际上，它们把工人的国际团结变成了劳动群众同本国资产阶级的合作。

旧合作社的整个政策不能促进革命，而是阻碍革命；不能加速革命，而是干扰革命。

3. 合作社的各种形式与类别，也不能为无产阶级革命目的服务。消费合作社比较能适应这个目的，但其中也有许多是由资产阶级分子组成的。这样的合作社在革命斗争中从来不会站在无产阶级方面。只有城市和农村的工人合作社，才能站在无产阶级方面。

4. 共产党人在合作化运动中的任务是：（1）宣传共产主义思想；（2）使合作社成为革命阶级斗争的机构，而无须把各个合作社从中央机构中分离出来。共产党人的职责是在所有合作社中建立基层组织，而基层组织的任务，则是在每个国家建立共产主义合作化运动中心。

这些基层组织及其中心，应与共产党及其在合作社中的代表保持经常联系。共产主义合作化运动中心应制定合作化运动的共产主义策略基础，领导并组织这个运动。

5. 当前西方各国革命的合作化运动，要在工作过程中确定自己面临的实际任务。目前可以指出下列几方面任务：

（1）在口头上和书面上进行共产主义思想的宣传鼓动，力求合作社摆脱那些同资产阶级妥协者的领导和影响。

（2）建立合作社同共产党和革命工会的联系；使合作社直接和间接地参与政治斗争，即参加无产阶级的游行示威和政治行动。对共产党及其出版机构，以及在同盟歇业中遭受苦难的罢工工人，给予物质援助。

（3）反对资产阶级帝国主义政策，即反对协约国对苏维埃俄国和其他国家事务的干涉。

（4）不仅在思想上和组织上建立各国合作化工作者之间的联系，而且也要在业务上建立联系。

（5）尽快争取建立苏维埃俄国与其他苏维埃共和国之间的贸易关系。

（6）积极参与同这些共和国的商品流通。

（7）合作社通过承包形式参与开发苏维埃国家的自然财富。

6. 只有在无产阶级革命之后，合作社的作用才能完全显示出来。根据苏维埃俄国的经验，现在已经可以指出这项工作的一些特点：

（1）消费合作社应承担按无产阶级政府的计划分配产品的任务。这会导致合作社事业的空前发展。

（2）合作社将发展成为一种沟通各个小经济（农户和手工业者）与无产阶级国家中央经济机构之间联系的组织。中央经济机构将借助于合作社按统一计划领导各个小经济的工作。消费合作社将成为收集小经济的农产品和原料，并将其转交合作社成员和国家的机构。

（3）此外，生产合作社应把小企业联合成为大工厂，以便能采用机器和科学技术的工作方法。这可为小经济建立技术基础，有利于建立社会主义生产组织，并可使小工厂主消除个人主义心理，增强集体主义观念。

7. 鉴于革命的合作化运动在无产阶级革命时代具有重要的作用，共产国际第三次代表大会指示各国共产主义政党、集团和组织要大力宣传建立革命合作社的思想，力求在其中建立共产党的基层组织，使合作社成为阶级斗争的机构，并建立起合作社与革命工会的统一战线。

大会建议共产国际执行委员会设立合作化工作部，以便完成上述各项任务。此外，这个工作部应当召开代表会议和代表大会，以便在国际范围内实现合作化。

主席杰纳利：

现在各专题委员会将举行重要会议，所以这次会议不能继续进行了。主席团提议现在休会。有反对的意见吗？没有。下次会议定于明晚6时召开。议程是：组织委员会作关于东方问题的报告。

明天下午4时，卢那察尔斯基同志在"埃里特"大饭店用法语讲俄罗斯艺术问题。

（会议于晚10时30分休会）

第二十二次会议

(1921年7月10日晚7时)

表决并通过关于合作化运动的提纲

主席柯拉罗夫：

现在宣布开会。议程是关于共产党和共产国际的组织建设问题。在讨论这个问题之前，先要听取昨天所作的关于合作化问题的报告的译文。现由译员开始翻译。（进行翻译）问题已经解决了。对这个报告，谁还有话要说？没有。现在进行表决。赞成合作化运动提纲的请举手。谁反对这个提纲？没有。有弃权的吗？（有人喊："有！"）现在宣布，除一人弃权外，提纲一致通过。

现在开始讨论组织建设问题。由报告人克南发言。

克南作关于共产党和共产国际的组织建设问题的报告

同志们！首先，我应当向大家表示歉意。一星期前，才指派我作关于党的组织建设及其工作方法和内容的报告，因而我们不得不稍微推迟了这个问题的讨论，而且提纲的制定，也没有按正常的情况进行。由于上述原因，这项任务如果不能得到彻底完善的解决，也要请大家原谅。我所要作的报告，就论题来说，是很广泛的。在报告中不仅要研究党的组织任务，而且还要研究它的工作内容和方法，以及共产国际执行委员会的组织建设及其对各党派的关系。这是各种问题的症结，需要详加阐述。我要事先说明，由于论题广泛，我将不按历史进程来论述共产党的发展和共产党的主张。在报告过程中，我不得不谈到党的经济条件、存在前提及其工作方法，因为这是很必要的。

对于共产党来说，组织建设不是目的本身，组织工作，特别是组织机构，只是为了达到最高目的、为了革命的发展、为了加快建立共产主义社会这一伟大任务的一种手段。在所有的党中，这已经是老生常谈了。在《国际工人协会（第一国际）章程》中，卡尔·马克思就已指出：工人阶级的经济解放是一个伟大的目标，一切运动作为手段都应该服从于这一目标。按这个章程的精神来说，只要组织建设能解决各先进集团在理论上和实践上的合作问题，它就将富有成效地实现社会革命的口号。现代的工人运动中所建立的组织机构，应使无产者在斗争中随时得到和有组织的无产者集团一样的最大援助。在我们这个国内战争连绵不断的不安时代，很显然，共产国际企图通过严格集中的领导，使有组织的力量和其他积极力量能相互增强。组织建设的直接目的很明确，就是由无产阶级夺取政权。对这方面的斗争，要由可信赖的力量坚决按规定的计划来进行领导。要通过教育和宣传鼓动的方法加紧准备这个斗争，借以使斗争着的无产阶级随时都能认清整个阶级所追求的伟大共同目的，而这个共同目的确实能把一切渴望斗争的力量联合起来。组织建设应围绕统一的领导核心来进行，它不仅要把自觉的革命者联合起来，而且也要把真正有革命情绪的工人联合起来。

最初曾指派库恩·贝拉作这个报告，他在谈到三月发动在组织方面的经验教训时十分正确地指出：组织建设问题决不是革命的最终问题。我们应该懂得，只有解决了这个问题，我们才能着手进行极其重要的革命工作。

如果我们看看各国党的建设的组织形式，我们就应该承认，共产国际在这方面还是一个十分复杂的混合体。我们不应认为第二次代表大会在这方面有了决定性的转变,我们甚至不能指望第三次代表大会会有这种转变。虽然我们可以不去理睬这多种多样的组织形式,但我们应该尽力争取建立共同的组织形式,因为我们清楚地知道,虽然各国的条件不同,虽然各国的情况造成了不同的组织形式,但我们还是可以采用共同的工作方法和内容。要知道,夺取政权这个目的是相同的,而资产阶级这个敌人也是相同的,况且他们到处对我们都采取相同的斗争形式。

这就使我们不得不使各共产党的斗争方法和工作内容达到大家熟悉的一致。许多党还没有消除旧社会民主党曾有过的官僚主义集中制的毛病。它们还迷恋于这种衰老的传统,因为它们看到旧社会民主党曾有过短暂的共产主义精神。另外一些党是以反对这种官僚主义集中制的形式,即反对以官僚主义方法进行党的建设的形式出现的。例如,在建立德国共产党时,其中就有这样一派。德国独立社会党就是由于积极分子对消极的领导核心不满而产生的一个典型。这种消极的领导核心,在战争时期必然要引起旧社会民主党中的积极分子的愤慨。各个暴动地区联合起来,因而党在某种程度上有了联邦制的基础。于是,这些人的思想上就有了联邦制的残余。他们必然要强调:只要有了这种联邦制就有了主权,没有必要再理会消极的领导核心了。对这种联邦制的现象,也要像对旧社会民主党的集中制传统那样,坚决予以反对。

党应该日益成为采取实际行动和提高积极性的领导核心。我们面临的一项共同任务是,根据《共产党宣言》向我们提出的目的来建成党的机关。我们的首要任务是,建立以中央集权组织为首的坚强领导。遗憾的是,我们得特别强调这种坚强领导的必要性,甚至还得特别强调更高一级领导的必要性,因为共产党内还有某种抗拒这种领导的倾向。为了反对这种倾向,必须明确地着重指出严格实行统一领导的必要性。在这次代表大会上,大概对此无须作更详细的论证。我只是要指出,我们认为必须实行中央集权的坚强领导。解决党机关当前任务的必要前提是整顿好领导核心与群众的联系。这两项任务互为补充；除了建立中央集权的、严格统一的、明确而又坚强的领导外，我们还应该建立完善的、详细制定的领导机关与群众联系的制度。

必须根据第二次代表大会的决议，在党的民主集中制的基础上建立这种联系。这个民主集中制不是一种官僚主义形式，换句话说，它是党的活动的集中，党的工作和斗争的集中。我们就应该这样来理解这种集中。

在我们的提纲最后定稿时，我们认为必须更确切地表达这个意思。第1节①第6条有些词句的含义不清，被我们删掉，代之以新的十分明确的民主集中制思想。我们新的提法是：

"共产党组织的民主集中制，应当是集中和无产阶级民主的真正结合。这种结合，只有在整个党组织经常进行共同活动、经常进行共同斗争的基础上，才能实现。共产党内的集中，并不是形式上的、机械的集中，而是共产主义活动的集中，即建成强有力的、机智灵活的领导。

"形式上的或机械的集中，是想借以统治党内其他成员或革命无产阶级群众。只有共产主义的敌人才会说，共产党企图通过领导无产阶级的阶级斗争，通过实行集中的共产主义领导，来统治革命无产阶级。这是一派胡言。党内争夺统治权的斗争，是与共产国际所通过的民主集中制原则决不相容的。"②

---

① 在提纲定稿文本中改为题为"关于民主集中制"的第二部分，见本卷收录的《共产党的组织建设及其工作方法和工作内容（提纲）》。——编者注
② 见本卷收录的《共产党的组织建设及其工作方法和工作内容（提纲）》，文字略有不同。——编者注

我要简略地说一下，我们想以此表明党内不应产生帮派领袖，因为他们会以为，既然掌握了中央机构的领导权就可以为所欲为，而不顾党的大多数成员所明确表达的意志。换句话说，就是他们会把这个机构变成个人统治的工具。这里必须着重指出，出现这样的领袖，决不符合共产国际的意图。重要的是，使活动和对活动的领导要集中。只有这样，我们才能开展我们的工作和斗争，才能真正集中地进行我们的工作和斗争。真正实现这种集中制的道路是很漫长的。在第二次代表大会的提纲里就已指出，这种民主集中制不可能在短期内，甚至在一年内就会实现。

现已表明，建立党的中央集中领导是一项长期而又艰巨的事情。因此，我们在提纲中着重指出，各国党应当特别关心自己是否真正在实现活动的集中，而不是实行官僚主义集中制。为此，各国党应经常改进和审查自己的机构，以便求得对工人阶级实行领导的真正集中。党中央和所有党的机关的有机联系，是反对机构官僚化的最可靠手段。由于经常与中央领导机关接触，这种有机的联系必然会使党员群众看到和懂得：这种集中可以大大加强共同的活动和斗争，并使其不断得到发展。党员本身应当了解和认清，这种集中不是使自己受别人管辖，而是加强自己的战斗力。可见，如果真正实现集中制，如果集中制并不是一种形式，而是充满生机，那我们就能更好地防止官僚主义的侵蚀和机构的僵化。应当承认，库恩·贝拉同志在自己的报告中正确地指出：除俄国党和某些小党外，我们未必还有哪个党真正实现了有活力的集中制，要知道，这种集中制还经常被机械地理解，根本谈不上它在政治上的运用。

怎样才能实现这个原则的真正政治体现呢？为此，我们在论述民主集中制之后，接着就列入关于工作义务制的一段。如果实行了工作义务制，而且共产党员在斗争中还实行了战斗义务制，即所有成员都被吸引参加了工作，他们和中央有了密切的联系，那么，我们可以确信，任何官僚主义都不会再有了。如果我们想实行有活力的集中制，使力量能够真正聚集起来，我们就应当坚决提出工作义务制原则。至今，大多数党还不能为一个目的、一个运动、一个斗争把党的全部力量动员起来。但是，共产党的领导机关就应当争取做到这一点。党应当竭尽全力使全体党员既参加工作，又参加党的运动。就这个问题，我们在提纲中作了一系列指示。这一节太长，需要详加分析。如果代表大会只通过关于必须实行工作义务制的决议，那是不够的，这无济于事。必须提出具体的措施来表明应当怎样实行工作义务制。我们认为，必须给党中央机关下达关于组织工作的指示：应当怎样吸收新党员，怎样把他们组织起来，使他们参加工作；小组和支部应当起怎样的作用。我们说过，党中央本身应当着手建立一些工作小组，使它们行动起来。这是必要的，因为我们知道，前不多久它们才在共产国际中扎下根。

在理论上，许多党早应在企业和工会中建立支部、工作小组或委员会，担当起特殊的工作任务。但是，我肯定地说，这只不过还是理论上罢了，并没有为共产主义运动服务，所以必须把这种理论上的东西转变成为现实，使全党成为统一的工作机构。这项指示，尤其与合法的党有关。诚然，在原则上不能把合法党与非法党分开，但事实上，它们彼此有很大的区别。非法党的成员确实都是实干的，因为谁不参加活动，谁就会惹人注意，会令人怀疑。非法党内不容许有寄生虫存在。既然在合法党与非法党之间存在着差别，那就必须予以消除，以便合法党内的每个成员都能承担特殊的任务。只有这样，我们才能消除它们之间的差别，才能建立完全固定形式的党组织。

除我们认为必须下达的指示外，还有一个我认为在这次代表大会上不能彻底消除的差别。这就是并非到处都能以企业中的支部为基础来建立组织。第二次代表大会已经作出决定，企业中的支部应成为组织建设的基础。从我们收到的工作报告中得知，许多组织（非法组织）确实已把支部看做自己的工作基础。但是，在一些群众性的大党里，根本还看不到这一点。

在提纲中我们讲的不是支部，而是工作小组，因为一般说来，在党内，"企业支部"的概念还没有为大家所理解。工作小组是党按地区、按工人居住区组织起来的，它们有责任在这些地区动员党的力量。党应当给它们分派任务，使每个小组都有自己的固定工作。在这方面，可采用每十人即可建组的办法，即十几名同志组成的小组可接受单独的任务。但对这一点，不可完全机械地理解。问题是要下达实际任务，要能吸引全体党员参加工作。工作形式是多种多样的；报纸宣传、家庭宣传、工会工作、妇女工作、青年工作等等。为进行所有这些工作，在组织中必须建立由党委直接领导的工作小组。党如果公式化地把这些工作用书面通知各地区，期待各地区搞出一些名堂来，而各地区也公式化地分派自己的成员去做，以为这样一来就万事大吉了，这是不正确的。这种做法也正是官僚主义集中制的表现。首先，必须极力设法建立为数不多的小组和支部，并要真正吸引它们参加工作，以便以后把继续建立起来的工作小组带动起来。要想使工作小组能开展工作，需要有很大的耐心、毅力、主动性和时间，在一年之内，党要表明自己在实际着手建立工作小组时是否已理解集中制的实质。只有这样，我们才会建立有工作能力的党。此外，要帮助工作小组进行工作，给它们专门指示，以便使它们能从自己的工作中得出有益的结论。从这一实际工作中得到的第一个体验和结论是，必须有专业技能。在工作小组中可培育出一代专门人才。没有专业技能是不行的。在各种斗争领域内，我们都需要有各式各样专门人才。没有这种专门人才，我们面临的战斗就不能取得胜利。如果我们不抓紧培育专业人才，我们就不能得到无产阶级的信任。要培育专门人才，但同时必须避免操之过急。如果只抓范围狭小的专门人才的组织，而各专门人才彼此在工作上又互不通气，那党就要丧失自己的生命力。因此，必须把这个小组中工作的专门人才调到另一个小组去，以便他也能了解其他小组的生活和任务。但是，千万不应连续不断地、不合理地胡乱进行职能的更换。当然，培育某种专门人员是必要的，而职能的更换，对于均衡地安排力量和正常地开展党的工作，也是需要的。

　　为了强调不能过于重视专业化工作，我认为应坚决指出，必须要求这种业务组织和战斗组织经常汇报自己的活动。对于那些准备斗争、进行通信和情报工作、管理秘密住所和地下印刷厂的许多组织来说，汇报工作的必要性是很明显的。对于这些工作，显然可以看出汇报制度的必要性；遗憾的是，对于其他许多工作，汇报制度的必要性就不那么明显了。例如，可能会有这种情况：负责寻找开会场所和筹备会议的小组总是故步自封，因而只有它自己有权处理这个问题。这是一个严重的错误，因为这会产生危险，一旦小组发生分裂，整个机构就将陷于瘫痪。因此，小组汇报工作是绝对必要的（这也在提纲中明确指出了）。我们认为，这对于所有小组来说，应是一个固定不变的制度，从而使党能了解各方面情况，能正确评定这个或那个小组的工作成果。这种工作汇报，对于其他城市小组来说，也是非常有益的。这种工作汇报可有力地推动党的工作不断向前发展，因为中央委员会在掌握各种活跃的小组的工作情况以后，能从中确切地断定应当怎样做才能加强党的工作。对于那些没有做任何工作汇报的小组，要设法予以整顿。这种相互促进的作用有助于大大加强党的工作。

　　现在，我来谈谈"关于宣传鼓动"那一节。我首先要指出，由于第1段的阐述有误，我们决定修改有关的词句。现在是这样提的："在采取公开革命行动之前，我们的一般任务是进行革命的宣传鼓动。"在报告中，对斗争问题的论述过于简略。还应当补充一点，就是关于组织政治斗争的问题，下面我要讲这一点。关于宣传鼓动问题阐述得十分详尽，这是因为有些小党，如英国党和美国党，认为在这方面需要采用一些特殊的原则,此外,还因为我们党内仍然存在着一些工团主义分子,他们只想到战斗的先进队伍,而不认为除其他斗争形式以外,还需要进行宣传工作。

必须指出并证实,即使在革命之后,也不应停止宣传鼓动。革命不但不会取消宣传鼓动,恰恰相反,我们看到在俄国,在革命和夺取政权之后,以及在热火朝天的革命活动时期,都大大加强了宣传鼓动。因此,在一些特别重要的革命活动的地方,要特别强调革命宣传的必要性,把它看做是一种革命斗争形式。报告中已指出各种宣传方法,所以我认为没有必要再谈论这一点了。宣传工作的要点,要与共产国际所开展的运动有直接联系。宣传工作应联系实际的斗争条件。在无产阶级为消除社会压迫而进行斗争的地方,我们应当大肆宣传,我们不仅要在口头上宣传,而且要通过实际行动来宣传。榜样是最有力的宣传。如果我们能表明自己是卓越的领导者、卓越的战略家,那么,人们就会充分相信我们报刊上的论断和我们的理论观点了。

可见,宣传工作不仅要在口头上进行,而且要通过实际行动来进行,而且它应涉及工人阶级的各种运动,甚至无关紧要的运动。因此,我们援引了许多普通的事例,用以证明共产党员应参加任何这类无关紧要的斗争。要知道,工人准备争取解决的每个问题,都是共产党员的事情。既然我们要把宣传鼓动与各种运动联系起来,我们就得采用最好的宣传鼓动方式。与工作、业务、斗争相结合的宣传鼓动,可以有力地推动共产党不断向前发展。我再说一遍,我们坚决地强调这种密切联系的必要性。我们并不只是要为这种细小的斗争进行宣传,我们是要借以争取到工人阶级斗争的领导权。我们坚决希望能取得这种领导权,但只有在我们能指导一些小规模行动的时候,只有在我们站到各种运动的前列、经常从各种斗争中使工人得到好处的时候,我们才能取得这种领导权。因此,我们在提纲中援引了许多事例,为的是使大家对它们有所理解，不致认为它们是些空话，而是对每个共产党员的殷切要求。提纲中还详细分析了工会中所必须进行的斗争的方法，这也可使我们从中得到实际指示，使我们知道怎样才能克服工会官僚制和改进当代工会运动形式。这个为粉碎工会官僚制、为铲除当前的领导阶层而进行的斗争，是我们宣传鼓动的目的。这个斗争应当完全有计划、有系统地进行，而不是为了刺激和激怒敌人而偶然进行的零星进攻。

只有严密、合理地安排工作，才能使我们从宣传工作逐步转为对无产阶级的实际领导。还必须强调指出，在有些国家，特别是在党被迫转入地下的那些国家，建立所谓同情者组织是十分必要的，因为这种组织可使我们扩大共产党的宣传鼓动。在各个国家都应有这样的组织。在没有这种组织的地方，必须在比较强有力的共产主义思想引导下，着手从其他组织的工人中，或从尚无组织的工人中建立这种组织；确实，借助于这种组织，我们可以深入到广大群众中去。对于那些至今只搞地下活动的组织来说，实现我们的这个提案，必将为它们创造联系广大群众的实际可能性。

我们坚决要求这些组织重视自己的一项特殊任务，这就是无论如何要取得与群众的联系。为了接近群众，可以采取一切组织手段和一切宣传形式。在这方面，妇女组织和青年组织可以提供极为重要的帮助。我们有许多实例表明，当青年组织作为党的先进队伍进行活动时，在地下党需要更广泛地开展革命活动的地方，青年组织就利用自己的合法条件进行了组织工作和宣传工作。对半无产者阶层、农民、小资产阶级、职员等，也应当进行宣传工作。对这些阶层进行宣传鼓动是非常重要的，这并不是因为在夺取政权方面我们指望他们给予坚决的援助，而是因为我们可以而且应当使他们摆脱对共产主义的恐惧。应当竭尽全力地开展这方面的宣传工作。如果我们能使这些阶层摆脱对想象中的幽灵的恐惧，使他们保持某种程度的中立，那么在关键时刻，我们就不必担心他们的抗拒，不必对他们有所顾忌，这就使我们更易于进行决战了。这种半无产者阶层，主要都生活在农村。在这个讲坛上，人们多次谈到必须使农村居民保持中立并争取他们的信任。我只是要指出，革命组织要对他们有计划地进行宣传工作，要面向农业工人和小农，至少应使他们感受到共产主义思想的影响。我们在组织方面也应当采取一切必要的措施，以便与他们接近。只是在组织内部有报纸是不够的，应当把报纸送到农村居民的手里。在农村进行这种宣传鼓动很困难，有时还很危险。我们的敌人善于唆使农村居民反对我们，尽管如此，我们还是应当深入到他们中间去，因为在夺取政权的时刻，以及在随后的时期，我们得考虑来自这方面的阻力。

我们必须事先在他们中间打开缺口，所以在农村要有从事宣传工作的组织。为此，在由城市管理的农业区内，应有充分的力量可以散发共产党的小报和小册子等等。还有另一种形式，即在农村工作的组织，可为邻近的农村服务。为了宣传的目的，还可以利用骑自行车者、体育协会和青年团在农村传播共产主义精神，遏止对共产主义仇视与敌意的发展。同仇视和敌意现象作斗争，是夺取政权之前一个时期内的一个重要任务。要知道，只有实现了这个任务，我们才会相信城市近郊区不会成为反革命募集自己军队的地方。

对士兵，特别是在常备军的驻地进行宣传，也是一项重要的任务。关于这一点，未必还需详加论述。为了这个目的，在一些国家非常需要建立一些专门的情报站，由它们设法对士兵大力进行宣传教育。确定这项工作的一般样板和共同的方法，是毫无意义的，因为这项工作要依各个国家的独特条件来进行。我只想指出一个共同点，这就是必须唤起士兵认识军队中官兵之间存在敌对性的差别。必须向士兵阐明：军官对士兵有多么大的特权，这不仅表现在军服样式上，而且也表现在经济生活上；军官的生活是多么豪华，要什么有什么，而普通士兵的生活极端贫困，前途渺茫。还必须向士兵说明，服完兵役以后，士兵不得不在其他领域干活，而在那里也是永远没有消除这种阶级对立现象的任何希望。不断强调军队内部的阶级矛盾，是瓦解军队的最好方法。在各处，只要可能，就要把这种阶级对立现象的认识灌输到军队中去。我认为，对于那些参加了武装匪帮的人，也应当这样做，因为在资本主义时代，虽然他们有卖身投靠的行为，但丝毫也不影响我们向他们说明他们队伍中存在的阶级矛盾，这样，也就可以产生瓦解他们队伍的作用。

现在，我来谈谈关于党的报刊那一节。我认为，对这个问题不必多讲。这一节，由于有一些可资参考的专门情况，所以阐述得特别详细。俄国共产主义运动的领导同志，虽然已经掌握了政权，但仍然坚信报纸是为实现共产主义而组织广大人民群众的最好工具。由此可见，扩大报刊的宣传应提到首位上来，并要详细制订出宣传计划。这样一来，在下一年度，任何一个党都没有理由再埋怨它那里订阅党报的人数不多了，也许，这是因为过去它们没有十分重视这个问题。在下一次代表大会上，这样的托词就站不住脚了。那时，任何一个党都没有理由说，它不知道怎样向群众推销报纸。提纲里详尽地指出：怎样把报刊变成斗争的武器，有些同志如何按期协助工作，从而使报纸真正成为同党密切联系的有机体。我再说一遍，所以要写这一节，是为了使同志们再没有任何借口来解释某个国家的报刊工作水平低下了。

接着应该谈的是党的一般组织结构问题。但是，请原谅，在这里，在讨论宣传鼓动问题以后，我还要谈谈我们想列入提纲的关于政治行动的一节。我们认为这一节是必要的，因为我们要对规模大小不同的种种运动的组织工作确定某种指导原则。虽然情况各不相同，但还是可以而且需要下达一些共同的指示。由于党实行工作义务制，所以我们在阐述有关政治行动的组织问题之前，不妨一般地谈谈自己的看法。我认为，对于共产党来说，任何时候都要准备开展强大的运动。在各种情况下，都有发挥政治积极性的机会。必须极力发挥运用经济形势和政治形势的能力,使它能成为战略和策略的艺术。必须根据客观的条件挖空心思地选择工作方法和斗争手段。在对积极活动充满坚决意志的地方,在党能慎重、巧妙而又审慎地从事活动的地方,总是会找到适当的斗争手段的。重要的是,共产国际的每个支部都要细心观察邻近各国所发生的一切情况,以便吸取其他支部的经验,并把这种经验适当地运用到自己的行动中去。但是很遗憾,在这方面,迄今几乎毫无作为。

一些人力不足的弱小的党,应当结合经济生活和政治生活中的事件开展革命宣传,向工人阐明一般的共产主义口号。为此,要利用我们的支部和活跃小组在工厂和工会中建立的联系。凡是我们有这些支部的地方,凡是已建立革命行动基地的地方,我们就应当举行集会,以便在群众中传播党的口号。在不能自行举办集会的地方,要善于利用敌人的集会。在这里,为了不失体面,而且能取得宣传的成果,就必须有一定的组织性。当这种激动人心的宣传有希望争得群众对我们的号召的同情时,我们必须巧妙地提出自己的口号,并力求在各次集会上都能提出性质相似的口号,使群众能接受,或者至少使少数人能表示拥护。的确,这样做可以体现出党对群众的思想影响。我们要善于利用我们日益增长的影响来增强我们的队伍,来促进各无产阶级阶层发扬团结精神。他们必将认识到这种思想是一种新的领导力量。他们将懂得,这是一种准备为他们的利益而斗争的新力量,因而能增强他们的战斗精神。通常,筹备这种会议并在会上积极活动的各小组,会后应聚集起来,进行总结。它们还应当向上级党委汇报工作,以便能总结运动的经验教训。由于这一类宣传活动需要张贴宣传画、散发传单等工作的配合,所以应当成立专门工作队,在工厂、车站和职业介绍所等处附近进行这项工作。在有些地区,有的同志善于把散发传单和热烈争论政治问题结合在一起,接着,激动起来的工人群众就自行继续争论起来,因而这种宣传自然而然地就渗入到企业中去了。当然，这种大力的宣传鼓动，应与工会和工厂的集会上所大力进行的活动相配合。在必要的情况下，同志们也应在工厂和工会中组织集会，并要注意培育能支持自己活动的可靠的发言人。我们的党报应天天宣传党的当前的活动，并为党的活动提出精辟的论据，使其占有大部分的版面。十分重要的是，党应使报纸宣传的思想能在群众中扎根，使他们几个星期、几个月都不会忘记，以便无产阶级从这种宣传中受到教育，了解问题的实质。

此外，弱小的党若能认清自己的历史使命，它们会有另外一些条件来进行积极活动。要知道，它们的直接目的，就是在无产阶级中间争取发挥党的领导作用。因此，必须考虑是否已及时从宣传阶段转为示威活动。无论合法的党或是非法的党，都可以开展这种示威活动。我们只要指出斯巴达克联盟和德国独立社会民主党左派的光辉事例就行了，它们在战争期间不顾严重的危险，提出了"打倒战争！"、"打倒政府！"的口号。我们回想一下因进行这种宣传而牺牲的罗莎·卢森堡、卡尔·李卜克内西就行了。另一个事例是英国的一个不大的社会主义小组，它提出了"不准干涉俄国！"的口号，这表明为某种思想而不停地进行斗争，终究会有利于社会。同样地，在最近的波俄战争期间，波兰共产党企图通过广泛的宣传活动，把苏维埃思想以及与俄国和好的思想保持几个星期或者几个月，它力求最终能实现自己的影响。从批评的角度可以指出，如果整个法国党能集中全力采取这种行动的话，它也是具备类似的条件的。在动员力量去反对德国期间，法国党就具备这种条件。但当时，只不过是具备条件而没有做适当的准备，示威活动也开始得太晚，因而法国党没有产生较大的影响。根据来自意大利的最新消息，那里对法西斯分子已经非常仇恨，我们党可以和其他政党一起开始进行极其坚决的行动了。那里已举行大规模的示威游行。看来，法西斯分子的活动与工人的积极性发生尖锐冲突的时刻已经到来，工人已开始发动群众来对付法西斯分子。我想,意大利党一定会站到运动的前列,利用运动使自己发挥领导作用,从而引导无产阶级大步前进。甚至那些采取行动之后出现了右倾的地区,也能提供某种有关示威活动的经验教训。首先,示威行动要求领导者有灵活性和不怕牺牲的精神。这种运动的领导者应善于明确示威行动的目的,善于随时观察不断变化的情况,同时必须掌握运动的形式,研究出现的每种情况,以便不断加强运动和考虑扩大示威行动的时机。战时为争取和平而进行的游行示威明显地证明,这种活动不一定遭到镇压,因而不会导致整个示威活动的崩溃。如果连这样的游行示威也要作出牺牲的话,那么,不准采取类似行动的情况,也会产生。因此,即使这种示威活动显然要作出牺牲,也要不断地再次举行。要知道,在组织上充分做好准备工作,不仅能加强活动的影响,而且能减少牺牲的人数。

从无产者不怕牺牲的精神中,我们可以看到经过充分组织而举行的示威活动所产生的影响。主要的是要学会有纪律、有组织地实现这种行动。经验表明,街头示威主要是依靠较大的企业。当然,每逢节日,在稠密的居民区也可以举行红旗招展的盛大示威游行,以示庆祝。但这种示威游行通常不具有革命性质,却具有盛大示威的宣传性质。如果想要取得真正的革命影响,必须从工厂直接动员工人举行示威游行。这时,支部和党团应进行极为认真的准备。在事先按计划进行讨论并建立起团结一致的精神以后,才可以决定采取行动。工厂中的支部和党团组织应在一定程度上保证具备这种团结一致的精神,以便大家走上街头不像是一些同床异梦的人,而是充分理解游行示威目的的无产阶级群众。为了有示威活动的坚强骨干,要由工厂代表和支部组织者共同进行政治上的领导。如果示威活动已酝酿成熟,主要的工人领袖和党的领导者应与工厂代表一起讨论全部行动细节,以便次日就能真正进行组织得完善的、团结一致的行动。行动以后,在党的工作小组中,以及在工厂委员会的党团中，要总结所取得的经验教训，以便再次组织和加强这种示威活动，使其日益扩展到群众性的革命行动的程度。还有其他一些可提高群众积极性的方法。我们到处都有一个共同的任务，就是在一切工人运动中成为无产阶级真正的领导者。必须竭尽全力消除社会变节领袖的影响，把他们从组织中清除出去。如果出现停滞现象，要采取其他宣传鼓动方式，极力设法在政治和经济方面克服这种现象，例如去年德国统一共产党就采取了发表《公开信》的办法。我们认为没有必要在这里详细讨论这种问题。你们会考虑应如何通过工厂委员会、工会活动家、报纸和议会党团来传播行动的基本方针。只是偶尔搞过一次活动，就认为问题已经解决了，那是不行的；在认为有必要时，要连续几星期、几个月进行并加强这种活动。通过多次集会、报纸宣传和议会演说就能使人们支持这个运动，那是不可能的；决不允许运动不继续搞下去，致使它逐渐衰落。这种现象是一些组织可能会犯的严重错误。如果组织没有力量承担和领导运动的话，最好不要开始行动，待组织加强以后再说。如果我们在某个经济领域内工作进行得顺利，如果我们党在那里建立起良好的组织，如果党的主张得到较大的支持，从而取得了一定程度的领导权，那么，就要利用组织的压力来宣传党在工会内部的领导作用。这时，我们就可以召开赞成我们主张的那些地方团体的代表会议，并促使这种代表会议不断扩大。此外，还必须使实际行动集中化，即极力促使参加者把已有的或将有的运动联合成为一个大规模的运动。这样，共产主义的领导就能再次把力量集中起来，这对社会叛卖领袖也会发生影响，因为他们不能逃避这种联合起来的战斗，他们不得不确定自己的立场，表明自己的想法。但是，如果不能强制他们从事艰苦的活动，那就不仅要在政治方面揭露他们，而且要在实际组织方面揭露他们，指出他们根本不打算领导无产阶级的斗争。然后，我们必须独自开展活动。如果共产党认为在经济和政治情势日趋恶化的大动荡时刻必须着手掌握群众领导权的话，那它就不只是要采取宣传的手段，而且要采取其他的手段。在这种情况下，共产党甚至可以不提出任何特殊的口号和要求。在运动不断向前发展、趋于爆发的时刻，共产党必须号召日益贫困的无产者行动起来，要求他们与掌握战斗领导权的有组织的无产者联合起来，并向他们指出避免这种战斗是不可能的；同时要指出，这种斗争的领导权不应操在社会叛徒的手中，而要由我们进行坚决的、充满战斗精神的领导；共产党员要充分做好准备，站在无产阶级各次小战斗的前列，并把这些小战斗汇合成为大的政治战役。在战斗中要以事实证明，尽管无产阶级已失去生存的条件，而旧的组织还想避免战斗并阻止进行战斗。工厂组织和工会组织要经常表明共产主义工人的战斗决心，在集会上说明已无任何后退之路，如果其他任何政党不愿承担领导斗争的责任，共产党则是使工人摆脱进一步贫困的天然的救星。主要的任务是对局势所引起的战斗进行统一的领导。工会和工厂中的支部和党团，在运动中不仅彼此之间要保持密切的联系，而且要同地区委员会和中央委员会保持密切的联系。中央委员会必须向发生运动的各地派遣特派员，他们应尽力设法掌握领导权，并关心通过战斗真正体现团结一致的精神，以便所有工人都了解而且感到这种战斗的政治性质。在扩大斗争的过程中，必须建立统一的领导机关。在工会官僚机构这种罢工领导机关趋于崩溃的情况下，要及时坚决地要求改选，并应力求领导罢工的机关由共产党员组织。例如，争取提高工资的运动已经把工人联合起来，那就结合这个运动开展一些政治活动来阻碍军队的调动。可见，必须尽可能地由共产党员集中掌握行动的领导权。只有这样，工会中的党团和工厂委员会才能组织以共产主义领导为核心和基础的行动。

如果运动已出现应有的政治契机，即如果企业主组织或国家机关干预运动，在这种情况下，就要开始宣传建立政治性的工人代表苏维埃。必须阐明，建立工人代表苏维埃是必要的，而且也是可能的，并要特别着重指出，只有这种在工人阶级的斗争中产生的机关，即使没有工会的协助，也能使工人阶级获得真正的解放。在周密、紧张而又审慎地进行工作的情况下，这样组织的局部行动可使共产党掌握无产阶级领导权，准备开展重大的斗争。日益强大的党，尤其是群众性的党，应采取特殊的组织措施来准备坚决的群众性政治行动。在采取群众性行动时，即使是局部行动，也不要忽略利用这种行动来建立与广大群众的密切联系。联系群众是我们的主要任务。在会议上和在工厂里，党的重要领导人应当会同工厂代表和工会党团经常讨论群众行动的结果，以便加强彼此的联系。党的领导人和工厂代表的密切联系，以及对他们的信任，可在组织上保证群众性的政治行动不致过早发动，而将根据党的影响所造成的情况来进行。依靠工厂企业中这些可靠的工作人员的协作，许多组织往往能够相当顺利地开展活动。例如从俄国革命中我们就能看到，彼得堡各工厂的党团、工厂代表和党支部在与领导机关保持密切联系的情况下，起了决定性的作用。同样地，关于德国的情况，我们也可以指出，在战争结束前的总罢工期间（1917年在德国中部、1918年春季和冬季在柏林）的最后决定性斗争，以及十一月革命和随后的三月发动之所以都能实现，就是因为同政治领袖保持联系的各个工厂委员会代表日益形成一个密切协作的机构，而政治领袖在与工厂委员会的联系中对群众发生了巨大的影响。我要指出，卡尔·李卜克内西就是力求与某些企业的工人代表建立密切联系的一位政治领袖。所有的党都应当这样，只有这样，才能保证机构的最大灵活性。在德国，我们亲眼看到，由于有这种从运动中发展起来的完善而又灵活的组织形式，工厂代表才能在武装斗争期间把群众领导起来。去年在意大利开展的占领工厂的运动，无疑是一种革命行动的表现，只是由于工会官僚的背叛和缺乏党的正确领导，它才以失败而告终。但另一方面，必须指出，这个运动完全失败的主要原因之一是，在占领工厂时，工厂代表没有与政治领导人建立密切的联系。假如当时这些组织之间建立了密切的联系，这次行动就有可能变成真正群众性的革命运动。同样地，我认为，假如英国党能够通过工厂代表与群众建立起联系，那么英国矿工的大规模运动是可以加以利用的。

我现在谈谈关于党的组织机构那一节。一般说来，这一节也和关于报刊一节一样，可以加以缩减，不过也许大家会要求详细讨论党的组织结构问题。但我们所要说的，不是党的组织结构问题，而是关于运动的问题，即关于我们的队伍的组成问题，从而提出一般的指示，说明怎样的党的组织结构在实践中证明是适宜的。不要忘记，只有在大工业城市的活动中心建立起来的组织，才能发挥作用。现在，从莫斯科回国以后，宣称必须在全国建立起组织网，这是不正确的，因为在某种情况下，这种组织必然十分软弱，不能发挥出全部力量。在大城市和工业中心建立这种组织是非常重要的，在那里，组织将具有重大的意义。这种组织在大的工业中心巩固以后，应利用多余的力量向四周扩展，以便建立地方小组和新的地区组织，但只有在有关工业中心已有巩固基础的时候，才能这样做。这样，才能保证组织有工作能力。并非要求党要有大量的地方组织，而是要求党要有很多有工作能力的、坚强的地方组织，而且这种工作能力要表现在它们的政治宣传和政治活动上。

在地方与中央之间建立灵活的联系也非常重要。在这方面，没有必要建立地区、州、省和中央的教阶制度，否则，对于党的政治灵活性会造成严重的危险。问题的实质是要在党的各个活动中心和中央领导之间建立有机的联系，为此，全国要划分成一些区，在那里和许多城市相联系，同时，也和直接获得党的情报的各个地区相联系。一般说来，互通情报和下达指示是组织机构应承担的一项极其重要的任务。库恩·贝拉同志在其小册子中正确地写道："一般说来，在党内，在政治报道和经常直接的口头传达上，以及在下达指示上，都还存在着缺点。按系统安排好的通报，才是这项工作的基础。"这种有活力、有基础、有系统的通报，可使党摆脱陈规旧律和官僚主义。他在小册子的另一处写道："只有这样摆脱了任何陈规旧律的有害影响的通报工作，才能使全党团结起来，才能创造真正的、牢固的集中制。"除实际工作义务制外，这种经常有系统地安排好的通报，是铲除官僚主义的最好办法。

在关于党的组织结构的提纲中，我们也下达了一些指示，指出党的中央机关应具有怎样的组织结构，才得以保障它的灵活性。我想使所有的党注意第40条①。在那里，我们指出要实行分工，并注意到在各州要从领导核心着手实行分工。在这里，也要经常互相调派党的力量。

顺便说说党的力量的调派问题。许多长期担任政治秘书职务的同志，往往养成官僚主义习气。我们如果把他们从这种岗位上撤下来，委派他们去做编辑工作，那对他们来说是有益的。另一方面，编辑人员对组织工作的重要性往往认识不足，如果委派他们去从事组织工作，而委派从事组织工作的同志去做报社编辑，也是很有好处的。这会给党的事业带来巨大的利益，因为过去的编辑会很好地从事组织工作，而过去的秘书也会很好地从事编辑工作。我们在行动期间互相调派工作人员的经验，也是非常成功的。长期居住在某地区的党的工作人员，那里所有的人对他都很熟悉，都很亲近，所以他难以从事活动，如果把他派到别的州去工作，那他就会变成十分有用的力量。

现在我来谈最后一节：合法工作和非法工作。这一节的标题可能会引起误解，我们要加以修改。那里原来指出，合法党和非法党并没有什么不同，它们会经常互相转变。在这里，我们要稍微修改一下第二次代表大会的决议。库恩·贝拉同志在自己的小册子中正确地指出："使整个党适于秘密进行组织上的准备工作，适于开展革命斗争，是一项重大

---

① 见本卷收录的《共产党的组织建设及其工作方法和工作内容（提纲）》第47条。——编者注

的组织任务。"他还列举一些实例,说明秘密机关可同时独立地开展工作,例如在柏林,秘密机关就完全离开了整体,投入曼斯菲尔德的斗争。库恩·贝拉同志说,使党的一般组织适应一切斗争的要求,是必要的,以便它能按既定的组织原则在组织方面或政治方面不致与合法组织相隔绝,哪怕是短时期的隔绝。接着,库恩·贝拉的论述就离开提纲了,而提纲在谈到党的任务时指出:"由于戒严状态和实行非常法,党不能公开地进行全部工作。"最后他才指出,必须建立秘密机关,而且整个党的组织机构既要适应于党的公开活动,也要适应于党的秘密活动。我们打算详细阐述这项合法的和非法的工作,以便每个人都能懂得必须细心研究如何使组织善于进行公开的和秘密的活动。不错,有人会指责我们说得太简短了。完全正确。可是,反过来,又有人会说我们写到太烦琐了。因此,我们认为,我们已找到合适的尺度提出这个问题,并进而指出合法和非法活动的互相转变。

只有各国党能真正掌握工作义务制和民主集中制这个组织原则的时候,只有各国党在宣传鼓动工作中、在政治斗争中、在报刊上能表现出是真正团结一致的战斗集体的时候,只有各国党在建立党的组织结构时考虑到一切必要问题的时候,我们才能有把握地说,在下一次代表大会上,我们将有符合共产党这一光荣称号的真正共产党。

同志们!我上面所说的一切,都属于我的报告的主要部分。我还要谈谈第二个问题。这个问题可以说得简短些,这就是共产国际的组织建设和它与加入共产国际的政党的关系问题。你们在《莫斯科报》上已经看到德国共产党在5月5日的党委会上制定的提案。根据这个提案,他们与俄共中央代表及执行委员会代表举行了会谈,从而作出了我提请大家通过的决议案。这个决议案是符合德国提案中的一切重大要求的。我们想要同意的究竟是哪些要求呢?有些要求,在执行委员会作报告期间,我们已经听到了。这些问题,根据报告所通过的决议已经解决了。

决议中指出:"代表大会希望执行委员会,在加入共产国际的各党的大力支持下,着手建立完善的联络机构,并希望各党在执行委员会中密切合作,使执行委员会能比以往更加出色地完成所肩负的日益艰巨的任务。"

决议案还要求所有党把优秀的力量提供给整个国际斗争运动的领导机关——执行委员会。我是根据上述的政治观点提出决议案的。现在我来宣读这个决议案,或许我要援引一些简单的情由作为它的根据。决议案全文如下:

第三次世界代表大会确认,在共产国际的发展中,已出现一个转折点,它要求从对资本主义国家和殖民地国家的群众进行宣传鼓动工作,转为对各国无产阶级革命力量在真正政治上和组织上进行更坚决有力的领导。执行委员会就其组织结构来说,应成为这样一个机关,即它对无产阶级政策中的一切迫切问题,例如,对日益增长的严重失业问题,以及对各资本主义政府之间能引起冲突的紧张政治关系(和平条约,美、英、日之间的新军国主义竞赛)等等,始终能采取明确的立场。执行委员会必须寻求各种手段和途径,使对解决这些紧要问题进行一般号召转为各个支部在组织上和宣传上主动地采取一致的行动。共产国际应首先成为采取行动的国际,成为领导各国革命无产阶级日常斗争的国际中心。要做到这一点,必要的前提如下:

1. 加入共产国际的各党,应竭尽全力保持与执行委员会的密切、有机的联系。为此,它们不仅要把本国优秀的代表派到执行委员会中去,而且要经常地、慎重地、坚决地和详细地向执行委员会通报情况,以便执行委员会能依据实际的文件和可靠的材料,对发生的一切政治问题采取明确的立场。

2. 加入共产国际的各党，应确切理解自己是一个国际政党的支部。它们彼此之间要保持经常性的情报联系和组织联系，尤其是邻国之间的党，因为在资本主义矛盾所引起的政治冲突中，它们有完全相同的利害关系。当前，互相传递重要会议的材料，互相交换相应的领导力量，是取得这种相互间有效联系的最好办法。一切工作能力较强的支部，都应立即负起这种交换领导力量的责任。

3. 执行委员会应在西欧用一切主要语言出版专门的报道刊物，借以加速把各国支部汇合到一个国际政党中去。这种报道刊物应有助于同一地、明确地阐述共产主义思想，并依据可靠的系统情报为各支部同时采取积极行动做好准备。

4. 执行委员会可向美国和西欧派遣自己的代表，借以使各国无产阶级在共同的日常斗争中得到积极的组织上的支持。代表的职责是，使执行委员会了解资本主义国家和殖民地国家的共产党的特殊工作条件。他们还应当关心保持各国党之间以及各国党与执行委员会之间的密切联系，以便增强共同的战斗力量。和所有的党一样，执行委员会应比过去更加关心加速与各个党的联系（既可采用书面联系，也可派遣全权代表），以求对一切重大政治问题采取同一的立场。

5. 为了完成这种极其紧张的繁重工作，必须大力增强执行委员会。代表大会选出执行委员会主席，并责成执行委员会由各党代表中选任三名书记。各支部向莫斯科派遣的执行委员会成员，必须参加执行委员会和书记处的日常工作，他们或者借助于本国支部的通报进行工作，或者以报告人的资格负责处理某一方面的问题。

6. 哪些国家可派有表决权的代表参加执行委员会，这个问题由代表大会作出专门决议来决定，并由大会规定代表人数。小执行局的成员，由执行委员会单独选出。

7. 执行委员会设于俄国这个无产阶级国家中。此外，希望执行委员会通过在俄国境外召开代表会议的方式来扩展自己的活动，并希望它更加有力地在组织上和政治上集中领导整个国际。

这就是在有关的预备会议之后我提请大家通过的决议案。对于决议案没有很多的补充说明。我只想强调指出，所有的党都应下定决心把自己的优秀力量提供给执行委员会，从而实现决议案所提出的要求，以便执行委员会中的各个代表不仅是本国事务的报告人，而且是一些能解决各种问题的权威人士。我们就需要这样的人。我们不能经常要求俄国委派，我们应把自己的领导同志派到这里来，应关心执行委员会的积极活动。

共同行动和互相支持可具有极其不同的方式。不要认为各地的革命发展都一样。互相支持的方法很多，可以借助于各种不同形式的行动，也可以通过宣传活动。例如，某个国家可借助于报刊和宣传鼓动来响应另一国家举行的大规模示威活动。如果后者由于某一国际性问题而发生严重冲突，并遭到重大牺牲的话，那么，其他国家的党，至少可以通过在国会中的发言表明自己对邻国党的支持。如果爆发了经济性的大规模斗争，而在斗争中在本国又得不到积极支持的话，那么，在各邻国的党就要表现出战斗精神，给予兄弟般的支持：散发传单、举行游行示威、筹集款项。由此可见，不仅在执行委员会与各个党之间，而且在各国的组织之间，都会出现许多加强联系的方法。资产阶级也在为自己建立这种集中制的组织。早在红色工会国际代表大会上，我就曾说过：不久以前，政治警察总监、国家检察长魏斯曼和英、法秘密警察领导人在柏林再次就建立组织问题举行了会议。这种组织在俄国出现危机或发生意外事件时会使共产主义宣传员难以逃脱他们的魔掌。

既然我们看到国际资产阶级要打破国界建立严密的联合组织，那我们也应采取相应的对策：不是要通过什么决议，而是要采取实际的组织

措施。只有那时，才能确切表明共产国际真正代表着全人类的利益。（热烈鼓掌表示赞同）

讨　论

沙弗涅尔（瑞士共产党）：

同志们！我提议无须经过讨论就将组织问题提纲转交有关委员会，因为它不适于作为讨论的基础。当时曾委派委员会来制定这个提纲。可是，我们手里这整整18页用蹩脚的报纸体裁写成的东西，虽然含有一些好的意见，但是阐述得十分模糊不清，整个说来，不能算做提纲。如果我们打算批判地过问这项工作，我们就得从修改体裁、校正文字来着手；我们必须全部改写，所以讨论根本不会取得任何效果。因此，我要求不必经过讨论就把提纲交给委员会，并建议委员会在明天，不要等到中午1点，而尽可能提前聚会，以便有充分时间利用原提纲中一切有益、可取之处为大会制定出新的提纲。我还提议，不要借口决议案的缺陷很多（只有少数人了解决议案的内容）而回避关于国际和执行委员会改组这一极其重要的问题，要为讨论这个问题成立专门委员会，所有代表团都要派代表参加，而且这个委员会明晨就要开始工作，晚上就要向大会汇报结果。

季诺维也夫（俄国共产党）：

同志们！我觉得，沙弗涅尔同志对提纲的评论过于绝对了。他提议不必经过讨论就否决提纲。我认为这是不对的。这个提纲是几个同志一起制定的。也许，这个由各国同志拼凑起来的委员会所制定的德文文件，有些令人费解，但我认为，就其内容来说，是正确的，是令人满意的，其中许多论述对于所有的党都是十分重要而宝贵的。我只指出全体党员必须从事宣传工作这一节，就可以说明问题了。同志们，我认为，大体上来看，我们理应予以通过，我希望能够通过。当然，我们要先进行讨论，然后才能这样做。如果同志们感到疲倦，因而今天不能进行讨论，或者是，由于法文本还没有分发下来，那就应当延期讨论。明天，委员会将继续工作。但是，我们决不应简单地否定这个提纲。我再说一遍，那些细心读过提纲的同志会认为，提纲一般说来是很好的，是完全正确的，对于运动极其重要。（有人表示同意）

同志们！对沙弗涅尔同志的第二项建议，没有人提出任何反建议。我没有听完他的发言，但是据说，他想提议成立一个执行委员会组成问题委员会。同志们，我认为，所有的党过去和现在都能把自己的代表派到组织委员会中去，组织委员会将讨论这个问题。大家要考虑到，我们都非常劳累了，何苦还要选择一个专门委员会。我们建议各党把自己的代表派到组织委员会中去，以便两个问题合并在一个委员会中讨论。（同意）

瓦扬-库蒂里耶（法国共产党）：

同志们！法国代表团讨论过克南同志刚才所谈的共产国际组织结构问题。在昨天晚上的会议上，我们曾决定请求大会成立一个专门委员会来研究这个问题。但是，我们看到，事实上这个委员会已经存在了，所以我们要求迅速委派两个工作小组：一个研究党的组织问题，另一个研究共产国际的组织问题。我们要求迅速委派这两个工作小组，是为了能认真地研究这些问题，因为它们对于执行委员会的组织工作极为重要。

主席柯拉罗夫：

大会可以考虑法国代表团的这个要求，并把这个要求转交给委员会，因为这个要求完全合理，而且合乎实际。登记发言的人都已经发言了。所以我们可以结束对这个问题的讨论了。在结束会议之前，我们将通知有关方面。

瓦扬-库蒂里耶：

看来，每个国家都可以派出几名代表。

主席柯拉罗夫：

可以向委员会派几名代表，因为要成立两个工作小组。

德拉格朗热：

你们会理解，我们不能够讨论提出来的提纲，因为我们手边没有提纲。如果法文本提纲不能很快地印出来，那么，明天委员会的会议上还会出现同样的情况。所以法国代表团请求在委员会会议之前能得到提纲。

主席柯拉罗夫：

我们已设法做到这一点。

（会议于晚 10 时 30 分休会）

第二十三次会议

(1921 年 7 月 12 日中午 1 时)

讨论东方问题

主席季诺维也夫：

今天，我们讨论东方问题。第一个发言的是英国工人阶级的优秀代表之一，我们的革命老朋友汤姆·曼同志。

汤姆·曼（英国共产党）：

同志们！我很高兴有机会向大会谈谈东方问题。我所以特别希望谈论这个问题，是因为我偶然地听到有人说，似乎英国不是一个自由的国家。我要证明，我们英国是一个自由的国家。在我们那里，不仅资产阶级，而且无产阶级也可以从事任何一种科学研究。我们有权相信，在我们童年时代人们对我们说的，世界总共才存在 6000 年，我们同样也可以相信，世界是在 60 万年或 6 亿年前产生的。在这方面，英国是一个自由的国家，不过，当然喽，你不得过于侵犯教会上层人物的特权。我们可以随意用我们的时间和精力来获得任何实用的知识。我们可以致力于机械学的发展（这样做，甚至会得到奖励），可以采用各种机械的生产方法，其结果是少数工人可以完成大量工作，而且这样做还能得到统治阶级的赞赏。我们不仅可以改用内燃机，以内燃机车代替蒸汽机车，不再使用锅炉，取消锅炉房，因为它们没有什么用处了。在这方面，我们可以不断有所改进。当然，我们可以自由活动的领域，还是很有限的。我们可以从事社会学研究，主张社会改革，我们可以深入理解工人阶级和统治阶级之间的相互关系。不过，很显然，我们从事的一切活动，只能以我们不打算使从属阶级摆脱统治它的政权为限；在这方面，我们的自由是有限的。然而，不管怎么说，英国是个伟大的国家，在英国大力提倡科学技术，如果说，英国有什么可以向其他国家引以为豪的，那就是英国人的自由。但是，我们也有一些阴暗面。我已经是上岁数的人了，但在我的一生中，我从未看到我们这个自由国家的儿童有过足够的食物、衣服和住房。当我们对此表示遗憾或愤慨的时候，人们就对我们说，大英帝国的版图是那么辽阔，任何有头脑的人都会对它表示崇敬；我们应当由于自己是英国人而感到荣幸。人们还对我们说，大英帝国是多么伟大和强盛，在印度3.2亿居民中，有2亿居民受它直接的完全统治……可是要知道，实行统治的，不是大不列颠，也不是整个英国，而是一小撮英国公民。在英国占统治地位的资产阶级，控制着实行自治的殖民地，用机枪迫使殖民地接受它的意志。在印度充满剥削和奴役现象，我们为此而深深悲痛。在这个大国的3亿居民中，85%是农民，他们本应有充分的权利自由发展自己的经济，但是，英国人在那里创办并发展自己的工业，从而出现了资产阶级。兰开夏郡的工厂主在印度建立了棉织厂，他们不实行英国规定的八小时工作制，而强制实行十一小时工作制，可是，他们付给当地工人的工资却很微薄，借以加重对印度人民的奴役。

英国人在这个国家广泛开辟了发展工业的道路，因而使资产阶级迅速地成长起来。我们相信，这里几位参加会议的英国人，会对这种情况倍加感到羞愧。我们既对自己遭受压迫感到愤慨，又对其他各国人民遭受压迫感到愤慨。

如果我们真想使印度人民安居乐业，那我们找不到任何理由对印度人继续施行暴政。诚然，这里有为数不多的了解情况的同志，他们不仅反对英国在印度的统治，而且准备利用一切机会和自己的全部力量来为印度人民的解放而斗争。对于拥有古老文明和明显才智的、热烈希望自主行事的埃及人民，他们也持同样的态度。但是，英国资产阶级、英国武器和士兵不仅统治着印度和埃及两国人民，而且强迫他们纳税来武装其本国人，使后者代表英国来管辖印度和埃及人民。

毫无疑问，对印度的剥削是很厉害的。以捐税和资本主义利润的形式对该国不断的剥削，已达到骇人听闻的程度。英国工人从这些收入中毫无所获，而且也不希望有所获。全部收获为统治阶级所得。显然，统治阶级也是这样对待英国、苏格兰和爱尔兰的居民。英国资产阶级的统治无限地扩展到整个联合王国。

我们除了要把自己的全部精力用于解放英国工人的事业上，我们还要大声疾呼，我们也要争取其他被奴役的各国人民获得解放。狭隘的民族主义运动从来不会成为强大的运动，以战胜世界到处存在的财阀。因此，我们极其希望根据健康的革命原则来协助每个被奴役的民族开展工人运动，以便随后按照现有的各个民族的特点，各地都能独自地开展工人运动，使之成为世界革命的一个组成部分。假如这一点做到了，被压迫民族的解放曙光就出现了。目前，英国共产党人要在英国进行宣传，坚决反对奴役其他民族的帝国主义。参加过前两次莫斯科代表大会的英国同志就曾大声疾呼，他们坚决反对帝国主义势力的扩张。

我们相信，最近欧洲各国正经受强烈的动荡，学习俄国榜样的，绝不会是其中某一个国家。我们把苏维埃共和国看做是世界的大国，它正把世界各国人民即将获得真正解放的消息传送出来。

主席季诺维也夫：

同志们！我现在通知各位，组织委员会将在今晚6时开会。请各支部派代表出席。

苏利曼-努里（土耳其共产党）：

同志们！我代表土耳其共产党向大会报告党的工作及目前在土耳其安纳托利亚发生的民族主义运动。这个解放运动，对东方具有重大的意义。世界大战前，土耳其和东方其他各国一样，处于帝国主义者的压迫之下。土耳其人民，即土耳其农民和工人，违背自己的意志，被压迫自己的统治者拖入世界帝国主义战争。大批土耳其青年、军官和士兵当时在俄、德等国被俘。他们在那里懂得了资本主义大屠杀的性质，所以他们返回祖国以后，带来了社会主义和共产主义运动的精神。世界大战结束以后，当我们的统治者缔结《凡尔赛和约》的时候，安纳托利亚的工人和农民为保卫自己的独立，手持武器行动起来。领导这个解放运动的，仍然是凯末尔等人。但是凯末尔的作用及其倾向，和土耳其的旧制度时一样。安哥拉政府一方面为争取土耳其的独立而进行反对协约国的武装斗争，另一方面又极力反对各种共产主义运动。以苏卜希为首的同志们牺牲了，另外许多同志被关进监狱，这可以证明凯末尔在加紧对共产党人进行斗争。

凯末尔之所以建立他的共产党，有其进行陷害的目的。他是为了迫害共产党人，为了在土耳其铲除一切共产主义影响才建立这个党的。我们工人共产党与这个党没有任何共同之处。但是，安纳托利亚的农民和工人清楚地理解，目前正在开展民族解放运动，他们和我们共产党人都要同样地支持这个运动。因为消灭协约国和帝国主义者是世界革命的第一步，而世界革命就是要铲除压迫。由于这个斗争是针对协约国的，所以安纳托利亚的工人和农民就要支持凯末尔。可是，如果凯末尔这个统治者敢于停止这个解放斗争去进行妥协的话，那么，安纳托利亚的工人和农民就一定要把他这个人打倒，并越过他的尸体走上前线，在那里与整个东方一起为争取自己的解放而斗争。

季米特拉托斯（希腊共产党）：

希腊是最后参加欧洲战争的国家之一。它是被协约国的大国拖入战争的，可见它不是为了本国人民，而是为了协约国资本家的利益而参战的。对于希腊人民来说，战争并没有结束；在欧战结束之后，希腊人民又为反对土耳其进行了斗争，因此，对我国人民来说，战争持续了八年。人民曾多次设法反对战争，他们发表反战演说和反战声明来抗议迄今仍在小亚细亚继续的战争。希腊无产阶级懂得，这个战争无利于无产阶级，而是为希腊和协约国的资本家进行的，它特别有利于英国资本家。希腊成了协约国的殖民地，主要是成了英国的殖民地。可是，希腊人民的处境比殖民地人民的处境更为恶劣，因为他们不仅在经济上而且在政治上也要为世界资本主义作出牺牲。人民，即无产阶级，曾多次设法反对这个战争，并以我们党的名义多次发表声明，不愿再忍受这种流血的苦痛。希腊人民经常不断地被拖入战争。从1912年起，不是对保加利亚作战，就是对土耳其作战；而且还由于国债超出了国家财富一倍，因而造成了难以忍受的状况。应征入伍的人中，有一半从军队中开了小差，这一事实可以证明群众对我国政府的政策是不满的。军队中有十多万逃兵，逃避继续服役，还有几十万农民和工人拒不服兵役，这就表明了他们不愿帮助希腊政府继续实行屠杀政策，因为这项政策乃是土耳其工人和希腊工人所不能容忍的。

我们党确实尽到了自己的职责，利用各种机会开展了反对政府的武装斗争。党多次领导了那些由于处境艰难而无法忍受的人的起义，还领导了那些对政府不满的人的起义。不消说，党为此遭到了迫害。两个月前，仅在一个城市就有160人被指控反战而坐牢。目前，在这个城市以及在其他城市，又有大约40人被指控叛国。我国资产阶级采用一切手段同我们进行斗争。资产阶级力求消灭我们党，因为它知道我们敌视它，我们要以自己的斗争同人民一起揭露资产阶级的罪行，而它这样做是取得欧洲资本家和帝国主义者的同意的。希腊共产党要在大会上声明，希腊无产阶级对土耳其无产者和农民没有任何敌意。我们党希望与他们和平相处，力求建立两国人民之间的友好关系。我们党的唯一愿望和目的，是使政府停止折磨两国无产阶级的战争。我们党声明，它将极力设法恢复两国人民之间，即希腊无产阶级和土耳其无产阶级之间的联系，并力求与巴尔干的无产阶级，即与保加利亚、罗马尼亚、塞尔维亚的无产阶级团结起来。希腊共产党将竭尽全力恢复这种兄弟般的联系，维护东方无产阶级的共同利益，并将大力支持无产阶级同本国资产阶级进行胜利的斗争，而后者已成为压迫我国人民的资产阶级协约国的工具。我们这样做是因为我们认识到，只有东方各国共产党人建立密切的联系，才能推翻资本主义政权，才能结束不断的流血战争，使东方各国人民得到自由。

我们代表希腊觉醒的无产阶级向为东方各国人民的解放事业而奋斗的共产国际致敬。我们深信，受俄国革命的范例所鼓舞的东方各国人民，一定要斩断束缚自己的锁链，从本国资产阶级和欧洲资产阶级的帝国主义和资本主义的压迫下解放出来。

阿加扎德（伊朗共产党）：

同志们！我们肯定地认为，第二次代表大会所通过的民族与殖民地问题提纲，写得很详尽，所以我们只是谈谈波斯这个在经济上落后但却富足的国家一年来的工作经验。首先应当指出，最近几十年里，波斯成了俄国沙皇制度和英国侵略者之间的角逐场所，而英国侵略者顽固地支持波斯最凶恶的反动派。只是在十月革命以后,俄国无产阶级废除了俄国地主所缔结的掠夺性条约,我国的革命运动才有所增强;革命运动增强的另一原因是,英国人开始占领和洗劫波斯。这种厚颜无耻的掠夺行为,极大地激起了人们对英帝国主义者的仇恨,因而使反对他们统治的斗争,在广大居民阶层中成了广泛传播的革命口号。

在1919—1920年期间,在波斯许多地区,即在马赞达、吉兰、阿塞拜疆、库尔德斯坦,反对英国人和沙赫的革命运动蓬勃地开展起来,德黑兰政府虽然有英国的积极援助,但也来不及把接二连三爆发的起义镇压下去。

在吉兰,民族解放运动的规模更加宏伟,英国人不得不把自己的全部兵力调到那里去。那里的斗争没有取得胜利的原因,主要是吉兰民族主义者想借助于全民的帮助,即不仅借助于资产阶级和农民,而且借助于王公贵族和地主,来战胜英国人和推翻沙赫的统治。这是吉兰民族主义者所犯的一个严重错误。要知道,英帝国主义者和沙赫政府所依靠的,恰恰是地主贵族。二月政变后在德黑兰成立的新政府,显然非常重视这一情况,所以在它向波斯人民发表的宣言中,除宣布废除1919年8月9日英国和波斯签订的掠夺性条约外,还指出波斯王公和地主贵族所扮演的那种不光彩的角色。

的确,没有波斯地主的合谋和支持,英国人在我国一天也站不住脚。伊朗共产党通过一年的实践活动确信,在波斯,如果不使农民免除一切封建贡赋,如果不剥夺地主以减轻农民的经济负担,那么,就连资产阶级民主革命也是不能实现的。

在我们的最低纲领中,我们提出的当前任务,不仅是驱逐英国人和推翻沙赫政府,而且还有召开立宪会议,以便首先消灭封建主义残余,把迄今一直遭到严重束缚的国家生产力解放出来。我们党坚决支持民族解放运动,同时,我们通过在城市建立工人工会、在农村建立农会把广大群众引上革命斗争的道路，不断提高他们的阶级觉悟，以便在资产阶级革命胜利后能继续开展新的斗争。

在我国，劳动者夺取政权的过程可能十分漫长；这个过程是与世界无产阶级革命有密切联系的，因此，只有在欧洲几个先进资本主义国家的社会主义革命取得胜利以后，波斯共产党人才能和劳动群众一起提出关于夺取政权和成立工农苏维埃的问题。我们坚信，国际无产阶级胜利的到来，要比我们所想象的大为提前，从而可使波斯和全世界被压迫人民永远摆脱国内外资产阶级的压迫和剥削。

主席季诺维也夫：

同志们！非共产主义组织的穆斯林革命组织，请求主席团允许它向代表大会发表声明。这个组织是1919年成立的革命穆斯林委员会。它在土耳其、埃及、的黎波里、法属殖民地和印度等地进行活动。我再说一遍，它不是共产主义组织，但它为反对压迫穆斯林和反对帝国主义而斗争。主席团建议代表大会允许它发表简短的声明，给它10分钟发言的机会。现把这个问题付诸表决。谁反对？没有人反对。那么，主席团的建议通过了。现在由马胡勒-贝发言。

马胡勒-贝（革命穆斯林委员会）：

东方各族人民巴库代表大会差不多快过去一年了。我们非常满意地看到，在大西洋经北非和中国到太平洋这一广大地区，东方各国约5亿人开展了民族解放运动。这些国家五分之四的人，信仰以自由为基本原则的伊斯兰教。

摩洛哥、阿尔及利亚、突尼斯、的黎波里、叙利亚、埃及、阿尔巴尼亚、也门、美索不达米亚、波斯和印度的革命分子以及穆斯林革命组织同盟的活动成果，使我们产生了必将取得最终胜利的坚定信念。

我们的同志，在土耳其这个唯一还存在着自由并支持一切革命组织的国家，没有放下武器，他们继续对实行压迫的罪恶世界进行斗争。

对土耳其的情况加以分析以后，应该说，它今年的情况比去年好得多。在帝国主义的亚美尼亚衰落之后以及在达什纳克党人垮台以后（谁都知道，达什纳克党人当时应把政权让给共产党人）所发生的种种事件，使土耳其和亚美尼亚之间的流血战争停止了。这场战争只是有利于西方帝国主义，而对交战国人民毫无利益可言。土耳其在消除了这一来自东方的威胁以后，给予盲目听从英国的希腊两次沉痛的打击。我们相信，这种危险会很快地消失，胜利可以保证安纳托利亚人民得到他们所需要的和平。所有这些成就之所以成为可能，就是因为安纳托利亚人民紧密地联合起来，团结一致地对付敌人。他们面对共同的危险，忘记了一切意见分歧和各自不同的宗旨。一切被压迫民族在争取解放的斗争中，都可以学习他们的榜样。

现在，我们来分析一下各国的情况。

摩洛哥：法国在这个国家消耗了几十亿法郎，但一点也没能阻挡革命者的活动。革命者使法国帝国主义者遭到了惨重的失败。我们不能不提到阿卜杜勒-马利克同志的名字，他是省长阿卜杜勒-卡迪尔的儿子，是我们组织最活跃的成员，他在摩洛哥东部曾和我们同志一起进行过斗争。去年，我们把国内各个地区组织起义的领导者联合在一个领导核心中。一切都使人展望到美好的未来。

阿尔及利亚：这里和突尼斯的革命运动正处于准备阶段；然而，在这两个国家，将来很有希望取得革命胜利。

的黎波里：要想说明的黎波里的实际情况，只要指出这种情景就行了：那里的斗争已持续10年，意大利人消耗了几十亿里拉，并付出了10万人的生命。最后，人民完全战胜了外国人。在最后3年里，意大利人在东的黎波里虽然夺得了7万支步枪，但他们却损失了3.5万人。

目前，政权已完全掌握在人民选举的中央委员会手中。在这个国家，我们的组织早已越过斗争的准备阶段，转而采取直接行动，开展了革命斗争，维护了人民的自由，并进而直接掌握了国家政权。意大利人被迫向海岸线退去，在那里占领了约1000公里长的狭窄地带。但是，他们并没有占优势地位，相反，每年都不得不消耗几十亿里拉。他们被彻底赶出这个国家的日子，已为期不远了。

埃及：我们不想过多地谈论埃及的情况。那里的居民不久前已起来反抗英国人，他们手持石块和木棍来反对自己的压迫者。当埃及居民真正武装起来的时候，我们将看到他们采取的另外一些行动。"自由尼罗党"和我们同盟中的一些恐怖组织，日益站到我们方面来，特别是在萨格卢勒巴什的行动以后，它们懂得了只有掌握武器，才能获得自由，等待是无益的。压迫者不会为当地人民自愿作出什么让步。

阿尔巴尼亚：在谈论偏东的一些国家之前，我们应当简单地谈谈阿尔巴尼亚的解放运动。这个被帝国主义者四面围困的国家，即意大利人从西面、希腊人从南面、塞尔维亚人从北面和东面包围的国家，它的勇敢的人民在其进行的艰苦斗争中取得了胜利。目前，阿尔巴尼亚西部已从外国侵略者手中完全解放出来。虽然昔日的胜利者，即过去对该国的压迫者，还不愿正式承认阿尔巴尼亚的独立地位，但我们仍然希望自由的俄国能使帝国主义者吸取有益的教训，使他们能与阿尔巴尼亚恢复正式关系。

色雷斯：它完全没有必要重新回归土耳其。我们不能不指出，在色雷斯牺牲了成千上万的人，这个国家迄今还在对入侵的外国人进行斗争。在西安纳托利亚，靠近希腊战线的地区，约20万男人、妇女和儿童在希腊帝国主义的野蛮暴行下牺牲了。其中许多人是活活被烧死的。尽管如此，斗争却从未削弱过。

波斯：不幸的波斯人民无望得到外援，因而他们不得不依靠自己的力量来争取自由。我们可以满意地指出，波斯所有的组织都已加入我们的同盟，并日益扩展了自己的活动。

印度：不久以前，我们的印度同志还认为，虽然他们加入了我们的同盟，但他们还是可以通过和平方式获得自由。但是，他们越来越深信，必须以暴力对付暴力。现在，他们已走上真正的革命道路。爪哇的伊斯兰教联盟和其他革命组织，也同我们携手前进。我们同埃及的科普特人、叙利亚的基督教徒、印度的印度教徒团结一致地进行活动。我们要和所有在枷锁下呻吟的各国人民一起行动。

同志们！我们忠诚地履行了我们在巴库所承担的义务，我们和你们一起进行了反对帝国主义的斗争。我们今天也和一年前一样，热情地向你们致意。我们特别感谢法国和意大利同志在这里对我们表现出来的真诚态度。只要第三国际仍然真诚支持东方各国人民争取自由的斗争，我们就将成为你们斗争中的忠实的同志。我们坚信，俄国共产党非常关心东方的解放事业，俄国共产党必将促使政府保证俄国各民族（特别是在沙皇制度下遭受极大苦难的、为建立苏维埃制度曾付出巨大牺牲的穆斯林民族）享有符合共产主义原则的权利和自由。

阿拉伯：大家知道，阿拉伯以阿拉伯居民要摆脱土耳其的压迫为借口，脱离了奥托曼帝国。当时曾保证阿拉伯享有完全平等的地位，而实际上，阿拉伯落入了法国和英国征服者的手中。谁都知道，英国和法国政府在阿拉伯的开支很大，但不是为了和平，而是为了实行压迫和蹂躏。去年6月24日从古罗将军身边飞过的两颗子弹，打死了他的翻译，并使法国人指派主持叙利亚政府的阿基-阿斯米受了伤，这就清楚地说明，法国人在街头大喊大叫，说什么叙利亚人民兴高采烈地欢迎他们——这种话，怎能叫人相信！同志们！叙利亚将成为法帝国主义的坟墓。法国殖民军对我们和对你们都具有同样的危险。如果我们能想起1857年印度士兵的起义，那我们就会得出结论，认为这种军队对我们是十分有利的。法国的同盟者英国人，为法国帝国主义设下了圈套，在约旦河以东建立了一个公国，委派叙利亚过去的总督费卡利为美索不达米亚国王。这件事使我们可以想象到，法国人和英国人之间很快就会发生冲突，而这种冲突显然对我们是非常有利的。

在中央阿拉伯，总督伊比-谢库德同外国掠夺者在继续进行坚决的斗争。在美索不达米亚，塞努西派分子的首领赛义德-艾哈迈德，借助自己在非洲2000万居民中进行活动的组织，对驱逐意大利掠夺者作出了巨大的贡献。他和拥戴他的其他首领一起开展了革命活动，使英国人扶植的伪国王抵挡不住这种反抗的力量。目前，英国人在美索不达米亚驻有军队12万人，开支6000万英镑，这一事实表明，这个国家的革命运动已达到多么大的规模。

也门：400万居民选举出来的教长叶海亚，积极地开展反对外国压迫者的活动。也门革命者和我们的同志并肩进行战斗，不久前已把英国人从戈杰伊德驱逐出去。

同志们！我们一定坚决地遵循去年我们在巴库所确定的原则。我们将与被压迫民族团结一致，共同斗争，我们深信一定能取得最后胜利。

同志们！我们要重说一遍我们去年说过的话：1914年爆发的帝国主义战争并没有结束；贪婪的帝国主义野兽，为争夺对东方各族人民的统治，彼此将进行殊死的搏斗。让我们为世界革命做好一切准备，以便在适当时机团结一致争取胜利。我们的事业在不断向前发展。我们要勇敢地、忘我地进行工作。

同志们！上述各国的代表团，都已向我们的中央委员会执行部提交了报告。我们希望，通过大家共同的努力来增强它们的战斗力量。同志们！我们确信，以反对帝国主义为宗旨的运动，必将取得胜利，我们对运动的支持，必将加速胜利的到来。

主席季诺维也夫：

同志们！让我们把这份文件刊印出来，加以公布，并把它载入记录。我想代表执行部说几句话。大家都知道，从第一次代表大会之日起，共产国际就在民族问题上采取了完全明确的立场。共产国际作出决定：要在一切被压迫民族中和在所有殖民地国家内，采取种种手段协助开展工人运动和共产主义运动。这是共产国际的一项首要任务。此外，共产国际还决定支持殖民地国家被压迫民族的一切真正革命运动，即支持它们同帝国主义的斗争。因为它深信，只有无产阶级革命取得胜利，才能使被压迫民族获得真正的解放。我们的口号是：全世界无产者和被压迫民族联合起来，为反对帝国主义和争取共产主义而进行共同的斗争。

主席柯拉罗夫：

同志们！现由亚美尼亚共产党代表卡西扬同志讲话。亚美尼亚人民有着极其惨痛的历史。在整个这一历史时期，亚美尼亚人民是各个民族相互之间敌视的目标，而这种敌视是旧土耳其制度的暴政所极力支持的。亚美尼亚人民曾多次向所谓文明国家呼吁给予人道主义的支持，但这是徒劳的。呼吁的结果只会引起新的流血事件。最后一次是在欧战期间，亚美尼亚人民想以自己对协约国的援助，来使自己获得自由和生存的权利，但是他们的期望落空了。亚美尼亚人民又成了盲目信任的牺牲品。在这次受到血的教训以后，他们把自己的目光转向俄国，学习了俄国无产阶级的榜样。在苏维埃俄国的领导下，亚美尼亚工人阶级起来反对本国的资产阶级和社会爱国主义者，宣布在亚美尼亚建立苏维埃共和国。（掌声）

在这里代表亚美尼亚人民的卡西扬同志，是亚美尼亚共产党的一位优秀老战士，同时他是俄共党员。他了解俄国无产阶级的经验、思想和热情,他善于把这一切传播给亚美尼亚工人和农民。我有责任表达整个代表大会的感情,向以卡西扬同志为代表的亚美尼亚苏维埃共和国及其革命人民致敬。

卡西扬(亚美尼亚共产党):

同志们!在世界上任何一个角落,帝国主义者都在以冠冕堂皇的词句为掩护,干着卑鄙无耻的勾当。在近东,亚美尼亚就是这种角落之一。协约国的帝国主义者,特别是英帝国主义者,从十月革命一开始,就力求在亚美尼亚建立反对苏维埃俄国、反对在东方传播共产主义和社会主义思想的斗争基地,并极力扩大自己的影响,以实现其贪婪掠夺的目的。最初,类似孟什维克和社会革命党人的小资产阶级社会主义党达什纳克党领导的所谓独立的亚美尼亚,当了协约国的俘虏,成了它所掌握的工具。这个党作为协约国的忠实奴仆,广泛地实现英国人和法国人危害该国居民的意图。与邻近各民族的长期战争,亚美尼亚内部的流血冲突,迫害和镇压敢于对政府的社会政策及土地政策不满的工人和农民——这一切,使我们陷入死亡的边缘。我们看清了土耳其政府所采取的方针政策,所以我们决定以武力反击土耳其。经受达什纳克党三年统治的人民,在实际生活中认清了英国方针所具有的毁灭性,不能再忍耐下去了。于是,他们起来反对该党的领导,反对本国的政府,以便对帝国主义展开斗争。自从在国内宣布实行苏维埃制度起,民族冲突即告结束:亚美尼亚人和穆斯林人开始过着兄弟般的生活,他们之间似乎从来没有过任何敌对情况。但是,由于帝国主义者的侵犯和民族战争,国家本身遭到了破坏,受到了残酷的蹂躏。我们不能在短期内以自己的力量恢复国民经济,满足居民的迫切需求。虽然我们伟大的母亲——苏维埃俄国以及兄弟般的、革命的阿塞拜疆想方设法给我们各种支持,但我们还是不能得到援助。我们被封锁了:一方面,孟什维克控制的格鲁吉亚，不允许直达货运列车通过，即使放行，也要被土耳其司令部扣留；另一方面，土耳其当局不准我们把商品运往波斯去换取粮食。万恶的反革命达什纳克党想利用这种走投无路的状况，并希望得到格鲁吉亚的孟什维克和国内的富农分子的支持，发动反对苏维埃政权的暴动。在这方面，我们多少也有一些过失，因为我们党没有能根据当地生活的客观条件采取明确的方针，反而急于尽可能迅速地对资产阶级社会进行改造。但是，我们还是把那些得到英国帝国主义者支持的、躲藏在山地里的敌人赶走了。在我国，通过和平途径结束内战的打算虽然未能实现，但由于格鲁吉亚发生政变和土耳其人溜之大吉，亚美尼亚的苏维埃政权显然巩固起来了。现在，对我们造成威胁的唯一危险来自土耳其。在我国边境上，土耳其政府仍继续表现出帝国主义的侵略意图。现在，随着亚美尼亚成为苏维埃国家，我们宣布废除条约，并以革命的语言来解决一切争论问题。我们真诚希望与土耳其和平相处，我们对土耳其没有敌意，但是，如果土耳其对我们造成某种真正威胁的话，亚美尼亚工人和农民就要拿起武器来保卫自己的自由和祖国，我们坚信这将得到伟大的苏维埃俄国的支持。(掌声)

主席柯拉罗夫：

现在由格鲁吉亚社会党代表茨哈卡雅同志发言。格鲁吉亚人民，即格鲁吉亚工人和农民，学习了俄国无产阶级的光辉榜样，不久以前在自己国内建立了苏维埃共和国。在欢迎这个年轻的苏维埃共和国的代表茨哈卡雅同志时，我们不能不指出格鲁吉亚工人和农民的一些假代表目前正遍游欧洲，企图欺骗全世界的无产阶级，使他们同情反革命事业。

饶尔丹尼亚、齐赫泽以及背叛社会主义和无产阶级利益的其他叛徒，向自己的伙伴，即向欧洲各国社会党叛徒的代表呼吁，向第二国际和第二半国际呼吁，给他们以支持。但我们可以使格鲁吉亚人民相信，他们用不着特别担心，这些社会党叛徒的企图决不会取得任何成果。国际共产主义代表大会给予格鲁吉亚人民的代表茨哈卡雅同志的接待，表明无产阶级、全世界革命无产阶级是和格鲁吉亚人民、格鲁吉亚苏维埃共和国站在一起的，并且表明全世界无产阶级都在支持格鲁吉亚无产阶级和农民的专政。

茨哈卡雅（格鲁吉亚社会党）：

发言人首先指出了格鲁吉亚的孟什维克在1905年和1917年革命时期，特别是在十月革命以后的叛徒嘴脸，随后谈到1921年2—3月间政变前夕国内的政治和经济状况，接着指出：

拒不接受布列斯特-里托夫斯克条约，断绝与俄国的关系，单独与帝国主义者和土耳其人交往，以及使整个国家受他们支配——所有这些情况，使格鲁吉亚工人和农民看清了一切。地主资产阶级的帝国主义和孟什维克的民族主义被揭露出来。他们一方面否定国内战争，一方面又亲自进行这种战争，他们与帝国主义者结成联盟来反对本国的工人和农民。从1917年底起，到建立苏维埃国家止，即到1921年2—3月，老实说，格鲁吉亚的内战始终没有停止过。在最后一个时期，孟什维克在经济方面和政治方面都破产了，使国家陷于完全毁灭的境地，它才彻底垮了台。于是，人民起来了，全国各地爆发了起义。在这个与沙皇制度争斗了60年的地方，由起义的农民和工人组成的红军，在不到60天的时间里就获得了成果。由于孟什维克彻底垮台，格鲁吉亚成了苏维埃国家。一些敌对的谰言，既不符合不久前的全部事实，也与政变前几星期孟什维克自己的见解相矛盾。当苏维埃俄国竭尽全力恢复自己经济的时候，只有白卫分子才会怀疑苏维埃俄国有征服和占领格鲁吉亚的意图。如果齐赫泽和策烈铁里先生现在企图歪曲历史的事实，想证明他们建立了理想的民主王国，即他们的老师——第二黄色国际的英雄们到过的天堂，那么，为什么饶尔丹尼亚先生于1921年11—12月（几乎在政变的前夕）在自己的报告中毫不隐瞒地承认，如果他们没有发明什么长生药，没有想出新的民主帝国主义的话，那么，情况就非常危急，他们也就走投无路了。可是，要知道，即使有占星术和炼丹术，也无济于事。格鲁吉亚的孟什维克自己曾预言，它将由于对本国工人和农民实行背叛的政策而灭亡。

政变以后，孟什维克的行为是特别卑鄙的。他们掠夺了整个国家，从那里的不幸居民手中把经过德国、土耳其和协约国帝国主义者三年掠夺后所剩下的一切，都用法国轮船运走了。他们不仅运走了黄金、钻石和其他贵重物品，而且甚至运走了最后几车厢食糖；他们还掠走了全部金鸡纳霜，从而使那里的工人和农民死于疟疾。人民诅咒着把他们送走了，他们在巴统的3万军队四散了，只剩下了3000人。尽管他们答应今后五年一定保证按时供应军队薪俸和服装，但这3000人的军队，只有20人跟随他们走了。在漆黑的夜里，这些老爷们为了逃避人民的愤怒，在法国大炮的保护下，带着从人民那里掠夺的大量财富匆匆忙忙地逃跑了。虽然格鲁吉亚中央革命委员会对他们过去所犯的全部罪行多次宣布赦免，但是，孟什维克的头目们仍然决定不留在国内，因为他们长期卑鄙地背叛了国家，期待他们的只有蔑视和仇恨。

饶尔丹尼亚、齐赫泽先生以及他们的同路人！你们的希望是空虚的，你们的努力是徒劳的。被四年国内战争血洗的工农格鲁吉亚，不会再回到你们的卵翼下。无论是歪曲历史事实，或者是向劳合-乔治、米勒兰、皮尔苏茨基等人去祈祷，你们都不会得到挽救。我们确信，与兄弟的苏维埃共和国结成联盟的这个国家，在共产国际的领导下，必将结出社会主义的丰硕果实。这样，整个东方各族人民真正看到如火如荼的科尔希达①，他们也必将着手传播共产主义和苏维埃政权的火种。

主席柯拉罗夫：

在申请发言的名单中，还有东方各国的代表。所有这些同志都应当有发言的机会，他们一定能得到发言的机会。但由于必须在这次会议上结束东方问题的讨论，所以主席团提议对发言不翻译了。以后再进行翻译。

主席团还提议，发言的时间限定为5分钟。有不同的意见吗？没有。那么，主席团的提议就通过了。

现由阿塞拜疆共产党代表阿维洛娃同志发言。大会向以她为代表的阿塞拜疆的革命无产阶级致敬，他们也成功地建立了自己的苏维埃共和国。

阿维洛娃（阿塞拜疆共产党）：

同志们，5分钟的时间，显然不能把阿塞拜疆的一切重要情况都讲出来。我要尽量说得简要些。看来，来自欧洲的许多同志对我们的国家不太了解。因此，我要在这里，像在工会代表大会上一样说明：从90年代起，阿塞拜疆和巴库的无产阶级就已与俄国无产阶级一起同心协力地开始自己的斗争，而且始终沿着建立苏维埃政权的道路前进。阿塞拜疆和格鲁吉亚、亚美尼亚、乌克兰等地区一样，都属于俄罗斯帝国的范围。十月革命以后，巴库无产阶级掌握了政权，宣告成立苏维埃共和国，但这仅限于在巴库一地，还没来得及扩展到整个阿塞拜疆。然而，由于社会革命党人和孟什维克的背叛（他们把英国人召引到巴库来），阿塞拜疆苏维埃政权于1918年垮台了，当时，我们26名优秀的政治委

---

① 古希腊文献中对格鲁吉亚西部的称谓。——编者注

员也被英国人和邓尼金刽子手枪杀了。英国人掌握政权以后，宣告阿塞拜疆独立，但这只不过是一纸空文。英国占领军在阿塞拜疆境内镇压一切革命运动，逮捕了工人及其代表和领袖。但巴库无产阶级依然坚持不懈地进行自己的斗争。4月27日，在光荣的俄国红军的协助下，巴库无产阶级举行起义，宣布实行无产阶级专政。但是，反革命势力并没有销声匿迹，仍继续干着反革命勾当。反革命势力的全部企图，被红军和阿塞拜疆无产阶级的强大力量镇压下去，目前，苏维埃政权已经巩固了。前不久，在阿塞拜疆召开了第一次苏维埃代表大会。苏维埃代表大会在中央和地方（县）建立了有贫苦农民和工人参加的苏维埃政权。最近即将召开第四次代表大会的阿塞拜疆共产党，从十月革命之日起，一直孜孜不倦地领导着巴库和阿塞拜疆的工人。阿塞拜疆共产党现有1.6万名党员，在四次党员重新登记以后，一些混入党内的分子被清洗出去。阿塞拜疆工会现有15万名会员，他们由我们党和阿塞拜疆工会理事会领导。同志们！阿塞拜疆对于东方革命具有重大意义。阿塞拜疆是唯一一个政权，它属于苏维埃的穆斯林共和国。阿塞拜疆位于东方的后门口，是我们东方同志的榜样。阿塞拜疆无产阶级不仅为巩固自己的政权，而且也为格鲁吉亚和亚美尼亚的解放进行了斗争；阿塞拜疆无产阶级把自己的优秀工作者和自己的强大力量派往东方。东方的革命者在巴库受到教育，然后再回到东方去。由此可见，阿塞拜疆在东方革命中具有重大的意义。在共产国际第二次代表大会之后，在巴库召开了东方各族人民第一次代表大会，随后在那里设立了东方各族人民宣传与行动委员会，负责为东方培养工作人员，并在共产国际监督下领导东方全部革命工作。（掌声）

马纳本德拉·纳特·罗易（印度共产党）：

只给5分钟时间让我汇报工作，可是我的论题一个小时都讲不完。

现在我利用这 5 分钟的时间简要地叙述一下自己的看法，并提出抗议。

在这次代表大会上讨论东方问题所采取的方式，纯粹是机会主义的，它很适用来讨论第二国际的纲领。在这里只能对东方各国代表团讲几句话，而从这几句话中根本不可能得出任何结论。

我对讨论东方问题的方式提出抗议。在执行委员会的会议上，东方问题被列入代表大会的日程，但是，在大会进行期间对这个问题却一直没有给予重视。直到昨天，这个专题委员会才第一次举行会议。这实在是一个可悲的情况。欧美国家的代表一位也没有出席会议。一个按代表大会的一般程序建立的专题委员会，竟决定对这个问题无须通过任何理论上的决议。这样的决定是不正确的，应予撤销。因此，我要求大会把东方问题重新提交给合法组成的委员会，由它十分认真地加以审议。

张太雷（中国共产党）：

同志们！我想向你们介绍中国共产主义运动的概况，以及中国反帝革命斗争的全貌。但时间不允许我这样做。在 5 分钟的时间里，我只能向大家指出远东的运动对于世界革命所具有的意义。

日本帝国主义是远东最近期间必须解决的一个重大而又迫切的课题。只要这个课题不解决，日本帝国主义就要经常威胁苏维埃俄国，就会使远东各国不能向共产主义迈进。而且，还不止于此。战后，日本几乎也成了英、美那样的资本主义强国。如果帝国主义日本能像它现在控制华北那样控制中国的话，那它就会利用这个国家的富饶资源和人力去反对无产阶级，从而必将对世界革命造成威胁。因此，我请求共产国际和西方各国共产党更加关注远东的运动，给予运动以大力支持。打倒日本帝国主义，就意味着世界资本主义三大台柱之一被摧毁。只有那时，我们才能够打倒世界资本主义，而且只有那时候，世界革命才算完成自己的任务。

如果你们对中国有所关注的话，那么，中国无产阶级和其他革命力量必定会在这一伟大事业中给予我们重大的援助。目前，正是我们在中国进行共产主义工作的时机。那里的青年学生已经起来反对旧的社会制度，但是其中许多人还徘徊在歧路上，所以我们应该帮助他们，引导他们走上共产主义方向。我们应该把这些力量引上正确的道路，不让无政府主义或改良主义思想对他们产生影响。在无产阶级革命后，中国工人已开始觉醒。在中国各地经常出现罢工。我们应该用红旗去保护这些萌芽，不使其变为黄色。还有一支革命力量，这就是在中国老百姓中占有相当数量的"流氓无产阶级"。虽然他们没有阶级自觉性，但他们还是有革命性的。如果我们能把他们组织起来，吸引到我们的队伍中来，那么毫无疑问，他们一定支持我们的事业。这是一些很好的战士，他们在俄国红军反对高尔察克和邓尼金的斗争中已显露锋芒。但是，如果世界资本主义把他们招募去，强迫他们去打无产阶级，就像俄、法帝国主义者在帝国主义战争时期利用他们去修战壕，或者像现在，日本帝国主义政府利用他们在满洲和山东为推行其政策服务，那么，他们境遇之险恶是可以想象的。

在今后的世界革命中，中国富饶的自然资源和庞大的人力是用来反对无产阶级，还是被无产阶级用以反对资本家，这将取决于中国共产党。但是不应忘记，中国共产党的工作在相当大的程度上取决于共产国际对中国运动的关注。

南曼屯（朝鲜共产党）：

拥有2000万人口的朝鲜，长期以来一直臣属于经济上落后的中国，而且由于内乱而发生分裂，所以不能发展国家的生产力，从而处于停滞状态。这个国家基本上是个农业国。这个国家富饶的自然资源，很快就成了日本和沙俄帝国主义者斗争的根源。强大而又顽固的日本帝国主义，于1910年战胜了沙俄，使朝鲜丧失了独立，从而变成了日本的殖民地。

从这时起，这个充满"晨光宁静"的国家，成了贪婪、凶恶的日本帝国主义的掠夺对象，因而这个国家的经济生活条件和社会生活条件都发生了速度惊人的变化。

贪婪的日本帝国主义不关心生产力的发展，不关心提高国家的经济水平，只把注意力放到榨取该国人民的血汗上，从这个新占有的殖民地中获得更大的利润。

以资本主义开拓公司"朝鲜会社"为代表的日本占领机关，得到日本政府物质上和精神上的支持，有权在半岛上购置土地。它10年活动的结果，全部国有土地和几乎全部农民土地，都被它占有了。从土地上被赶走的农民群众，不得不移居国外，移居到满洲，或按苛刻的条件租用"朝鲜会社"的土地，即缴纳50%—70%的实物或货币地租，而在歉收年，得缴纳100%、甚至高于收获总值的地租；最坏的情况是，他们到"朝鲜会社"当雇工，每天工作12—13个小时，可是工资却只是日本工人的1/3。

据1920年日本最新统计资料，当地居民总数为16912890人，其中伐木工人计7843658人，在采矿业和工厂中从事运输工作以及在渔场干活的工人，共计518906人。其余的居民是：失业者、雇农、拥有小块土地或完全没有土地的农民，以及人数不多的当地资产阶级（他们大都为日本资本家干事）。居民的经济状况，大体上就是如此。劳动者在政治上同样遭受奴役。首先，他们被剥夺参加国家的政治生活；他们毫无权利，得不到法律的保护。要知道，日本政府在半岛上实行的法律，只保护日本人的利益，因而总是损害朝鲜人的利益。例如，日本人打死朝鲜人，只处以少量罚金，如果朝鲜人犯了这种罪行，则处以死刑。原来的朝鲜学校都被封闭了，而现有的学校一律施行日本化教育。天性爱好和平的朝鲜群众，由于日本帝国主义实行这种政策而陷入绝望的境地，他们10年来对凶恶的外国强盗积聚的仇恨，于1910年几乎在各地都以大规模起义的形式显示出来。为镇压暴动，日本政府把三个陆军师和一个宪兵队开进这个国家。日本军阀的兽行，甚至使冷漠无情的英、美记者也感到愤慨。日本军阀对革命者的刑讯，就其残酷和凶暴的程度来说，大大超过了中世纪宗教裁判所的惨状。1919年在水原，由于一个日本奸细被打死，全村居民被赶进一座庙宇，四面筑起栅栏，把男女老幼统统活活烧死。日本军阀在朝鲜的兽行罄竹难书，1920年11—12月间，他们在朝鲜毁灭了几十（70）个村庄，杀害了成千上万的和平居民，其中包括妇女和儿童。在1919年和1920年这两年的斗争期间，死于日本刽子手手下的就有8万人，被关进监狱的达15万人。

但是，尽管遭受这一切灾祸和苦难，无产阶级群众并没有屈服。俄国革命使他们更增加了斗争的激情。他们懂得，他们没有其他道路可走。他们的口号是：不是胜利，就是死亡！朝鲜工人和农民的全部悲剧就在于：他们得自行决定，或是像日本帝国主义掠夺政策所必然产生的结果那样，完全堕落下去，或是在力量悬殊的斗争中死亡。第三种情况是没有的。

朝鲜劳动群众把自己的全部希望寄托于他们将全力支持的世界革命，因为世界社会革命符合他们的切身利益。现在，当朝鲜革命运动转入新的阶段，即指望世界社会革命的阶段时，产生了一个问题：由谁来领导这个运动？两年来，民族主义者已显现出他们毫无能力领导革命斗争，而且垮台了。因此，答案只有一个：1921年5月在伊尔库茨克成立大会上建立的朝鲜共产党，在共产国际所领导的各国共产党人的支持下，能够领导这个革命斗争。

吉原太郎（日本共产党）：

同志们！我给大家带来了刚刚建立的日本共产党的革命贺词。前几天，我们才从日本收到党的决议、党章和宣言。日本的反动势力十分强大，因而我们西方的革命同志认为我们难以实现这一革命事业。因此，值得我们庆贺的是，激进运动终于在日本迈出了第一步。在彻底推翻资本主义制度和建立无产阶级专政之前，开展这个运动是我们的主要任务。

在欧洲各国参加世界大战和遭受普遍破坏的时期，浑水摸鱼的美国和日本在世界市场上一直为所欲为。在日本占据远东市场的时候，美国实际上几乎已垄断整个欧洲市场。

但是，日本帝国主义者并不满足于此，因为他们多年来一直梦想攫取西伯利亚和中亚的富饶资源，以满足他们对原料的需求而使他们的工业能不断向前发展。

十月革命以后，当同盟国借口要同威胁西伯利亚的"德国人和马扎尔人作斗争"而把捷克斯洛伐克人调往苏维埃俄国的时候，它们又派遣了自己的占领军去"帮助捷克人"搞它们的伟大事业。日本对这场赌博，当然不能袖手旁观，因为富饶的西伯利亚景象，时刻出现在它的眼前。它不仅帮助了同盟国去援助捷克人，而且在派遣军队的数量上以及在横施暴行方面都大大超过了同盟国。

捷克人离去了。同盟国撤离了自己的军队。高尔察克及其政府垮台了。远东工人和农民把谢苗诺夫赶出了他的"王国"——赤塔。可是，日本人仍然留在西伯利亚。日本军队占领着滨海省南部，但它并不满足于占领属于远东劳动群众的土地，而且还搞了各种各样反革命阴谋，以反对远东共和国和苏维埃俄国的工农。例如，不久以前，日本军队就曾帮助凶恶的谢苗诺夫"占领"符拉迪沃斯托克（海参崴），但是，符拉迪沃斯托克和滨海省南部只不过是日本帝国主义进行干涉和反革命活动链条上的一个环节。中东铁路以及所谓划归铁路的地段，即铁路两侧20英里的地带，已被日军占领，用以作为俄国反革命分子的军事基地和满洲反革命分子之间的交通工具。满洲反革命分子从嗜血成性的温根男爵所领导的日本和蒙古反革命分子那里得到直接的援助。

在整个战争期间，日本的劣质商品充斥远东（包括荷属印度）市场。可是一签订和约，日本就做不到这一点了，因为它没有能力和美国的优质产品竞争。最后，在日本发生了经济危机。工厂倒闭，煤矿停工，失业工人增多，银行和大大小小的公司破产，工资也降低了。结果，在劳动群众中开始显露出不满情绪，出现了骚动。

可是，美国资本家并不满足于欧洲市场，认为这个市场对于大、小资本的投资都是不可靠的场所，因为最近那里的革命运动在不断发展。他们看到东方有可供剥削的广阔天地，于是把视线转到了东方。他们不仅极力让自己过剩的商品充斥远东市场，而且还诱使本国的帝国主义分子前来掠夺中国的富饶资源。日本帝国主义者也抱有同样的意图。毫无疑问，这两个强盗之间必然要发生冲突。在这种情况下，中国工人不仅受本国地主、资产阶级和军阀的压迫，而且还处于外国帝国主义分子的铁蹄之下。

朝鲜这个日本的爱尔兰，被钉在十字架上，而且是在朝鲜地主、叛徒和奸细的协助下由日本帝国主义分子钉在十字架上的。看来，朝鲜是世界上最不幸的国家，因为日本当局使朝鲜居民丧失了人类的经济和政治生活的起码权利。朝鲜工人和农民打算取得任何一丁点自由，都会遭受日本刽子手的残酷镇压。虽然如此，在朝鲜还是爆发了反对日本帝国主义的强大运动，开展了争取民族独立的斗争。尽管这个运动具有民族主义性质，但我们大家知道，尤其是共产党员，都应当支持它。因为若是朝鲜能取得民族独立，就可大大削弱日本帝国主义，并可导致整个远东、特别是朝鲜和日本革命运动的发展。

日本具有进行共产主义宣传的良好基础，我们不应忽略这一点。日本工业和大资本在迅速地向前发展。小资本和小资产阶级经营在逐渐消失，因而日本无产阶级的人数也在不断增加。无产阶级按产业原则组织了自己的工会，以便同日益增长的资本家势力进行斗争。这些工会在1918年的"米骚动"之后，开始认清群众行动的力量。虽然在每次罢工时领导者都要坐牢，但罢工运动却更加向前发展。

目前，怠工已成为日本工人的有力斗争武器。5月间大阪电业工人的大罢工，迫使当局释放了自己的领袖。这是日本工人第一次取得这方面的经验。

由此可见，朝鲜和日本的共产党人，应当利用这种形势，坚持不懈地进行宣传鼓动，把两国的广大群众组织起来；他们应当直接和间接地参加罢工运动，以促进运动取得胜利。在罢工运动中，要和日本的革命分子合作。

日本人口的不断增加，使其帝国主义政府千方百计地去占领新的殖民地，这种意图从经济角度来看，乃是不可抗拒的必然性。世界大战对日本帝国主义没有发生影响。目前，它对新的领土要求比战争期间更为迫切。

在16世纪，日本帝国主义就已产生，那时，封建贵族要求把日本的统治扩展到朝鲜和中国。但当时，这两个国家还相当强大，足以抵御一切外来侵略。

最近50年来，日本有步骤、有计划地侵占了整个朝鲜和中国部分地区。1894年、1904年、1914年和1921年日本帝国主义的行径，可说明日本政府所推行的政策的各个阶段。

日本的革命力量比其他任何一个发展迅速的工业国都弱得多，因为日本的资本家阶级吞并和消灭了较小的资本而得到加强。而朝鲜，目前是个被压迫的、软弱无力的国家。

日本外交也和其他国家的外交一样，表现出灵活性和奸诈性。尽管日本同英国保持十分友好的关系，但它却极力在印度掀起反对大英帝国的起义。在中国，它曾帮助孙中山博士推翻帝国王朝，可是当孙中山即将建成共和政体时，它又帮助主张恢复帝制的袁世凯，可见，它经常在这个国家里制造内战和混乱。

中国现在处于无能为力的状态。但是，这个国家的有生力量今后会有力地促进阶级斗争。中国资源丰富，人口众多，如果我们不对它进行革命宣传，那么，日本资产阶级和外国资本家就会利用它去反对世界革命。

由此我们可以看出，日本帝国主义对于世界共产主义革命，乃是一个威胁。因此，我请求共产国际和欧洲各国共产党了解并记住，日本共产党人是在多么艰险的条件下进行着反对本国帝国主义的斗争，同时，我也要呼吁共产国际和欧洲各国共产党给予远东同志们以帮助。

卡拉·加吉耶夫（土耳其斯坦）：

同志们！你们听到了一位发言人在这里谈到日本帝国主义者对待朝鲜人的态度，即朝鲜人民被欺骗、被杀害的情况。另一位发言人控诉了英国帝国主义者对印度的压迫，指出那里的情况更加恶劣。在非洲，那里的统治者是法国和意大利的帝国主义者；在大西洋彼岸，美国人在有步骤地消灭土著人。我不想谈过去，因为所有的工人和被压迫民族对十月革命都已有所认识；我不想谈论十月革命的意义，我只想指出当前的祸根在哪里。如果说，欧洲存在着东方问题，那么，我们亚洲则存在着有重大意义的"英国"问题。英国帝国主义者是挑拨离间的能手，祸根就在这里。如果不解决英国问题，我们也就不能解决东方问题。会上有人说，对这件事应持慎重态度，应当事先有所准备，等等。我只能说，东方人民自有办法，他们使用的是地地道道的苏沃洛夫式的策略。

为了推翻资本主义制度,他们有穿过波斯、阿富汗通向印度的道路,也有穿过中国土耳其斯坦通向印度的道路。如果我们给中国土耳其斯坦人提供条件去建立自己的组织,哪怕开始是秘密的,用苏俄的经费在苏俄领导之下进行,如果我们能在那里建立一些小的支部,那么半年之后,我们就会看到中国土耳其斯坦将有十来万具有革命精神的工人。有了这些人,同志们,我们就能创造奇迹,我们就能迫使"渔夫"(我们这样称呼英国佬)坐上船滚出海去。那时,在欧洲必将爆发革命,因而英国工人即使不能把自己的政府打进地狱,那他们无论如何也要对政府进行清算。英国工人尽可以不害怕印度的革命。既然英国帝国主义政府能和印度当局勾勾搭搭,那么,英国工人为什么不能和印度被压迫人民寻求共同的语言。不仅是英国工人,而且甚至德国、法国、澳大利亚以及其他许多共和国的工人,都能找到这种共同的语言。我发现欧洲代表中间存在着某种分裂,在德国人那里就有两个党。这是不能容许的。我是亚洲人,对政治一窍不通,可是我仍然看得出来,这两个党的存在会使人民走向绝路,因为英、法以及其他各国的资本家,都在极力设法离间这两个党,这将使德国人民遭受长期的压迫,并且对世界革命也将造成危害。

我来谈谈近东问题。近东是通往印度和中国的咽喉要地。在近东,任何革命运动最初必定是纯粹民族主义运动。因此,我认为,不仅俄国人应该支持我们,而且德国人、法国人、英国人以及其他国家的工人也都应当支持我们。在近东居住着最受压迫的工人,加之他们饱受宗教迷信之苦。例如,我被培养做阿訇。我12岁就开始学习《古兰经》,我所以学习它,就是因为不学它不能从神学院毕业。

同志们!我们那里已经建立苏维埃共和国——阿塞拜疆和土耳其斯坦。我现在不说那里的情况很好。但是,那里的情况会逐渐好起来,只要我们更加努力的话。有些同志指责我缺乏党性,说我有时表现得过于激进。但是，这该怎么说呢，我唯一的希望就是巩固苏维埃政权，不仅在土耳其斯坦或阿塞拜疆，而且在全世界都能巩固苏维埃政权。如果我能等到苏维埃政权在全世界胜利的那一天，等到消灭了资本主义制度的那一天，我将是幸福的。

朱利安（法国共产党）：

同志们！我代表法国代表团在原则上赞同罗易同志对匆忙讨论东方问题所提出的抗议。既然执行委员会主张把这个问题列入日程，就可以肯定执行委员会非常重视它，然而这个问题却一直拖到大会快要结束时都还未讨论。而且，昨天第一次召集的专题委员会，主要是研究申请发言的人的相互关系和他们的分工问题。看来，我们参加的是个大会，在会上电影放映机是主角。

在许多同志指出种种事实以后，委员会的报告人需要解决的只有一个问题：怎样才能使所有在自然条件和风俗习惯上不相同的国家、殖民地和民族具有同帝国主义进行斗争的共同意愿。这就是说，必须尽可能迅速地使自己弄清楚：这个帝国主义具有怎样的形态，目前东方问题是否处于战争和俄国革命前夕的那种情势。

既然整个东方民族具有共同的意愿，那么，它们的解放就不是以资本家在各国造成的局势为转移，而只是以它们的阶级觉悟程度为转移了，即要看它们是否已有觉悟或者刚刚开始觉醒；换句话说，这意味着资本主义在东方各国并没有采取它在西方的那种形式，也就是说，它并没有像在西方那样发展生产力，因而没有改变东方各个社会阶级之间的相互关系。资本主义在东方是一个由它不得不重视的一些已存在的组织所掩饰的上层建筑。资本主义保留了当地的统治阶级及其特权，只是把外来的统治附加到已存在的当地的统治上。同志们，在由此产生的各种经济后果所造成的情势下，我们所讨论的问题显然必定要在东方各国都提出来。至少在战前，各地的小手工业者阶级已被消灭了。但是，不同的是，西方各国的小手工业者破产以后，成为无产者，而东方小手工业者破产以后，却变成农民。他们回到土地上，成了农奴，屈从地主的压迫。在东方，由东方资本主义所确定的整个农民生活制度，不同于我们的制度；它的特点是保留大地主所有制，正像我们在印度和波斯所见到的那样。在这种情况下，农户并不像西方那样积极经营土地。东方资本主义制度是以粗放耕作为基础的，不改善当地耕作的生产资料，使它保持在最低的社会水平上。

由此可见，东方的工业、商业和农业的形成，也完全不同于西方。东方资本主义问题，也具有一切东方民族所共有的形式。结果，可以得出一些经济上和政治上的重要结论，即许多阶级的利益都要求实现这种资本主义。还有另外一些阶级，它们彼此之间的利益大不相同，但由于都受帝国主义迫害，所以它们联合起来同帝国主义进行斗争。这一方面使我们的问题简单化了，而另一方面，却又使我们的问题有点变相了。实际上，除了得到资本主义支持的某些东方国家的封建阶级外，即除了这个勾结帝国主义建立经济制度、并同外国剥削者共同得到利益的阶级外，我们还会看到有文化修养的资产阶级，即从该经济制度中得到微小利益的小资产阶级。它由于民族的共同意志、文明要求和世代习俗遭受封建贵族和外国资本主义的践踏而深感痛苦。因此，这个资产阶级是与工厂工人、各种小手工业者以及我们刚才谈过的那些农民有共同利益的。虽然这个纯粹民主主义的资产阶级没有任何共产主义意识，完全不同于工人和农民的阶级意识，但是应当承认和估计到，在目前的情势下，反对帝国主义的斗争必然成为他们的共同斗争。共产党面临的民族问题，就是如此。

由于战争和俄国革命，这个问题被尖锐地提了出来。俄国革命不仅宣布了民族自决权，而且实行了新的组织方式，即建立了苏维埃组织。

这种组织比想象的还要灵活，它不仅适用于高度文明的民族，而且也适用于比较原始的民族。战争改变了世界的整个经济制度。它破坏了西方资本主义和东方各国之间的正常关系。东方各国失去了从西方各国生产中获得必需产品的可能性，从而也就不能促进东方的生产率；这样一来，从战争一开始，东方各国就逐渐产生了靠手艺或小手工业为生的新型手工业者阶级，而且这个阶级日益具有重大的意义。在这些国家，例如在土耳其，保护关税政策法已提交议会付诸表决，这一事实表明，这些国家的工业变革，比乍一看来要深刻得多。

从所有这些相互发生影响的事实和现象中，在各个国家普遍产生了战前所未有过的愤怒、要求独立和觉醒的情绪。战争在经济上把各国人民隔绝开来，使他们面临一些新的组织任务。他们势必要在他们的工业和农业中表现出巨大的主动性，并进而认识自身的力量，认识进步和独立自主的必要性。从他们在推动反对东方帝国主义的斗争的价值来看，这种精神的力量是无法估计的。我们共产党必须确切地认识这种力量，我们无权忽视其中任何一种力量，我们应当为革命的利益而利用一切力量。的确，既然同帝国主义作斗争应成为我们的主要任务，既然不消灭帝国主义就不能指望东方能全部实现我们现在所指出的一切意向，那我们就不应只安于自身的共产主义事业，而不去观察所发生的一切事件，从而使我们毫无作为、软弱无力。的确，必须把共产主义传播到东方去，必须在那里建立共产党，并赞助一切共产主义意向；但同时不要使自己产生错觉，以为在当前的经济形势下，在同帝国主义的斗争中，民族问题必定会提到首位上来，因而共产党人的任务和组织必将受到影响。可见，共产党的活动，如果可能的话，就应当把保卫和鼓励人民的意向作为自己的首要任务。当然，我们无论如何不应以此作为原则，我们要永远明确地着重指出我们的观点，要始终不渝地拥护共产国际第二次代表大会的主张。这也就足以说明，虽然代表团要求修改提纲的原文，但专题委员会还是决定保留去年制定的原则。不过，我们会碰到一些生活要求上的问题，即日常生活需要问题，要想接近东方的人民和无产阶级，只有一条道路，那就是和进行民族主义运动的各阶级决裂；它们总是欺骗我们，隐瞒人民的呼声，它们也欺骗人民，并且不让人民知道我们的主张，甚至在我们认为它们将直接掌握政权的时候，它们还是这样做。不过，要想把受欺骗的人民吸引到我们这边来，我们是有强大的手段的。只要我们向他们证明，民族主义者在和西方资本家及帝国主义者采取一致的行动就行了。因此，我们要在这方面对群众进行教育，准备好在必要时越过这些民族主义运动领袖，甚至违反他们的意志，由共产党来领导开展解放运动。这就是我们所主张的共产党在东方问题上所应持的观点。

我们迄今所听到的一切，都非常有教益。我们面前显现出资本主义在所有东方国家所施行的一系列暴行，我们也听到了对资本主义提出的许许多多严厉的指责。这些暴行和指责也有力地表明，在所有这些国家，无一例外地以各种形式显示出来对自由的渴望，而这种渴望，在全世界范围内，尤其从政治方面着眼，是具有十分重大意义的。我们感到非常遗憾，东方问题这么快就讨论完了。我们认为，东方问题在国际生活中应占十分重要的地位，阻碍它的讨论是没有道理的。代表大会应当比以往更坚决、更明确地表示要继续讨论这个问题，以便负责研究这个问题的执行部能认真对待这个问题，因为执行部一直表现得很玄虚，而我们这些关心东方问题的人，为我们的殖民地着想，对此种情况深感惊奇。我们希望执行部能真正负起责任来，不是独自进行工作，而是随时同西方无产阶级取得密切联系，以便能使工作日益加强，因为我们确信，东方问题将成为世界革命的重大因素。

在今晚的会议上，执行委员会将向大家提出决议案，所以我要请求代表大会能赞同专题委员会报告人的意见，对我们东方同志表示同情，使那些讲述东方各族人民全部苦难的兄弟能指望得到共产国际真正的、刻不容缓的支持。

科利亚尔（法国共产党）：

鉴于朱利安同志在其发言的开头所讲的话，我声明，我们法国代表团的成员不赞成他提出的抗议。他说，在我们这个大会上，电影机是主角。我们对这种言论表示反对。

主席柯拉罗夫：

我代表主席团同意科利亚尔同志的发言，并且也要对朱利安同志的言论表示反对。在这次代表大会上，东方各国的代表都曾有机会向国际无产阶级发出呼吁。

我认为，对代表大会所完成的大量工作提出批评，是毫无根据的。当然，代表大会没有时间更详尽地讨论东方问题，我们也觉得遗憾，但这无关紧要，因为这个问题在共产国际第二次代表大会上已经十分认真地讨论过，并且公布了殖民地问题提纲。这个问题在去年8月举行的东方各族人民代表大会上也讨论过，所以我认为并确信，将来在其他一些代表大会上也还会研究这个问题。目前重要的是，要表现出西方工业无产阶级同殖民地及其他各国被压迫人民的团结一致精神，我们在这里已经做到这一点。

讨论结束。现在休会，晚8时继续开会。

第二十四次会议

(1921年7月12日晚9时)

主席团的声明

主席克南：

现在宣布开会。同志们！在今天的日程上有执行委员会预定要发表的一系列宣言。此外，我们要听取组织委员会关于青年和工会运动问题的报告，大会闭幕时，我们还要选举执行委员会主席。

首先，除了对东方问题进行讨论外，我们还需要以相应的精神拟出宣言草案。主席团提议把这项任务交给执行委员会，并责成执行委员会以代表大会名义发表这个宣言。我认为，对这个问题不会有不同意见吧？

没有不同意见，那么，这项提议就算通过了。

再就是南非代表团的一项建议：委托执行委员会密切注视黑人的处境以及他们开展的无产阶级运动，并要把这个问题作为整个东方问题的主要部分来看待。主席团提议把这个问题也转交执行委员会，以便进一步加以研究。没有不同意见，那么，这项提议就通过了。

接着，我们要解决的是告意大利工人阶级书的问题。它是我们和意大利代表团协商后拟就的，其目的是反对塞拉蒂集团，使意大利工人认清这个集团的全部缺点和错误，并要求他们站到共产主义方面来。我们提议把这个告意大利工人阶级书转交执行委员会去最后定稿，并委托执行委员会以世界代表大会的名义予以发表。

此外，有人向主席团提出共产国际第三次世界代表大会告罗马尼亚工人书草案。它主要是反对该国政府对工人采取恐怖行动。征得草案起草人的同意，我们提议把它转交执行委员会作为制定告罗马尼亚工人书的基础，并委托执行委员会以世界代表大会的名义予以发表。

如果没有不同意见，那么，这项提议就通过了。

再者，在讨论今天第一项日程时，代表大会同意拉狄克同志的这一建议：要像第二次代表大会所做过的那样，就目前形势下的斗争前景问题发表一份告全世界工人书。这个告全世界工人书的草案，还没有拟出。我们提议由执行委员会负责拟定，并由它以代表大会名义予以发表。

最后，有人向我们提议拟定三个决议（或宣言）草案：一个是关于世界各地蹂躏犹太人暴行问题；一个是关于巴勒斯坦的特殊条件问题；一个是关于白俄罗斯情况问题。主席团的意见是，现在不制定这些宣言，而把所有问题转交新的执行委员会，以便它对这些问题采取明确的态度。在我们所收到的提案中，还有一项是波兰共产主义工人党提出的，它也涉及白俄罗斯情况问题。我们请求把这些提案都转交执行委员会。

还有一个通报。资格审查委员会宣布，它审查并承认了希腊的代表资格。根据资格审查委员会的决定，希腊被列入第四类，有10票表决权。资格审查委员会请求大会收到这项通知后，承认希腊的代表资格和它在第四类中的地位。

现在我们开始讨论日程中的下一个问题。

由弗勒利希同志代表青年问题委员会作报告。

弗勒利希关于青年国际问题的通报

同志们！委员会在审查青年国际组织问题以及青年团与共产党的关系问题的提纲时，只在提纲中作了三处修正，而且前两处修正所涉及的，主要是一些修辞问题。在第2节，即提纲最后一章第2页上，论述了各国青年团的进步作用，其中谈到青年团承担了那里所缺少的共产主义革命政党的职能。为了避免有些国家会发生误解，因为那里的青年组织并没有起到这种作用，而且那里存在着革命政党，所以在"这样一来，青年团就承担了"的字句之后，改为"大多数国家所缺少的革命政党的职能"。

其次，在提纲第4节中阐述了进行经济斗争的方法，而青年团也要参加这一斗争。显然，青年团不可能独立进行这种经济斗争。此处增添了这样的话：青年团要同共产党和工会联合起来进行这一斗争。

最后，对第5节也作了补充。这涉及青年团与共产党的相互关系问题，这里预先说明了青年团在政治上要从属于共产党，但在组织上仍然是独立的。可是有些国家的政党已同青年团建立了密切联系，对于这种情况，在这一节里已有所表达。所以我们认为不必改变这种业已形成的关系，并且承认（如果没有意见分歧的话）青年团与共产党所存在的密切关系。因此，我提议在第4页的第5节末尾加上这一段话："鉴于强有力的集中和高度的统一是顺利进行革命斗争的必要条件，所以我们认为，在有些国家由于历史发展而存在青年极其依赖党的情况，一般说来，这种情况应予保持。如果这两个组织之间有了意见分歧，则由共产国际执委会会同青年共产国际执委会加以解决。"①

这就是我们提出的全部修正意见。（掌声）

表决并通过关于青年国际问题的提纲

主席克南：

看来，这个报告不需要讨论了。现在我们进行表决。凡是同意委员会关于青年国际与共产国际及参加共产国际各党的相互关系的提纲所作的修正的人，请举起自己的代表证。有反对的吗？没有。那么，这个提案通过了。

克南关于组织委员会的通报

同志们！组织委员会分成两个小组委员会开过两次长时间的会议。会上通过了整个组织委员会所一致赞同的一系列小的改动。后来又作了许多删节，组织委员会对删节也毫无异议地同意了。最后，修正案制定出来，我现在要加以说明。

首先是对民主集中制那一章所作的重大修改和补充。这份用不同语言铅印的修正案已分发给大家，所以无需再宣读了。修正案已一致通过。在这份修正案中，民主集中制思想表达得比较清楚、易懂。

接着所作的重要补充，涉及对少数民族进行宣传鼓动的问题。我们曾提议尽可能用少数民族的语言进行宣传鼓动。

---

① 见本卷收录的《共产国际和共产主义青年运动》的第5条，定稿文本对此作了一些文字上的加工。——编者注

关于工会和劳资合同问题的措词，表达得十分明确，以免对这个问题会产生原则性的争论。

关于在陆海军中进行宣传鼓动一节，作了文字上的加工，并增加了个别段落，指出应特别注意在那些迄今仍有常备军的国家里进行宣传鼓动，而且不要忽略士兵的未来是与被剥削阶级的命运紧密相连的。最后，通过了关于接近军官队和学员队的方法的提案。

我在组织政治斗争问题的报告中所作的补充提案，差不多全包含在我的专题报告中了，其主要各点已被通过。其实，这些思想在关于策略的提纲中已经阐明，现在只不过是稍作修改罢了。其次，关于报刊参与政治运动问题也作了修正。这个修正主要涉及编辑人员尽可能多参加党的活动和统一党报的革命工作方法问题。此外，还对报纸、小册子以及这一类学术性和宣传性的党出版物提出一些建议。应该把所有这些工作领域加以集中领导，使之适应党的实际斗争。关于社会民主党与独立社会党的报刊问题，以及如何同它们作斗争问题，也作了修正。专题委员会对这个修正一致表示同意。

在关于党的组织结构一章中，有关中央机关的组成及其性质问题，产生了意见分歧，即中央机关是否只应对党的代表大会负责，或者说，也应对国际的执行委员会负责。这后一点，得到专题委员会的一致通过。关于选举全部领导机关以及选举不十分重要的机关的提案，在代表大会上已被否决，决定由各国党自行解决这一问题：选举不十分重要的机关，是否需要在党的代表大会上直接进行，或者利用所选出的中央机关来进行，或者通过最高的中央委员会来进行。这一变动已一致通过。

在另外几处也作了补充，例如：为了对妇女和农民进行宣传鼓动，必须建立特别工作组，在某种情况下，还必须建立专门机构。有关"红色援助"问题，也作出了决定。预计在出现白色恐怖时，有些党内要建立专门援助队。

关于党的各种机关的相互关系问题，在提纲中我们没有作出议员要服从党中央这一明确的规定。我们纠正了这个疏忽现象。根据提出的议案，补充了一点：建议党设立一些专门委员会来监督会计和出纳业务，并向扩大的中央委员会提供自己工作的系统材料。

专题委员会的一些委员希望在提纲中规定自由议论的范围。委员会针对他们的愿望，提出一个普遍都要遵行的准则，现在我来宣读一下：

"为了通过党组织坚决实现党的全部决议，最好尽可能吸收广大党员群众参加讨论和解决每个问题。党的组织和党的机构应规定，个别同志是否可以公开议论报纸和小册子中的某些问题，如果可以，那么，要采取什么形式和多大的范围？"①

对这个提案，大家都表示同意，而且对词句作了一些修改，其中指出：一个共产党员如果对党放肆，并公开攻击党，那他就不是一个好党员。

关于合法工作和非法工作一章，现在的标题是：《关于合法工作与非法工作的结合》。这显然表明合法工作与非法工作之间不存在矛盾，反而可相互配合。这一章中的某些条款写得比较慎重，有些条款删节了，以免有太多的材料落入资产阶级政府手中。我们还认为有必要加上这样一条：在吸收新党员时要持谨慎态度。要预先提防不可靠的人被列为党员发展对象。要使某些同志有权根据当地具体条件执行这一指示。为了防止间谍和奸细钻进非法的秘密组织，我们建议让那些愿意搞地下工作的同志先在合法工作中接受特殊考验。最后，还有一个意见。在"革命前夕"的提法会引起误解，因为这种提法会到处被理解为在"公开革命起义的前夕"。

---

① 见本卷收录的《共产党的组织建设及其工作方法和工作内容（提纲）》第50条，定稿文本在文字上有所改动。——编者注

一些重大的修改就是如此，我们建议把它们列入党的组织问题提纲草案。它的标题是：《关于共产党组织建设及其工作方法和工作内容的提纲》。

我现在来谈谈关于共产国际组织建设的决议案那一部分。① 对决议案作了一些修改。对引言作了一些无关紧要的删节。我们认为，我们删去的部分是原先作出的决议中已经阐明了的。在第1段第1项中，也删掉了共产国际各支部应保持彼此间的密切联系这一句，指出各支部应当做些什么。对最后的一段作了重大的修改。现在这一段是这样写的：

"5. 为了开展这一大大扩展了的活动，执行委员会必须大为增加自己的成员。在代表大会上有40票表决权的那些支部以及青年共产国际执行委员会，各自在执行委员会中有2票表决权。在代表大会上有20—30票表决权的支部，则在执行委员会中各有1票表决权。和从前一样，俄国共产党在执行委员会中有5票表决权。其他支部的代表只有发言权。执行委员会主席由代表大会选出，大会责成执行委员会任命3名书记，这3名书记要尽可能由不同支部中选出。此外，各支部派到执行委员会的代表，也有义务参加处理其本国事务工作部的日常工作，或者以报告人的资格承担某一特殊方面的工作。小执行局的成员，由执行委员会另行选出。"

在这一项上发生了意见分歧。关于哪些支部将享有2票表决权的问题进行了表决，最后，我们在这里宣读的提案得到了大多数的通过。

执行委员会小执行局成员是否应由执行委员会委员中选出，或者说，执行委员会是否有权吸收那些因意外情况而未成为执委会成员的同志参加工作，对于这个问题，大家交换了意见。最后决定，由执行委员

---

① 见本次代表大会第二十二次会议的《克南作关于共产党和共产国际的组织建设问题的报告》结尾部分。——编者注

会自行确定这方面的提法。

最后，国际问题委员会也提出了许多意见，这些意见将交给新的执行委员会去审议。有人提议成立一个监察委员会，以考察执行委员会的工作，特别是国外的工作，并考察执行委员会同各个党的交往和各支部的工作。当时，我们没有来得及提出这方面的议案。但委员会认为这个问题十分重要，因而不希望把它拖延到下届代表大会，认为必须立即设法加以解决。委员会一致认为首先要成立一个临时监察委员会，然后再由新执行委员会与各大代表团的监察机构进行协商。如果执行委员会和这些机构达成了协议，那这个临时监察委员会就可以在今年内进行工作。应当使党的监察机构和国际的监察机构在工作上暂时有所分工。委员会认为可立即决定，一般来说，临时监察委员会的权力不应超过各国党的监察委员会，它无权解决一般政治问题。我们向代表大会提出的提案就是如此。我们请求尽可能不再继续讨论而通过这些提案。（热烈的掌声）

有人提议扩大执行委员会，给它增添一名成员，即给迄今只有发言权的印度共产主义运动代表以表决权。主席团对这项建议没有异议。我们认为，可以同意这个提案。

此外，还有一个补充提案：只可从执行委员会委员中选派小执行局的成员。谁想就这个问题发言？

讨论并表决通过关于组织问题的提纲

苏瓦林：

关于这个问题，最好在这里的全体会议上由各个代表团来表决。

拉狄克：

同志们！我代表俄国代表团，根据如下原因反对这项提案。所有的政治性决定都要由执行委员会作出。小执行局首先要根据这些决定进行秘密工作。在不同的情况下，我们可以吸收那些没有被选入或不能被选入（大都由于意外的原因）执行委员会的同志参加这项工作。

正因为如此，在我们需要向国外派代表时，我们就不能局限于选派执行委员会的委员。我们应当为此目的选派置身于执行委员会之外的负责同志。我们始终是这样做的。正因为如此，执行委员会就必须有可能把那些不是执行委员会委员的同志吸收到小执行局中来。反对这样做纯粹是从形式上来考虑问题，而我们运动的经验却说明应该这样做。秘密工作需要极大的灵活性。值得注意的是，这个提案是由一些无须进行大规模秘密工作的组织的代表提出的。（抗议声）我提议否决这个提案，因为我不认为它具有原则意义。

主席克南：

关于这个问题，还有谁要发表意见？

科里乔纳：

我们要求表决苏瓦林同志的提案。不能让那些不是执行委员会委员的同志进入共产国际的小执行局。小执行局是执行委员会的一个分部，它也应当类似执行委员会那样组织起来，它应当从执行委员会中有机地发展起来。总之，我们一向主张有机地发展。我要指出，确立组织上的明确性极为重要，而只有这样做，才能达到这个要求。同时，我们要指出，这个提案是由那些曾多次不得不进行秘密工作的代表团签署的。

瓦列茨基：

同志们！我不得不出来反对某些代表同志所提出的修正案，其原因是：我们的执行委员会无论是从成员人数上来看，还是从其他方面来看，一直没有力量向小执行局选派人员。在这次代表大会上，我们决定加强执行委员会，并向各国党发出呼吁，要它们把自己优秀的工作人员派到莫斯科来。但我们还是不能预见各国党对我们的号召能响应到怎样的程度，以及将来是否仍然需要在执行委员会之外寻求能履行小执行局全部职能的工作人员。在这方面，不能用硬性规定的办法来约束执行委员会。选派工作人员乃是执行委员会的职责。从形式上看，这个方法是完全可以接受的。或许，有些党会把不是党中央机关成员的同志派到执行委员会去。显然，一般说来，执行委员会将把自己的成员选派到小执行局去，但是不应预先禁止它在特殊情况下选用不是执行委员会委员的同志。

瓦扬-库蒂里耶：

法国代表团维护提出的修正案。坚决反对修正案的拉狄克同志刚才说，这个问题没有原则意义。然而，值得指出的是，由于小执行局有特殊作用并经常开会，所以应该由负责人员组成。我们认为，拉狄克同志对于小执行局的特殊任务以及必须让那些在秘密工作中经受过考验的人参加小执行局提出异议，这并不能作为否决修正案的理由。我们认为，组成小执行局的执行委员会委员，在必要时可以为自己建立处理某种局部情况的辅助事务机构。再者，瓦列茨基同志曾指出，在扩大执行委员会的30名成员中，寻求小执行局所需要的7个人是很困难的。这样说也就贬低了我们同志进行秘密活动的能力了。据此，法国代表团要求表决所提出的修正案，认为这个修正案可以大为简化第三国际的任务。代表团认为，通过这个修正案可以更方便、更有效地开展工作，因而代表团确认，这绝不是一种不信任的表现，因为这纯粹是工作方法问题，而工作方法乃是共产国际认真履行自己的责任和贯彻执行自己的革命职责所必需的。

主席克南：
不再继续进行讨论了，我们现在该对提案进行表决。

拉狄克：
如果说，提案是由澳大利亚、奥地利这样一些国家的代表团签署的，那么，必须询问一下，其他代表团是否支持这个提案，因为这个问题不能以举起代表证书来解决。

主席克南：
我们是要按代表团来进行表决的。凡是主张小执行局成员应当是执行委员会委员的代表团，就投赞成票；凡是要采纳我们委员会原先的提案的代表团，就投反对票，因而也就否决了补充提案。

波加尼：
问题这样提法是没有意义的。采纳委员会提案的代表团应投赞成票。

主席克南：
为使问题简单化，我们这样提出问题：是赞成苏瓦林的修正案，还是赞成委员会的提案？这就不会造成什么混乱了。

苏瓦林：

这样提出问题，我们是不能接受的。要知道，我们并没有涉及委员会的提案。应当表决的是：赞成还是反对修正案。

瓦扬-库蒂里耶：

我请求宣布一下签署这个修正案的所有国家。

拉狄克：

苏瓦林同志在和我们玩捉迷藏。实际上，这个提案在委员会里已两次被否决了。这就意味着，它是对委员会提案提出的反提案。委员会的提案保留着执行委员会吸收的那些非委员会委员的同志参加工作的权利。法国同志们反对这项权利，可见他们的修正案是一个反提案。因此，必须表决：是赞成委员会的提案，还是赞成苏瓦林的修正案。

主席克南：

主席团宣布不再继续发言，现在我们来进行表决。我们这样来进行表决：凡是赞成委员会提案的，要说他赞成委员会的提案；凡是赞成修正案的，要说他赞成苏瓦林同志的反提案。现在我接受这里有人想知道签署提案的代表团名单的要求。它们是：法国、西班牙、瑞士、南斯拉夫、奥地利和澳大利亚等国代表团。

我们来进行表决。我要分别问各代表团赞成哪个提案。现在开始，表决的结果是：俄国代表团赞成委员会的提案。德国代表团赞成委员会的提案。法国代表团反对委员会的提案。意大利代表团赞成委员会的提案。捷克斯洛伐克：30票赞成苏瓦林的修正案、10票赞成委员会的提案。青年组织反对委员会的提案。波兰代表团赞成委员会的提案。乌克兰代表团赞成委员会的提案。保加利亚代表团赞成修正案。南斯拉夫代表团赞成修正案。挪威代表团赞成委员会的提案。英国代表团赞成委员会的提案。美国代表团赞成委员会的提案。西班牙代表团赞成修正案。芬兰代表团赞成委员会的提案。荷兰代表团赞成委员会的提案。比利时代表团赞成修正案。罗马尼亚代表团：5票赞成委员会的提案、15票赞成修正案。立陶宛代表团赞成委员会的提案。瑞士代表团赞成修正案。匈牙利代表团：10票赞成委员会的提案、10票赞成修正案。瑞典代表团已经走了。奥地利代表团赞成修正案。阿塞拜疆代表团赞成委员会的提案。格鲁吉亚代表团赞成委员会的提案。卢森堡代表团赞成修正案。阿尔萨斯代表团缺席。土耳其代表团无人。爱尔兰代表团缺席。丹麦代表团赞成委员会的提案。希腊代表团赞成修正案。南非代表团赞成委员会的提案。冰岛代表团赞成委员会的提案。朝鲜代表团缺席。墨西哥代表团缺席。亚美尼亚代表团赞成委员会的提案。阿根廷代表团赞成委员会的提案。澳大利亚代表团赞成委员会的提案。新西兰代表团缺席。荷属印度代表团缺席。

主席克南：

表决结束了。由于代表大会选出的秘书没有履行自己的职责，在票数上没能计出确切的结果；尽管如此，我还是可以断言，大多数票是赞成委员会提案的。（表示赞同）一般估计，赞成者约占150票。

现在由季诺维也夫同志讲话。

季诺维也夫（俄国共产党）：

同志们！这是本次代表大会上唯一一次采取的按名表决方式。然而，实际上，这是一个小问题。因此，我认为，我们应当设法寻求一种能有利于我们大家团结的措词。我提议，尽管委员会的提案占了上风，但还得对那些提出修正案的同志作一些让步，即这样规定：虽然一般说来，只有执行委员会委员可以成为小执行局的成员，但作为例外情况，也可以允许其他同志参加小执行局的工作。在目前，这只是一个特殊的情况。不言而喻，一般来说，只有执行委员会委员才能成为小执行局的成员。不过，不要束缚住执行委员会的委员们，只有这样才会对工作有利。很显然，这不是对提出提案的同志们的不信任问题，而纯粹是工作方法问题。我们都看到了执行委员会近两年的工作报告，所以请大家相信，允许有这种例外情况是比较有利的，可是一般说来，还是应该按照法国代表团的同志们所要求的那样做。我想，这样作出决定，同志们会同意我们的意见，我们也就做到了团结大多数。

主席克南：

那么，现在的措词是：小执行局的成员由执行委员会专门选出；通常，他们应选自执行委员会委员；作为例外情况，非执行委员会委员的同志也可被吸收参加小执行局的工作。这是季诺维也夫同志的建议。

对这样提法没有不同的意见。因此，我们宣布过去的表决无效，现在再次进行表决。我向大家提议，凡是同意这种变动说法的，请举起绿卡片①。（随后进行表决）除1票反对外一致通过。

在这次表决之后，我认为，组织委员会关于工作方法的全部草案，以及关于国际组织的决议案已经通过了。我提议，凡是同意这个提纲②的人，请把代表证举起来。（随后进行表决）一致通过。

现在我们转入下一项议程：工会运动委员会作报告。由黑克尔特同志发言。

---

① 即代表证。——译者注
② 即《共产党的组织建设及其工作方法和工作内容（提纲）》。——译者注

黑克尔特关于工会运动委员会的通报

同志们！在代表大会即将结束之际，关于工会问题的提纲我还要讲几句话。我想尽可能快些完成自己的任务，以便使同志们摆脱那种不愉快的僵局。其实，打印出来的提纲并没有什么重大的变动，可是大家却提出了许多类似的修正案。后来才弄清楚，许多确切地说是大多数的修正案是因为提交给代表们的提纲的英译文和法译文的质量太差。我们纠正了不确切的译文以后，查明大多数修正案是完全没有必要的。

其实，工会运动委员会只作出两项重要的修正，更确切地说，只有一项，那就是工会必须对那些为保卫资本家免受工人阶级齐心协力冲击而建立的国家机关进行斗争。例如，为了维护一些最重要的企业，许多国家的一些工厂或工业部门实行了军事化；在另外一些国家，资本主义政府制定了法律，根据这种法律，工会有责任在罢工之前召开仲裁法庭，或成立调停委员会，将问题提交给它们裁决。委员会认为，这两种情况都是为了削弱和破坏工人阶级战斗力的手段。再者，还有一个改动之处，这就是反对一些国家所实行的强制税。资本家成为收税人。在有些国家坚持实行10%以上的日工资税。委员会认为，这种强制税使工人降低了工资，减少了收入，它是免除资本家的战争重担，将其转嫁给工人的一种手段。

因此，委员会认为，工会必须反对企业军事化，反对强制实行调停，反对强制税，要采取工会的一切手段来进行斗争。

很遗憾，我们没能把提纲的法文本、英文本和俄文本审阅一遍。我们只好以后再做了。我可以通知大家，不管用什么文字刊印出来的提纲，都会得到绝大多数通过，甚至得到全体一致通过，很少会出现意见分歧的情况。

根据委员会大多数人的意见，在关于行动纲领那一段的第 8 项里，删去了这样词句：战争导致了工人阶级力量的削弱，这应由缩短工时和提高工资来补偿，以便工人能够恢复其被削弱的力量。委员会大多数人认为不能显示出这种思想，因为在资本主义社会里，要求以缩短工时和提高工资待遇来作为对工人的补偿，是彻头彻尾的空想。但是，委员会中少数人坚持这种思想，并以这种想法为出发点，认为它符合实际，不能把它说成是空想。只要对这种思想提出异议，说它在资本主义制度下不能实现，他们就提出这种看法：如此说来，行动纲领的其他所有提案也都要看成是空想的了。因此，委员会中少数人一直坚持保留这个词句。

出席本次代表大会的共产主义工人党，在委员会工作开始时，就提出把它的纲领和提纲作为讨论的基础。但是，除了这个党的代表外，委员会认为，这个党的思想不符合代表大会绝大多数人的观点，因此，不能把它的修正案或提纲列为决议案的基础。

这就是我关于提纲所要说的话。此外，关于这个问题，我还要说几句话。在有关工会问题的讨论中，首先是关于共产国际与红色工会国际的关系问题，其次是关于行动纲领的问题，代表大会上所有的发言人，除世界产业工人联合会和共产主义工人党外，都声称作为提纲基础的原则也是他们自己的原则。因而代表大会通过发言人表明了这一思想：代表大会所希望的不同于共产主义工人党所主张的，不是破坏工会，而是争取工会，这在提纲中阐述得十分清楚。

后来，代表大会通过发言人一致表示要同红色工会国际建立密切联系的坚定信念，并宣布要对工会组织的中立性和独立性思想进行坚决的斗争。看来，在这方面，反对我们意见的阵线，比在其他问题（关于破坏工会问题）上更为重要。其实，我们看到，只有一部分法国工团主义者和世界产业工人联合会的一个发言人不愿同共产国际建立密切联系。

我坚信（整个委员会都同意我的意见），在主张必须争取工会的同时，代表大会也将摒弃关于破坏工会的思想以及关于工会中立性的思想，也将赞成和红色工会国际建立密切的联系。

我还必须阐明那些在同我们一起开会时表示反对我们的同志的想法。德国共产党向代表大会声明，在工会问题上，必须十分重视它的观点，这样，它才能向我们阐述它在斗争方法和整个革命运动方面所持的基本观点。根据德国共产党代表的论断，我们实难理解这个党到底想干什么。但是，我们所掌握的它的一些文件使我们深信，它所持的完全不是共产主义观点，因而它站到了反对我们的十分模糊的立场上。在这里，在代表大会上，德国共产党的代表说，共产党人想在工会中建立支部，是为了要控制工会。在这里，除德国共产党的代表外，所有发言的人都说建立支部是个正确的方法，而德国共产党却通过自己代表的发言和在自己的小册子里宣称，这个方法会破坏工会。这个党说，我们的共产党人看不出这个方法会实现我们的思想。他们还对建立共产主义支部问题提出一个内容广泛的提纲。除了这个提纲外，他们还有一个所谓学术刊物——《无产者》，其中反映出全德工人联合会对红色工会国际和第三国际所持的立场，即德国共产党应在这些组织中建立支部，其目的是反对共产国际和红色工会国际（因为它们不适应该党的思想方法），同时也是为了改造这些组织。这就是说，德国共产党反对共产党人在工会中建立支部，但却主张在红色工会国际和共产国际内部建立自己的支部。德国共产党在其小册子里，这样解释共产党人为什么要在工会中建立支部："莫斯科的代表们想分裂工会。当莫斯科狂妄的官僚们大肆叫嚣必须争取工会的时候，这只是表明他们想占据优越的地位。当这些狂妄的官僚反对工会策略的时候，这不过是进行欺诈的骗子手们的狂吠罢了。"因而德国共产党把我们建立支部的策略说成只不过是要在组织中大喊大叫一番。真让我们感谢他们，竟说我们在工人运动内部的工作是要叫嚣一番。他们不仅拒绝同我们走一条路，而且还表明他们坚决反对我们的整个政策；但是，这却不应妨碍共产国际和红色工会国际承认德国共产党和全德工人联合会。

可见，他们要同我们进行斗争，他们反对我们的意向，然而，他们却认为我们必须承认他们的组织是共产主义组织，并赞成他们的策略。同志们，我们从德国共产党的一个通告中所说的一段话里，可以更清楚地理解他们对代表大会将要通过的我们的一般策略所采取的声名狼藉的反对立场。这段话是："我们的宣传完全破产了，报纸的发行工作很困难。除了我们的订户外，只有个别一些同志阅读和传播我们的报纸。在所有组织中，情况都是这样。其他人都在公开地追求收入优厚的职位。"

由此可见，连德国共产党本身都承认它的组织正处于全部瓦解的状态，而且承认它的积极党员的人数微乎其微，那又何必还要对德国共产党及其美妙的思想提出批评意见？要知道，德国共产党对自己的批评，要比代表大会所能做到的尖锐得多。

我们还应当谈谈向我们表过态的那个小组织的问题，即世界产业工人联合会的问题。在这里，它的发言人热情地谈论了自己的组织。我们的理解是，这些同志深信他们处于正确的道路上。当然，我们不能否定他们对赛米尔·龚帕斯这个凶恶的敌人已经斗争了15年。可是一些美国同志却建议大会向世界产业工人联合会提出解散其组织的要求。我们认为不应这样做，不能要求这些战士加入赛米尔·龚帕斯的组织。这简直是异想天开。

但是，我们对世界产业工人联合会细心研究以后，并根据它自己的工作报告可以看出，它的13个不同的组织中只有15674名会员，所以我们不得不说，这些同志不惜自己的生命和自由而走上的那条道路，是徒劳无益的。这条道路只能使他们脱离广大工人阶级群众；这条道路必将使美国工人组织中的绝大多数群众站到赛米尔·龚帕斯方面去。所以，应该对这些同志说：要重新审定你们的立场，要同从事革命斗争的同志们合作。或许，你们联合起来的力量能消除那些怀有无政府主义情绪的工人的反动世界观。那时，你们所取得的成就将比你们不断号召"退出工会"要大得多，而这种号召只会使革命战士脱离群众。所以我们认为，美国的15年经验表明，"退出工会"的口号同样不适用于德国的工人运动，而德国共产党却在工人运动中提出这个口号。因此，同志们，我们不管怎样艰难也要在阿姆斯特丹人的队伍中坚持自己的主张，我们不管怎样艰难，也要把无产阶级的群众性组织吸引到自己方面来，以便把它们锻造成为革命工具。我们大家都必须从事这方面的工作。

建立支部以来一年活动的简短历史表明，我们到处都取得了成就，而那些相反的口号，只能由于革命的工人运动而遭到破产。因此，我们请求通过这个修改之处不多的提纲，并极力使提纲的基本思想体现在一切有组织的工人反对资产阶级及其仆从的斗争中。

表决并通过关于工会问题的提纲

主席克南：

我们同时听取了委员会关于工会问题的报告，对提纲提出的修正案，以及报告人的结束语，因而我们可以进行表决了。

扎克斯：

请允许我关于日程说几句话。大家从黑克尔特同志的报告中可以看出，德国共产主义工人党向工会问题委员会提出了一个关于工会问题及其他有关问题的详细提纲。接着大家听到，专题委员会拒绝了对这个提纲的审议。因此，我提议给我们的赫姆佩尔同志一点时间来论述我们所提出的提纲；此外，我们还建议表决我们提交委员会的提纲。

主席克南：

同志们！我必须指出，我们已经不止一次地给德国共产党发言人以相当多的时间来论述他们的提纲，而且在讨论的过程中，他们在全体会议上以及在专题委员会中已多次为维护自己的立场发了言。因此，主席团一致认为，不能再恢复已结束的讨论。（热烈的掌声表示赞成）有反对的意见吗？没有。那么，讨论结束。现在，我们对整个提纲以及黑克尔特同志的修正案一道进行表决。谁赞成提纲及有关工会问题的修正案，请举起自己的代表证。（代表们举起代表证）有反对的吗？没有。有弃权的吗？（喊声："我！"）那么，我认定，提纲和修正案除1票弃权外一致通过。（热烈的掌声表示赞成）

选举共产国际执行委员会主席

现在我们进行下一项日程：选举执行委员会主席。

贝洛尼：

我受意大利、德国、保加利亚、波兰和匈牙利等国代表团的委托，提议选举我们的季诺维也夫同志为执行委员会主席。（热烈的掌声表示赞成）

主席克南：

我们开始表决。凡同意贝洛尼同志提案的人，请举起自己的代表证。（进行了表决）有反对的吗？没有。那么，我确认，现任执行委员会主席季诺维也夫同志再次当选。（暴风雨般的、经久不息的掌声）

主席团收到一项提案,要求由各党选派代表组成制定国际语问题委员会。代表大会是否可将这个提案交给执行委员会审议?(表示同意)

同志们!我们面前放着整整一包给代表大会的贺电。迄今收到的贺电共381份。我想,向大会宣读所有这些贺词太费时间。我要告诉大家,很显然,大部分电报是我们俄国兄弟打来的,而且相当大一部分是红军各部队打来的。(暴风雨般的掌声、经久不息的欢呼声:"红军万岁!")此外,俄国各城乡的党组织,也打来了许多电报。(热烈的掌声)

同志们!代表大会无法分别向每个来电祝贺者表示谢意。我认为,大会可一致通过这个提案:委托共产国际书记处向所有致贺电的人转达代表大会的衷心谢意。(热烈的赞同声)

主席团宣布,新执行委员会将于明天中午1时在这里,在克里姆林宫成立。请所有代表团派代表参加新执行委员会明天举行的会议。

同志们!请允许我再说几句话,以表示对这次大会的组织者的真诚谢意。我认为,我可以表达共产国际第三次世界代表大会全体与会者的意见,向我们的俄国同志、向俄共党员、向俄共中央、向执行委员会委员们致以衷心的感谢,因为他们使我们有机会再次聚集在一起,使我们的工作能在这里、在世界革命的首都莫斯科,获得圆满的成功。(热烈的掌声表示赞成)同志们!我们大家都深深地体会到最近几个星期里俄国人民、俄国共产党对各国共产党人表现的真挚感情。(热烈的掌声表示赞成)尽管俄国人民和俄国共产党现在的处境非常困难,但他们还是极其热情地接待了我们。他们安排我们住在以往沙皇权臣们的宅邸里。我们在这些金碧辉煌的宫殿里商讨问题,我们自豪地看到这个党迅速发展到能征服沙皇制度的堡垒,从而使世界无产阶级的代表在皇宫里商谈自己的事情。(热烈的赞同声)

同志们!我们要感谢俄国同志的,不只是对代表大会外表上的环境安排,还有更重要的方面。简单地说:他们不仅在革命理论上,而且在革命实践上，使我们学到了他们的经验。无论是在这里聚会，或者是到莫斯科去同我们的俄国兄弟商谈问题，都表明我们承认自己是这些伟大革命战士的学生。我们知道，我们不仅在理论上，而且在实践上能向我们的优秀的俄国兄弟们学到许多东西。不仅俄国共产党，而且俄国全体人民都为革命战斗作出了牺牲，他们牺牲的不是几万人，而是几十万人的生命，只有这几十万人的牺牲，才使共产主义思想得以明确形成，并使之永世长存。这种思想使我们深受感动。（热烈的赞同声）只有这种巨大的牺牲，才使我们能够创建共产国际。我们的俄国兄弟们现在也表现出他们要像以往漫长的革命岁月中一样，决心作出牺牲。遭受无数苦难和贫困的人民，不会动摇，不会后退，他们要坚决维护苏维埃共和国，牢牢地保卫住革命的成果，紧紧地跟随共产党走。

苏维埃俄国万岁！俄国共产党万岁！俄共领袖们万岁！第三国际万岁！（经久不息的掌声和欢呼声）

季诺维也夫致闭幕词

同志们！首先，我要衷心感谢大家一致推选我为执行委员会主席。我理应着重指出，这不是对我个人的信任，而是对我们当中很多人所在的那个进行了几十年光荣斗争的党的信任。我认为，我们的党明年必将竭尽全力开展工作，以不辜负今天共产国际对它所表示的高度信任。

同志们！共产国际第三次代表大会即将结束。当我们在1917年底向各国共产党人发出第一个宣言，号召他们建立共产国际的时候，全世界都嘲笑我们是一小撮幻想家。他们说，即使我们能建立起这种国际，那它也只是昙花一现，不会成为一个牢固的组织。结果如何呢？同志们！我们召开了第一次代表大会，的确，在那次代表大会上只聚集了少数有觉悟的革命者，而后来在第二次代表大会上，在这里，在共产国际旗帜下联合起来的，已经不是只有一个大党了；现在我们又经历了第三次代表大会，它向我们表明，虽然我们还有许多缺点，遭到过多次失败，但我们的国际联合最近一年来却有了很大的发展。目前，我们是个巨大的组织，是个世界性的无产阶级强大组织，至少在欧洲是如此；我们希望最近在美洲也将出现这样的组织。同志们！在这次代表大会上，我们对一些尖锐的问题难以作出决定；我们在这里不得不为真理，为正确的观点进行斗争。我认为，所以会产生这种情况，是因为我们这次代表大会是在显然出现的过渡时期召开的，很遗憾，在这个时期，革命不能像任何一个真正革命者所希望和所应希望的那样迅速开展起来。欧洲各国的情势以及我们一些兄弟党的情况，是各不相同的、参差不齐的。

在执行委员会里以及在各个党内，我们大家都觉得，在目前，在这一过渡时期，大家应当聚集起来，兄弟般地讨论局势，分析一切困难，改正犯过的错误，并定出未来要遵行的明确的行为路线。在这次代表大会期间，在解决一些重大问题时，也出现了一些困难。尽管如此，我们还是一致通过了所有重要的决议。同志们！我认为我们有权说，我们的一致决不是第二国际中所盛行的那种一致。这不是表面上的一致。既然在代表大会期间我们之间出现了严重的分歧，那我们显然决不会掩盖分歧，而要为明确方向而进行公开的斗争，也许，这在表决的结果上会表现出来。我们的一致也不是那种通过卑鄙妥协达成的一致；这是一个国际战斗组织的一致。它认识到，自己是被一大帮敌人包围的组织，必须团结一致地进行斗争，决不允许由于小小的分歧而使队伍出现分裂的阴影。我们的一致是充分理解世界阶级斗争意义的全世界革命无产阶级的真正一致。

我们在决议中所反映的，确实是无产阶级全体代表的共同意见，因为他们是按照共产主义思想去思考和领会问题，而且决心为共产主义而斗争。

我们讨论了三个重大问题：即策略、工会和组织问题。在关于策略的决议中，我们不怕说出自己的错误，即公开说出社会民主党几十年来所干的事情，它看不到敌人喜形于色、幸灾乐祸的样子。我们不得不阐明一些理论观点。我们提出反对进攻理论，但同志们，这不是因为我们不愿发动真正的进攻，而是为了更好地进行进攻做准备。在第三次代表大会上，我们批评了进攻理论。在第三次和第四次代表大会之间的一年期间，我们要准备真正的进攻，而且在一些国家，革命无产阶级将对我们的敌人——资产阶级发动一场实际的攻势。（热烈赞成）

同志们！我们关于策略问题的决议的主要思想是，我们要所有的兄弟党，特别是欧洲的兄弟党注意，它们所面对的敌人不同于俄国党在十月革命时期的敌人，在欧洲和美洲，它们面对的资产阶级比我们俄国当年的资产阶级要聪明、狡猾得多，他们已武装到牙齿，而且拥有优秀的战略家；这个敌人从俄国革命中吸取了某种教训，目前他们已把自己的子弟武装起来，并利用一切手段来解除无产阶级的武装。因此，我们欧洲的兄弟党就必然要经历更为艰苦的战斗。从这个非常重要的事实中，我们可得出一个很简单的结论：西方无产阶级要比当年俄国无产阶级更加认真、更加细心地做好战斗准备。这个基本思想是很简单明确的，而且对每个工人共产党员，都是非常重要的。因此，我们现在应在全世界和所有的党内向每个普通工人传播这个思想，而且我们要由此作出必要的实际结论。

同志们！我认为有两种情况决定着我们第三次代表大会的性质：一是我们作出的策略上的决议，它公开地批评了一些错误，号召更加认真地准备斗争，并要求所有的党非常慎重地做好一切战斗准备工作；二是代表大会一致同意给意大利社会党的答复。最初，在执行委员会里，我们把这个党从共产国际中开除了。第三次世界代表大会也批准了开除的决定。当然，这不应意味着我们冷漠无情地和几十万优秀的意大利工人断绝关系。不，我们要热情地争取那些属于我们的工人加入我们的队伍。但是，代表大会要向全世界宣布，意大利社会党及其领袖塞拉蒂所做的一切，在共产国际里是决不能容忍的。大家都知道，这个党派称自己是共产主义派和统一派。而我们要说，他们不是共产主义派，也不是统一派。这算什么统一派？这也不能算是共产主义派。他们为了讨好改良派，才退出了共产国际。共产国际必须明确地公开表明这种人是否可以留在我们共产国际内。大家都知道，在这次代表大会上，屡次听到有人说，好像我们做错了，好像这种人应当被认为是我们自己人。第三次代表大会终于把这个问题彻底弄清了。代表大会指出，凡是不支持我们的人，必定是反对我们的人。共产国际坚决主张这类分子不能参加共产国际，我们要甩掉这些领袖人物，把工人争取到我们这方面来。

这样，人们就会了解我们代表大会的重要特点了。如果我们能完全公开地批判危害我们事业的各种错误（不管我们把它们叫做"左"的错误或其他什么错误），而且声明半中派分子不是我们的同路人，那么，我认为，任何一个普通工人必定会理解我们这条十分明确的路线。

我们也弄清了工会问题。这里正确地指出，我们代表大会的各项决议，都贯穿着上述决议的同样精神。我们要继续贯彻这条路线。我们不只是确定一些抽象性的主要特征。在我们举行代表大会的同时，工会第一次世界代表大会举行了会议，更为重要的是，在代表大会期间，一些重大的工业部门都分别成立了国际联合组织。它们必将对资产阶级和阿姆斯特丹国际开展坚决的经济斗争。

同志们！现在还在继续开会的青年代表大会，显然将大为促进更好地进行准备工作和组织工作，以便我们的先进队伍，即我们深受爱戴的青年先锋队能进一步开展斗争。

关于组织问题，我们今天通过了一项决议，我希望，这个决议能大大加强党的力量。我认为，关于工作义务制这一节，具有重大的意义，因而谁也不应忘记它。的确，我们迄今仍然看到，有些党过于松散，缺乏严格的组织性。最普通的工人也应懂得，他有义务参加党的合法工作和秘密工作。关于工作义务制这一节，在各地的小型会议上应加以讨论，从而使工人们坚信，他们有义务参加这项工作。这将是向前迈进一大步。

同志们！就在最近几天，当我们的工作即将结束的时候，我们从欧洲收到许多消息，这些消息再次表明，西方的情势普遍恶化，那里随时都会出现灾难性的打破平衡的状态。就以来自罗马的电报来说，那里有5万多工人，不分党派，在共产党人的领导下，联合起来对法西斯分子和社会爱国主义分子进行了斗争。过了两天，在塞拉蒂的党和法西斯分子结盟以后，意大利无产阶级的武装被解除了，在这样的情势下，罗马5万工人奋起走上街头，组织了战斗队，宣布了对资产阶级进行神圣的战争。这意味着什么？这意味着欧洲的情势仍然是革命的。来自柏林的关于市政工作人员扩大罢工的消息表明，那里可点燃革命之火的材料很多，同时也表明：我们正确地指出欧洲的情势仍然是革命的，因此，我们必须更好地进行准备，以便给予资产阶级有力的打击。我们说过：一个革命者不仅要有火热的心，而且要有强有力的手和敏锐的眼睛，以便使我们的失误减少到最低限度；我们还说过：在对资产阶级每次进行打击之前，都要再三加以讨论，但一旦进行了打击，就要击中敌人的要害。我们所拟定的组织上的联合，会实际帮助我们建立革命无产阶级的国际团结。目前，不需要唱什么高调，而应设法为真正的协调采取一些实际的行动，不要只挂在嘴边上。我们要设法使革命党派团结起来，使中欧各国党建立密切的联系。我们所说的中欧，广义来说，包括意大利和巴尔干，当然，更不要说捷克斯洛伐克了。我们新执行委员会一定尽可能使这些党建立起密切关系。它们也应当千方百计地设法彼此接近，做好共同游行示威、共同进行决战的准备工作。我们的各项决议的精神实质是什么呢？我们现在要做的，不只是宣传工作。我们已进入新时代，它要求我们小心翼翼地，但却始终不渝、坚决顽强地准备即将到来的战斗。代表大会再次给我们的国家和我们的党以荣誉，使执行委员会设在我们这里。我们希望，这只是临时性的。今年设在莫斯科，而明年则衷心希望能设在柏林、设在巴黎，而且甚至能设在米兰。同志们，虽然伦敦的空气不好、气候潮湿，但是，我们也准备赞成明年将执行委员会设在伦敦。（笑声）

同志们！最近几天，你们就要向我们告别了，我们俄国革命者感到非常激动，因为此时此刻，斗争正在等待着你们。当然，在俄国，我们也面临着严峻的日子。不错，我国人民，我国工人阶级正饱受着艰难困苦，但是，同志们，我们有根据地说，我们最严重的时期已经过去，剩下的只是紧张时期，我们要坚定地带领我国无产阶级走向完全的胜利。（热烈的掌声表示赞同）同志们，你们将回到资本家和资产阶级专政的国家，在那里，我们成千上万的优秀兄弟在监狱里受难，每天数以百计的人被枪杀，过一些时候，你们也会有遭受逮捕的危险，也许要为共产主义事业饱受苦难。目前，我们要对每个普通工人进行开导，使他们即使今天没有参加我们的党，那明天他们就会站到我们党的队伍里；我们要使他们相信，我们每个人都准备为党献出自己的一切。假如我们每个人有十次生命的话，那么，我们就准备为党牺牲十次。（热烈的掌声表示赞成）我们应该教育青年，教育成年无产者，使他们认识到，世界上没有比共产党、世界共产党、共产国际更至高无上的了。同志们，不管发生什么情况，即使命运要求我们作出更大的牺牲，即使斗争更加艰巨（斗争将是艰巨的），我们是死是活，都要高喊：共产国际万岁！（经久不息的掌声和欢呼声）

主席克南：

现在宣布共产国际第三次世界代表大会闭幕。（再次暴风雨般的掌声和欢呼声）

（会议于深夜2时30分闭幕）

共产国际第三次代表大会决议

关于执行委员会工作报告的决议

代表大会满意地通过执行委员会的工作报告，并确认执行委员会去年一年的政策和活动都是以贯彻第二次代表大会的决定为宗旨的。代表大会对执行委员会将第二次代表大会拟定的21个条件运用于不同国家，特别表示赞赏。代表大会对于执行委员会为建立大型群众性共产主义政党，以及在同这些党暴露出来的机会主义倾向展开无情斗争方面所作的努力，也表示赞赏。

1. 在意大利，第二次世界代表大会刚一结束塞拉蒂所采取的方针就表明，他并不重视世界代表大会和共产国际的决定，他的党在九月战斗中所起的作用，他在里窝那所采取的方针，尤其是他后来所执行的政策，都清楚地证明，他和他的党员只是想利用共产主义作为推行其机会主义政策的幌子。因此，分裂是不可避免的。代表大会满意地指出，执行委员会在事关大局的情况下，采取了坚决果断的行动。代表大会赞同执行委员会当时立即承认意大利共产党为意大利唯一的共产国际支部的决定。

在共产党人退出里窝那代表大会之后，该大会通过了本蒂沃利奥提出的决议如下：

"意大利社会党代表大会重申它拥护第三国际，因而将把争端提交第三国际下届代表大会讨论，并预先保证承认和贯彻大会的决定。"

共产国际第三次代表大会深信，以塞拉蒂为首的领导集团的这一决定，是在革命工人的压力下作出的。现在，第三次代表大会既已作出决定，就期待工人阶级中的革命分子努力执行这些决定。

为了答复里窝那代表大会致第三次世界代表大会的声明，第三次世界代表大会断然宣布：

只要意大利社会党不把雷焦艾米利亚改良主义分子代表会议的参加者及其支持者开除出党，它就不能充当共产国际的成员。

如果这项断然要求得到履行，第三次世界代表大会就将授权执行委员会采取必要的措施，把清洗了改良主义分子和中派分子的意大利社会党同意大利共产党合并成为统一的共产国际支部。

2. 在德国，鉴于共产国际第二次代表大会的决议总结了工人运动的发展，独立社会民主党在哈雷召开了代表大会，执行委员会的主张是，在德国建立一个强大的共产党。实践证明，执行委员会采取的这一方针是正确的。代表大会也完全赞同执行委员会对德国统一共产党内后来发生的事件所采取的方针。代表大会相信执行委员会将一如当初，继续贯彻国际革命纪律的原则。

3. 共产国际接受德国共产主义工人党作为同情党加入共产国际，目的在于考验这个党是否朝着共产国际遵循的方向继续发展。这种考验已经没有必要再进行下去了。现在，必须要求德国共产主义工人党在一定期限内加入德国统一共产党，否则就取消它作为共产国际同情党的资格。

代表大会赞赏执行委员会把21个条件运用于法国党时采取的方式。大量走向共产主义的群众因此而摆脱了龙格派机会主义分子的影响，加快了前进的步伐。代表大会期待执行委员会继续协助法国党发展成为一个原则明确的战斗的党。

4. 在捷克斯洛伐克，执行委员会经过对无产阶级革命发展的一切情况进行耐心而谨慎的观察，认为捷克斯洛伐克无产阶级以其行动证明，它有斗志，也有战斗能力。代表大会赞同执行委员会关于接受捷克共产党加入共产国际的决议。

代表大会期待执行委员会极力促使捷克共产党贯彻执行把21个条件运用于捷克共产党，期待执行委员会坚持不懈地尽快建立一个捷克斯洛伐克各族工人统一的共产党，建立一个具有鲜明共产主义纲领的、在集中制基础上实行共产主义的坚强领导的工人政党。代表大会希望尽快有步骤地把捷克斯洛伐克各工会争取过来，并希望它们加入国际联合会。

5. 至于执行委员会在近东和远东各国的工作，代表大会赞同它所进行的广泛的宣传鼓动活动，并认为急需对这些国家加强组织工作。

最后，代表大会坚决驳斥公开和隐蔽的反共产主义分子反对推行强有力的集中化的国际共产主义运动。相反，代表大会深信，所有各国党都会把自己的得力人物输送到执行委员会里来，因为它们理解到必须为业已结成牢不可破的联盟的各国共产党建立一个更富有战斗力的政治领导。例如，在失业问题和战争赔款问题上，就因为缺乏这样的领导而导致执行委员会对这些问题的干预不够，也不够有力。代表大会相信执行委员会将在加入共产国际的各国党的有力配合下，着手建立更完善的联络机构，并且相信，各国党在执行委员会中加强合作，使执行委员会能够比以往更有效地完成它所面临的日益艰巨的任务。

世界形势和我们的任务

（提纲）

一、问题的实质

1. 在帝国主义大战末期及其结束之后，革命运动的特点是规模空前宏伟。1917年3月，推翻了沙皇制度。自1917年5月起，在英国开展了轰轰烈烈的罢工运动。1917年11月，俄国无产阶级掌握了国家政权。1918年11月，推翻了德国和奥匈帝国的君主政体。罢工运动席卷欧洲许多国家，翌年发展得更加波澜壮阔。1919年3月，诞生了匈牙利苏维埃共和国。同年年底，冶金工人、煤矿工人和铁路工人声势浩大的罢工震撼了美国。在德国，除1919年1月和3月两次战斗外，在1920年3月卡普叛乱后的日子里，运动发展到最高峰。1920年5月，法国经历了国内生活中最紧张的时刻。在意大利，工农业无产阶级运动不断高涨，从而导致工人于1920年9月占领工厂和庄园。1920年12月，在捷克发生了大规模的无产阶级罢工。1921年3月，中德工人举行了起义，英国煤炭工业工人发动了罢工。

在交战国中，特别是在战败国中，运动发展得更加广泛和激烈。运动也扩展到中立国。在亚洲和非洲，运动激起并增强了千千万万殖民地民众的革命热情。

但是，这股强大的浪潮，既没有冲垮世界资本主义，也没有冲垮欧洲资本主义。

2. 在共产国际第二次代表大会和第三次代表大会之间的一年里，工人阶级的一系列起义和战斗（1920年8月红军向华沙的进攻，1920年9月意大利的无产阶级运动，1921年3月德国工人的起义），都以局部失败而告终。

战后革命运动初期的特点是，革命行动的自发性，方法也欠妥，目的不明确，统治阶级惶恐万分。这个时期基本上已经结束了。而资产阶级的阶级自信心，以及资产阶级国家机构表面上的稳定性，明显地增强了。对共产主义的恐惧，即使没有消失，但也减轻了。各国资产阶级领导人竟然吹嘘自己有强大的国家机器，进而在经济战线和政治战线上对工人群众发动了攻势。

3. 鉴于出现这种情势，共产国际乃向自己和整个工人阶级提出下列问题：资产阶级和无产阶级的新的相互关系，究竟在多大程度上符合更加准确的力量对比？资产阶级是否真的即将恢复被战争破坏了的社会平衡？是否有根据认为政治动乱和阶级搏斗的时代已经过去，而将出现恢复与发展资本主义的漫长的新时代？是否可以由此得出结论说，必须修改共产国际的纲领和策略？

二、战争、投机事业的繁荣、危机和欧洲各国

4. 大战前的20年是资本主义波涛汹涌的时代。经济上升时期显得欣欣向荣，而且持续很久，而萧条或危机时期则很短暂。总之，曲线是急剧上升的，因而资本主义国家大发横财。

世界命运的主宰者，通过托拉斯、卡特尔和银行团摸清世界市场的底细，认识到蓬勃发展的资本主义必然受到他们建立的市场容量的限制，于是，企图采用外科手术来寻求出路。世界大战的血腥危机必然能代替旷日持久的经济萧条，而它们都能取得同样的结果——大批消灭生

产力。

但是，战争把这种方法的巨大破坏力同空前长期使用这种方法结合起来。结果，战争不仅在经济上消灭了"过剩的"生产力，而且也削弱、震撼和破坏了欧洲的基本生产机构。但同时，战争却促进了美国资本主义的蓬勃发展和日本迅速强盛起来。世界经济的重心由欧洲转移到美国。

5. 四年大屠杀停止以后，要进行复员，要把战时状态转入平时轨道，而且由于国力衰竭和战争造成的混乱必然发生经济危机。对资产阶级说来，这个时期确确实实是一个最可怕的时期。的确，在战后的两年期间，曾卷入战争的各国成了强大的无产阶级运动的舞台。

战争结束几个月以后，出现的并不是人们所想象的不可避免的危机，而是经济繁荣。这一事实是资产阶级得以保持其统治地位的最重要原因之一。经济繁荣持续了一年半左右。工业几乎吸收了全部复员工人。工资虽然照样赶不上消费品的上涨价格，但还是有所提高，从而造成了一种经济繁荣的假象。

1919—1920年这一期间，最迫切的战后清理工作趋于缓和。正是由于**这两年工商业有所发展**，资产阶级的自信心才大为增强，因而也就**提出了是否会出现资本主义有机发展的新时代的问题**。

但是，1919—1920年的经济繁荣根本不是战后资本主义经济复兴的开端，而是战争所造成的使资本主义经济遭到破坏的那种工商业虚假景象的继续。

6. 帝国主义战争是在美国1913年工商业危机开始蔓延到欧洲的时刻爆发的。战争破坏了工业周期的正常发展，战争本身竟成了最强大的经济因素。战争为各主要工业部门开创了几乎有无限容量的广阔市场，使它们完全避开了竞争的影响。战争是一个永远满足不了的可靠顾主。杀人武器的生产代替了生产资料的生产。个人消费品被千百万不进行生产而进行破坏的人高价侵吞了。这个过程意味着破产。但是，由于资本主义社会的矛盾发展到惊人的程度，这个过程表面上却呈现出一片繁荣景象。国家接连不断地发行公债和纸币，发行量竟从几百万逐渐增加到几十亿。机器和厂房破旧了，得不到更新。土地没有进行深耕细作。城市和交通的基本建设停了下来。然而，公债、货币和有价证券却不断增多。虚拟资本膨胀的程度竟与生产资本破坏的程度相等。作为商品流通手段的信贷制度，成了为战争搜刮国民财富（其中包括要由下一代人创造的财富）的手段。

正是由于害怕出现不可收拾的经济危机，资本主义国家在战后采取了同战时一样的措施：不断发行公债和纸币，调整主要物品的价格，保证利润，实行粮食补贴和其他形式的工资补助，再加上军事检查制度和军人专政。

7. 与此同时，由于停止了军事行动、恢复了国际交往（尽管很有限），世界各地对各种各样商品的需求就显露出来了。战争留下了大批剩余物资。集中在供应者和投机者手中的巨额现款，都投向能获得最大利润的方面，因而出现了狂热的贸易高潮。但由于物价空前上涨，股息高得出奇，以致任何一个主要工业部门都没有恢复到欧洲战前的水平。

8. 资产阶级政府与银行团、工业托拉斯相勾结，依靠进一步有组织地破坏经济体系（增加虚拟资本，使货币贬值，进行投机倒把，而不去医治经济创伤），才得以推延经济危机的爆发，一直推延到复员工作和战后第一期清算所引起的政治危机平息之后。资产阶级得到了宝贵的喘息时机，认为在相当长的时间内不会有危机出现了。他们充满了极其乐观的情绪。看来，恢复时期的需求会使工商业、特别是投机事业出现一个长远的繁荣景象。但是 1920 年，这种希望破灭了。

1920 年 3 月在日本、4 月在美国开始出现危机（在美国，1 月份的物价就已有所下降），最初出现的是金融危机，随后是商业危机，接着是工业危机。4月间危机已蔓延到英国、法国和意大利，接着蔓延到欧洲各中立国。在德国，危机表现得不太严重。到1920年下半年，危机已遍及整个走上资本主义发展道路的世界。

9. 由此可见，**1920年的危机**并不是"正常"工业周期的一个必经阶段，而是**对战时和战后两年靠破坏和衰竭出现的虚假繁荣的一种深刻反应**。这对于了解世界形势是一个极其重要的情况！

繁荣和危机的正常交替表现在工业发展的上升曲线上。近七年来，欧洲的生产力并没有上升，而是急剧下降了。

经济基础本身的破坏必定会在一切阶段中表现出来。要想使欧洲经济内部协调起来，在最近几年内必须实行压缩和精减的办法。生产力发展的曲线将从目前的虚假高度降下来。在这种情况下，经济也会出现短暂的繁荣，但在很大程度上带有投机性。危机必将是长期的、严重的。目前欧洲的危机是一种生产不足的危机。这是贫困化对力求按过去资本主义繁荣局面进行生产、贸易和生活的一种反应。

10. 欧洲经济实力最强大的而遭受战争破坏最小的国家是**英国**。但是即使对它来说，也谈不到战后已经恢复了资本主义平衡。诚然，英国依靠它在世界各地的组织机构以及战胜国的地位，**战后在贸易和财政上**取得了一定的成就，改善了贸易平衡，提高了英镑牌价，预算中有了结余。但在工业方面，英国在战后却没有前进反而是后退了。无论是劳动生产率还是国民收入，都大为低于战前。工业主要部门煤炭工业，情况日益恶化，因而其他部门也随之恶化了。不断出现的罢工浪潮并不是英国经济衰落的原因，而是它的后果。

11. **法国、比利时**和**意大利**的经济被战争破坏到无法挽救的地步。靠牺牲德国来恢复法国经济的做法，是一种与外交勒索相结合的野蛮掠夺，这意味着德国将遭到更惨重的浩劫（煤炭、机器、牲畜、黄金），而法国也并不能得救。整个欧洲大陆的经济将因此而遭受极其沉重的危害,法国之所得远远小于德国之所失,尽管法国农民竭尽全力恢复了大部分荒芜地区的农业用地,尽管战时也出现了一些新的工业部门(化学工业、军火工业),但法国仍然面临着经济崩溃。国债和国家开支(军国主义)达到了惊人的高峰。在最近一次经济繁荣的末期,法国通货贬值了60%。战争时期人员大量伤亡,这也阻碍了法国经济的恢复,战争不会补偿人口损失,因此也没有持续的人口增长。意大利和比利时的经济状况也大致如此。

12. 繁荣的虚假性在**德国**显露得最为明显。在一年半期间,物价上涨了六倍,而生产却继续急剧下降。从表面上看,德国在战后顺利地参加了国际贸易,但它是付出双重代价的:滥用了国家的固定资本(从而破坏了生产、运输和信贷机构);进一步降低了工人阶级的生活水平。从社会经济的角度来看,德国出口商的利润纯粹是一种亏损。在出口的幌子下,德国被廉价出售了。在日益减少的国民财富中,资本主义上层分子却要使自己所占的份额不断增多。德国工人成了欧洲的苦力。

13. 各中立小国有名无实的政治独立是靠大国之间的对峙来保持的。在经济上,它们也要受世界市场的影响,这种情况在战前基本上由英、德、美、法四国来决定。大战期间,欧洲中立小国的资产阶级大发横财。但欧洲交战国经济上的破坏,也使各中立国的经济陷于混乱。它们债台高筑,通货贬值,不断受到危机的冲击。

三、美国、日本、苏维埃俄国和殖民地各国

14. **美国**在大战期间的发展,在某些方面,恰恰与欧洲的发展相反。美国主要是作为供应者参加战争的。美国完全没有受到战争直接破坏的影响。其运输业和农业等等受到的间接破坏影响,比英国小得多,更不要说与法、德两国相比了。另一方面,美国充分利用了欧洲竞争的

消失或极端削弱，使许多最重要的工业部门（石油、造船、汽车、煤炭）突然迅速发展起来。目前，不仅美国的石油和粮食，而且就连美国的煤炭，也都控制着欧洲大多数国家。

战前，美国主要出口农产品和原料（占出口总额2/3以上），而现在，则主要出口工业品（占出口总额60%）。战前，美国是个债务国，而现在，却成了全世界的债权国。世界黄金储备约半数集中在美国，而且还在源源不断地流向美国。英镑在世界货币市场上的领导作用已让位给美元。

15. 但是，就连美国资本主义也失去了平衡。美国工业的飞速发展纯粹是世界情势造成的；欧洲竞争的消失，而且主要是欧洲军火市场的需求。破产的欧洲，战后不能成为美国的竞争者，不能恢复战前在世界市场上的地位。况且，它作为销售美国商品的市场所能起的作用，也比以往小得多。但是，美国经济已成为商品输出经济，其规模比战前大得多。战时过分膨胀的生产机构，因物资不足而不能充分加以利用。有些工业部门改成季节性的，即一年内只在某一期间从事生产。美国的危机是欧洲衰落所引起的长期严重经济混乱造成的。这是世界分工从根本上遭到破坏的结果。

16. 日本也曾利用战争在世界市场上进行扩张。它的发展是很有限的，无法与美国相比，许多部门的发展还具有温室的性质。如果说，在没有竞争者的情况下，日本的生产力足以打入空闲的市场，那么，在与强大的资本主义国家角逐中，要想保持住这个市场，它的生产力就显得不足了，于是便产生了深刻的危机。在日本出现的危机就是这样造成的。

17. 大洋以外的出口原料国家，其中也包括纯殖民地国家（南美各国、加拿大、澳大利亚、中国、印度、埃及等等），却利用国际联系的断绝，发展了当地的工业。世界危机目前也蔓延到这些国家。这些国家民族工业的发展，对于英国和整个欧洲来说，也是增加贸易困难的一个根源。

18. 可见，在生产、贸易和信贷方面，不仅在欧洲，而且在世界范围内，都没有任何理由可以说战后已多少恢复了稳定的平衡。

欧洲在经济上继续衰退，因而欧洲经济基础的崩溃在最近几年内必定显示出来。

世界市场已经瓦解。欧洲需要美国的产品，但没有东西同它交换。欧洲患的是贫血症，而美国患的是多血症。金本位制已经崩溃。欧洲各国货币的贬值（达92%），给世界市场上的商品交换造成巨大的困难。汇价不断地大幅度波动，使资本主义生产变成野蛮的投机。世界市场上已经没有一般等价物了。

欧洲要想恢复金本位制，只有采取增加出口、减少进口的办法。但这正是遭到破坏的欧洲所做不到的。美国又在高筑关税壁垒，以防止欧洲商品的大量输入。

欧洲依然像一所疯人院。大多数国家颁布了进出口禁令，提高了保护关税。英国实行了禁制关税。德国的出口，和德国整个经济生活一样，受巴黎一帮投机分子的控制。在奥匈帝国的地区内，设置了十几道关税线。在凡尔赛体系内，圈套密布，限制重重。苏维埃俄国受到排斥，不再是工业品的销售市场和原料的供应者，这也有力地破坏了世界经济平衡。

19. 即使俄国重新进入世界市场，也不能使世界市场在最短期间发生巨大变化。俄国的资本主义机构，在生产资料方面紧紧依赖于世界工业。而在战争期间，当俄国国内的工业已全部动员起来时，对协约国的这种依赖关系就更为增强。封锁立即中断了这种非常重要的联系。要想使一个民穷财尽的、在连续三年内战中经济遭到彻底破坏的国家，建立起一系列新的工业部门，以挽救旧工业部门不致由于基本设施损坏而必然衰落下去，那谈何容易。更何况数十万优秀的、大都是技术熟练的工人已参加了红军。在这种历史条件下，其他任何一种制度都不能在封锁圈内，在连绵不断的战争中，在继承下来的破产的条件下，维持住经济生活，创造出集中管理经济生活的条件。但是，很显然，同世界帝国主义作斗争，是以进一步降低许多主要经济部门的生产力作为代价的。只有现在，由于放松了封锁，由于建立了比较正确的改善城乡关系的过渡形式，苏维埃政权才得以逐步坚定地集中领导国家经济的发展。

四、社会矛盾的尖锐化

20. 战争使生产力遭到空前的破坏，但它并没有阻碍社会分化的进程。正相反，近七年来，广大中间阶级，其中包括新的中等阶层（职员、官吏等等）的无产阶级化，以及财富集中于为数不多的集团（托拉斯、银行团等等）手中的现象，在战争灾害深重的国家里，有了惊人的发展。施廷内斯问题成了德国经济生活中的主要问题。

在欧洲所有交战国中，物价不断上涨，同时货币又急剧贬值，这本身就意味着国民收入的再分配，这是靠损害工人阶级、官吏、职员、小食利者以及一切领取比较固定工资的人的利益来进行的。

由此可见，欧洲在物质资源方面倒退了几十年，而社会矛盾加剧的进程却不仅没有退回，不仅没有延缓，反而更加飞速地前进了。这一重大事实的本身，就足以消除一切希望通过民主形式获得长期和平发展的想法，**因为一方面日益加剧的社会分化、"施廷内斯化"，另一方面是在经济衰落基础上的无产阶级化和赤贫化，决定了阶级斗争具有紧张、剧烈、残酷的性质。**

目前的危机，只不过是战时和战后进行这方面的猖狂投机活动的继续罢了。

21. 农产品价格的上涨，使人们误以为农村普遍富裕起来了，其实，增加收入和财富的仅仅是富裕农民。农民则用他们所积蓄的大量贬值的纸币来偿还了货币未贬值时的债务。但是，农业问题决不单纯只是偿还抵押借款。尽管土地价格大为提高，尽管肆无忌惮地滥用生活必需品专卖权，尽管大土地占有者和富农大发横财，但是欧洲的农业显然衰退了：采用了粗放的经营方式，耕地变成了牧场；农户缺乏牲畜，恢复了三区轮种制。造成这种衰退的局面，还由于劳力不足，牲畜数量减少，人工肥料缺乏，工业品价格昂贵，而在中欧和东欧，则还由于有计划地限制生产（这是对国家政权企图攫取农产品支配权的一种反应）。富裕农民和一部分中农建立了牢固的政治组织和经济组织，以期摆脱恢复经济所带来的重担。他们还利用资产阶级的困境，要挟国家实行专门有利于农民的关税和捐税政策，作为农民在反对无产阶级方面给予支持的条件，从而也增加了恢复资本主义经济的困难。城乡资产阶级之间发生了分裂，这也就削弱了资产阶级的力量。

同时，很大一部分贫苦农民陷于赤贫的境地，农村中怨声载道，农村无产阶级的阶级觉悟日益提高。

另一方面，由于欧洲普遍贫困化而无力大量购买美国谷物，这就引起了大洋彼岸农业的严重危机。我们不仅在欧洲，而且在美国、加拿大、阿根廷、澳大利亚和南非，也能看到农民经济和小农庄经济的衰落。

22. 由于货币购买力的下降，**公务员和私人雇用的职员**的处境，通常比无产阶级的处境恶化得更加明显，而且在继续恶化中。失去稳定生活条件的中下级公务人员，成了政治动荡的一个因素，因而破坏了他们所在的国家机构的稳定性。改良主义者所认为的可作为保守主义支柱的"新的中等阶层"，在过渡时期将变成非常革命的因素。

23. 资本主义欧洲完全丧失了它在世界上的经济统治地位，而它的相对的阶级均势，却完全建立在这种世界统治的基础之上。欧洲国家（英国，在某种程度上还有法国）为恢复以往的地位所作的一切努力，只能使动荡和混乱状态更为加剧。

24. 在欧洲，财富的集中建立在破产的基础之上，而在美国，财富集中和阶级矛盾的增长，是通过资本家大发横财而达到最高峰的。世界市场的普遍动荡造成行情大幅度波动，这使美国国内的阶级斗争具有了极度紧张的革命性质。在这空前的资本主义繁荣时期之后，必然会出现汹涌澎湃的革命斗争高潮。

25. 工人和农民移居海外，一向起着缓和欧洲资本主义危机的作用。在漫长的萧条时期或者在革命运动遭到失败之后，移民的趋势必然更为加剧。

美国和澳大利亚对来自欧洲的移民横加阻挠。

目前，这种缓和危机的作用几乎不存在了。

26. 资本主义在东方，特别是在印度和中国的蓬勃发展，为那里的革命斗争创建了新的社会基础。在这些国家里，作为资本主义核心的资产阶级，与外国资本紧密勾结，从而成了外国资本实行统治的重要工具。它所进行的反对外国帝国主义的斗争软弱无力，实际上是动摇不定、无济于事的。当地无产阶级的壮大，使资本主义资产阶级丧失了民族革命的意志。然而，千百万农民群众却找到了真正革命的领导者，这就是有觉悟的共产主义先锋队。

外国帝国主义的军事压迫和民族压迫，外国和本国资产阶级的资本主义剥削，再加上封建农奴制的残余，为殖民地的年轻无产阶级迅速成长并领导农民群众广泛开展革命运动创造了条件。

印度及其他殖民地的人民革命运动，也像新、旧世界的资本主义各国的无产阶级起义一样，目前已成为劳动人民世界革命的一个组成部分。

五、国际间的相互关系

27. 世界经济的总形势，首先是欧洲的衰落，表明将出现一个最严重而漫长的经济困难和动荡时期，即出现一个全面危机和局部危机时期。战争和《凡尔赛和约》所形成的国际关系，使局面更加难以打开了。

如果说，帝国主义是由于生产力要求打破国家界线、建立欧洲和世界统一经济区而出现的，那么，在中欧和东欧增加的许多新国界，以及那里设的新关卡、驻扎的新军队，就是敌对的帝国主义者互相火并的结果了。就国家经济意义来说，欧洲已倒退到中世纪。

在这经济衰竭和破坏殆尽的土地上，现在却养活着一支比1914年"武装和平"高峰时期还多50%的军队。

28. 法国对欧洲大陆采取的指导方针，由以下两种因素构成：高利贷者盲目地疯狂肆虐，企图扼杀破产的负债者；重工业强盗贪得无厌，企图利用萨尔、鲁尔和上西里西亚的煤田为工业帝国主义创造条件，以取代破了产的金融帝国主义。

这种意图是针对英国的。而英国却打算切断德国煤炭与法国矿石的联系，因为二者的结合是欧洲复兴的必要条件之一。

29. 目前，大英帝国的威力最为强大。它既保持了原有的属地，又获得了新的属地。但今天却也暴露出英国的世界统治地位同它实际的经济衰落情况的矛盾。在技术上和组织上无比先进的资本主义德国，被武装力量粉碎了。在经济上控制南北美洲的美国，一跃而成为比德国更为可怕的无敌对手。由于高超的组织和技术，美国工业中的劳动生产率比英国高得多。汽车和拖拉机制造业以及海运和空运业所需要的石油，在美国境内开采的占世界需要量的65—70%。英国在煤炭市场上几乎长期占据的垄断地位彻底垮台了。美国已跃居首位，而且向欧洲的输出额还在急剧增长。在商船吨位方面，美国几乎已与英国并驾齐驱。在电缆方面，美国不愿再容忍英国处于世界垄断地位。在工业方面，英国转入守势，并以抵制德国"有害的"竞争为借口，采取种种关税保护措施来对付美国。最后，当拥有大量陈旧舰只的英国海军停止发展时，哈定政府却采纳了威尔逊政府的海军建设方案。这个方案必将使美国海军在最近两三年内占据优势。

情况就是这样：英国尽管战胜了德国，但它除非自动退居次位，沦为二等强国，否则，它就得打定主意，在最近期间把现存的力量孤注一掷，同美国拼个死活。

正因为如此，英国才与日本保持同盟关系，并且不惜以让步为代价，力求得到法国的支持，或者至少使它保持中立。最近一年来，法国在欧洲大陆上国际地位的提高，并不是由于法国力量增强了，而是由于英国的国际地位削弱了。

5月间德国在战争赔偿问题上的屈服，只不过是英国取得的暂时胜利，这必将使中欧经济进一步衰落，而且也决不能使法国在最近的将来不去占领鲁尔和上西里西亚地区。

30. 日美的对立，由于它们都参与了对德作战，而暂时掩盖起来，但目前却大有公开发展之势。战后日本在太平洋上获得了一些具有战略意义的重要岛屿，因而逼近了美国海岸。

迅速发展起来的日本工业出现了危机，这就使海外移民问题再度尖锐化了。因为日本人口稠密，自然资源贫乏，只有商品输出或者人口外迁这两条道路可走。但是这两条道路都要与美国发生冲突，不论是在加利福尼亚，或是在中国、在雅浦岛，情况都是如此。

日本预算中的开支，陆海军军费占半数以上。在英美之间的斗争中，日本在海上要扮演的角色，正是在对德作战中法国在陆地上所扮演的角色。日本目前在利用英美的对立，而这两个巨头争夺世界霸权的最后决斗，却首先会使日本遭到牺牲。

31. 这次大战，按其起因和主要参战国来说，是一场欧洲战争。斗争的轴心是英德的对立。美国的参战扩大了斗争的范围，而没有改变斗争的基本方向，即用世界的财力解决欧洲的冲突。这场战争纵然解决了英德之间和美德之间的争端，但是它不但没有解决英美之间和美日之间的关系问题，反而第一次全面地使英美关系成了世界政治的主要问题，而美日关系也成了第二个重大问题。可见，这场战争是真正世界大战的欧洲序幕，是解决**帝国主义独霸世界**问题的欧洲序幕。

32. 但这只不过是世界政治轴心之一。世界政治还有第二个轴心。通过这次战争，俄罗斯苏维埃联邦和第三国际先后建立了。国际革命力量组成的集团，是与一切帝国主义集团完全针锋相对的。

从无产阶级利益和保卫和平的角度来看，英法同盟是保持还是破裂，与英日同盟是否恢复、美国是否加入国际联盟一样，具有相同的意义。因为无产阶级决不能把资本主义国家那种维持一时、反复无常、掠夺成性、背信弃义的集团看做是和平的保障，而且资本主义各国的政策越来越受英美对立的牵制，使对立日益加剧，终将酿成一场血战。

某些资本主义国家与苏维埃俄国签订和约和贸易协定，决不意味着世界资产阶级已放弃摧毁苏维埃共和国的念头。我们面前出现的只不过是斗争方式和方法的改变，而且可能是暂时的改变。日本在远东的篡夺行为，可能意味着已进入武装干涉的新时代。

很明显，世界无产阶级革命运动越具有持久的性质，国际政治与经济形势的矛盾就越要促使资产阶级再次发动一场世界规模的血腥战争。这就是说，在这场新的战争结束以后，"恢复资本主义平衡"的任务所依靠的经济，将远远不如欧洲目前的经济形势。

33. 尽管这次大战的经验极其有力地证实了"战争是打错了的如意算盘"这句话是有道理的（资产阶级和平主义和社会和平主义也仅只

是说说而已），可是整个资本主义世界却还在经济、政治、思想和技术方面全力准备新的战争。反革命的人道和平主义成了军国主义的帮凶力量。

形形色色的社会民主党人以及阿姆斯特丹工会工作者，却劝导国际无产阶级适应战后出现的经济形势和国内外局势。可见，他们已成为帝国主义资产阶级在准备彻底毁灭人类文明的新战争中所不可缺少的帮手。

六、战后的工人阶级

34. 综上所述，恢复资本主义的问题，实质上意味着工人阶级是否愿意在新的更加艰苦的条件下承担必要的牺牲，从而使自己遭受比战前更为沉重和残酷的奴役？

要想恢复欧洲的经济，必须恢复战争期间遭到严重破坏的生产机构，必须重建资本。这一点，只有在无产阶级同意增加劳动强度而又领取极低工资的情况下才能做到。资本家要求无产阶级这样做，黄色国际的叛徒领袖也建议无产阶级这样做，要它先帮助复兴资本主义，然后再争取改善工人的状况。但是，欧洲无产阶级不同意作出这样的牺牲，它要求提高生活水平，这就与资本主义制度内部的客观条件发生了尖锐的矛盾。因此，罢工和起义层出不穷，欧洲也就不可能实现经济复兴了。重建货币单位，这对许多欧洲国家（德、法、意、奥、匈、波、巴尔干各国）来说，首先意味着赖掉无力偿还的债务，即宣告破产。但这又意味着有力地促使各阶级进行争取重新分配国民收入的斗争。重建货币单位还意味着：靠牺牲群众的利益（不进行工资调整、不控制日用品价格）来进一步缩减国家开支；禁止国外廉价日用品入口，通过降低生产费用，即首先通过加紧剥削工人群众来增加输出。为恢复资本主义平衡而采取的每项重大措施，实际上会更加动摇业已破坏的阶级平衡，并会给革命斗争提供新的动力。可见，资本主义是否能复兴的问题，成了各种现实力量之间，即各阶级、各政党之间的斗争问题。在资产阶级和无产阶级这两个主要阶级当中，如果无产阶级放弃了革命斗争，资产阶级最后显然会找到一种新的资本主义平衡。但这是一种在物质上和精神上都衰落的平衡。它是通过新的危机、新的战争、一系列国家进一步贫困化和千百万劳动群众继续死亡的途径找到的。

但是，从国际无产阶级目前的情况来看，这种推断是少有根据的。

35. 在社会关系上持保守观点的顽固分子，大都已失去对劳动群众思想意识的控制力。即使社会民主党和工联由于继承了过去的组织机构而对相当大的一部分无产阶级还保持影响的话，这种影响也是完全不稳定的。战争不仅使无产阶级的思想，而且也使无产阶级的构成发生了巨大的变化。而这种变化是与战前组织上的渐进主义完全不相容的。

可是，许多国家中的无产阶级上层分子表面上仍旧保持着统治地位。他们是迅速滋长起来的工人官僚，与资本主义制度的各种机构有着千丝万缕的关系。他们同它们串通一气，并且有自己一套统治的手腕和方法。

其次是在生产中占有优越地位的那部分工人，他们占据行政管理职位，或者有希望占据这种职位。他们是工人官僚最可靠的支柱。

老一辈的社会民主党人和工会工作者，大都是技术熟练的工人，几十年的斗争把他们同自己的组织联结到一起了，尽管自己的组织背叛变节了，但他们还是不肯同它断绝联系。然而，在许多生产部门中，技术熟练的工人已大量为非熟练的工人所接替，而且主要是为女工所接替。

千百万直接经受过战争锻炼的工人，已习惯于掌握武器，而且大都准备拿起武器对付阶级敌人。但是必须给予认真的训练和坚强的领导，才能确保胜利。

大战期间被吸收到工业中工作的千百万新工人，特别是女工，不仅给无产阶级带来小资产阶级偏见，而且还带来改善生活条件的迫切要求。

在战争和革命的风暴中成长起来的千百万青年男女工人，最易于接受共产主义思想，他们热情地准备采取实际行动。

失业者以及部分丧失阶级性者和半丧失阶级性者组成的大军，其人数的增减，极明显地反映出资本主义经济的衰退过程。这个大军经常威胁着资产阶级制度。

这些在出身上和性质上迥然不同的无产阶级阶层，并非同时和同样投入战后的运动中去。因此，革命斗争中就会产生动荡不定的情况，就有高潮和低潮、进攻和退却。但是，绝大多数无产阶级群众，由于一切旧的幻想破灭了，生活上极其动荡不安，托拉斯化的资本控制了一切，军国主义化的国家实行了掠夺政策，所以他们才迅速地团结起来。这一支千百万人的队伍在寻求坚强、英明的领导和明确的行动纲领，从而可为团结集中的共产党取得领导地位奠定基础。

36. 大战以来，工人阶级的生活状况明显地恶化了。只有个别一些工人的生活水平有所提高。那些在战时有几个人在工厂中工作的家庭，能保持甚至提高自己的生活水平。但总的说来，工资赶不上物价的上涨。

大战以来，中欧无产阶级陷于日益贫困的境地。欧洲大陆上的协约国的生活水平，最近下降得不太厉害了。在战争末期，英国无产阶级进行了坚决的斗争，因而制止了生活条件的不断恶化。

在美国，工人阶级中有些阶层的生活状况改善了，而其他阶层的状况则仍旧保持在原来的水平上，甚至恶化了。

危机极其猛烈地冲击着全世界无产阶级。工资的下降速度超过了物价的跌落速度。失业者和半失业者的人数创资本主义历史上空前未有的纪录。

个人生活条件的急剧改变，不仅对劳动生产率产生极其不良的影响，而且也不可能在主要领域中，即在生产中建立阶级平衡。生活条件的不稳定反映出本国和世界经济条件的普遍不稳定，这是当前发展过程中的最革命的因素。

七、前途和任务

37. 战争并没有因爆发直接的无产阶级革命而结束。资产阶级有相当的理由把这个事实说成是他们的巨大胜利。

只有小资产阶级糊涂虫才会认为：欧洲无产阶级在战争期间或战争刚刚结束之后没有打倒资产阶级这一事实，是共产国际纲领的破产。共产国际的无产阶级革命方针，决不是武断地安排在某月某日发动革命，或者硬性规定必须在某一期限内进行革命。过去和现在，革命始终是各种实际力量在当时历史条件下所进行的斗争。战争在全世界范围内破坏了平衡，这就为革命的主要力量——无产阶级创造了有利条件。共产国际过去和现在所作的一切努力，都是为了充分利用这种局势。

共产国际和两派社会民主党人的分歧，并不是什么我们要武断地安排在某时某刻发动革命，社会民主党人过去和现在也是反对空想主义和盲目主义。分歧实际上在于社会民主党人不论是参加政府或是处于在野地位，都竭尽全力帮助恢复资产阶级国家的安定，阻挠革命的实际发展；而共产党人则通过一切途径，采取一切办法，利用一切机会来推翻和消灭资产阶级国家，建立无产阶级专政。

在战后的两年半期间，各国无产阶级显示出充沛的精力、斗争的决心和忘我的精神，只要工人阶级有一个强大集中的、准备采取行动的国际共产党来领导，就必能取得革命的胜利。但是，由于一些历史上的原因，在战争期间以及战后直到现在，领导欧洲无产阶级的却是第二国际，这个组织过去是、现在仍然是资产阶级所掌握的一个非常重要的政治工具。

38. 1918年底和1919年初，德国的政权实际上已落到工人阶级手中。可是，社会民主党的多数派以及独立社会民主党人和工会，却把自己的整个机构和全部传统影响用于一个目的，即把政权拱手交给资产阶级。

在意大利，蓬勃发展的无产阶级革命运动，在一年半的时间里不断出现新高潮，只是由于社会党的小资产阶级的动摇不定、议会党团的背叛政策、工会组织怯懦的机会主义，资产阶级才得以恢复自己的机构，调动白卫军对无产阶级采取攻势，而无产阶级则由于自己的旧的领导机构破产，暂时受到一些挫折。

在英国，由于国家军事力量公开登上政治舞台，由于工联领袖们被这种情况所吓倒，近几年来，波澜壮阔的罢工运动屡遭失败。如果工联领袖们能忠于工人阶级事业，那么，即使工联机构不健全，还是可以用来从事革命斗争。不久前"三业同盟"危机，提供了对资产阶级进行革命斗争的可能性，但工联领袖们的保守、胆怯和背叛行为，却阻碍了这种可能性的实现。

如果英国工联机构现在能把为资本效劳的一半力量用于社会主义事业，英国无产阶级就能以最小的牺牲代价取得政权，并着手有计划地进行国家经济的改造工作。

上述各点，在不同程度上适用于一切资本主义国家。

很显然，目前无产阶级为夺取政权而进行的公开的革命斗争，在全世界都遇到阻碍，进展得很缓慢。实际上，我们决不能期望战后的革命攻势即使不能立即取得胜利，也会不断地向前发展。政治上的发展也有它的循环规律，有起有伏。敌人并不是消极的，它也在斗争。一旦无产阶级的进攻失利，资产阶级会立即进行反攻。无产阶级失去某些轻易得来的阵地，会使自己的队伍中出现暂时的消沉情绪。但是毫无疑问，在当今时代，资本主义发展的曲线一般说来是通过暂时的上升而走向**下降**，革命的曲线则是通过一切波动而走向**上升**。

要想恢复资本主义，就得变本加厉地剥削，使千百万人陷于死亡的境地，使千百万人过着牛马不如的生活，使无产阶级的生存永远得不到保障。因此，工人们不得不一再进行反抗，经常举行罢工和起义。在这种压迫下和在这种斗争中，群众推翻资本主义社会的意志会日益增强。

39. 指导目前无产阶级的防御性斗争，使它广泛深入地开展起来，使它的步调一致，并根据发展的情况把它提升到**政治上的最后决战**的高度——这就是共产党在当前危机时期的基本任务。但是，如果发展的速度缓慢，而且在当前的危机之后，在某些国家出现繁荣时期，那也决不意味着一个"有机"时代开始了。

只要资本主义存在，周期性的波动是不可避免的。这种波动像过去一直伴随着资本主义青年和成年时期一样，将伴随着资本主义到临终时期。

一旦经济复苏，在当前的危机期间被资本的进攻击退的无产阶级，就会重新转入攻势。无产阶级为了报复在战争时期所受的一切欺骗、在危机时期所遭到的一切掠夺和屈辱而开展的在经济上的进攻性斗争，也和目前的防御性斗争一样，有转变成为公开的国内战争的趋势。

40. 不管最近期间的革命运动开展得是迅速还是缓慢，共产党都必须是一个**行动的政党**。它要站在斗争着的群众的前列，它要坚定而又明确地制定出斗争口号，并要揭露和指出社会民主党总是期望妥协的模棱两可的口号。不管在斗争的过程中发生什么变化，共产党都要极力从组织上巩固自己的新据点，教导群众采取积极的灵活行动，使他们能掌握与敌人展开正面的公开冲突的新方式和新方法。共产党要利用每个休战时机总结前一阶段的斗争经验,使阶级冲突不断扩展和深入,要用统一的目的和统一的实际行动把国内的和国际范围的各种阶级冲突联系在一起,以便领导无产阶级摧毁一切反抗,走上无产阶级专政和社会主义革命的道路。

论策略

（提纲）

一、问题的区分

新的国际工人协会是为了组织各国无产者的联合行动而成立的，因为各国无产者都在追求同一的目的：推翻资本主义，实行无产阶级专政，建立统一的国际苏维埃共和国，以便完全消灭阶级，实现共产主义社会的第一阶段——社会主义。共产国际章程中所作的这项规定，明确地指出了必须解决的一切策略问题。这是我们为无产阶级专政而斗争的策略问题。这些策略问题涉及通过什么途径引导工人阶级中的大多数参加共产主义活动，即用什么方法组织无产阶级中最积极的部分去进行当前的争取实现共产主义的斗争。这里还涉及无产阶级应如何对待已无产阶级化的小资产阶级阶层问题，以及用什么方法迅速瓦解和摧毁资产阶级政权机关、为实现专政而准备国际范围的最后决战等等问题。实行专政是走向胜利的唯一途径——这个问题是无可争议的。世界革命的发展情况清楚地表明，在当前的历史条件下，或者是资本专政，或者是无产阶级专政，二者必居其一。在很多国家内，革命的客观形势已经尖锐化，很多群众性的共产党已经成立，但是，不论在什么地方，这些党都还没有在真正的革命斗争中掌握对工人阶级的大多数的实际领导权——共产国际第三次代表大会正是在这样的条件下来重新研究新的策略问题的。

二、新的斗争的前夕

实现世界革命，即瓦解资本主义、聚集无产阶级革命力量、把无产阶级组成一支所向无敌的战斗队伍——这需要一个漫长的革命斗争时期。各个国家内矛盾的尖锐化程度不同，社会结构和存在的阻碍也有所不同，而且西欧和北美发达的资本主义国家中的资产阶级已有高度的组织性——所有这一切，使世界大战未能以世界革命的必然胜利而告终。可见，共产党人说对了，他们在战争期间就已指出，**帝国主义时期将转变成为一个漫长的社会革命时代**，即转变成为一些资本主义国家内部的旷日持久的内战，以及以资本主义国家为一方、无产阶级国家和被压迫的殖民地为另一方的一系列战争。世界革命并不是一个直线向前发展的过程。资本主义持续的衰退时期和经常性的革命破坏进程，有时发展得很剧烈，会变成严重的危机。然而，世界革命进程之所以迟缓下来，是因为强大的工人组织和工人政党，即无产阶级为了与资产阶级作斗争而建立起来的社会民主党和工会，在战时变成了对无产阶级施加反革命影响的机构，而且在战后还继续起着这种作用。这种情况帮助资产阶级在恢复期间克服了危机，而且还使资产阶级得以在1919—1920年虚假的经济繁荣时期促使工人阶级产生一种幻想；似乎他们的处境在现存的资本主义制度下可以得到改善。这也是1919年无产阶级的行动遭到挫折和1919—1920年革命运动进展缓慢的一个原因。1920年开始的、现已蔓延到全世界的世界经济危机，使失业现象到处出现，而且日益严重。这个危机向国际无产阶级表明，资产阶级无力把世界从崩溃中挽救出来。世界上一切政治矛盾的尖锐化——法国对德国强盗般的掠夺，英美之间、美日之间的利害冲突，以及因而引起的世界性的扩军备战，都表明垂死的资本主义世界已临近爆发一场新的世界大战。甚至国际联盟这个为剥削战败国和殖民地人民而建立的战胜国的国际托拉斯，也因英美争霸而陷于分裂。工人阶级开始丢掉这样一种幻想：无须通过革命方式来夺取政权，似乎采用和平手段就能逐渐取得政治上和经济上的统治地位。国际社会民主党和工会官僚就是利用这种幻想来阻止工人群众参加革命斗争的。1919年3月，诺斯克—谢德曼政府企图利用在德国实行社会化以制止工人起义。这个骗局现在已经收场。至于社会化的无稽之谈，它已让位于真正的"施廷内斯化"，也就是使德国工业受资本主义寡头和与之相勾结的集团的控制。鲁尔政府在社会民主党人泽韦林领导下对德国中部矿工的进攻，是德国资产阶级为降低德国工人工资而采取全面行动的序幕。在英国，一切国有化方案都已石沉大海。政府不但不实行桑基委员会提出的国有化方案，反而用武力支持英国矿主的同盟歇业。法国政府只是靠掠夺德国才得以推迟自己的经济破产。它并未考虑有计划地进行经济建设的问题。遭到破坏的法国北部，虽说现在正进行恢复工作，但其目的只不过是为使私人资本发财致富。在意大利，资产阶级利用白色法西斯匪帮对无产阶级采取了攻势。无论是在原有的资产阶级民主国家中，或者是在帝国主义废墟上新建立起来的资产阶级民主国家中，到处都显现出资产阶级民主制的原形：英国政府为对付罢工的煤矿工人采取的专横行动；意大利的法西斯分子和皇家近卫军；各种私人侦探；从议会中排除社会党议员；美国的私刑；波兰、南斯拉夫、罗马尼亚、拉脱维亚和爱尔兰的白色恐怖；芬兰、匈牙利和巴尔干各国白色恐怖的合法化；瑞士、法国及其他国家迫害共产党人的非常法。此外，各国资产阶级都企图通过延长工作日和降低工资的办法，把经济无政府状态的后果转嫁到工人阶级身上。在这方面，社会民主党和阿姆斯特丹工会国际的领袖们帮了资产阶级的忙。但他们所能做到的，只不过是阻挠工人阶级发动新的斗争以推迟新的革命浪潮的到来。我们已经看到，德国共产党已开始转入反攻，英国煤矿工人不顾工联领袖的背叛，已连续几星期对矿主进行英勇的斗争。我们看到,意大利无产阶级的先进队伍,在领教了塞拉蒂集团的动摇政策之后,增强了斗争意志。意大利共产党的成立就反映了这一点。

在法国,我们看到社会党同社会爱国主义派和中派破裂并同他们划清界限之后,开始从共产主义宣传鼓动工作转为反对帝国主义掠夺的群众性示威运动。在捷克斯洛伐克,我们经历了十二月政治罢工,这次罢工虽然完全没有统一的领导,但却有百万工人参加。接着,我们看到群众性的、革命的捷克共产党成立了。2月间,我们看到波兰共产党所领导的铁路罢工以及支持铁路罢工的总罢工。现在我们还可以看到社会爱国主义的波兰社会党在继续瓦解中。在这种形势下,将要出现的不是世界革命的延缓,也不是革命浪潮的低落,正相反,却是社会矛盾和社会斗争的加剧,以及社会斗争转变为公开的内战。

三、当前的迫切任务

争取工人阶级的大多数完全接受共产国际的影响,引导工人阶级中最积极的部分参加直接的斗争,是共产国际当前最重要的任务。因为尽管政治上和经济上的客观革命形势会引起意外的革命危机(其形式无论是大规模罢工、殖民地起义、新的战争,或者是重大的议会危机),但是工人阶级的大多数至今尚未处于共产主义影响之下,特别是在那些由于财政资本实力雄厚、帝国主义得以腐蚀广大工人阶层的国家(例如英美两国)。在那里,群众性的革命宣传工作,实际上只不过刚刚开始。共产国际从建立的第一天起,就十分明确地规定自己的任务,不是建立一些只通过宣传鼓动对工人群众发生影响的共产主义小派别,**而是直接参加工人群众的斗争,对这一斗争实行共产主义的领导,并在斗争过程中建立强大的、革命的、群众性的共产党。**

共产国际早在成立的第一年里，就已摒弃宗派主义倾向，要求加入共产国际的各党，不论党员人数多么少都要参加工会，以便从内部摧毁工会的反动官僚制，从而使工会变成群众性的无产阶级革命组织，变成进行无产阶级斗争的机构。共产国际早在成立的第一年里，就已要求各国共产党不要把自己限定为从事宣传活动的小组，而要利用资产阶级国家被迫提供的一切机会，如出版自由、结社自由以及各种形式的资产阶级代议机构（尽管这种机构已被曲解），作为共产主义对工人阶级进行宣传鼓动和组织工作的工具。共产国际在自己的第二次代表大会上，在关于工会运动和利用代议制的决议中，明确地驳斥了一切宗派主义倾向。

各国共产党两年来的斗争经验，充分证明共产国际的观点是正确的。共产国际的政策**使许多国家的革命工人不仅与公开的改良主义者划清了界限**，而且也与中派分子划清了界限。中派分子成立的第二半国际，站在阿姆斯特丹工会国际的立场上，公开同谢德曼、茹奥和韩德逊之流勾结在一起，这只会使无产阶级群众认清事情的真相，有助于今后的斗争。德国共产主义组织，借助于共产国际的策略（在工会中进行革命工作、发表公开信等等），从一个政治派别（1919年一月斗争和三月斗争时期，它就是这样的派别）变成一个群众性的革命大党。它在工会中有很大影响，因而工会官僚由于害怕共产党的革命活动所产生的革命影响，而把许多共产党人开除出工会。这样一来，他们就承担了分裂工会的责任。在**捷克斯洛伐克**，共产党人终于把大多数参加政治组织的工人吸引到自己方面来。在**波兰**，尽管共产党受到严重的迫害不得不完全处于地下状态，但由于它在工会中进行了分化工作，它不仅仍然与群众保持联系，而且还成为群众斗争的领袖。在**法国**，共产党人争取到社会党中的大多数。在**英国**，共产党根据共产国际的策略指导原则日益巩固起来。共产党人不断增长的影响，使社会主义叛徒极力设法阻止共产党人加入工党。与此相反，一些搞宗派活动的共产主义集团（如德国共产主义工人党等等），却没有取得丝毫成就。它们通过种种途径：通过单纯的宣传鼓动、通过成立一些共产主义工会来加强共产主义——这种理论，已遭到彻底的破产——并没有建成任何一个有影响的共产党。

四、共产国际的内部情况

在组织群众性的共产党方面，共产国际并非到处都已取得良好的成果。况且，在一些资本主义占绝对统治地位的重要国家里，共产国际还有许多工作要做。

在美利坚合众国，由于历史上形成的条件，战前并没有出现大规模的革命运动，因而直到现在，共产党人所面临的首要的基本任务，还是建立共产主义核心，并与工人群众建立联系。当前的经济危机使500万工人失业，这为开展革命工作打下了良好基础。美国资本家认识到自己面临着工人运动革命化的威胁，而且这个运动将不断受到共产主义影响，所以企图用野蛮的迫害手段来镇压和消灭年轻的共产主义运动，迫使它转入地下，借以使它与群众失去一切联系，从而退化成为一个进行宣传的派别并自行消灭。共产国际提示美国统一共产党注意：党的地下状态只应借以聚集和培养共产党的积极力量，因此美国共产党人必须用一切方法和手段，通过自己的地下组织同激愤的广大工人群众建立联系，并寻求一切途径和形式使这些群众在政治上公开联合起来，以进行反对美国资本的斗争。

同样，英国共产党至今也没有成为一个群众性的政党，尽管它已把各种力量联合成为一个统一的共产党。

英国经济生活长期混乱，罢工运动空前高涨，广大人民群众对劳合-乔治政府的不满情绪日益增长，在即将举行的议会选举中工党和自由党可能获胜——所有这一切，使英国局势的发展呈现出一片新的革命远景，从而向英国共产党人提出一些十分重要的问题。

英国共产党的首要任务是使党成为一个群众性的政党。英国共产党人应当坚定地采取实际支持和不断发展群众运动的立场，深入地研究群众运动的一切具体特点，把工人的个别要求和局部要求作为坚持不懈的宣传鼓动工作的出发点。

千百万工人认为，强大的罢工运动是考验工联机构及其领袖是否坚定可靠、有无诚意的试金石。在这种情况下，共产党人在工会中的工作就具有重大的意义了。党从外面进行的任何批评，都不能像工会中的共产党支部为了揭露和痛斥工会运动的叛徒和庸人而坚持不断地进行工作那样，会对群众产生决定性的影响。要知道，工会运动的叛徒和庸人，在英国是资本所掌握的政治走卒，这一点比其他任何国家显现得更为突出。

如果说，已经成为群众性政党的其他各国共产党，要对群众行动表现出更大的主动性的话，那么，英国共产党则首先要依据群众行动的实际发展情况，用事实向群众证明共产党人是群众的利益、要求和感情的真正的、坚强的表达者。

中欧和西欧各国的群众性的共产党，目前正处于各自采用最适于自己战斗形式的宣传鼓动方法和组织方法的阶段，或者说，正处于从共产主义宣传鼓动转为实际行动的阶段。它们的工作进展得很缓慢，原因是：在许多国家里，领导走向革命和接受共产主义思想影响的领袖们，本身就没有克服中派主义倾向，他们不能进行真正的共产主义宣传鼓动，或者根本就害怕进行这种宣传鼓动。因为他们知道，这种宣传鼓动会把党引上革命斗争的道路。

这种中派主义倾向使**意大利**的党陷于分裂。聚集在塞拉蒂周围的党和工会领导人，不去利用工人阶级自发的运动和他们不断开展的夺取政权的自觉行动（在意大利，夺取政权的斗争条件已经完全成熟），而是任其毫无成果地消失了。对于他们来说，共产主义不是用革命精神激励和团结工人群众去进行斗争的手段。由于他们害怕斗争，所以共产主义的宣传鼓动工作也就毫无起色，从而把它引上了中派主义的轨道。因此，他们一方面在党内加强了屠拉梯和特雷维斯等等改良主义者的影响，另一方面则在工会运动中加强了达拉贡纳等等改良主义者的影响。由于他们在言行上与改良主义者毫无区别，所以他们并不想与改良主义者决裂，而宁愿与共产党人分手。塞拉蒂的政策既加强了改良主义者的影响，同时又使党内产生了反对代议制的激进倾向。如果意大利共产党能坚持不懈地反对塞拉蒂的机会主义政策，并在罢工时、在反对法西斯分子的反革命运动的斗争中同工会中的无产阶级群众保持密切联系，如果意大利共产党能把工人阶级的群众性行动组织起来，并把工人阶级自发的激愤行动变成有缜密准备的斗争，那么，里窝那的分裂，意大利共产党的成立，以及一切真正的共产主义者依据共产国际第二次代表大会的决议团结起来，建成统一的共产党——这一切，必定能使共产主义在意大利成为一股强大的活跃力量。

"保卫祖国"的沙文主义毒害以及沉醉于胜利的情绪，在法国比在其他任何国家都显现得更加严重。相对来说，厌恶战争的情绪在法国比在其他各国发展得缓慢。由于俄国革命的精神影响，由于资本主义国家的革命斗争，以及由于法国无产阶级按自己领袖的意志所进行的初次行动的体验，所以早在事态的发展向党提出要采取重大的革命行动时，法国社会党的大多数成员就已开始转向共产主义了。法国共产党越是坚决地消除自己队伍中（主要是领导人中）相当强烈的民族和平主义和议会改良主义的思想残余，就越能更好地、更充分地利用自己的地位。党不仅要比过去而且要比现在更加接近群众，特别是要接近城乡最受压迫的各个居民阶层，以便清楚地、充分地了解他们的需要和疾苦。党在议会斗争中，必须彻底制止资产阶级为麻醉和吓唬工人群众而有意支持的那种法国议会政治中的阿谀奉承和虚情假意的作风。议会中的共产党代表，应当在自己的言论受到严格控制的情况下，竭尽全力揭露有关民族主义民主制和传统革命精神的全部谎言，提出的每个问题都要当做阶级利益和坚决的阶级斗争问题。

实际的宣传鼓动工作要进行得更加集中、更加有力。宣传鼓动工作要适应千变万化的情况，要配合现行的政策。

宣传鼓动工作应从一切大小事件中得出革命的结论，使最落后的工人群众都能对这种结论有深刻的理解。只有采取这种真正革命的行动，共产党才不致成为激进的龙格集团的左翼，而龙格集团现正竭力为资产阶级社会效劳，使它免于遭受必将出现的剧烈震荡。恪守纪律的、革命热情饱满的共产党，即使在目前的准备时期（无论关键时刻到来的迟早），也能在经济和政治方面找到发动工人群众的机会，使他们打开眼界。

一些有革命急躁情绪的、政治上缺乏经验的人，在某些问题上企图采取实质上是断然举行革命起义的极端方法（提议1919年的应征者抗拒入伍），这样做是含有最危险的冒险主义因素的；如果真正采用这种方法，就会使无产阶级为夺取政权而进行的真正革命的准备工作长期受到损害。

法国共产党（其他各国共产党也一样）必须放弃这种极端危险的方法。但这决不能认为党无所作为，正相反，绝对不是。

密切联系群众，首先意味着同工会保持密切联系。党的任务决不是要工会表面上机械地服从党，而是要使党所团结和领导的那些真正的革命分子在工会内部进行的一切活动符合为专政而斗争的无产阶级的共同利益。鉴于上述种种情况，法国共产党必须对无政府工团主义倾向进行友善、坚决而又明确的批评，因为这种倾向否定无产阶级专政，认为没有必要把无产阶级先锋队建成一个统一的集中领导的组织,即建立共产党。党同样也要对这样一些工团主义倾向进行批评:它们以大战前八年制定的文件作掩护,对战后的一切基本问题始终拒不作出明确的正面回答。

法国工团主义者痛恨玩弄政治手腕,这首先表现在他们对传统的"社会主义"议员具有完全正当的愤懑情绪。

由于共产党是纯粹革命的政党,所以它能向一切革命分子明确说明:为了工人阶级掌握政权,必须建立政治组织。把革命工团主义的共产主义组织联合成为一个整体,是法国无产阶级进行任何比较重大斗争的必要条件。只有按上面所指出的那样,当党以真正革命的态度对待日常生活和斗争中的每个问题,从而成为法国整个工人阶级所向往的强大中心时,才能克服和消灭过早采取行动的倾向,才能制止革命工团主义者在原则上否认组织形式的必要性及其组织上的分立主义。

两年来,**捷克斯洛伐克**的工人群众在很大程度上放弃了改良主义和民族主义幻想。去年9月,大多数社会民主党工人摆脱了改良主义领袖的影响。12月间,在捷克斯洛伐克300万产业工人当中,约有100万人进行了反对捷克斯洛伐克资本主义政府的群众性的革命斗争。除早已成立的拥有6万党员的德意志波希米亚共产党外,今年5月,在捷克斯洛伐克又成立了拥有35万党员的共产党。这样一来,共产党人不仅在捷克斯洛伐克无产阶级中占相当大的一部分,而且在捷克斯洛伐克全国人口中也占相当大的一部分。目前,捷克斯洛伐克党面临的任务是:通过真正共产主义的宣传鼓动工作,吸引更多的工人群众入党,对他们进行确切而又坚定的共产主义宣传教育;然后,把捷克斯洛伐克各族工人团结起来,建成无产阶级联合阵线,以反对捷克斯洛伐克资产阶级的主要武器——民族主义,从而增强无产阶级的威力,使他们在行将到来的反对资本主义奴役和反对政府的斗争中无往而不胜。捷克斯洛伐克共产党越能明确而又坚决地抛弃一切中派主义的动摇传统,越能加倍努力发扬光大无产阶级群众的革命精神,使他们团结起来准备投入胜利的斗争,它就越能迅速地完成上述任务。代表大会决定,捷克斯洛伐克的党和德意志波希米亚的党,要在共产国际执行委员会规定的期限内,合并成为一个统一的组织。

德国统一共产党是由"斯巴达克联盟"和独立社会民主党左派工人群众联合组成的,虽然它现在已是一个群众性的政党,但它还面临着下列巨大的任务:扩大对广大群众的影响,加强无产阶级的群众性组织,争取工会,铲除社会民主党和工会官僚的影响,在今后的斗争中领导无产阶级的群众性运动。党的这些主要任务要求把全部宣传鼓动工作和组织工作做好,以便争取工人阶级大多数的同情,否则,在德国资本的强大势力下,共产主义不可能取得胜利。无论从广泛开展宣传鼓动方面看,或者从宣传鼓动工作的内容方面看,党都没有很好地完成上述任务。党也未能始终如一地按它的《公开信》所指的道路走下去,即维护无产阶级的实际利益,反对社会民主党和工会官僚的背叛政策。党的报刊和党的组织仍然像和平协会,而不像战斗机构、战斗组织。在党内至今还存在着中派主义倾向,因而会使党在必须进行斗争时,没有足够的准备就仓促投入战斗,同时会使党与非党群众缺乏必要的精神上的联系。由于德国国民经济继续遭到破坏,资本日益威胁工人群众的生存,德国统一共产党必须迅即采取积极的行动。为了采取这项行动,党的任务不应只限于行动前的宣传鼓动和组织工作,而应保持党的经常性的革命战斗精神,使人民能理解自己的宣传鼓动内容,使自己的组织能与群众保持紧密的联系,并能严肃地估计斗争形势,缜密地准备战斗。

参加共产国际的各党,只有与斗争着的工人群众保持密切的联系,彻底铲除自己队伍中的一切机会主义残余和传统,只有根据无产阶级的实际斗争来确定自己的任务,只有在斗争中摒弃那种自欺欺人的、抹杀不可调和的矛盾的机会主义政策，并放弃一切革命高调，才能成为群众性的革命政党。一些共产党是由于旧社会民主党的分裂而产生的。分裂的原因是这些党在战时背叛了无产阶级利益，而战后，又通过与资产阶级结成联盟，或采取避免一切斗争的畏缩政策，继续背叛了无产阶级利益。共产党的基本原理和原则的立足点是使工人群众重新团结起来，因为这些原理和原则能体现出无产阶级斗争的一切要求。可见，现在的一切社会民主党和中派主义党，都是分裂无产阶级使之成为一盘散沙的因素，而共产党则是促成团结的因素。例如，德国的中派分子，当他们的党走上共产主义道路的时候，他们就脱离了党的大多数。德国社会民主党人和独立社会民主党人，以及社会民主党的工会官僚，由于害怕共产主义的影响，拒绝了共产党人提出的关于共同维护无产阶级日常利益的建议。捷克斯洛伐克社会民主党人，一看到共产党人有所成就，就开始分裂原有的党。在法国，当共产党极力团结社会党工人和工团主义工人的时候，龙格分子就离开了法国社会党的大多数工人。英国改良主义者和中派分子，由于害怕共产党人的影响，把共产党人从"工党"中排挤出去，并经常阻挠工人团结起来进行反对资本家的斗争。由此可见，共产党乃是团结无产阶级争取维护自身利益的体现者，认识到自己的这一作用，就一定能聚集起新的力量。

五、局部斗争和局部要求

共产党只有通过斗争才能得到发展。即使人数极少的党，也不能只限于从事宣传鼓动工作。它们应当在一切群众性的组织中建立自己的据点，以便通过提出实际战斗任务、激励无产阶级争取满足切身需求的途径，向落后动摇的群众指出革命的道路，从而揭露一切非共产主义政党的叛卖性。只有领导无产阶级的实际斗争，只有鼓励人们去进行这种斗争，共产党人才能真正争取到广大无产阶级群众去为专政而斗争。

在共产党的宣传鼓动中，以及在共产党的全部工作中，必须认清在资本主义制度下，无产阶级的处境不可能有较长时间的改善；只有推翻资产阶级，摧毁资本主义政权，才有可能着手改善工人阶级的状况和恢复被资本主义破坏了的国民经济。**但这并不意味着无产阶级在夺得专政之前应放弃为满足当前的迫切需要而进行的斗争。**

目前，在资本主义处于衰落与崩溃时期，资本主义竟然不能保证工人过上饱腹的奴隶生活，而社会民主党却提出要在破产的资本主义基础上和范围内实行**和平改革**的旧社会民主主义纲领，这是有意识地欺骗工人群众。不仅日趋崩溃的资本主义不能保证工人具有人的起码生活条件，而且各国社会民主党人和改良主义者随时也都向我们表明，他们不打算而且也没有能力争取实现他们的纲领中的最低要求。中派主义政党提出的不战胜资产阶级也可以对各重要工业部门实行**社会化**或国有化的主张，同样是对人民群众的一种欺骗。他们竭力阻挠工人为满足目前的要求而进行切实有效的斗争；使工人把希望寄托在逐步夺取一个又一个工业企业上，然后再开始进行"有计划的"经济建设。可见，社会民主党人又回到**社会民主党**的最低纲领上来，而这个纲领已变成明显的反革命的骗人把戏。

由于在提出国有化（例如煤炭工业国有化）纲领时，对一部分中派主义者产生影响的是拉萨尔思想——把无产阶级的全部精力集中在唯一的一项要求上，使之成为革命行动的推动力，而革命行动的不断发展会导致夺取政权的斗争——所以，我们在这里看到的是一种空洞的理论。在一切资本主义国家里，工人阶级遭受着层出不穷的可怕的灾难，因而不可能在对所有这些沉重的负担和接连不断的灾难进行的斗争中，把注意力集中在一个凭空臆造的目标上。相反，应当把群众的每一项要求都作为革命行动的出发点，使这些革命行动逐渐汇合成为一股社会革命的巨流。

在这个斗争中，共产党不应提出最低纲领，因为在资本主义领域内，最低纲领反而会使摇摇欲坠的资本主义大厦得到巩固和加强。摧毁这所大厦始终是共产党人的基本任务。为了完成这项任务，共产党必须提出那些能满足工人阶级的迫切需要的要求。无论这些要求是否与资本主义制度的存亡有关，共产党人必须通过群众斗争来争取实现。共产党要注意到资本主义工业衰落不振的情况和它的竞争能力，以及资本主义财政经济的不稳定状况。共产党必须关注无产阶级所不能和不应忍受的痛苦处境。如果提出的要求符合广大无产阶级群众的迫切需要，如果群众清楚地认识到不实现这些要求就无法生存下去，那么，为实现这些要求而进行的斗争，就会成为夺取政权斗争的起点。与中派主义者和改良主义者提出的最低纲领不同，共产国际提出的是为实现无产阶级的具体要求而斗争。逐步实现这些要求就能瓦解资产阶级政权，就能把无产阶级组织起来，因而这些要求标志着为无产阶级专政而斗争的各个发展阶段。即使广大群众还没有自觉地站在无产阶级专政的立场上，上述的每项措施本身也符合广大群众的要求。由于争取实现这些要求的斗争将日益吸引更加广泛的群众参加，由于这个斗争将使群众的切身需要违反资本主义社会的本身要求，所以工人阶级就会认识到：要想活下去，就得消灭资本主义。这一认识是为无产阶级专政而斗争的意志的基础。共产党的任务是把争取实现种种具体要求的斗争扩大、加深并联合起来。工人群众为争取实现局部要求而采取的每一次局部行动，他们举行的每一次重大的经济罢工，都会促使整个资产阶级立即站到遭受威胁的那部分企业主一边，以防止无产阶级取得个别的、即使是局部的胜利（如给予"技术援助"，在英国铁路工人罢工时资产阶级采取破坏活动，法西斯分子捣乱）。资产阶级也会动用它的全部政府机构来对付工人（在波兰和法国，实行工人军事化；在英国矿工罢工时，宣布紧急状态）。为实现自己的局部要求而斗争的工人，显然不得不与整个资产阶级及其政府机构展开斗争。随着争取实现局部要求的斗争和各个工人团体的局部斗争发展成为工人阶级反对资本主义的总斗争，共产党也要把**自己的口号提得更加深刻**，使他们团结在打倒敌人这个统一的口号之下。共产党在提出局部要求时，要注意使这些符合广大群众需要的要求，不仅能引导群众进行斗争，而且实质上能成为建立组织的基础。凡是根据工人群众的经济需要而提出的一切具体口号，都必须纳入为**监督生产**而斗争的轨道，使生产不是按照在资本主义制度下对国民经济实行官僚主义组织计划来进行，而是通过工厂委员会和革命工会来进行。只有建立了这种组织，只有把这些组织按工业部门和工业中心联合起来，才能使工人群众的斗争有组织地结合起来。也只有这样，才能同社会民主党和工会领袖分裂群众的阴谋作斗争。工厂委员会只有在为广大工人群众的共同经济利益而斗争的过程中产生，只有同一切无产阶级革命组织，即同共产党、革命团体、工人联合会以及向革命方向发展的工会保持联系，才能完成自己的任务。每一种反对提出这种局部要求的意见，每一种指责局部斗争为改良主义的意见，都是由于不理解革命行动的迫切需要而产生的，其具体表现是，有些共产主义组织反对参加工会和利用代议制。问题并不是要号召无产阶级去达到最终目的，而是要加强无产阶级的实际斗争，因为只有实际斗争才能引导无产阶级去为最终目的而奋斗。甚至那些所谓左派共产主义者为进行纯理论活动而建立的一些小组织，也不得不提出局部要求，因为它们也希望吸引更为广大的（比它们目前所掌握的）群众来参加斗争。这一事实有力地证明了反对局部要求的意见是多么缺乏根据和违背革命生活的需要。当代的革命实质，就在于工人群众最起码的切身需要与资本主义社会的存在相抵触，因此争取满足这种需要的斗争就会发展成为争取共产主义的斗争。

资本家利用日益扩大的失业者大军，以降低工资来威胁有组织的工人，而社会民主党人、独立社会民主党人和工会的官方领导人，则由于胆小怕事不敢接近失业者，把他们只看做是国家和工会举办的慈善事业的对象，在政治上认为他们是"流氓无产阶级"。共产党人应当清楚地认识到，在目前的情势下，失业者大军是具有重大意义的革命因素。共产党人必须担负起领导这支大军的责任。共产党人应当通过失业者对实行叛卖的工会领袖施加压力，使工会尽快摆脱这种领袖的影响。共产党要在争取实现社会主义变革的斗争中，把失业者与无产阶级先进部队联合起来，防止失业者当中的革命激进分子产生某种失望情绪；在有利时机，要设法使这批人支持无产阶级队伍的起义，冲出当前冲突的范围，使当前冲突变成坚决进攻的起点。总之，要使这批失业者从工业后备军变成积极的革命大军。

共产党要大力维护工人阶级的这一阶层的利益，要深入到无产阶级各阶层中去。党不是代表某个工人阶层的利益去反对其他工人阶层，而是代表整个工人阶级的共同利益，但反革命的领袖们却为工人贵族的暂时利益出卖工人阶级的共同利益。全失业和半失业者的队伍越扩大，他们的利益就越变成整个工人阶级的利益，工人贵族的暂时利益就越应从属于整个工人阶级的利益。只考虑工人贵族的利益，把这种利益同失业者的利益对立起来，或者不关心失业者的利益——这种立场会破坏工人阶级的团结，按其影响来说，是一种反革命的立场。共产党是整个工人阶级的共同利益的代表者，它不能只限于承认和宣传这种共同利益。只有在一定的情况下，不顾工人贵族的反对，领导最受压迫、最为贫困的无产阶级群众进行斗争，它才能真正成为这种共同利益的代表者。

六、进攻的准备

过渡时代的性质使各国共产党都必须充分做好战斗准备。每次局部冲突都会变成夺取政权的斗争。只有具备下述条件，党才算做好战斗准备：党的全部宣传鼓动工作已具有冲击资本主义社会的强大力量，党能通过这种宣传鼓动同广大人民阶层联系起来，使他们确信他们处于真正为政权而斗争的先锋队的领导之下。共产党的宣传和出版机构，不应是从理论上论证共产主义正确性的机关，而应是无产阶级革命的喉舌。共产党人在议会中的活动，不应是为了说服敌人而与之辩论，而应是无情地揭露资产阶级代理人，激起工人群众的斗争意志，并把半无产阶级和小资产阶级各个阶层的民众吸引到无产阶级方面来。我们在工会和党组织中，不应机械地从事组织建设，不应单纯地从人数上扩大我们的队伍，而应充满迎接战斗的精神。只有当党在一切重大行动上、在一切组织形式上都能体现出斗争意志时，它才能在大举进攻的条件成熟时完成自己的任务。

凡是共产党能代表群众力量的地方，凡是党的影响已越出自己组织的范围扩展到广大工人群众的地方，它就能以实际行动唤起工人群众进行斗争。群众性的大党不能只限于批评其他政党，不能只限于反对其他政党的要求，而要提出自己的共产主义要求。一切群众性的党对于革命的发展都负有思想指导的责任。凡是工人群众的处境日益艰难的地方，共产党就应当想方设法引导工人群众去为自己的利益进行斗争。鉴于西欧和美国的工人群众已被组织到工会和其他政党中，因而就很少有机会能指望他们直接开展运动。在这种情况下，共产党必须极力设法在工会中树立自己的形象，加强对那些依靠无产阶级支持的其他政党施加压力，以便为无产阶级的眼前利益进行共同的斗争。但是，如果非共产主义政党参与了这个斗争，那么，共产党人就要使工人群众对非共产主义政党在斗争中随时有可能叛变，及早有所准备。共产党人应当尽可能地加剧紧张的局势，并争取于必要时能独自继续进行斗争（参看德国统一共产党的《公开信》，这是对这个策略最好的说明）。如果共产党利用报刊和工会所施的压力还不能把无产阶级联合起来投入战斗，那么，它就必须独自领导无产阶级相当大的一部分群众去进行战斗。它必须把无产阶级中进行战斗的少数人组织起来，克服群众的消极情绪。

这个维护无产阶级切身利益的独立政策，即维护无产阶级中最积极、最觉悟的一部分群众的切身利益的独立政策，只有在下列情况下才能取得成就，才能唤起落后的群众：如果斗争的目的是从具体环境中产生，并已为广大群众所理解；如果广大群众把斗争的目的看做是自己的目的，即使他们还不能为达到目的而独立进行斗争。

共产党不应只限于保卫无产阶级，使它避免面临的危险，使工人群众免受频频不断的打击。在世界革命时期，共产党实质上是一个向资本主义社会进攻和冲击的党，它必须把一切防御性的斗争广泛深入地开展起来，使之变成**对资本主义社会的冲击**。它必须在一切具备适当条件的地方，极力设法直接引导工人群众去实行这种攻势。由此可见，所有在原则上否定对资本主义社会采取进攻政策的人，都是违反共产主义基本原理的。

资产阶级阵营内部的斗争在国内和国际上的尖锐化，是采取攻势的第一个条件。当资产阶级阵营内部的斗争已发展到使工人阶级有可能同涣散的敌人相周旋时，党必须掌握主动，以便在缜密做好政治上的准备和尽力做好组织上的准备之后，引导群众投入斗争。

一些重要部门的工人群众的强烈不满情绪是广泛采取攻势的第二个条件，这会使整个工人阶级结成统一战线来反对资本主义政府。在运动蓬勃发展的情况下，必须扩展战斗口号，而在运动发生逆转时，共产党就要引导斗争中的群众尽可能有条不紊地依次退出战斗。共产党要根据具体情况来决定是采取防御性斗争还是进攻性斗争。最重要的是，共产党要具有战斗的决心和充满进攻的精神，要善于通过自己的全部宣传鼓动工作和组织工作，通过自己的斗争来克服工人群众先进队伍中的中派主义消极等待情绪。这种经常性的战斗决心和进攻意志，应成为群众性的共产党的一个显著特征。这不仅因为群众性的党有进行斗争的责任，而且因为当代的整个形势显示出资本主义日趋崩溃、群众日益贫困。必须**缩短崩溃的过程**，否则，共产主义的一切物质基础将遭到破坏，工人群众的热情将受到压抑。

七、三月发动的教训

三月发动是德国统一共产党由于政府袭击中部德国的无产阶级而被迫采取的一次行动。

党在这个建党以来第一次采取的大规模战斗中，犯了一系列错误，其中最重大的一个错误，就是没有十分明确地指出斗争的防御性质，而号召采取攻势。这使得无产阶级的卑鄙敌人——资产阶级、社会民主党和独立社会民主党找到借口，在无产阶级面前指责德国统一共产党唆使"盲动"。由于党内许多同志竟然进而认为，在当前的形势下采取攻势是党的主要斗争方法，这个错误就变得更为严重了。对于这种错误的观点，党的领导机关，由党的主席布兰德勒同志出面，已经加以驳斥了。

共产国际第三次代表大会认为，三月发动是向前迈进的一步。三月发动是几十万无产者反对资产阶级的一次英勇斗争，因而担负起保卫中部德国工人利益的德国统一共产党表明了自己是德国革命无产阶级的政党。代表大会认为，德国统一共产党如果能使自己的战斗口号更加符合实际情况，如果能审慎地研究实际情况并使群众的行动协调一致，它就能更加顺利地领导群众的行动。

为了慎重考虑斗争的一切可能性，德国统一共产党应当倾听那些对实际情况的反映，那些认为难于采取行动的意见，并应细心检查反对采取行动的说法的根据。

但是，只要党的组织已决定采取某一行动，全体同志就必须服从党的决议，积极参加这一行动。对行动的批评，只能在行动结束之后提出。这种批评，只能在党的机关内进行，并要考虑党在其阶级敌人面前的处境。

八、直接斗争的形式和手段

斗争的形式和手段以及斗争的规模，也同进攻或防御问题一样，是由某种不能随意创造的条件造成的。过去的革命经验告诉我们，局部行动的形式有两种：

1. 工人阶级个别阶层的局部行动（德国和英国煤矿工人、铁路工人的行动，农业工人的行动等等）。

2. 整个工人阶级在争取实现某种目的的斗争中采取的局部行动（卡普叛乱期间的行动，英国煤矿工人反对英国政府武装干涉俄波战争的行动）。

这种局部斗争，从地域上说，有的发生在个别地区，有的发生在整个国家，有的则同时发生在许多国家。

在每个国家的革命进程中，所有这些形式会交替出现。当然，共产党不能放弃单纯地区性的局部行动，但它应当极力促使工人阶级把每一较大的地方性行动变成普遍的斗争。正如党必须极力设法发动整个工人阶级去保卫某一工业部门的工人那样，也要去保卫在某一地区斗争中的工人，所以党必须尽力使其他工业中心的无产阶级行动起来。革命经验表明，战斗地区越广，胜利希望就越大。资产阶级为了应付日益发展的世界革命，一方面依靠自卫组织，另一方面则指望工人阶级涣散无力，迟迟不能组成无产阶级统一战线。参加斗争的群众人数越多，战斗的地区越广，就越加迫使敌人分散自己的力量。甚至在工人阶级的队伍暂时还不能调动自己的全部力量去支援那部分被围困的无产阶级的情况下，单单开始行动这一点，就足以迫使资本家分散自己的军事力量，因为他们无法知道这部分无产阶级队伍参加斗争会扩展到怎样的程度，以及参加斗争后会使斗争尖锐到怎样的程度。

在过去一年里，资本的进攻越来越具有卑鄙无耻的性质，在所有国家中都显示出这种情况：资产阶级不满足于国家机关的日常工作，因而建立了各种受到国家保护的、公开和半公开的自卫组织。这种组织在历次大规模经济冲突中，起了决定性的作用。

在德国，这种组织就是在政府支持下由形形色色的党派（从施廷内斯到谢德曼）联合而成的"统一的谢德曼组织"。

在意大利，这就是法西斯匪徒。他们的功绩是使资产阶级的心情发生巨大转变，使力量对比有了明显的根本变化。

在英国，劳合-乔治政府由于面临罢工的危险，乃求助于"志愿军"。他们的任务是接替罢工工人和破坏罢工工人的组织，以保卫私有制，维护"劳动自由"。

在法国，米勒兰集团公开控制的半官方指导性报纸《时报》，鼓吹进一步发展现已存在的"公民联盟"，并宣传在法国采用法西斯方法。

工贼和杀人犯组织，是过去美国自由制度所必需的附属品，而现在，它们的领导机关是从战争垃圾中招募来的美国军团。

自诩本身坚强有力的资产阶级，通过它所领导的政府清楚地知道，它只不过是得到一个短暂的喘息时机。在当前的情势下，每一次群众性罢工都有可能变成国内战争，变成无产阶级夺取政权的直接斗争。

在无产阶级反对资本进攻的斗争中,共产党人不只是要站在斗争的最前列,使斗争者认清革命的基本任务,而且还要依靠工业企业和工会中的优秀积极分子,建立自己的战斗组织和工人队伍,以便抵抗法西斯分子,使资产阶级纨绔子弟不敢肆意刁难和攻击罢工者。

鉴于反革命突击队起着非常强大的作用,共产党,特别是工会中的党支部,应当特别重视这一问题,要组织周密的侦察和通讯联系,要经常注视自卫军事机关及其实力的情况,监视其指挥部、武器库以及指挥部同警察、新闻界、各政党的联系,先期拟定详尽的全面防御和反击计划。

共产党应当以自己的言行促使广大无产阶级阶层懂得,每一次经济冲突或政治冲突,只要具备各种相应的条件,都能演变成为国内战争,而无产阶级在国内战争中的任务,就是夺取国家政权。

鉴于敌人实行白色恐怖和万恶的白色司法机关横行霸道,共产党应使无产阶级认识到,在起义期间决不能受敌人要求仁慈的言论的欺骗,必须通过组织人民法庭和采取无产阶级正义行动,来彻底消灭迫害无产阶级的刽子手。但是,当无产阶级还在准备斗争的时候,即在通过宣传鼓动、政治运动、罢工来发动无产阶级的时候,只有在下列情况下,使用武器和采取抵制行动才具有意义:必须阻碍敌人调遣军队去对付斗争中的无产阶级群众,或者必须在直接斗争中夺取敌人最重要的阵地。个别一些恐怖行为,不管如何证明它们是革命起义的行动,不管我们怎样把它们说成是反抗资产阶级及其走狗社会民主党人采用私刑的行动,都无助于提高无产阶级的组织性和战斗力。

九、对无产阶级中等阶层的态度

在西欧,除无产阶级外,没有任何一个人数众多的阶级能成为世界革命的要素。但在俄国，由于战争和土地贫瘠，除工人阶级外，农民也成了革命斗争的重大要素。但是在西欧，也有一部分农民和相当大的一**部分城市小资产阶级，以及所谓广大的中间阶层、职员等等**，生活条件日益恶化。物价上涨，住房短缺，对未来生活丧失信心——在这种种压迫下，他们惶惶不安，因而不能再对政治漠不关心，必须投入革命与反革命之间的斗争中去。在战败国中帝国主义的破产，在战胜国中和平主义和社会改良主义派别的破产，促使这些中等阶层的一部分人倒向公开反革命阵营，而另一部分则投入革命阵营。共产党必须密切注视这些居民阶层。除争取和组织农业工人外，争取小农接受共产主义思想是无产阶级专政获得胜利的最重要前提之一，这样，可使革命从工业中心转到农村，可为解决粮食问题这一革命的实际问题建立重要的据点。把广大的技术人员、店员、中下级官吏和知识分子吸引到自己方面来，有助于无产阶级专政在资本主义向共产主义过渡时期解决国家管理和经济管理问题。同时，把这些人吸引过来，可使敌人的队伍瓦解，并可粉碎社会舆论认为无产阶级地位孤立的看法。共产党应当密切注视小资产阶级各阶层中的不安情绪，甚至在他们还没有摆脱对资产阶级的幻想时，也要对这些阶层很好地加以利用。共产党应当把已经摆脱这种幻想的那部分知识分子和职员吸引到无产阶级战线上来，以便利用他们来诱导那些有不安情绪的小资产阶级群众。

经济崩溃以及因而导致的国家财政混乱，迫使资产阶级将其国家机构的支柱——中下级官吏置于日益贫困的地位。这个阶层经济状况的变动，直接影响到整个资产阶级的国家大厦，虽说这种冲突会暂时有所缓和，但资产阶级国家却越来越难以保持自己的组织基础，这正像在剥削制度下，资本不能保证雇佣工人的生活一样。共产党应当不顾国家的财政状况，敢于维护中下级官吏的利益，这就为摧毁资产阶级国家机构进行了一项非常重要的准备工作，培养出一批从事无产阶级国家建设的人员。

十、国际行动的协调一致

为了粉碎国际反革命阵线,为了发挥共产国际的一切力量,为了加速革命的胜利,必须竭尽全力地争取革命斗争有一个统一的国际领导。共产国际要求各国共产党在斗争时期互相大力支援。日益发展的经济斗争要求其他各国无产阶级尽可能迅速地采取支援行动。共产党人应当在工会中扩大影响,使工会不仅千方百计地反对向外输送工贼,而且根本不准向大部分无产阶级正在进行斗争的那些国家输送工贼。当某国的资本主义政府为了掠夺和侵略的目的而向另一国家施加暴力时,共产党不应仅限于提出抗议,而要采取一切措施制止该国政府的掠夺性进军。共产国际第三次代表大会赞赏法国共产党人的示威运动,因为这是他们在反对法国资本这一反革命的剥削力量的斗争中提高了积极性的开端。代表大会提示法国同志们要想方设法使占领区的法国士兵懂得,他们所扮演的是法国资本的奴仆的角色,因而应当拒绝执行交给他们的可耻的任务。法国共产党的任务是向法国人民说明:如果人民容许以民族主义精神来组织和培育法国占领军,那就等于是养痈遗患,自食其果。占领区的军队正在加紧培训,随后他们将使法国工人阶级的革命运动淹没在血泊中。由于黑人军队开到法国本土和占领区,法国共产党又增添了一项特殊任务。这使法国党有机会接近殖民地奴隶,向他们说明他们是在为迫害和剥削自己的人服务,号召他们起来同法国殖民地居民一起反对当前的制度。

德国共产党应以实际行动向德国无产阶级说明,不推翻德国资本主义政府,就不能对协约国的资本剥削进行斗争。因为尽管德国资本主义政府在高呼反对协约国,但它已成为协约国资本家的监工和中介人。德国统一共产党应通过对德国政府进行顽强、无情的斗争,以证明它不是在为破产的德国帝国主义寻求出路,而正相反,是在极力摆脱德国帝国主义,以便同法国和比利时的工人群众一起争取在共产主义基础上复兴欧洲。只有这样,德国统一共产党才能促使法国无产阶级群众增强反对法国帝国主义的斗争意志。共产国际向国际无产阶级指出,协约国资本家提出的赔款要求,意味着对战胜国①劳动群众实行强盗般的掠夺,而龙格分子和独立社会民主党人企图寻求一种好像使工人群众少受苦难的掠夺方式,这是向协约国交易所屈膝投降的怯懦行为,因而要向法德两国无产阶级指明恢复被破坏地区和改善孤儿寡母处境的唯一途径,并号召两国无产阶级对他们的剥削者展开共同的斗争。德国工人阶级只有通过胜利的斗争使农业的俄国和工业的德国迅速联合起来,才有助于俄国无产阶级进行艰苦的斗争。在派遣军队参加奴役和瓜分土耳其的各个国家里,共产党的职责是采用一切手段使军队受到革命思想的影响。巴尔干各国共产党要竭尽全力痛击民族主义,并通过建立巴尔干共产主义联盟使胜利早日到来。保加利亚和塞尔维亚共产党的胜利,使可耻的霍尔蒂制度趋于崩溃,使罗马尼亚的贵族制度陷于瓦解,这将为大多数发达的邻国扩大农村的革命根据地。**无条件地支持苏维埃俄国**,一直是各国共产党的首要职责。它们不仅要坚决地反对侵犯苏维埃俄国,而且要千方百计地争取排除资本主义各国为阻挠苏维埃俄国同世界市场和各国人民的联系而设置的重重障碍。只有当苏维埃俄国恢复了本国经济,铲除了三年帝国主义战争和三年国内战争所引起的极端贫困的时候,只有当苏维埃俄国提高了本国人民群众的工作能力的时候,它才能以粮食和原料去支援将要取得胜利的西方无产阶级国家,才能保卫这些国家免于被美国资本所扼杀。

共产国际的世界性的政治任务,不是就某些重大事件开展示威运动,而是通过建立联合战线,来经常加强共产党人在不断的共同斗争中

---

① 此处疑俄文有误,似应为战败国。——编者注

的国际联系。不能预先肯定，无产阶级将在战线的哪一部分突破——是在无产阶级遭受本国和协约国资产阶级沉重压迫的资本主义德国，即站在灭亡或者胜利的十字路口的德国，还是在东南欧的农业国家，或是在资产阶级已经腐败透顶的意大利。因此，共产国际的职责是使世界战线各个部分的无产阶级都能发挥出最大的力量，而各国共产党的职责，则是竭尽全力支持共产国际各个支部所进行的决战。为此，在某个国家发生重大冲突时，其他各国共产党首先就得加剧本国的一切矛盾，使之发展成为公开的斗争。

十一、第二国际和第二半国际的崩溃

在共产国际成立的第三年里，**社会民主党和工会运动的改良主义领袖**在政治上进一步堕落下去，暴露出自己的面目。

同时，在这一年里，这些人企图从组织上联合起来，对共产国际转入攻势。在英国，工党和工会领袖在煤矿工人罢工期间，已表明他们的任务就是要破坏正在形成的无产阶级战线，有意识地维护资本家来反对工人。三业同盟的瓦解证明工会的改良主义领袖并不打算争取改善资本主义制度下的工人阶级的处境。在德国，社会民主党退出政府以后表明，它甚至不能起到战前旧社会民主党所起过的宣传鼓动上的反对党作用。它虽然以反对党的姿态出现，但它首先极力阻止工人阶级进行斗争。尽管在全国范围内德国社会民主党似乎是一个反对党，但它却在普鲁士组织了自卫分子对中部德国矿工的进攻，其目的是有意识地挑起矿工在共产党人尚未组织起自己的战斗队伍之前就进行公开的武装斗争。德国资产阶级不仅投降了协约国，而且为了满足协约国向它提出的要求，还要把德国无产阶级置于十分悲惨的境地。在这种情况下，德国社会民主党竟参加了政府，协助资产阶级使德国无产者沦为奴隶。

在**捷克斯洛伐克**，社会民主党调动军队和警察去抄工人共产党员的住宅和组织。**波兰**社会民主党以欺骗的手法来帮助皮尔苏茨基向苏维埃俄国发动强盗般的进军。它帮助本国政府把成千上万的共产党人关进监狱，并把共产党人逐出工会。共产党人尽管遭到种种迫害，但在工会中，大批群众日益团结在他们的周围。**比利时**的社会民主党人依然留在政府中，参与肆意奴役德国人民的勾当。第二半国际的中派政党和集团也和反革命政党一样，表现得卑鄙无耻。德国独立社会民主党人拒不接受德国共产党的这一号召：尽管存在着原则上的分歧，但为了反对工人阶级日益恶化的处境，要建立起统一战线。在三月战斗期间，独立社会民主党人坚决站在白卫政府方面反对中部德国的工人，而在他们帮助白卫分子采取恐怖手段取得胜利之后，在资产阶级社会舆论面前污蔑无产阶级先锋队是强盗、掠夺者和流氓无产者之后，竟又伪善地抱怨白色恐怖是残暴行为。尽管他们在哈雷代表大会上表示要支持苏维埃俄国，但在自己的报刊上却大肆诽谤俄罗斯苏维埃共和国。他们同俄国的一切反革命势力，同弗兰格尔、米留可夫和布尔采夫相勾结，支持了喀琅施塔得的反苏维埃共和国的暴动。这次暴动是国际反革命势力对苏维埃俄国采取新策略的开端，其步骤是先摧毁俄国共产党（这是苏维埃共和国的灵魂、心脏、骨骼和神经系统），然后就易于处理苏维埃共和国的尸体了。和德国独立社会民主党人一样，**法国龙格分子**也参与了这次反苏维埃俄国的进军，从而公开站到以实际行动维护反俄新策略的法国反革命势力一边。在**意大利**，塞拉蒂和达拉贡纳中派集团的政策，即逃避一切斗争的政策，助长了资产阶级的新气焰，使它得以借助法西斯白匪来控制意大利的全部生活。

虽然中派主义政党和社会民主党只是在所用的词句上有所不同，但它们至今并没有合并到一个国际中去。非但如此，中派主义各党已于今年2月间组成一个单独的国际组织，它有自己独特的政治纲领和章程。

这个第二半国际像钟摆一样，在高唱民主口号和空谈无产阶级专政口号两者之间摆来摆去。实际上，第二半国际不仅帮助了各国资本家阶级，增加了工人阶级内部思想上的隔阂，而且不惜让世界经济遭到资产阶级的彻底破坏，让世界一部分居民遭受战胜的协约国中的资本主义国家的奴役，为资产阶级出谋划策，提示如何实施剥削计划而不至于激起人民群众的革命行动。第二半国际不同于第二国际之处，只是在于它既害怕资本的势力（改良主义者和中派主义者都具有这个特点），也害怕明确表白自己的观点，以免彻底丧失对那些觉悟虽不高但有革命情绪的群众的影响。改良主义者和中派主义者在政治上的主要相同之点，表现在他们都在捍卫阿姆斯特丹工会国际这个世界资产阶级的最后支柱。中派主义者在他们还能产生影响的那些工会中，同改良主义者和工会官僚勾结在一起反对共产党人，他们采取开除工会会籍的手段来对付那些想使工会接受革命思想的共产党人，可见，他们的所作所为已表明他们和社会民主党人一样，都是坚决反对无产阶级斗争，都是反革命的急先锋。

今后，共产国际不仅要同第二国际、阿姆斯特丹工会国际进行坚决的斗争，而且要同第二半国际进行坚决的斗争。只有通过这种无情的斗争，不断向群众说明社会民主党人和中派主义者不仅不愿为推翻资本主义而斗争，而且也不愿为满足工人阶级最起码的迫切要求而斗争，共产国际才能消除这些资产阶级代理人对工人阶级的影响。只有**彻底消除自己队伍中的一切中派主义倾向**，这一斗争才能胜利进行到底。共产国际以自己的日常实践活动表明，它是一个采取共产主义行动的国际，而不是只讲共产主义词句和空谈理论的国际。共产国际是唯一的一个国际无产阶级组织，因为它能够根据自己的原则领导反对资本主义的斗争。必须大力加强它的内部团结、它的国际领导作用和它的活动，使它真正能够实现它的章程中所规定的目的：" 组织各国无产者的共同行动，以期达到这一目的：**推翻资本主义，建立无产阶级专政和国际苏维埃共和国**。"

共产党的组织建设及其工作方法和工作内容

（提纲）

一、总　则

1. 党的组织应当适应于党的活动条件和目的。在无产阶级进行革命的阶级斗争的各个时期，以及在随后的向社会主义（共产主义社会发展的第一阶段）过渡的时期，共产党应成为领导无产阶级先进队伍的先锋队。

2. 共产党不可能有一种绝对正确的、一成不变的组织形式。无产阶级从事阶级斗争的条件，在发展过程中不断发生变化，这就促使无产阶级先锋队必须经常寻求适当的组织形式。同样，各个国家在历史上形成的特点也要求各个党具有独特的组织形式。

但这种差别是有一定限度的。尽管在各个国家中，在无产阶级革命的各个阶段，无产阶级从事阶级斗争的条件各不相同，但所具有的共同因素对国际共产主义运动却具有重大的意义。这个共同因素也就成为在各国建立共产党的基础。

因此，必须力求现有的共产党在组织上能不断得到合理的发展，而不要考虑以新型的党来代替它，或者想寻求某种绝对正确的组织形式和尽善尽美的章程。

3. 对大多数共产党来说，因而也就是对世界革命无产阶级的总的政党组织——共产国际来说，它们的共同任务是要同占据统治地位的资产阶级作斗争。战胜资产阶级，夺取资产阶级掌握的政权，是各国党最近期间最主要的任务。

因此，资本主义各国的共产党在进行各种**组织工作**时，要把主要注意力放到建立那种能保证无产阶级革命战胜有产阶级的组织上。

4. 要想取得成效，每一次行动都需要有坚强的**领导**。尤其是这个世界历史上最伟大的斗争，更需要这种领导。共产党的组织就是在无产阶级革命时期实行共产主义领导的组织。

要想进行卓越的领导，党本身就需要有坚强的领导。因此，我们的组织工作的基本任务就是建立组织，并由坚强可靠的共产党机关来培养无产阶级革命运动的忠诚领导人。

5. 领导革命的阶级斗争要求共产党及其领导机关既要尽力提高战斗力，又要极其适应不断变化着的斗争条件。

此外，要想进行卓有成效的领导，就必须**同无产阶级群众保持最密切的联系**。没有这种联系，领导人就不能**引导**群众前进，充其量也只不过是跟着群众走。

在共产党的组织中，这种有机的联系是通过民主集中制建立起来的。

二、关于民主集中制

6. 共产党组织的民主集中制，应当是集中领导和无产阶级民主的真正结合。这种结合，只有在整个党组织经常进行共同**活动**、经常进行共同**斗争**的基础上，才能实现。

共产党内的集中，并不是形式上的或机械的集中，而是**共产主义活动的集中**，即建成既强有力而又机智灵活的**领导**。

形式上的或机械的集中，乃是党内官僚集中掌握"权力"，用以统治党内其他成员或党外革命无产阶级群众。只有共产主义的敌人才会说，共产党企图通过领导无产阶级的阶级斗争，通过实行集中的共产主义领导来统治革命无产阶级。这是一派胡言。党内矛盾或争夺统治权的斗争，是与共产国际所通过的民主集中制原则决不相容的。

在以往非革命工人运动的组织中，也同在资产阶级国家的组织中一样，盛行某种二元论，即"官吏"和"人民"之间的二元论。在资产阶级颓废思想的影响下，组织中出现了职能的明确划分现象，劳动者的有机联系完全被形式上的民主所代替，整个组织分裂成为积极的官吏和消极的群众。就连革命的工人运动也在某种程度上受到资产阶级的影响，存在着形式主义和二元论的倾向。

共产党必须通过经常不懈的政治工作和组织工作，并经过**多次**改善和改组来彻底克服这种矛盾。

7. 在把群众性的社会党改造成为共产党的时候，不应只限于把一切权力转交给党中央而不改变其整个旧的制度。为了使集中不致成为一种空谈而能真正实现，就必须使社会党成员感到，实现集中能使**他们的共同活动和战斗力得到真正的加强和发展**。否则，集中就会被群众看做是党的官僚主义化，他们就会对一切集中、一切领导、一切严格纪律产生反感。官僚主义发展到极端就成了无政府主义。

单单形式上的民主，既不能消除组织中的官僚主义倾向，也不能消除无政府主义倾向，而实行形式上的民主，在工人运动中会滋长无政府主义倾向。

因此，如果我们想通过形式上的民主来求得组织的集中领导，即实现强有力的领导，那是办不到的。为此，首先必须既要发展和保持党的领导机关与党员之间的有机联系和相互关系，又要发展和保持党与党外无产阶级群众之间的有机联系和相互关系。

三、关于共产党人的工作义务制

8. 共产党应成为**进行革命马克思主义教育的工作机构**。党同党的各个机关和党员的有机联系,是通过党组织内的共同日常工作建立起来的。

在那些合法的共产党内,大多数党员至今还没有充分参加党的日常工作。这是这些党的主要缺点,也是它们不能稳步向前发展的原因。

9. 工人政党在开展工作的初期,易于满足于接受共产主义纲领,满足于在宣传工作中以共产主义学说代替旧学说、以共产主义工作人员代替反共产主义的官僚。可是,党接受共产主义纲领,只能说明它愿意成为共产主义政党。如果没有共产主义行动,如果大多数党员依然抱消极态度,那么,党就连接受共产主义纲领后所应承担的最低要求也做不到了。要知道,实施纲领的最重要的要求,就是**吸引全体党员经常参与日常工作**。

共产党组织的工作要点是:调动一切力量来开展无产阶级的阶级斗争;合理地分配党员应进行的党务工作;通过党员经常吸引广大无产阶级群众参加革命运动;不是凭借力量,而是凭借毅力、经验、才干和智慧等方面的威望和优势,来保持对整个运动的坚强领导。

10. 共产党要想拥有真正积极的党员,必须使他们每个人都能把当时条件下所具有的全部力量和全部时间用于党的工作。当然,加入共产党,除应具有共产主义信仰外,还必须办理正式登记手续,在某些情况下先做预备党员,然后才能成为正式党员;另外,要按时缴纳党费,订阅党报等等。但最重要的是,每一个党员都要参加党的日常工作。

11. 为了参加日常工作,每个党员都得加入一个**较小的工作机构**,如委员会、工作组、小组、党团或支部。只有这样,才能保证正确地分配、执行和领导党的工作。

当然，党员必须参加地方组织的党员大会。在具备合法条件的情况下，不应以地方代表会议来代替这种定期的党员大会。正相反，**全体**党员都必须按时参加这种大会。但是，只做到这一点还是不够。要预先由较小的工作组或个别负责同志充分做好这种大会的准备工作，这同准备与卓有成效地发动公开的工人集会、游行示威和群众性行动的情况是一样的。只有人数不多的工作小组，才能仔细研究和缜密拟定这种活动的多方面的任务。如果许许多多工作小组中的党员没有经常进行这种日常工作，那么，在参加工人阶级的阶级斗争时，即使付出最大努力，也只能对斗争发生虚弱、无益的影响，而不能把一切旺盛的无产阶级革命力量联合成为一个统一的、有战斗力的共产党。

12. 应当建立共产党的核心，以领导党的各种活动的日常工作，如家庭宣传、党校工作、报纸服务、推销书刊、情报工作、联络工作等等。

在工厂企业、工会、劳动组合和军队中，以及在即使只有几个党员或预备党员的一切地方，共产党支部是开展党的日常工作的基本核心。在同一企业或工会中，如果党员人数很多，支部应扩大成为党团，其工作由共产党的核心来领导。根据广义的一般原则需要组织反对派时，或者需要参加原有党派的工作时，共产党人应通过自己的支部极力争取在其中起到领导作用。

共产党支部是否应当公开进行活动，或者打出共产主义旗帜来进行活动，应根据不同情况仔细研究利弊之后来决定。

13. 实行党内普遍的工作义务制和组织人数不多的工作小组，是群众性的共产党的一项特别艰巨的任务。这项工作不能贸然从事，它要求有沉着镇静、深思熟虑和坚决果断的精神。

特别重要的是，在全面讨论这一问题之后，这项组织工作要根据新的原则非常审慎地进行。如果按照某一固定方案,把组织中的全体党员划分为若干人数不多的支部或小组,要他们参加党的一般日常工作,这当然是很容易做到的。但最好不要这样做,因为这会立即引起党员对这种新做法的不满和反感。

特别提示党的领导机关,要事先同许多优秀的组织者,即同那些洞悉国内各主要中心地区运动总形势的、忠诚可靠而又积极肯干的共产党人仔细商讨,然后再详尽拟定这种新做法的基本原则。接着,指导员、组织员或组织委员会要很好地准备当前的工作,选出第一批小组领导人,并着手开展活动。随后,要向各个组织、工作小组、支部和各个党员提出一些具体任务,并使他们认识到这种任务是势在必行的、合情合理的和切实可行的。必要时,可以通过实例来说明应当如何执行这项任务。同时,要十分注意那些应加以特别防范的错误。

14. 这项重新组织的工作应当切实地、逐步地来进行。因此,在各地方组织中,最初不应组织过多的新支部或工作单位。通过一段短期的实践,首先应做到:使大企业和工会中所建立的支部能完全正确地行使职能,在党的工作的其他方面安排好必要的工作组,而且使工作大致就绪(例如,在情报、联络、家庭宣传、妇女运动、散发报刊、失业者运动等方面)。在新的组织机构还没有安排好自己的工作之前,不应轻率破坏旧的组织形式。

但是,各地的共产党组织都必须竭尽全力地执行这一基本工作任务。这项重大的要求,不仅要向合法的党提出,而且也要向一切非法的党提出。只要无产阶级群众斗争的一切活动中心还没有广泛建立起共产党的小组、支部、党团和工作组,只要我们这个具有明确目标的强大的党的每个成员还没有参加日常的革命工作,还没有把参加这种工作变成自己的自觉行动,党就应当尽一切力量来执行这项任务。

15. 这项基本的组织工作,要求党的各级领导机关不断地、坚持不懈地直接领导党的工作,并且系统地指出党的工作方向。这就要求党机关的领导同志付出巨大的精力。共产党的领导机关不仅要使全体同志都有工作可做,而且要在特殊的工作条件中确切掌握方向,有计划而干练地帮助和指导他们的工作,注意发现自己工作中的错误,根据取得的经验改进工作方法,但决不能忽视斗争的目的。

16. 我们整个党的工作就是进行实际斗争或理论斗争。或者是为这种斗争做准备。但进行这种斗争的专门技能,一直掌握得很差。在很多十分重要的工作部门中,党至今只是偶尔做了一些工作。例如,合法的党对政治警察进行的特殊斗争,就是这样。对党员同志的指导工作,通常只是偶尔进行一次,而且做得非常肤浅,以致很多党员对于党的大部分具有原则性的重要决议,甚至党纲和共产国际的决议竟一无所知。所有党的组织、所有党的工作小组都要经常进行指导工作,并要不断争取提高进行斗争的专门技能。

17. 汇报工作是共产党组织的一项职责。所有的党组织、党机关和各个党员都要承担这项职责。一般的工作报告,应在短时期内按时提交。此外,还应提交执行党的特殊任务的专门报告。经常汇报工作,使这项职责成为共产主义运动的一个固定不变的制度,是十分重要的。

18. 党应当每隔三个月向共产国际的领导机关汇报一次工作。每个地区的党组织必须向其邻近的领导机关汇报工作(例如,地方组织每月要向有关的省党委汇报工作)。

每个支部、党团和工作组必须向其实际领导机关汇报工作。每个党员必须(例如每周一次)向他所在的支部或工作组(或组长)汇报工作,并向委派给他特殊任务的党机关汇报任务的执行情况。

只要遇到适当的机会,就应当立即提出汇报。如果党或委派任务的机关没有要求书面汇报,则可作口头汇报。汇报必须简短扼要、内容充实。听取汇报的人应对不得公开的材料负保密之责,并将重要的汇报材料立即转交党的有关领导机关。

19. 这些汇报材料，当然并不仅限于阐述报告人本身的工作。汇报中还应当包括工作中所发现的对我们的斗争有利害关系的情况，特别是那些促使我们改变或改进我们未来活动的情况。还应当提出工作中所发现的必须加以改正的意见。在一切共产党支部、党团和工作组中，对于所接到的和所要提交的汇报，必须加以讨论。讨论汇报应成为一种工作制度。

支部和工作组应设法使个别党员或某些党员经常监视敌对组织的活动，特别是那些具有小资产阶级性质的工人组织、首先是社会党组织的活动，并提出这方面的报告。

四、关于宣传鼓动

20. 在公开革命起义之前，我们最通常的任务是进行革命的宣传鼓动。这项活动和它的组织工作大都是按老一套方式来进行，即偶尔在群众集会上进行宣传鼓动，在演说和散发的小册子中并没有特别考虑到具体的革命内容。

共产党的宣传鼓动应扎根于无产阶级群众之中，应依据工人的具体生活、共同利益和愿望，特别是要依据他们的共同斗争来不断加强。

共产党人的宣传工作最重要的是要有革命的内容。从这一观点出发，在各种不同的情况下，对具体问题提出的口号和采取的态度，都要非常慎重地加以考虑。为了对每个问题都能采取正确的态度，不仅要经常对专职的宣传员和鼓动员给予详尽的指导，而且对其他所有党员也应如此。

21. 共产党的宣传鼓动的主要方式是：对个人的口头劝导，参加工人的工会运动和政治运动，通过党的报纸和书刊产生影响。无论合法的党或是非法的党，每个党员都应通过某种方式经常参加这项活动。

对个人的口头宣传是一项首要的有计划和有组织的鼓动工作，应由为此而专门建立的鼓动员小组到各家去进行。在地方党组织活动范围内的每户人家，都应受到这项鼓动工作的影响。在大城市，利用宣传画和传单专门组织的街道宣传鼓动工作，往往会收到很好的效果。此外，企业和机关中的支部或党团，应结合散发书刊对个人经常进行宣传鼓动。

在居民中有少数民族的国家里，党有责任在少数民族的无产阶级阶层中进行必要的宣传鼓动工作。当然，这项工作要用该少数民族的语言来进行。为此，必须建立相应的党机关。

22. 在那些大多数无产阶级群众还没有自觉革命愿望的资本主义国家里，在进行共产主义宣传时，要不断探索好的工作方法，以便经常关注那些开始具有革命意识的工人，引导他们参加革命运动。共产党的宣传及其提出的各种口号，应善于在各种不同情况下支持工人在其意识中和反对资产阶级的传统和倾向中产生的日益成熟的革命倾向，虽然这种革命倾向还是不自觉的、动摇的和半资产阶级的。

此外，共产党的宣传不应满足于只提出无产阶级群众当前的、有限的、模糊不清的要求和希望。这种要求和希望的革命萌芽，只是扩大我们影响的一个必要的出发点。因为无产者有了这个出发点，才能自觉地去理解和接受共产主义。

23. 共产党对无产阶级群众进行的宣传鼓动工作，应使斗争中的无产者把我们共产党组织看成是领导他们共同行动的勇敢的、有远见的、有毅力的和最可信赖的领袖。

为了做到这一点，共产党人应当参加**工人阶级的一切通常的冲突和运动**，要在工人和资本家之间有关劳动时间、工资、工作条件等等的一切冲突中**捍卫**工人的利益。此外，共产党人应当悉心研究工人生活中的具体问题，要帮助工人分析这些问题，让他们注意资本家胡作非为的勾当，帮助他们切实地弄清资本家提出的要求，尽力发挥工人的团结精神，使他们认识到工人利益的共同性，认识到国内全体工人作为统一的工人阶级（世界无产阶级大军的一个组成部分）在事业上的共同性。

只有通过这种日常必须进行的琐碎工作，通过经常奋勇地参加无产阶级的一切斗争，"共产党"才能变成**共产主义**政党。只有这样，它才有别于腐朽的、唱高调的、七拼八凑起来的社会党，而社会党的活动只不过是吸收党员，空谈改良和利用议会"不切实际的可能性"。全体党员群众自觉而又奋勇地参加被剥削者对剥削者每天进行的斗争和冲突，不仅是争取无产阶级专政的必要先决条件，而且在很大程度上也是实行无产阶级专政的必要先决条件。

只有**在反对资本暴力的日常斗争中对工人群众实行领导**，共产党才能真正成为工人阶级的先锋队，因为这样它才真正学会了领导无产阶级，并且自觉地做了彻底消灭资产阶级的准备。

24. 特别是在罢工、同盟歇业和其他大量解雇工人的情况下，要把大批共产党人发动起来去参加无产阶级运动。

如果共产党人援引共产党纲领，认为只能进行最后的革命武装斗争，从而对工人争取稍微改善自己生活条件的日常斗争抱消极、蔑视、甚至反对的态度，那他们就会犯**极大的错误**。不管提出的要求多么微小，只要工人现已准备为此而对资本家进行斗争，共产党人就必须参与这一斗争。当然，我们的宣传鼓动工作不应使人们认为，我们共产党人在盲目鼓动无谓的罢工和其他轻率的行动。共产党人在斗争着的工人眼中，应当是他们的最宝贵的战友。

25. 工会运动的实践表明，有些共产党支部和党团对面临的一些最通常的问题，往往显得一筹莫展。它们**只是**宣传共产主义的**一般**原则，而在具体问题上则采取庸俗的工团主义的否定态度。这样做当然很容易，但不能收到任何效果。我们这样做只能是为阿姆斯特丹黄色工会领袖们效劳。

共产党人应依据每个具体问题的实际内容来确定自己的革命态度。例如,他们不应只满足于从理论上和原则上反对一切**工资合同**,而应首先直接反对阿姆斯特丹领袖们提出的工资率的实际内容。当然,一切压制无产阶级战斗决心的做法,都应加以谴责,并应同这种做法进行坚决的斗争;很明显,资本家及其阿姆斯特丹走狗企图用这种工资合同来捆住斗争着的工人的手脚,因而共产党人义不容辞地要向工人揭露他们的企图;通常,在进行这种揭露时,共产党人最好能提出使工人不受束缚的工资率。

对工会中的互助储金会和**救济机构**采取类似的态度,也是非常适当的。由互助储金会筹集斗争基金和资助罢工者,这样做本身是很可贵的。从原则上说,反对这种做法是不妥当的。只有阿姆斯特丹领袖们所要采取的那种筹集和使用资金的做法,才违背工人阶级的革命利益。

在工会的医疗互助会方面,共产党人要求取消另外缴费、取消对自愿资助的限制条件,是完全恰当的。但是,如果有些会员仍然愿意另外缴费,以便在患病时得到帮助,在这种情况下,我们如果过于阻止他们,会使他们产生误解。所以,首先必须大力进行个人宣传,使他们摆脱小资产阶级的意向。

26. 对工会中的社会民主派领袖和其他小资产阶级领袖作斗争时,也同对各式各样工人政党作斗争时一样,不能指望劝说会对他们产生任何效果。必须坚决地开展对他们的斗争。但是,只有把他们的拥护者分化出来,使工人们相信这些背叛社会主义的领袖在为资本主义效力,才能制服他们,取得成果。因此,必须尽可能使这些领袖不得不显露原形,然后对他们发动坚决的进攻。

只是辱骂阿姆斯特丹领袖是"黄色"领袖是不够的。要经常用实例来证明他们的"黄色"本性。他们在劳工协会、国际联盟的国际劳动局、资产阶级内阁中的所作所为，他们在各种集会和议会中的背叛言论，他们在数百种报纸上发表的大量安抚性文章的主要论点，尤其是在准备和进行争取提高工资和改善劳动条件的运动时（即使运动的规模极小），他们的摇摆不定和犹豫不决的态度，以及他们提出的建议、作出的决议和发表的演说，都能说明和显露阿姆斯特丹领袖们反复无常的背叛行为，证明他们是十足的"黄色"领袖。

共产党支部和党团应经常进行实际的斗争。基层的工会官僚，由于自己软弱无力（有时虽然是出于善意），便用工会章程、工会代表大会的决议和工会中央理事会的指示作为挡箭牌。但是他们的种种搪塞之词都不应成为阻挡共产党人勇往直前的障碍，而共产党人却应坚决要求基层的工会官僚明确回答如下问题：他们打算采取什么办法来排除这些显而易见的障碍，他们是否准备同工会会员一起为克服这些障碍而公开进行斗争。

27. 共产党人参加工会组织的代表大会和代表会议，应由党团事先做好周密的准备工作，例如，应拟就自己的提案，选出报告人和发言人，提出有才干、有经验、精力充沛的同志做候选人等等。

共产党组织也应当通过自己的鼓动员小组，对敌对的党派所组织的一切公开的工人集会、竞选大会、游行示威、工人政治节日的活动等等，做好周密的准备工作。在共产党人召集公开的工人大会的地方，为数众多的鼓动员小组在大会召开之前以及在大会进行期间，都应尽可能按同一计划来进行共同活动，以便有组织地充分利用这次大会。

28. 共产党人应经常设法使那些**没有组织起来的**、觉悟低的工人受到党的影响。我们应当通过支部和党团劝导他们参加工会和阅读我们的党报。还可以利用其他工人组织，如消费合作社、战争蒙难者组织、文教协会、科学小组、体育小组、戏剧小组等等，来传播我们的影响。在共产党必须秘密进行活动的地方，上述工人组织可以由党员、也可以由党外人士发起组成，但必须征得党的领导机关的同意并受其监督（作为同情者的组织）。共产主义**青年**组织和**妇女**组织也可以通过开办讲习班、举行文艺晚会，组织旅行、庆祝会和野餐会等，使许多不关心政治的无产者对一般组织生活发生兴趣，然后再使他们同组织建立密切联系，从而吸引他们进行有益于我们党的辅助工作（散发传单和党的报刊等等）。通过积极参加共同的活动，他们将易于摆脱小资产阶级的习性。

29. 为了使劳动人民中的**半无产者阶层**同情革命无产阶级，共产党人应当利用他们同大地主、资本家和资本主义国家的特殊阶级矛盾，并通过经常不断的宣传工作，使他们消除对无产阶级革命所抱的怀疑态度。这往往需要同他们保持长期的接触，热情关心他们的生活需要，向他们义务提供消息，在他们遇到需要克服的困难而自己又无能为力时，对他们给予帮助，吸收他们加入专为他们设立的免费教育机构。这样，就会加强他们对共产主义运动的信任。同时，对于那些在雇农、家仆和当地其他半无产者心目中享有威望的敌对组织和人员所起的影响，必须审慎地并坚持不懈地予以反击。对于劳动者根据自身体会已认清是剥削者的那些明显敌人，必须加以揭露，指出他们是万恶资本主义制度的代表和化身。日常生活中显示出来的小资产阶级民主和"法治国家"这两种理想之间的相左情况，在共产党的宣传鼓动工作中，应当积极地而通俗地加以阐述。

农业地区的每个地方组织都应当分派自己的党员去担任家庭宣传鼓动工作，并把这项工作普及到郊区的所有农村、庄园和各个农户。

30. 至于在资本主义国家陆海军中的宣传工作，每个国家都应自行寻求一套适当的办法。以和平主义精神进行反军国主义的宣传鼓动是极端有害的。这只会帮助资产阶级去解除无产阶级武装。无产阶级在原则上要摒弃资产阶级国家和整个资产阶级的一切军事组织，要极其坚决地同它们进行斗争。但同时，要尽量利用这种组织（军队、射击协会、民兵等等）来促进工人的军事训练，以准备进行革命战斗。这就是说，加强宣传鼓动工作不是为了反对青年和工人的军事训练，而是为了反对军国主义制度和军官的专横行为。必须坚决利用一切可使无产阶级掌握武器的机会。要使士兵认识清楚，在军官优越的物质享受、军官对待士兵的恶劣态度、士兵毫无社会保障等方面所显示出来的阶级矛盾。此外，在对士兵进行宣传鼓动时，必须向他们说明，他们的整个前途是与被剥削阶级的命运紧密联系在一起的。在酝酿革命的初期，鼓动由陆海军士兵民主选举指挥人员，鼓动成立士兵苏维埃，会带来很大的好处，因为这可以摧毁资产阶级的阶级统治的支柱。在进行宣传鼓动时，要随时特别注意和竭力反对资产阶级的特种阶级部队，尤其要反对资产阶级招募来的武装匪徒。要根据他们的社会成分和堕落行为，于必要时着手有系统地对他们的队伍进行社会分化。对于那些具有同一阶级性的组织，例如军官大队，应在全体居民面前揭露他们，使大家都痛恨和鄙视他们，使他们内部发生瓦解，从而陷于完全孤立的地位。

五、关于政治斗争的组织工作

31. 对于共产党来说，党的组织随时都要积极地进行政治活动。为了有组织地利用各种政治与经济形势及其发生的变化，必须在组织工作方面充分运用战略和策略。

不管党多么弱小，它总是可以利用那些激动人心的政治事件或影响整个经济生活的大罢工，来有步骤、有计划地组织和开展轰轰烈烈的宣传活动。当党决定这样做的时候，它就应当竭尽全力发动全体党员和党的一切工作部门投入这一活动。

首先必须利用党支部和工人小组在工作中建立的各种联系，在政治机构或罢工运动的各大中心组织群众集会，在会上，党的发言人应向与会者说明共产党为使他们摆脱困境而提出的口号。这种集会应由专门的工人小组周密、详尽地做好准备工作。如果党不能亲自召开这种集会，就应当派出适当的同志作为主要发言人和讨论参加者去出席罢工者大会，或无产阶级其他某种斗争方式的大会。

如果预料有可能争取到集会的大多数人或大部分人拥护我们的口号，那就应当设法把我们的口号变成条理清楚、论证透彻的提案和决议案。如果这种决议案在某处获得通过，那就应当力求在该地区或其他地区为开展这一蓬勃发展的运动而召开的一切集会上，大都能作出同样的或类似的决议，即使能在少数集会上争取到支持，也是好的。这样，我们就能使那些受我们思想影响的无产者阶层团结起来，使他们接受我们的领导。

在这种集会之后，从事集会筹备工作和实际参加集会的那些工人小组，应聚集在一起举行简短的座谈会，以便拟定向上级党委提出的报告，并总结出经验，从错误中吸取必要的教训，以利改进今后的工作。

我们的实际口号应根据具体情况以标语和小传单的形式传播给有关的工人阶层，或是向斗争中的工人散发传单。在传单中，我们要结合当前的形势和提出的口号向他们阐述共产主义思想。为了妥善地张贴标语，必须专门组织一些人去寻找适当的张贴地点，并应妥善地选择合适的张贴时间。

在企业内部、企业的大门口和参加运动的工人的必经地点，在集合点、雇工办事处、火车站等处散发传单时，应尽可能作些简短而有力的讲话，以便抓住参加运动的工人群众的心，对他们产生影响。篇幅较长的传单，应当尽可能只张贴在房屋内，如企业、大厅、住宅或其他醒目的地方。在大力进行这种宣传的同时，还应当在一切充满运动气氛的工会大会和企业职工大会上从事相应的活动。我党同志必须协助召开这种大会，或者干脆自行组织这种大会，派出适当的人员在会上作报告和讲话。我们的党报应大量报道这些特殊的活动,并应提出充分的论证来维护这种活动。总之,党的整个组织机构在一定的时期内应完全致力于这一主要活动,而不能有任何动摇。

32. 示威行动需要有极其机敏而又英勇的领导,因为领导上片刻都不能忘掉这个行动的目的,随时都要判断示威活动是否已经达到最高峰,在当时情况下是否可能进一步加强活动,把它扩大成为具有示威性罢工以至大罢工形式的群众行动。战时争取和平的示威运动向我们表明,即使在这种运动遭到失败以后,由于追求的目的具有伟大的现实意义,群众也必然会越来越关心真正战斗的无产阶级政党,尽管这个政党还处于非法地位,或者还十分弱小。因此,我们对所追求的目的不能稍有放松或停滞不前。

举行街头示威,最好依靠大型企业。首先,我们的支部和党团要有计划地做好准备工作,再通过口头宣传和散发传单形成一种适应当时情势的统一意志。然后,上级党委应召集企业中我党的代表,即支部和党团领导人举行会议,商讨和确定举行示威的日期、路线、集合地点和时间、口号的性质,并说明激化示威运动的意向及其开始和结束的时机。党内一些经过锻炼的、有组织经验和工作能力的干部,应成为示威运动的骨干。他们彼此应能保持有机的联系,经常接到必要的政治指示,而党的重要工作人员则应有系统地分布在示威人群当中。这样机智灵活地、在政治上有组织地领导示威运动,可为运动的蓬勃发展和转变为波澜壮阔的群众性行动创造良好的前提。

33. 共产党如果已拥有一定的力量,即已拥有经过考验的干部和相当多拥护党的群众,它就应当通过开展广泛的运动来彻底消除那些背叛社会主义的领袖对工人阶级的影响,以便使大部分工人群众接受党的政治领导。组织这种运动的方式,要根据具体情况考虑当时的斗争条件是否能取得对无产阶级的领导权,是否能站到无产阶级的前列,是否需要暂时停止进行而有所不同。党员人数的多寡，对组织行动的方法也会有决定性的影响。

例如，德国统一共产党这个年轻的群众性政党，为了能比有些地区更加广泛地吸引广大无产阶级阶层，就利用了所谓《公开信》的这种手段。

在无产阶级日益贫困、阶级对立日益尖锐的时代，为了揭露背叛社会主义的领袖，共产党要接近其他无产阶级群众组织，以便要求它们面对着无产阶级公开作出回答：它们是否准备同共产党一起为反对无产阶级急剧贫困化、为满足他们的最低要求、为争取一小块面包而进行斗争，它们是否准备利用自己的所谓十分强大的组织来进行这一斗争。

在共产党开始采取这种行动的地方，它应当在组织上做好一切必要的准备工作，使广大工人群众响应自己的行动。一切工厂中的党团和工会负责人中的党员，都应在最近召开的公开集会上，以及在最近举行的工厂工会大会上，对大会的各个方面做好周密的准备工作之后，提出包括无产阶级各项迫切要求的我们党的《公开信》问题。

凡是我们的支部或党团要争取群众赞同《公开信》的地方，为了培育或利用群众相应的情绪，都应巧妙地散发传单和张贴标语。在开展这一运动期间，我们的党报每天都要用固定的新观点阐述运动中的各项问题，有时作简短的说明，有时则作详尽的论述。各级党组织必须向党报提供当前的有关材料，要密切注意，使编辑人员不要在党报的版面上停止进行党的斗争。为了进行这种政治斗争，还要有计划地利用议会党团和市政机关中的党团。它们应根据党执行局的指示，向议会和工厂委员会说明这个业已开展起来的运动，以期该地区的一切单独行动以及正在开展的其他行动能汇合成为一个波澜壮阔的运动，使其越出个别职业利益的范围，提出某些共同的基本要求，以便通过一切组织的共同努力在该地区争取实现这些要求。在这种运动中，共产党要表明自己是决心进行战斗的无产阶级的真正领袖,而那些反对进行这一有组织的共同行动的工会官僚和社会党官僚,不仅在政治思想方面,而且在实际组织工作方面,都将陷于身败名裂的境地。

34. 在政治和经济冲突会引起新的行动和战斗的情况下,共产党要想掌握对群众的领导权,可以不提出某些特殊的要求,而在告人民书中直接向社会党党员和工会会员发出呼吁,号召他们不要逃避由于贫困和企业主加紧压迫而引起的冲突,即使他们的官僚主义领袖反对也要这样做,否则,他们就会沦于彻底毁灭。在这种运动中,党报特别是日报,每天都应给予支持,表明共产党人决心参加即将发生的或业已开始的贫困无产阶级的战斗,决心在当前的紧急关头竭尽全力支援一切被压迫者。每天都要评述,如果不进行这种斗争,工人阶级就不能为自己创造最起码的生活条件,而许多旧的组织却企图逃避或阻挠这种斗争。

工厂和工会的党团应当经常在会上向自己的伙伴说明,共产党人必须下定不怕牺牲的战斗决心,要一往直前。主要的是,要依据当时的情况,把业已发生的冲突和行动在组织上联合起来。已投入各行业和各企业斗争中的支部和党团,相互之间应当经常保持组织上的联系,而执行局也应当通过地区委员会和中央机构。立即动员负责人和党员干部参加一切行动,与斗争着的群众直接取得联系,以领导、扩大和加强运动,并组织统一的行动。各级党组织的主要工作是普遍探索各个冲突的共同点,把它提到首要地位上来,以便在必要时通过政治手段组织起共同的战斗。随着战斗的发展和扩大,有必要建立领导斗争的统一机构。如果某些工会中的官僚主义领导人在罢工中过早地退出战斗,就要及时地由共产党人来代替他们,以便保证斗争能有坚定果敢的领导。如果许多单独的行动已联合起来,就应极力组织统一的领导,并应尽可能使共产党人占据领导地位。如果善于在组织上做好准备工作,那么,通过工会党团、企业党团、工厂委员会、工厂大会,特别是通过罢工者大会,往往可以很容易地建立起统一的领导。

如果由于运动已经扩展开来,或者由于企业主组织和政府当局进行干涉而使运动具有政治性质,那就应当开始宣传并在组织上准备轰轰烈烈的工人苏维埃的选举。在这种情况下,党的一切报刊都应大力宣传:只有依靠这种从工人斗争中直接产生的机关,工人阶级才能不顾工会官僚及其社会党中的同伙的反对,通过无情的斗争求得真正的解放。

35. 已具备一定力量的共产党,特别是那些群众性的大党,应随时采取组织上的措施来准备进行群众性的政治行动。在举行游行示威和群众性的经济运动以及在开展一切局部性的行动时,要经常注意并坚持不懈地积累运动的组织经验,以便与广大群众建立日益紧密的联系。在有大中企业代表参加的党的重要干部扩大会议上,应反复讨论和评定近来一切大规模行动所取得的经验,以便通过企业代表建立更为坚强和牢固的联络网。党的领导人和重要干部同企业代表在互相信任的基础上建立的密切联系,是防止过早发起群众性政治运动的有力保证,从而可以使运动只具有当时情况下和党的影响下所能具有的规模。

党组织如果不与大中企业中的无产阶级群众保持紧密联系,共产党就无法领导大规模的群众行动和真正的革命运动。去年在意大利,以占领工厂这种极为突出的形式举行了无疑是革命的起义,结果失败了。所以会发生这种情况,一方面显然是由于工会官僚的背叛和政党领袖的无能,但另一方面,也是由于党和工厂之间没有通过有政治联系的、关心党的生活的可靠人士同工厂建立组织上的联系。同样,今年英国矿工的大罢工,显然也是由于这一缺点而丧失很大一部分政治意义。

六、关于党报

36. 共产党的报刊应不断加以发展和改进。

任何一种报纸，如果不服从**党的指示**，就不能认为是共产党的机关报。这项原则，只要不违背党的报刊在科学、宣传或其他方面所负的使命，应适用于党的一切出版物，如杂志、报纸、小册子等等。

党应当多关心办**好**报，而不要只注意多办报。每个共产党首先要有一份办得很好的**中央机关报**，最好是日报。

37. 共产党的报纸决不应变成资产阶级报纸以及所谓"社会主义"报纸那样的资本主义企业。我们的报纸应坚持**不受**资本主义信贷机关的**约束**。妥善地组织广告业务，对于维持报纸的生存至关重要，但对于合法的群众性政党来说，则决不应使报纸依靠大广告的收入来维持。相反，我们的机关报在一切无产阶级社会问题上坚持毫不妥协的立场，才有助于为自己建立崇高的威望。我们的报纸也不应投"大众"之所好，提供一些骇人听闻的或消闲解闷的消息；不应为了打入社交界而容忍小资产阶级作家和名记者的批评。

38. 共产党的报纸首先要关心被剥削的工人和斗争中的工人的利益。它应当是我们的优秀的宣传员和鼓动员，是宣传无产阶级革命的指导员。

我们的报纸应负的责任是：搜集全体党员的宝贵经验，并把这种经验作为指导方针下达给他们，以便不断检查和改进共产党的工作方法。在全国编辑人员会议上，必须交流这种经验，同时通过交换意见，使全党报刊尽可能在步调和方向上取得一致。这样，党的出版物和每一种报纸都将成为我们革命活动的优秀组织者。

如果共产党的报纸，特别是主要的报纸，没有自觉地进行这种总结性的组织工作，那么，党内的民主集中制和合理的分工就未必能够实现，从而党的历史任务也就未必能够完成。

39. 共产党的报纸应力求使自己成为共产主义企业，即成为**无产阶级的战斗组织**，成为革命工人、报社全体固定职工、排字工人、印刷工人、行政人员、发行人员、搜集地方资料人员以及讨论和整理资料人员等等的集体。

为使党报成为这种战斗的组织和生气勃勃的共产主义集体，必须采取一系列的实际措施。

每个共产党人，只要对党报有所贡献，只要为党报进行工作，他就同整个报纸有了不可分割的关系，党报就是他日常使用的武器。但这件武器必须天天锤炼和反复磨砺，使之锐利适用。只有不断取得大量物质上和财政上的捐助，共产党的报纸才能生存下去。只要合法的群众性共产党的报纸还没有得到广泛的传播，还没有在组织上巩固起来，因而不能独立存在，不能成为共产主义运动的物质支柱，党员就应当不断关心为报纸筹集经费，使它得到组织上的巩固并有所改善。

但是对于共产党人来说，只是为报纸热心筹募经费和进行宣传鼓动，那是不够的，他还应当是报纸的得力工作人员。对于本企业的党团或支部中发生的一切事情，对于从社会观点或经济观点出发值得注意的一切事件，从工伤事故到工厂大会，从虐待徒工到企业工作总结，都应当尽可能迅速地通知报社。工会中的党团应当搜集工会大会和工会书记处的一切重要决议和措施，以及我们的敌人的特殊活动情况，并将它们通知报社。会场上和街道上的动态，能使细心的党的工作者观察和判断各种事物的细节，并在报纸上报道这种材料，也就可以使那些漠不关心政治的工人也能看清我们是真正关怀工人生活的需要。

编辑部应当满怀热情地处理有关工人生活和工人组织的材料，把它们以简明新闻的形式加以报道，使报纸成为密切联系生活的、生气勃勃的劳动集体，或者是用这种材料作为实例来阐明共产主义学说，这是使广大工人群众了解伟大共产主义思想的一种最好方式。编辑部应尽可能安排时间，亲切地同那些来访的工人谈话，倾听他们表达自己的愿望和诉说生活上的苦难，并仔细记录下来用以充实报纸的内容。

显然，在资本主义制度下，我们的任何一种报纸都不能成为完善的共产主义劳动集体。但是，即使在非常困难的条件下，也能根据类似的原则来组织革命的工人报纸。我们的俄国同志在1912—1913年办《真理报》的实例，就可以证明这一点。它实际上是当时帝俄各主要中心地区有觉悟的革命工人的一个非常活跃的组织。这些俄国同志在一起编辑、印刷和发行这份报纸，同时，他们大都要从自己的工资中拿出钱来作经费。而报纸提供给他们的，则是他们所希望的东西，是他们在当时的运动中所需要的东西，而且这些东西今天还有助于他们的劳动和斗争。对党员以及对其他许多革命工人来说，只有这种报纸才能真正成为"自己的报纸"。

40. 直接参加党所领导的运动是战斗的共产主义报刊所共有的特点。当党的活动集中于某项运动的时候，党报应当在自己的版面上详尽报道这项运动，而不应只发表一些指导性的政论文章。编辑部应多处搜集材料来支持运动，并根据材料来调整和确定报纸的版面。

41. 我们的报纸应经常不断地进行**征求订户**工作。首先必须善于利用一切时机，如工人参加运动的时候，或者由于某种政治或经济事件而使社会生活发生动荡的时候；又如，在发生较大的罢工或同盟歇业时，报纸曾公开大力保卫斗争中的工人的利益，而在罢工或同盟歇业结束之后，就必须立即着手向参加过罢工的工人逐一征求订户。在罢工期间不仅要向企业和工会的共产党党团散发订阅单和进行宣传，而且要尽可能对参加斗争的工人大力开展挨户的宣传工作。

同样，在任何一次引起工人群众政治兴趣的选举运动结束之后，也要指派专人有计划地到无产阶级居住区进行挨户宣传。

在政治危机或经济危机虽未爆发，但广大工人群众通过物价上涨和失业等现象已感到这种危机时，要善于在宣传上利用这种情况，尽可能通过工会中的党团得到参加工会的工人的详细名单，以便分别征求他们订阅党报。经验表明，这种经常性的征订工作，最好在每月最后一周内进行。每个地方小组，在一年内即使有一个月没有利用最后一周，也是一种严重的失误。

推广报纸的人员不应放过任何一次工人集会和示威运动的机会，要利用它们的开始、间断和结束期间进行征订工作。

在支部和工厂党团的每次会议上，以及在工厂大会上，工会党团也负有征求党报订户的责任。

42. 党员还应经常保卫报纸，使它不受敌人的破坏。

全体党员应对资本主义报刊进行严厉的斗争，必须揭露和痛斥它的卑鄙行为、荒谬的论调和可耻的沉默态度。

必须经常对社会民主党和独立社会民主党的报刊发动攻势，以压制它们，但这种攻势不应变成浅薄的派别论战。必须揭露它们的背叛行为，因为它们企图用许多日常生活中的实例来抹杀大量的矛盾。我们在工会及其他组织中的党团，应竭力采取组织上的措施，使工会及其他工人组织的成员摆脱社会民主党报纸所产生的那种引起人们思想混乱和意气消沉的影响。无论是在工人住所，或者是在企业内，我们报纸的征订工作显然都是对社会主义叛徒的报刊进行针锋相对的斗争。

七、关于党组织的一般结构

43. 在扩大和巩固党的组织时，不应采取以地理区划为基础的形式主义方案，而要考虑到这一地区的经济上和政治上的真正特点，以及交通方面的技术条件。重点应放在**主要城市和工人群众聚集的大工业中心**。

在建党初期，往往从一开始就想立即在全国普遍建立起党的组织。虽然当时党的力量还极其有限，但却要把力量分散到全国各地去。这样做会削弱党的吸引力，妨碍党的发展。诚然，几年之后，党会建立起强有力的发达的官僚体系，然而却往往不能在某一主要工业城市中奠定牢固的基础。

44. 为了使党的活动能达到高度的集中，按照公式化的阶梯方式建立党的领导机关，并设立许多层次的上下级机构是不适宜的。应当极力以每个大城市（即政治经济生活中心和交通枢纽）为出发点，向该城市周围地区及其所辖政治或经济地域发展组织网。主要城市中的党委，是这个地区党组织的领导机关，它领导该地区的全部组织工作，指导该地区党的政治活动，并要同主要城市内的党员劳动群众保持密切联系。

由地区党代表会议或地区党代表大会选出并经党中央批准的地区组织员，必须定期参加主要城市的党的生活。地区党委应经常从主要城市的党员中挑选的干部，以便使该地区负责政治领导的党委同主要城市中的广大党员群众建立起紧密的有机联系。在进一步发展党组织的形式时，要力求使担任领导工作的地区党委同时也是本地区主要城市的政治领导机构。这样一来，领导各个地区组织的党委就将与中央委员会一起，在整个党组织中起到真正领导机构的作用。

地区党委所辖的地域当然不一定要同本地区的境界相一致。主要的是使地区党委能统一领导本地区内的一切地方组织。如果做不到这一点，那就应把地区划分开，成立新的地区党委。

同时，在幅员辽阔的大国里，党当然还需要有一些总的联络机关，不仅使中央委员会同各地区委员会（省委、州委等等），而且使区领导机关同各地方组织（区的或者各地段的机关）之间，能对接起来。诚然，在某些情况下，让某个联络机关（例如，党员人数众多的大城市的领导机关）担任领导工作，可能是合适的。但一般说来，应该避免这种地方分权的做法。

45. 整个党要**受共产国际的领导**。共产国际的领导机关对于所属某一政党的指示和决议，应速交（1）该党中央委员会，或（2）通过中央委员会转达负责某项专门业务的中央机关，或（3）送交所有党组织。

共产国际的指示和决议对于党、当然也对于每个党员是具有约束力的。

党的政策和日常活动，由领导机关通过自己的政治局和组织局负责指导。这个核心的领导机关应定期召开党中央领导机关全体会议，以便作出具有特别重大意义的决议。同时，为了确切掌握整个形势、党的实际情况、党的意志及其活动能力，在选举党中央机关时，必须照顾到全国各个地区都有适当的候选人。根据同样的理由，在中央机关的选举中，也不应压制策略上的重大不同意见；相反，应当让这种不同意见在中央机关里有所反映，应当让少数派意见的突出代表人物参加中央机关。但是，核心领导机关应当尽可能意见一致，以便不仅能凭借自己的威信，而且也能凭借中央领导机关内的一定的多数，甚至强大的多数来进行坚强可靠的领导。

具有广泛代表性的党中央机关，对于党来说，尤其是对于合法的群众性的党来说，有可能在严格遵守纪律和取得党员群众的绝对信任方面，在短期内为党中央奠定良好的基础。此外，还有可能迅速地发现党的重要干部当中发生的各种弊病和动摇现象，而立即予以纠正和克服。这样做，可以在一定程度上有效地防止这种病态在党内蔓延，也可以避免在将来的党代表大会上为清除这种病态而采取那种会产生惨重后果的措施。

46. 党的中央机关（中央委员会或扩大中央委员会）对党的代表大会和共产国际执行委员会负责。中央委员会以及核心领导机关，通常由党的代表大会选出，如代表大会认为适宜的话，可以委托中央机关从本身成员中选出核心领导机关：政治局和组织局。

47. 一切担任领导工作的党委，应在自己的内部实行**合理的分工**，以便有效地领导党的工作。此外，许多工作部门可能还需要设立专门的领导机构（例如，领导宣传工作、报刊定期发行工作、工会斗争、妇女工作、政治性红十字会工作、情报工作、联络工作等等）。每个专门领导机构受中央领导机关领导，或受地区党委领导。

担任领导工作的地区党委，直至党的中央领导机关，都要对所属各级组织的活动、职能和人员进行监督。在党的工作部门中有固定职责的一切党员，由上级党委直接领导。专职党员（如编辑人员、宣传员、组织员等）变换工作和调动工作地区，是理所应当的，但不应过于影响党的工作。编辑人员和宣传员也应定期参加某一工人小组的党的活动。

48. 党的中央领导机关也要像共产国际的领导机关一样，随时可以要求一切共产党组织及其机关和个别党员提供详尽的情报。必须让中央领导机关的代表和特派员参加一切会议，并享有否决权和发言权。党的领导机关应经常派出特派员，以便对地区机关和地段机关发出指示和通知。他们不仅可以发布政治性和组织性的书面文件，也可以直接给予口头指示。

中央委员会和各地区委员会之下应设立由久经考验的、富有经验的党员组成的监察委员会，负责监督出纳和会计工作。他们应定期向扩大中央委员会汇报工作。

任何一个党组织和党机关以及个别党员，都有权随时直接向党或共产国际的中央领导机关提出自己的意见、建议或申诉。

49. 对于党的领导机关的指示和决议，下级组织和每个党员都必须遵行。

领导机关有责任防止领导人员玩忽职守和滥用职权，但对此只能在形式上作出部分的规定。领导机关的职责在形式上规定得越少（例如在非法的党内），它们就越加需要听取党员的意见，力求经常获得可靠的情报，而且只有在经过全面慎重的讨论后，才可作出自己的决定。

50. 党员在公开发表言论时，必须**永远使自己体现出是战斗组织中的一个遵守纪律的成员**。如在某一问题上就做法是否正确有不同意见，应尽可能在公开发表言论之前，在党组织内求得解决，然后再根据决定行事。为了使党的每一项决议都能得到各级党组织和全体党员的贯彻执行，应当尽可能广泛吸引党员群众参加讨论和解决问题。各级党组织必须决定某一问题是否应由某些同志公开讨论（通过报刊、小册子），以及讨论的方式和范围。如果有些党员认为党组织或党的领导机关的决议是错误的，他们在公开发表谈话时也不应忘记：削弱或者**破坏队伍的团结**是最恶劣的**违反纪律的现象**，是革命**斗争**中最严重的错误。

在共产主义的一切敌人面前捍卫共产党，特别是捍卫共产国际，是每个党员的崇高职责。谁要是忘掉这一点，甚至当众攻击党或攻击共产国际，谁就要被当做党的敌人来看待。

51. 在制定党章时，必须考虑使之不致阻碍党的发展和壮大。

加入共产国际的各党应毫不迟延地执行共产国际的决议，即使需要修改党章和党以往作出的决议时，也要执行。

八、关于合法工作与非法工作的结合

52. 在每个共产党的日常生活中，党的职能的改变是与革命进程的各阶段相适应的。但是，合法的党所应具有的组织结构与非法的党的组织结构，两者之间并不存在本质上的差别。

党的组织形式应当使党能永远迅速适应战斗环境的变化。

共产党应当发展成为这样一个战斗组织：它既能避免与集中优势兵力于一点的敌人发生公开冲突，又能利用敌人的弱点对其进行突然的袭击。党组织只着眼于起义和巷战是极端错误的，而只着眼于遭受压抑的局面也是错误的，共产党人应当**在各种情况下**进行革命的准备工作，**经常做好战斗准备**，因为高潮或低潮时期往往几乎是难以预见；即使可以预见，也未必能利用这种预见来改变党的组织，因为变化往往发生在短促的时间内，甚至常常是**完全出乎意料**。

53. 一般说来，资本主义国家的合法的共产党，还没有充分认识到自己在认真准备革命起义、武装斗争以及一般非法斗争方面所应担负的任务。

整个党的组织形式只适应长期的合法活动，符合日常合法斗争的要求，这样做就过于片面了。

另一方面，非法的党往往没有充分利用合法活动的机会来建立与革命群众保持紧密联系的党组织。在这种情况下，党的工作就陷于无效的图谋，劳而无功。

这两种做法都是错误的。每个合法的共产党都应善于做好充分的战斗准备，甚至在被迫进入地下状态时，也应如此。特别是在革命行动即将开始时，要做好这项准备工作。每个非法的共产党也应竭力利用合法的工人运动提供的一切机会，以便通过党的深入的工作，使自己成为广大革命群众的组织者和真正的领导者。不论是合法活动还是非法活动，其领导权应统一由党的中央机关掌握。

54. 不论是在合法的党内，还是在非法的党内，往往有些人把党的秘密组织工作理解为建立和保持一个同党的其他工作和组织隔绝的、极端严密的纯军事性组织。这种观点显然是错误的。正相反，在革命前的时期，我们的战斗组织大都是通过共产党展开全面工作建立起来的。整个党应**完全**成为进行革命的**战斗组织**。

在革命前过早建立的孤立的革命军事组织，易于遭到瓦解和丧失斗志，因为它们不能进行直接有利于党的工作。

55. 对于一个非法的党来说，在一切具有重大意义的行动中，自然要掩护自己的党员和组织，不可因为进行登记、随便收党费和散发材料而把他们暴露出来。非法的党不能像合法的党那样，利用公开的组织形式来进行秘密活动。但是它可以不断学习这种做法。

为了防止可疑分子或不可靠分子钻入党内，必须采取一切预防措施。究竟采取什么措施为宜，在很大程度上取决于党是处于合法地位还是非法地位，它是在迅速发展还是停滞不前。在有些地方和在某种情况下，有一种效果良好的办法，那就是实行候补期制度。按照这种制度，申请入党的人经一名或两名党员介绍，先接收为预备党员，然后再根据他完成党交给的任务的情况决定是否转为正式党员。

资产阶级必然会把间谍和奸细派入非法的党组织中。必须极其慎重和耐心地对这种情况进行斗争。

进行这种斗争的方法是把合法活动与非法活动密切结合起来。一般说来，通过长期的合法革命工作，可以很好地考验出谁是可靠、勇敢、忠诚、坚强而又机警的同志，足以担当起他所胜任的非法工作。

合法的群众性政党应当坚持不懈地极力准备应付意外事件，要武装起来，见机行事（例如，细心地隐瞒住址，按规定销毁信件，妥善地保存必要的文件，学会秘密进行联络工作，等等）。

56. 可见，我们党的一般工作安排，在革命之前就要为适应现阶段革命需要的战斗组织打下牢固根基。特别重要的是，共产党的领导机关在自己的工作中要**经常考虑到这种需要**，并且尽可能使自己对这种需要预先有一个**明确的概念**。诚然，这种预先的概念向来是不全面、不明确的。但决不能因此而忽视共产党领导机关组织工作中的这一要点。

由于在公开的革命行动中，共产党的职能在党的生活中会发生巨大的变化，所以甚至一个组织得很完善的党，也会遇到一些极其艰难而复杂的任务。也许会出现这种情况：在几天之内，我们的党就要动员起来去采取军事行动，而且需要动员起来的不只是党，还有它的后备队，即同情者组织，也许还有全部"民兵"，即没有参加组织的革命群众，这时还根本谈不上组织正规红军的问题。我们应当在没有建立起军队的情况下，单单依靠党所领导的群众来取得胜利；因此，我们党如果不预先很好地组织起来以应付这种局面，即使进行最英勇的斗争也可能无济于事。

57. 在革命的形势下，往往会出现革命的**中央领导机关没有能力执行自己任务的现象**。在革命时期，无产阶级在基层的组织工作方面会取得巨大成绩，而在大本营中，却呈现出一片混乱和惶恐不安的景象，甚至缺乏最起码的分工负责的情况。联络工作往往做得很差，因而弊端百出。当需要使用秘密邮递、秘密运输、秘密驻地和秘密印刷所时，往往是碰运气办事。这样，有组织的敌人所进行的任何挑拨行为都会大有成效。

如果领导革命的党事先没有为此建立起专门的机构，情况就必然会如此。军事侦察工作需要有专门的技能和专业知识；对付政治警察的反间谍工作也是如此。

一个秘密联络机构，只有经过长期不断的工作，才能迅速可靠地发挥作用。在所有这些专门从事革命工作的领域中，每个共产党都需要做好秘密准备工作，哪怕是最低限度的准备也好。

在这些工作领域中，只要在组织活动时考虑到究竟应该设立怎样的机构，那么，这种必要的机构大都可以通过完全合法的活动得到发展。例如，秘密联络机构（专件传送、秘密邮递、秘密驻地、秘密运输等等），只要妥善地安排以合法方式散发传单、刊登广告和传递书信，也可以得到发展。

58. 共产党的组织者从一开始就应当预见到每个党员、每个革命工作者的**未来历史作用**，把他看成是革命时期我们战斗组织中的一名战士。因此，党的组织者事先就要引导他们参加最适于他们未来战斗岗位的**队伍**和**工作**。

当然,他们今天进行的活动必须是有益的,必须是今天的斗争所需要的。硬要实际工作者死记今天所不能理解的教条是要不得的。但是,这种活动对于明天执行最后斗争的重大任务来说,却是一种锻炼。

三月事件和德国统一共产党

第三次世界代表大会满意地指出，一切最重要的决议，特别是策略问题决议中经过热烈讨论的关于三月发动的那一节，已获得一致通过，甚至德国反对派代表在其关于三月发动的提案中，实质上也接受了代表大会的观点。代表大会认为，这足以证明：在德国统一共产党内部，根据第三次代表大会的决议开展步调一致的工作，不仅是需要的，而且是**切实可行**的。代表大会认为，如果再有任何瓦解德国统一共产党内部力量的现象发生，如果再进行各种宗派活动（更不用说实行分裂），都会给整个运动带来严重的危害。

代表大会希望德国统一共产党中央委员会和多数派对以前的反对派采取宽容的态度，只要他们能忠实地执行第三次代表大会的决议。同时，代表大会相信，中央委员会必将全力团结党内的一切力量。代表大会要求以前的反对派立即解散一切派别组织，议会党团要完全、绝对地服从党中央的领导，报刊要完全服从有关党机关的领导，并立即同那些被开除出党和开除出共产国际的人断绝一切政治上的合作（例如，在他们的报刊上的合作，等等）。

代表大会委托执行委员会密切注视德国运动的今后发展，如发现稍有违反纪律的情况，要立即采取最坚决的措施。

俄国共产党（布尔什维克）的策略[①]

第三次代表大会听取了列宁同志关于俄国共产党的策略的报告并研究了这一报告所附的提纲[②]，现发表声明如下：

俄国无产阶级近四年来为夺取和维护政权而进行的斗争，使共产国际代表大会**感到欢欣鼓舞**。代表大会一致赞同俄国共产党的政策，认为俄国共产党无论在何种情况下都始终能正确地看到危险，始终能找到防止这种危险的办法，而又不违背革命的马克思主义原则。而今，公开的国内战争已告结束，在西欧工人尚未前来进行兄弟支援之前，俄国共产党正以其**农民的政策以及在租让制和恢复工业问题上的政策**，集中无产阶级的全部力量来维护俄国的无产阶级专政。

代表大会确认，由于俄国共产党有这种始终不渝的、方向明确的政策，苏维埃俄国才能继续成为世界革命的第一个强大的堡垒。代表大会谴责各个孟什维克政党的背叛行为，它们正在各国诋毁苏维埃俄国，诋毁俄国共产党的政策，从而为资本主义国家的反动派反对俄国助桀为

[①] 在这个决议上签名的有：德国共产党代表：塔尔海默、弗里斯兰特；波兰共产党代表：米哈拉克、格林斯基；青年国际代表：明岑贝格；荷兰共产党代表：罗兰-霍尔斯特、依·斯·赛坦；保加利亚共产党代表：柯拉罗夫；捷克斯洛伐克共产主义工人党（德意志支部）代表：克雷比赫；意大利代表（签字）；比利时代表（签字）。——编者注

[②] 列宁关于俄国共产党的策略的提纲见《列宁全集》中文第2版第42卷第1—10页《关于俄共策略的报告提纲》。——编者注

虐，妄图推迟全世界的社会革命。

代表大会号召各国无产阶级全都站到俄国工农方面，以实现全世界的十月革命。

争取实现无产阶级专政的斗争万岁！

社会革命万岁！

俄国共产党（布尔什维克）的策略[①]

（提纲）

一、俄罗斯联邦所面临的国际形势

目前俄罗斯联邦所面临的国际形势的特点是存在着某种均势，这种均势虽然极不稳定，但毕竟造成了世界政治中一种特殊的局面。

这种特殊局面表现在：一方面，国际资产阶级疯狂地仇恨和敌视苏维埃俄国，时刻准备侵犯它，扼杀它；另一方面，国际资产阶级花了几亿法郎进行的一切军事干涉行动以完全失败而告终，虽然当时苏维埃政权比现在还弱，而俄国地主资本家在俄罗斯联邦境内还有大批军队。在一切资本主义国家，反对进攻苏维埃俄国的反战活动风起云涌，它促进了无产阶级的革命运动，而且把小资产阶级民主派的极广大的群众也卷了进来。各帝国主义国家之间的利害冲突尖锐起来了，而且一天比一天激烈，东方被压迫民族亿万人民的革命运动正在蓬勃发展。由于这种种情况，国际帝国主义虽然比苏维埃俄国强大得多，但无力扼杀它，反而不得不暂时承认它或半承认它，不得不和它订立通商条约。

这样就形成了一种均势，虽然极不可靠，极不稳定，但社会主义共和国毕竟能在资本主义包围中生存下去了，——当然不是长期的。

[①] 按《列宁全集》中文第 2 版第 42 卷第 1—10 页译文刊印。——编者注

二、国际范围内阶级力量的对比

在这种情况下，国际范围内形成了这样的阶级力量对比：

国际资产阶级已经不能公开进行反对苏维埃俄国的战争，他们仍在等待时机，盼着有一天能重新发动这种战争。

各先进资本主义国家的无产阶级中已普遍涌现出了自己的先锋队——共产党，这些党正在成长壮大，正在坚持不懈地争取每个国家无产阶级的大多数，摧毁工联旧官僚的影响和被帝国主义特权腐蚀了的欧美工人阶级上层分子的影响。

资本主义国家中以第二国际和第二半国际为急先锋的小资产阶级民主派，目前是资本主义的主要支柱，因为工商业中多数的或颇大部分的工人职员害怕一旦爆发革命会丧失由帝国主义特权所造成的比较优裕的小市民生活条件而仍然处在他们的影响之下。可是日益增长的经济危机到处都使广大群众的生活每况愈下。这种情况，加上在保存资本主义的条件下新的帝国主义战争不可避免这一点愈来愈明显，就使上述支柱愈来愈不稳固了。

占世界人口大多数的殖民地和半殖民地国家的劳动群众，从20世纪初起，特别是在俄国、土耳其、波斯和中国爆发革命后，已经觉醒过来，开始参加政治生活。1914—1918年的帝国主义战争和俄国的苏维埃政权，最终使这些群众成了世界政治的积极因素，成了用革命摧毁帝国主义的积极因素，尽管欧美有教养的庸人，包括第二国际和第二半国际的领袖在内，顽固地无视这一点。在这些国家中，站在最前列的是英属印度。在那里，工业和铁路的无产阶级愈壮大，英国人的恐怖行为愈凶残——他们愈来愈频繁地采取大屠杀（如在阿姆利则）和当众拷打等暴行——革命的发展也就愈迅速。

三、俄国阶级力量的对比

苏维埃俄国的国内政治形势是由以下事实决定的：我们在世界历史上第一次看到这里若干年来只有两个阶级存在——一个是无产阶级，它是由很年轻的但毕竟是现代化的大机器工业几十年来培养出来的；另一个是占全国人口大多数的小农。

俄国的大地主和大资本家并没有绝迹。但是他们已彻底遭到剥夺，作为阶级来说，在政治上已完全被粉碎。他们的残余分子则隐藏在苏维埃政权的国家工作人员中间。他们把阶级组织保存在国外，流亡的人数大约有150万—200万，拥有分属于资产阶级政党和"社会主义"（即小资产阶级）政党的日报达50种以上，残留了一点军队，同国际资产阶级有着千丝万缕的联系。这些流亡者目前正在大肆活动，妄图破坏苏维埃政权，使资本主义在俄国复辟。

四、俄国无产阶级和农民

在这种国内形势下，俄国无产阶级作为统治阶级的当前主要任务，就是要正确地规定并实行一些必要的办法，以便领导农民，同农民结成巩固的联盟，通过许多渐进的过渡办法实现使用机器的社会化大农业。这项任务在俄国特别艰巨，因为我国很落后，而七年的帝国主义战争和国内战争又使我国经济遭到了严重的破坏。即使撇开这两个特点不谈，这项任务也是社会主义建设中极其困难的任务之一，是一切资本主义国家将来都会碰到的，也许只有英国例外。然而就拿英国来说，也不能忘记：英国小佃农阶级的人数虽然特别少，但由于英"属"殖民地的几亿人民在事实上遭受着奴役，英国职工中按小资产阶级方式生活的人数占极高的百分比。

因此,从世界无产阶级革命发展的整个进程来看,俄国所处的时代的意义,就是在实践中考验和检验掌握国家政权的无产阶级对待小资产阶级群众的政策。

五、俄罗斯联邦无产阶级和农民的军事联盟

苏维埃俄国无产阶级和农民的正常关系的基础,是在1917—1921年这个时期建立的。当时,资本家和地主在整个世界资产阶级和所有的小资产阶级民主派政党(社会革命党和孟什维克)的支持下大举进攻,促使无产阶级和农民为保卫苏维埃政权而结成军事联盟,并把这种联盟固定下来。国内战争是最尖锐的阶级斗争形式,阶级斗争愈尖锐,一切小资产阶级的幻想和偏见在斗争烈火中就烧毁得愈迅速,而实践本身也就会愈加清楚地使人看到,甚至使农民中最落后的阶层看到:只有无产阶级专政才能拯救农民,而社会革命党人和孟什维克实际上不过是地主和资本家的奴仆。

无产阶级和农民的军事联盟曾经是而且不能不是他们巩固的联盟的初步形式,但是,如果没有这两个阶级的一定的经济联盟,军事联盟连几个星期也不能维持。当时农民从工人国家那里得到了全部土地和免遭地主富农蹂躏的保障;工人则在大工业恢复以前从农民那里借到了粮食。

六、向建立无产阶级和农民的正常经济关系过渡

从社会主义的观点看来,只有完全恢复运输业和大工业,使无产阶级能够拿出为农民日常生活和改善经济所必需的产品来交换农民的粮

食,小农和无产阶级的联盟才能完全正常和巩固。在我国经济遭到严重破坏的情况下,这是绝不可能一下子做到的。对一个组织得尚不够完备的国家来说,为了能在反对地主的极端困难的战争中坚持下去,余粮收集制曾是最可行的办法。1920年的歉收和饲料缺乏,使农民原来就困苦不堪的生活更加恶化,因此立刻改行粮食税就有绝对必要了。

适量的粮食税能使农民的境况立刻得到很大改善,同时能使农民从扩大播种面积和改进耕作中得到好处。

粮食税是从征收农民的全部余粮转到工农业之间实行正常的社会主义产品交换的一种过渡办法。

七、苏维埃政权容许资本主义和租让制存在的意义和条件

粮食税自然意味着农民在完税以后有支配余粮的自由。既然国家还不可能拿出社会主义工厂的产品来交换农民的全部余粮,余粮的买卖自由也就必然意味着资本主义发展的自由。

但只要运输业和大工业仍掌握在无产阶级手中,在上述范围内这样做对于社会主义一点也不可怕。恰恰相反,在一个经济遭到极度破坏的、落后的小农国家里,受无产阶级国家监督和调节的资本主义(即**这个意义上的"国家"资本主义**)的发展是有益的和必要的(当然只是在某种限度内),因为这样能**立刻**振兴农业。租让制更是如此,因为工人国家并不取消国有化,只有把一些矿山、林区、油田等租给外国资本家,以便从他们那里额外获得一些设备和机器来加速恢复苏维埃大工业。

我们把一部分贵重产品付给承租人,这无疑是工人国家向世界资产阶级缴纳的一种贡赋;我们丝毫不掩饰这一点,但应当明确认识到,只

要能够加速恢复我国的大工业,并切实改善工农生活状况,缴纳这种贡赋对我们是有利的。

八、我国粮食政策的成就

1917—1921年间,苏维埃俄国的粮食政策无疑制定得很粗糙,很不完善,产生了许多舞弊行为。在执行上也犯过一些错误。但总的说来,这是当时条件下唯一可行的政策。现在,这一政策已完成了它的历史任务:在一个经济遭到破坏的落后国家中保全了无产阶级专政。它已逐渐完善起来,这是无可争辩的事实。在我们掌握全部政权的第一年(1918年8月1日—1919年8月1日),国家收集了1.1万普特粮食,第二年收集了2.2万普特,第三年超过了2.85万普特。

现在,有了实际经验以后,我们计划收集并指望收集到4亿普特(粮食税为2.4万普特)。工人国家只有真正拥有充足的粮食储备,才能在经济上站稳脚跟,才能慢慢地但是不断地恢复大工业,才能建立正常的财政制度。

九、社会主义的物质基础和俄罗斯电气化计划

社会主义的物质基础只能是同时也能改造农业的大机器工业。但是不能停留在这个一般的原理上。必须把它具体化。适应最新技术水平并能改造农业的大工业就是全国电气化。拟订俄罗斯联邦电气化计划这一科学工作,本是我们应当做的,现在我们已经完成了。在俄国两百多位优秀的学者、工程师和农艺师的参加下,这项计划业已编制出来,印成了厚厚的一大册,基本上已获1920年12月举行的全俄苏维埃第八次代表大会的批准。现已准备好在1921年8月召开全俄电气技术人员代表

大会来详细审查这项计划，那时计划就将得到国家最后批准。电气化的第一期工程预计10年完成，共需37000万个工作日。

1918年，我国新建了8个电站（装机容量为4757千瓦），1919年新增数达36个（装机容量为1648千瓦），而1920年达到100个（装机容量为8699千瓦）。

不论这个开端对我们这个大国来说多么微不足道，但毕竟有了一个开端，工作已经做起来了，而且做得愈来愈好。俄国农民经过帝国主义战争，经过上百万人在德国当俘虏时对现代先进技术的了解，经过三年内战的艰苦锻炼，已经不是旧日的农民了。他们一月比一月更清楚更明白地看到，只有由无产阶级领导，才能使广大小农摆脱资本的奴役，走向社会主义。

十、资本的同盟者"纯粹民主派"即第二国际和第二半国际、社会革命党人和孟什维克的作用

无产阶级专政不是结束阶级斗争，而是以新的形式、新的武器继续进行阶级斗争。只要阶级还存在，只要资产阶级在一个国家内被推翻后还在国际范围内用十倍的力量加紧向社会主义进攻，这种专政就是必要的。小农阶级在过渡时期不可能不多次动摇。过渡时期的困难，资产阶级的影响，必然使这些群众的情绪时常发生波动。无产阶级（它由于自己的根基即大机器工业遭到破坏而伤了元气，在某种程度上丧失了阶级特性）肩负着一项极其艰巨而伟大的历史任务，这就是：不为这种动摇所左右，把从资本桎梏下解放劳动的事业进行到底。

小资产阶级的动摇在政治上表现在小资产阶级民主派政党即第二国际和第二半国际政党的政策上，俄国的社会革命党和孟什维克党就是这样的政党。这两个现在在国外设有自己的总部并办有各种报纸的政党，

实际上已与整个资产阶级反革命派勾结在一起,并忠实地为他们效劳。

俄国大资产阶级的聪明的领袖们和其中为首的"立宪民主"党党魁米留可夫,十分明确地、直截了当地肯定了小资产阶级民主派即社会革命党人和孟什维克的这种作用。在谈到孟什维克、社会革命党人和白卫分子合力举行的喀琅施塔得暴动时,米留可夫表示赞成"没有布尔什维克参加的苏维埃"这个口号(1921年《真理报》第64号,引自巴黎《最新消息报》)。他发挥这一思想时说:应该把社会革命党人和孟什维克"奉为上宾",因为他们肩负着**第一个**把政权从布尔什维克手里**转移开**的任务。大资产阶级的首领米留可夫正确地吸取了历次革命的教训,深知小资产阶级民主派没有能力执掌政权,他们始终只能起掩饰资产阶级专政的作用,只能给资产阶级独揽政权充当台阶。

俄国无产阶级革命一再证实了1789—1794年革命和1848—1849年革命的这个经验,证实了恩格斯在1884年12月11日给倍倍尔的信中所说的话。恩格斯当时写道:

"……纯粹民主派……在革命关头……作为整个资产阶级经济、甚至封建经济的最后一个救生锚,在短时间内暂时起作用。……在1848年时也是如此:一切封建官僚从3月到9月都支持自由派来镇压革命群众……不管怎样,在危机的日子和危机后的日子,我们唯一的敌人将是聚集在纯粹民主派周围的整个反动派,这一点,我认为是不能忽视的。"① (俄译文见弗·阿多拉茨基同志《马克思恩格斯论民主派》一文,载1921年6月9日《共产主义劳动报》第360号。德文原文见弗里德里希·恩格斯《政治遗教》一书1920年柏林版(《国际青年丛书》第12辑第19页))

---

① 见《马克思恩格斯全集》中文第1版第36卷第252—253页。——编者注

共产国际和红色工会国际

为反对阿姆斯特丹黄色工会国际而斗争

一

资产阶级不仅赤裸裸地利用暴力行动,而且也通过巧妙的欺骗手法来奴役工人阶级。学校、教会、议会、艺术、文学、日报——所有这些,都是资产阶级所掌握的愚弄工人群众、对无产阶级散布资产阶级思想的有力武器。

在统治阶级灌输给劳动群众的各种资产阶级思想中,包括工会中立的思想、不问政治的思想、不参加党派的思想。

现代史上最近几十年来,特别是帝国主义大战结束以后,整个欧洲以及美国的工会已经成了人数众多的无产阶级组织,在有些国家里,工会竟包罗了全体工人阶级。资产阶级清楚地认识到,资本主义制度当前的命运取决于工会摆脱资产阶级影响的程度。因此,全世界资产阶级及其走狗社会民主党人,都极力设法使工会成为资产阶级社会民主主义思想的俘虏。

资产阶级不可能公开指使工会支持资产阶级政党,因而它号召工会不要支持任何一个政党,其中也包括革命的共产主义政党。它这样做的目的,就是不让工会支持共产党。

宣扬工会中立或工会不问政治,是由来已久的事。几十年来,英、德、美以及其他国家的工会,都受到这种资产阶级思想的侵袭。宣扬这种思想的,既有基督教工会的活动家,也有资产阶级希尔施—敦克尔工会的领袖;既有英国温和的旧工联领袖,也有德国的所谓自由工会代表,还有许多工联主义代表人物。列金、龚帕斯、茹奥、悉尼·韦伯等人,多年来一直不断地向工会宣扬"中立主义"。

实际上,工会从来不是也不可能是中立的,甚至想这样做也做不到。工会中立主义不仅有害于工人阶级,而且也根本不可能实现。在劳资斗争中,任何一个群众性的工人组织都不可能是中立的,因而工会对资产阶级政党和无产阶级政党所采取的态度,也不可能是中立的。资产阶级的领袖们清楚地了解这一点。但是,正像资产阶级需要群众相信来世生活一样,他们也需要群众相信工会可以不过问政治,可以对工人的共产主义政党采取中立态度。资产阶级为了进行统治,为了从工人身上榨取剩余价值,它不仅需要牧师、警察、将军、特务,而且也需要工会官僚和"工人领袖",因为这些人可以向工会宣扬保持中立和不参加政治斗争的思想。

早在帝国主义大战以前,中立思想的虚伪性已被欧美最先进的无产者逐渐识破。随着阶级矛盾的尖锐化,这种虚伪性更加明显了。在帝国主义大屠杀开始时,工会的旧领袖不得不扔掉中立主义的假面具,公开站到"本国的"资产阶级方面。

在帝国主义大战期间,那些多年来对工会宣扬不参加政治斗争的社会民主党人和工团主义者,事实上都驱使工会去为资产阶级政党的卑鄙无耻、血腥残酷的政策服务,昨天还在宣扬工会中立的人,今天就充当了某个政党的公开代理人,只不过是没有充当工人阶级政党的代理人,而是充当**资产阶级**政党的代理人。

帝国主义大战结束以后,这些社会民主党的和工团主义的工会领袖,又打算重新戴起工会不问政治和保持中立的假面具。当军事上的需要消失时,这些资产阶级代理人为了适应新的形势,打算再次引导工人脱离革命的道路，走上专门有利于资产阶级的道路。

经济和政治总是有着千丝万缕的联系。在当今时代，这种联系显得特别紧密。任何一项政治生活中的重大问题，不仅是工人政党所不能不关心的，而且也是无产阶级工会所不能不关心的；反之，任何一项重大的经济问题，不仅是工会所不能不关心的，而且也是工人政党所不能不关心的。当法国帝国主义政府宣布要在若干年内处于动员状态，以便占领鲁尔矿区并扼杀整个德国的时候，真正无产阶级的法国工会能不能说，这一纯政治性问题是工会所不应关心的？在这个问题上，真正革命的法国工会能不能宣布自己保持中立或不问政治？或者从另一方面来说，如果英国发生了目前煤矿工人罢工这样的纯经济性运动，共产党能不能说，这个问题与它无关，这纯粹是工会的事？当需要为解救千百万失业者的贫困处境而进行斗争的时候，当需要切实提出征用资产阶级住宅以缓和无产阶级房荒问题的时候，当日益众多的工人群众为了生存下去，不得不提出武装无产阶级问题的时候，当某些国家的工人相继组织起来夺取工厂的时候——在这些情况下，主张工会不应干预政治斗争，而应对一切党派保持中立，这实际上是变相为资产阶级效劳。

欧美各国的政党名目繁多，但它们基本上可以分为三类：（1）资产阶级政党；（2）小资产阶级政党（主要是社会民主党人）；（3）无产阶级政党（共产党人）。那些自称不问政治并对上述三类政党采取中立态度的工会，实际上是在支援小资产阶级政党和资产阶级政党。

二

阿姆斯特丹国际工会联合会是第二国际和第二半国际拼凑起来的组织，它们在那里勾结起来进行活动。整个国际资产阶级对这个组织都寄予希望和信赖。阿姆斯特丹工会国际的主导思想是工会中立思想。资产阶级及其仆从社会民主党人和右翼工团主义者，正是利用这一口号企图重新笼络西欧和美国的广大工人群众，这并不是偶然的。当政治性的第二国际由于公开投靠资产阶级而遭到彻底破产的时候，阿姆斯特丹工会国际企图再次以中立主义思想为掩护，是能起到一些作用的。阿姆斯特丹工会国际打着中立主义的招牌，承担了资产阶级交给它的艰巨而又肮脏的任务：扼杀英国煤矿工人的罢工。这项任务是由大名鼎鼎的托马斯完成的。他既是第二国际的主席，又是阿姆斯特丹黄色工会国际的著名领袖。另外一项任务是降低工人的工资，即有组织地掠夺德国工人，让他们为德国帝国主义资产阶级赎罪。

莱巴特和格拉斯曼，维泽尔和鲍威尔，罗伯特·施米特和托马斯，阿尔伯·托马和茹奥，达申斯基和祖拉夫斯基——所有这些人，都分担了不同的角色：有些人过去是工会领袖，现在充当了资产阶级政府的仆役，参加内阁担任部长、委员及其他官职；另外一些同他们情投意合、沆瀣一气的人，则高居阿姆斯特丹工会国际的领导地位，向加入工会的工人们宣扬在政治斗争中要保持中立的思想。

阿姆斯特丹工会国际目前是国际资本的主要支柱。谁要是不懂得必须坚决反对工会不过问政治和保持中立的荒谬思想，谁就不能有效地冲击这座资本主义堡垒。为了制定同阿姆斯特丹黄色国际作斗争的有效方法，首先必须规定每个国家的党和工会之间的正确而鲜明的相互关系。

三

共产党是由无产阶级的先进部分组成的，是无产阶级的先锋队，它充分理解无产阶级摆脱资本主义枷锁的途径和手段，因而自觉地通过了共产主义纲领。

工会是个极其群众性的无产阶级组织，它日益成为包罗一切产业部门全体工人的组织。在它的队伍中，不仅有觉悟很高的共产党人，也有无产阶级的中间阶层，甚至十分落后的阶层，后者只有通过生活的体验，才能逐渐理解共产主义。在无产阶级取得政权之前，以及在夺取政权期间和取得政权之后，工会的作用在许多方面是各不相同的。但是，不论在取得政权之前和之后，或者在夺取政权期间，工会是一个比党更为广泛、更具群众性、更具普遍性的组织。并且就同党的关系来说，它应当在一定程度上起着外围组织的作用。在取得政权之前，真正无产阶级的革命工会主要是在经济基础上把工人组织起来，以争取在完全摧毁资本主义之前可能得到的改善条件。但其全部活动的重点应该是组织无产阶级反对资产阶级的群众性斗争，以准备开展无产阶级革命。在无产阶级革命时期，真正革命的工会应当与党同心协力地把群众组织起来，以便直接冲击资本的堡垒，并应承担着手组织社会主义生产的准备工作。在取得并巩固无产阶级政权之后，工会的工作主要将转移到组织经济方面；工会几乎要把自己的全部力量用到按社会主义原则组织经济工作上，从而实际上成为真正的共产主义学校。在无产阶级斗争的所有这三个阶段上，工会要支持无产阶级先锋队——共产党，因为它在所有各个阶段都是无产阶级斗争的领导者。为此目的，共产党人及其同情者应在工会内建立完全听从共产党领导的共产党支部。

共产国际第二次世界代表大会制定的关于在每个工会内建立共产党支部的策略，在过去一年中已证实是完全正确的。它在德、英、法、意和其他一些国家取得了相当大的成果。近来，大批缺乏锻炼的、政治经验不足的工人，由于参加德国社会民主党自由工会之后没有得到什么直接好处而感到失望，所以纷纷退出这个工会——这种情况，无论如何也不应改变共产国际对共产党人参加工会运动的原则态度。共产党人的任务是向全体无产者说明：退出旧工会而又不组织新工会，以致变成无组织的工人，这是无济于事的；使工会革命化，清除改良主义思想，把改良主义的叛徒领袖逐出工会，使工会变成革命无产阶级的真正堡垒，这才是真正的出路。

四

全体共产党人当前的主要任务是坚持不懈地极力争取工会组织中的大多数工人，不要因为目前工会中的反动气焰嚣张而意志消沉，而要通过积极参加工人的日常斗争，引导工人排除一切阻力加入共产主义队伍。共产党对加入工会的工人群众的实际影响，是说明该党力量的一个明显标志。党应当善于对工会施加影响，但不得有丝毫监护工会之意。必须服从党的领导的，只是该工会中的共产党支部，而决不是该工会本身。只有通过工会内共产党支部长期忘我的审慎工作，党才能使整个工会心悦诚服地按照党的意见行事。

在**法国**，目前工会中出现一种正当的不满情绪。工人阶级开始从工人运动的困境中逐渐恢复元气，懂得要斥责社会改良主义者和工团主义者的背叛行为。

目前，在法国革命工团主义者中，还有一部分人抱有反对政治斗争、反对无产阶级政党思想的偏见。他们崇拜1906年著名的《亚眠宪章》中所体现的中立主义思想。这一部分革命工团主义者所持的无知的错误立场，对于运动来说，是一种潜伏着的巨大危险。如果这种思潮掌握了多数，他们就将不知怎样着手工作，从而在资本代理人面前，即在茹奥老爷们以及杜木连之流的面前束手无策。

如果共产党本身没有坚定的路线，法国革命工团主义者也就不会有这样的路线。法国共产党必须力求同革命工团主义者中的优秀分子进行亲切友好的合作，但是它首先要依靠自己的党员，在即使只有党员两三人的地方，也要成立共产党支部。党必须立即开展反对中立主义的宣传运动。必须友好地进行这项运动，但同时要坚决地指出革命工团主义的错误方面。只有这样，才能使法国工会运动革命化，才能实现党同这个运动的密切合作。

在**意大利**，情况就有所不同了。那里的普通工会会员大都具有革命情绪，但工会联合会的领导权却掌握在公开的改良主义者手中，或者掌握在死心塌地地倒向阿姆斯特丹的中派分子手中。意大利共产党人的首要任务是：在工会内部组织顽强的日常斗争，经常而耐心地揭露上述领袖人物的背叛性和动摇性，借以铲除他们对工会的影响。

在对待意大利革命工团主义者方面，意大利共产党人也负有法国共产党人所承担的那些任务。

在**西班牙**，工会运动虽然具有强烈的革命性质，但没有充分认识到自己的目的，而共产党也还年轻，软弱无力。在这种情况下，党应当想方设法力求在工会中站稳脚跟，帮助工会开展工作，向它提供意见，大力进行宣传鼓动，与它密切配合，共同组织一切斗争。

在**英国**，工会正经历一个极其重要的发展过程。工会运动迅速地革命化。群众运动日益向前发展。旧工会领袖不断迅速地被淘汰。党应当竭尽全力地加强自己在工会中的力量，特别是在大工会（煤矿工人工会等）中。每个党员都必须在工会中进行工作，通过坚持不懈地大力进行组织工作，在工会中扩大共产党的影响。必须利用一切办法来密切与群众的联系。

在**美国**，上述过程的发展比较缓慢。共产党人无论如何不应退出反动的劳联。相反，他们应当想方设法打入旧工会，以便使之革命化。必须同世界产业工人联合会中的优秀分子进行合作，但并不放弃宣传鼓动来反对这个组织的种种偏见。

在**日本**，广泛的工会运动日益自发地开展起来，但目前还没有明确的指导方针。日本共产党人的任务是支持这个运动，并以马克思主义思想去影响它。

在捷克斯洛伐克，我们党已得到工人阶级大多数的拥护，但工会运动大部分仍继续掌握在社会爱国主义者和中派分子手中，而且还按民族分裂成几部分。所以会出现这种情况，是因为组织不完善和立场不明确。党应当竭尽全力消除这种情况，以争取对整个工会运动的领导权。为此，完全有必要在各工会中建立共产党支部，并为各民族建立一个统一的、共产主义的工会中央领导机关。应尽力促使政治上分立的各个工会联合起来。

在奥地利和比利时，社会爱国主义者的手腕很高明，居然在工会中取得了巩固的影响。工会是这里的主要斗争舞台。因此，共产党人必须把全部注意力放在这方面。

在挪威，受到大多数工人拥戴的党必须在工会中加强阵地，解除中派分子的工会领导职务。

在瑞典，党不仅要大力反对改良主义，而且也要反对社会主义领域中的种种小资产阶级思潮。

在德国，党已走上逐步争取工会的正确道路。决不应对"退出工会"口号的拥护者作丝毫让步，否则只会有利于社会爱国主义者。对于企图从工会中开除共产党人的阴谋，必须予以坚决回击，要竭尽全力地争取工会中的大多数。

五

上述各项观点确定共产国际与红色工会国际之间应建立的相互关系。

共产国际不仅要领导狭义的无产阶级政治斗争，并且要领导无产阶级的整个解放斗争，而不计较斗争是采取怎样的形式。共产国际不能仅仅是各国共产党中央委员会在数字上的总和。共产国际必须推动和联合一切无产阶级组织的工作和斗争，这里既包括纯政治性组织，也包括工会、合作社、苏维埃、教育等组织。

红色工会国际不同于阿姆斯特丹黄色国际，绝不能持有不问政治或保持中立的观点。一个组织，如果它打算对第二国际、第二半国际和第三国际都采取中立的态度，它就必然成为听任资产阶级摆布的一名小卒。共产国际第三次世界代表大会提请红色工会第一次世界代表大会审核的红色工会国际联合会行动纲领（这一纲领见后），实际上必定会得到各国共产党和共产国际的支持。单单由于这一点，为了使各国的工会运动真正革命化，为了认真地坚决执行工会所担负的新的革命任务，各国的红色工会也就必须同本国的共产党保持紧密的联系，同心协力进行工作，而红色工会国际则应当使自己的工作与共产国际的工作步调一致。

在法国、西班牙、意大利和其他一些国家，某些正直的革命工团主义者还抱有中立、"独立"、不问政治和不参加党派的偏见，这在客观上无疑是在为资产阶级思想涂脂抹粉。红色工会如果不彻底抛弃独立和中立这种资产阶级思想，它就不能战胜黄色阿姆斯特丹，因而也就不能战胜资本主义。

从节约地使用力量和更好地进行集中打击的角度来看，最理想的是建立一个既包括政党、又包括其他形式的工人组织的统一的国际。毫无疑问，未来必将属于这种类型的组织。但在目前的过渡时期，在各个国家具有多种多样的、形形色色的工会的情况下，建立一个独立的红色工会国际联合会是有必要的。这些工会总的说来要站在共产国际的立场上，但参加联合会的条件则比参加共产国际的条件宽一些。

共产国际第三次世界代表大会保证全力支持根据这种原则建立起来的红色工会国际。为使共产国际和红色工会国际之间保持更加密切的联系，共产国际第三次世界代表大会建议共产国际和红色工会国际双方互派委员三人作为代表，常驻对方执行委员会。

共产国际第三次代表大会认为，红色工会第一次世界代表大会将通过的行动纲领，其内容大致如下：

行动纲领

1. 尖锐的经济危机已笼罩全世界，批发价格急剧下降，在商品实际缺乏的情况下商品生产过剩，资产阶级对工人阶级采取节节进攻的政策，执意降低工资，使工人生活水平倒退数十年，因而群众的愤懑情绪日益高涨，而旧工会却束手无策——这种情势，向各国革命阶级的工会提出了新的任务。工会需要采取资本主义崩溃时期所应采取的新的经济斗争方法，需要采取进取的经济政策，这不仅是为了打退资本的进攻，而且也是为了转入攻势。

2. 革命群众及其组织对资本采取公开的行动，是工会策略的基础。工人取得的一切成果是与群众公开行动的程度和革命压力的大小成正比的。所谓公开行动，指的是工人对国内企业主施加的各种直接压力，如抵制、罢工、游行、示威、占领企业、武装起义以及能使工人阶级团结起来为社会主义而斗争的其他革命行动。因此，革命阶级的工会的任务，就是要把公开行动变为教育工人群众、使他们做好进行社会革命和建立无产阶级专政的战斗准备的工具。

3. 近几年来的斗争，非常清楚地暴露出按专业原则组织的工会的全部弱点。同一企业的工人加入若干工会，会削弱他们的斗争。必须从按纯专业原则组织工会转为按产业原则组织工会，这应当成为加强斗争的出发点。"一个企业一个工会"，这就是组织建设方面的口号。必须采取革命的方法把几个近似的工会合并成为一个工会，要把这个问题直接向工厂和企业中的工会会员提出，然后逐步向区、省代表会议以及全国代表大会提出。

4. 每个工厂都应当成为革命的堡垒。必须改变普通会员与工会联系的旧方式（通过收集会费人员、代表、办事人员），要成立工厂委员会。工厂委员会应由该企业的全体工人选出，而不管他们抱有何种政治信念。红色工会国际的拥护者的任务，就是设法使本企业的全体工人都来参加选举自己的代表机关。只把自己的同志选入工厂委员会而排斥广大的无党派群众，这种做法应受到严厉的谴责。这将成为党的支部，而不是工厂委员会了。革命的工人应当通过支部、行动委员会及自己的普通会员，去对全体工人大会和会上选出的工厂委员会发生影响。

5. 需要向工人和工厂委员会提出的第一个问题，是要求企业出资来维持被解雇的失业工人的生活。决不允许企业把工人抛到街头而不闻不问。企业主必须发给本企业的失业工人全部工资。为此，不仅要把失业者组织起来，而且主要地要把企业内的在职工人组织起来，并向他们说明：在资本主义制度下，失业问题是不能得到解决的，消灭失业的最好办法是进行社会革命和实行无产阶级专政。

6. 关闭企业和缩减工作日是目前资产阶级用以迫使工人同意降低工资、增加工时、废除集体合同的重要手段。同盟歇业日益成为企业主联合起来反对有组织的工人群众的一种明显的"公开行动"的形式。因此，工会应当为反对关闭企业、争取工人有权调查关闭企业的原因而进行斗争。为此，应成立原料、燃料、订货等专门监督委员会，以便核实原料和生产上必需材料的库存量，并查明银行中存放的资金数。专门选出的监督委员会应十分周密地调查本企业同其他企业的财务关系。为此，必须向工人们提出一项极其现实的任务——消灭商业秘密。

7. 由工人占领工厂，并且不顾企业主的意愿而继续进行生产，乃是反对大批关闭企业和降低工资的斗争方式之一。在目前商品缺乏的情况下，继续生产是非常重要的，因此，工会不应允许故意关闭工厂。根据当地条件、生产条件、政治形势和社会斗争的剧烈程度，在占领企业的同时，还可以而且应当采取其他对付资本的办法。在占领企业的情况下，企业的管理权应掌握在工厂委员会和工会特派的代表手中。

8. 进行经济斗争时应提出的口号是：工资的提高和劳动条件的改善要大大超过战前水平。对于想使工人回到战前的劳动条件的做法，要用革命的手段给予极其坚决的回击。工人阶级在战争时期受尽千辛万苦，现在应当通过提高工资和改善劳动条件来取得补偿。资本家却以外国竞争为借口拒不满足工人的要求，这种理由是无论如何不能予以考虑的。因为革命的工会不应从各国强盗互相竞争的角度，而应从维持和保护体力的角度来对待工资和劳动条件问题。

9. 一旦资本家采取降低工资的策略，而且国内发生了经济危机，革命工会的任务就是要设法不使各个产业部门依次降低工资，即不让人家各个击破。要立即使一切有关国计民生的企业的工人（煤矿工人、铁路工人、电力工人、煤气工人等等）投入斗争，以便使反对资本进攻的斗争触及经济机体的主要神经中枢。这时，各种各样的抵抗，从局部轮番的罢工，到某一主要产业部门的全国性大罢工，都是必要的、适当的。

10. 工会应当给自己提出一项极其现实的任务，即按产业部门准备和组织国际性的行动。在国际范围内使运输或采煤工作停顿下来，是粉碎各国资产阶级反动阴谋的一个强有力的手段。工会应当密切注视世界局势，选择最有利的时机发动经济斗争，但时刻不能忘记，任何一次国际性行动，只有在建立了完全不同于阿姆斯特丹黄色国际的真正革命的国际工会联合会时，才可能采取。

11. 对于各国机会主义者所散布的信赖集体合同的绝对价值的说法，革命运动应给予严厉而又坚决的回击。集体合同只不过是一纸停战协议。企业主只要一有机会，总要撕毁集体合同。以宗教的态度对待集体合同，表明资产阶级思想意识已深入工人阶级领导人的头脑。革命的工会并不拒绝签订集体合同，但应当懂得它的相对价值，应当明确地认识到，只要对工人阶级有利，革命的工会也可以设法撕毁这种合同。

12. 工人组织对单个企业主和共营企业主的斗争，要根据本国和当地的条件，运用工人阶级解放斗争的全部经验。因此，一切大规模的工人罢工，不仅要有很好的准备，而且在罢工开始之际，还应当把一批工人骨干专门组织起来，以便同工贼作斗争，并要防范资产阶级各国唆使自卫组织进行的挑衅活动。意大利的法西斯分子、德国的技术援助团、由英法两国退伍军官和士官组成的民间自卫组织——所有这些组织的建立，都是为了瓦解和破坏工人的各种行动。它们的破坏活动不仅是要取代罢工者，而且还要摧毁罢工者的有形组织和杀害工人群众运动的领导人。在这种情况下，组织专门的罢工纠察队，即专门的自卫队，乃是工人阶级生死攸关的问题。

13. 建立起来的战斗组织，不仅要对付企业主和工贼的组织，而且要主动扣留其他企业送来的一切货物和商品，并阻止订货从本厂运往其他工厂和企业。在这方面，运输工人工会应起特别重大的作用，它要在当地全体工人同心协力的支持下，负责把运送的货物扣下来。

14. 工人阶级的一切经济斗争，目前应围绕监督生产的口号来组织，而且要在政府和统治阶级还没有想出抵制监督的办法之前，就实现这种监督。要坚决反对统治阶级和改良主义者打算设立对等的生产联合会、对等的监督委员会的种种主张，而且要对生产实行严格的监督，只有这样，监督才能产生一定的效果。革命工会要坚决反对那些旧工会领袖在统治阶级协助下推行的所谓社会化的诈骗勾当。这些老爷关于和平化的一切谈论，只不过是为了使工人脱离革命行动，放弃社会革命。

15. 为了使工人忽略自己的直接任务，使他们产生小资产阶级的欲望，有人提出工人参加分红的想法，即把工人所创造的剩余价值中的极小一部分还给工人。这种腐蚀工人的口号应给予严厉无情的批判。"不是参加分红，而是消灭资本主义的利润"，这才是革命阶级的工会的口号。

16. 资产阶级国家为了削弱或摧毁工人阶级的战斗力，以维护国计民生的企业为借口，对一些企业和某些工业部门实行了临时的军事管制。资产阶级国家设立了强制性的仲裁法庭和调解委员会，表面上似乎是为了防止经济动荡，其实是为了维护资本的利益。为了资本的利益，为了把战争的重担转嫁给工人，对工资实行了直接所得税，并由企业主代扣。对于这些专为资本家阶级的利益服务的国家措施，工会必须展开最激烈的斗争。

17. 在为改善劳动条件、提高群众生活水平、建立工人监督而斗争时，要始终记住，在资本主义制度下，所有这些问题是不可能得到解决的。因而革命工会在紧逼统治阶级作出让步、迫使它实行社会立法时，要十分明确地向工人群众提出这样一个问题：只有推翻了资本主义，建立了无产阶级专政，才能解决社会问题。因此，从这种观点出发，任何一次行动，任何一次局部罢工，任何一次小规模冲突，都不应白白放过。革命工会必须总结这些冲突事件，不断提高普通工人的觉悟，使他们认识到进行社会革命和建立无产阶级专政的必要性和必然性。

18. 一切经济斗争都是政治性的斗争，即全阶级的斗争。不管国内有多少工人投入斗争，只要各个革命工会能携起手来并肩斗争，并能与本国共产党密切合作、统一行动，斗争本身就会是真正革命的，并会给整个工人阶级带来极大的好处。把工人阶级的斗争划分为两个独立部分的理论和实践是十分有害的，尤其是在目前的革命时期。每一次行动都要求最大限度地集中力量，要做到这一点，就需要大力鼓起工人阶级的全部革命干劲,即调动起他们的全部共产主义的革命因素。共产党和革命阶级的红色工会各自采取单独行动,是注定要遭到失败和被击溃的。因此,共产党和工会之间的统一行动和有机联系,乃是胜利进行反对资本主义的斗争的一个先决条件。

共产党对妇女进行工作的方式和方法

（提纲）

基本原则

1. 共产国际第三次代表大会和第二次国际共产主义妇女代表会议，再次表示赞同共产国际第一次和第二次代表大会的这一决议：西方和东方各国共产党必须加强对无产阶级妇女的工作，要以共产主义精神教育广大女工群众，吸引她们为建立苏维埃政权或为建设苏维埃劳动共和国而奋斗。

在全世界工人阶级面前，从而也在女工面前，业已提出无产阶级专政问题。

资本主义经济体系已日暮途穷，在资本主义范围内，再也没有进一步发展生产力的广阔余地。劳动人民普遍贫困化，资产阶级无力恢复生产，投机之风盛行，生产解体，失业现象严重，物价波动，物价与工资脱节——这一切必然导致各国阶级斗争尖锐化。这一斗争将解决的问题是：由谁和按何种方式来领导、管理和组织生产——是由一小撮资本家来领导、管理和组织生产，还是由工人阶级按共产主义原则来领导、管理和组织生产。

无产阶级这个新兴的阶级应按照经济发展规律将生产机构掌握在自己手里，并建立新的经济形式。只有这样，才能推动由于资本主义生产的无政府状态而停滞不前的生产力，使它得到最大限度的发展。

只要政权还掌握在资产阶级手里，无产阶级就无法整顿生产。只要政权还掌握在资产阶级手里，资产阶级各国的民主党或社会党政府所实行的任何改革、任何措施，都不能改变现状，都不能减轻由于资本主义经济体系瓦解而加在男女工人身上的不堪忍受的深重苦难。只有无产阶级夺取了政权，才能使生产者阶级掌握生产工具，从而保证经济的发展能符合劳动人民的利益。

为了使无产阶级与腐朽的资产阶级世界进行决战的必经时刻迅速到来，工人阶级应遵循第三国际所制定的坚定不移的策略。无产阶级专政是当前斗争的主要目的，这就决定了男女无产者的工作方式和斗争路线。

鉴于争取实现无产阶级专政是资本主义各国无产阶级的当务之急，而进行共产主义建设是工人掌握政权的国家的当前任务，共产国际第三次代表大会认为，无论是无产阶级夺取政权，或者是在推翻了资产阶级压迫的国家内进行共产主义建设，如果没有广大无产阶级和半无产阶级妇女群众的积极参加，是不可能实现的。

另一方面，大会再次提请全体妇女注意：对于促进妇女解放的各项任务和创议，如果没有共产党的支持，妇女平等的人权和她们的真正解放，实际上也是不能实现的。

2. 当前，由于世界范围内的经济破坏日益加剧，城乡贫民的生活更趋艰苦，因而在资本主义国家的工人阶级面前必定要提出社会革命问题，而苏维埃俄国的劳动人民，则面临按新的共产主义原则恢复国民经济的任务。在这一时期，工人阶级的利益迫切要求吸引妇女参加有组织的无产阶级队伍，以便为共产主义而奋斗。妇女越是积极、自觉而又坚定地参加这个队伍，上述两项任务就越加易于实现。

凡是业已提出夺取政权问题的地方，共产党必须考虑到：那些没有参加运动，没有摆脱资产阶级世界观、教会和各种偏见的影响，没有和争取共产主义的伟大解放运动发生任何联系的死气沉沉的女工群众、家庭主妇、女职员、农村妇女,对革命事业是有很大危害的。没有参加运动的西方和东方妇女群众,显然是资产阶级的支柱,是反革命宣传的对象。匈牙利革命的经验教训,在这方面应成为走上社会革命道路的一切国家的无产者的前车之鉴,因为那里的妇女群众由于觉悟不高而担当了令人痛心的角色。

另一方面,苏维埃共和国的实际经验表明,在国内战争和保卫共和国期间,以及在苏维埃建设的各个领域,女工和农村妇女发挥了非常重要的作用。事实证明,苏维埃共和国的女工和农村妇女,在组织防御、巩固后方、防止临阵脱逃、打击种种反革命活动和破坏行为等方面所起的作用,是非常巨大的。劳动共和国的经验应当为其他各国所吸取和利用。

由此可见,各国共产党都负有一项十分明确的任务:通过建立党内的专门机构,确定接近妇女的特殊方法,来扩大党对本国广大妇女阶层的影响,以便使她们摆脱资产阶级世界观或妥协主义政党的影响,并从她们中间培养出一批为共产主义奋斗,也就是为使妇女受到全面教育而奋斗的坚强战士。

3. 共产国际第三次代表大会向西方和东方各国共产党提出的直接任务,就是要加强党对无产阶级妇女的工作。同时,大会向全世界的女工指出:**只有共产主义取得胜利**,她们才能从千百年的无权地位、备受奴役和不平等状态下获得解放。共产主义给妇女的一切,是资产阶级妇女运动所绝对做不到的。在资本主义国家实行资本统治和私有制的情况下,妇女要摆脱对丈夫的依赖,至多也不过是争得支配自己的财产和支配自己的工资的权利,以及和丈夫有同等权利来决定子女的命运。

男女平权运动者坚决要求在资产阶级议会制度下使妇女同样享有选举权,但这并不能解决妇女、特别是无产者阶级妇女的实际平权问题。

这一点，从近几年来资产阶级实行了男女形式上平等的那些资本主义国家的女工情况中，可以看得清清楚楚。选举权并不能消除妇女在家庭和社会中遭受奴役的根源。在资产阶级国家，当无产者妇女在经济上还依附于资本家和业主，还依靠丈夫为生时，当母亲和婴儿不能受到各方面的保护，不能普遍接受社会教育时，以非宗教仪式的婚姻代替终身不得离异的婚姻，并不能使妇女在婚姻方面得到平等的地位，因而不能真正解决男女平等关系的问题。

只有在共产主义制度下，当妇女和劳动阶级的全体成员一起共有生产工具和分配权利，参加生产管理，同劳动社会的全体成员一样承担劳动义务时，换句话说，只有在推翻了资本主义生产中人剥削人的制度和组织了共产主义经济形式时，才能实现妇女的人身平等，而不是那种外表的、形式上的平等。

只有共产主义才能创造一种条件，使妇女的天赋职能——母性，不致和她的社会义务发生冲突，不致损害她的有益于集体的创造性工作，相反，可使全面发展的健康、完美的个性，在同劳动集体的任务和生活紧密结合中得到和谐的体现。共产主义应当成为争取妇女解放、争取妇女享有一切权利的全体妇女的奋斗目的。

但共产主义也是整个无产阶级的最终目的，因而女工应该在有利于男女双方的情况下，同心协力地为这一共同目的而奋斗。

4. 共产国际第三次代表大会肯定了革命马克思主义的这一基本原理：既没有"特殊的妇女"问题，也没有特殊的妇女运动；只要女工同资产阶级的男女平权论结合起来，只要女工支持社会妥协分子即机会主义分子的不彻底的或公开叛卖的策略，无产阶级的力量就会被削弱，因而会推迟社会革命，延缓共产主义的实现，从而也推迟了彻底解放妇女这一伟大时刻的到来。

共产主义的胜利，不是依靠各阶级妇女的联合努力，而是依靠所有被剥削者的联合斗争取得的。

无产阶级妇女群众为了自身的利益,必须支持共产党的革命策略,积极地直接参加群众性的行动,参加本国的以及国际范围的各种形式的社会斗争。

5. 妇女为摆脱身受的双重压迫(资本主义压迫和在家庭中的依附地位)而进行的斗争,在发展到高级阶段时就具有了国际性,变成男女无产者在第三国际旗帜下争取实现无产阶级专政、争取建立苏维埃制度的斗争。

6. 共产国际第三次代表大会提示全世界女工不要同资产阶级的男女平权论进行任何的合作和妥协。同时向她们指出:有人认为无产阶级妇女支持第二国际或支持那些靠近第二国际的具有机会主义情绪的分子,不会损害妇女的解放事业——这种想法,会给无产阶级的解放斗争带来巨大的危害。妇女应当牢牢记住:资本主义制度是妇女遭受奴役的根源。要结束妇女的奴隶地位,必须建立新的共产主义社会制度。

女工对第二国际和第二半国际所属党派的支持,会阻挠社会革命并延缓新制度的到来。广大的妇女群众越坚决彻底地摒弃第二国际和第二半国际,社会革命的胜利就越有保障。女共产党员必须谴责一切不敢执行共产国际革命策略的人,要坚持把他们从共产国际的严密组织中开除出去。

妇女应当牢记:第二国际没有建立、也没有打算建立以实现妇女彻底解放为目的的机构。在女工的亲自倡议下,已踢开第二国际,开始成立国际社会主义者联合会。专门做妇女工作的女社会主义者,在第二国际内既未占有席位,也没有代表资格和表决权。

第三国际在1919年第一次代表大会上,就已清楚地表明自己对吸引妇女参加实现专政的斗争问题的态度。为此,第一次代表大会召开了共产主义妇女代表会议,并于1920年成立了国际妇女工作书记处,它在共产国际执行委员会中派有常驻代表。各国有觉悟的女工必须毫不犹豫地同第二国际和第二半国际决裂,要坚决地支持共产国际的革命路线。

7. 女工、农村妇女、女职员对共产国际的支持,应表现为她们加入本国共产党的队伍。在第二国际和第三国际之间的斗争尚未结束的那些国家和政党中,女工要全力支持拥护共产国际的政党或组织,并要同一切动摇分子或公开叛卖分子进行无情的斗争,而不管他们有多高的威望。那些有觉悟的渴望解放的无产者妇女,不应留在敌视共产国际的政党中。

谁反对第三国际,谁就是妇女解放的敌人。

西方和东方有觉悟的女工要站到共产国际的旗帜下,即参加本国共产党的队伍。女工表现的种种动摇现象,即害怕与惯于妥协的政党断绝关系,不敢摒弃公认的权威,都会严重影响无产阶级的伟大斗争取得成就,而目前这一斗争在全世界范围内已具有公开而又激烈的国内战争的性质。

对妇女进行工作的方式和方法

根据上述情况,共产国际第三次代表大会责成各国共产党按下列原则对无产阶级妇女进行工作:

1. 要使妇女作为有同等权利和义务的成员参加一切战斗的阶级组织——党、工会、合作社、厂工会委员会等等。

2. 要重视吸引妇女积极参加无产阶级各方面的斗争(包括参加无产阶级的军事自卫组织)和从事新社会基础的建设,要按共产主义原则去组织她们的生产和日常生活。

3. 要承认母性职能是一种社会职能,要实行并维护旨在保护妇女

（人类世代繁衍的承担者）的有关措施。

共产国际第三次代表大会坚决反对在共产党、工会或专门妇女组织中，再成立任何单独的妇女团体。但是代表大会认为，必须对妇女采取独特的工作方法，最好在各国共产党内成立专门的妇女工作机构。此外，代表大会考虑到下列情况：

（1）不仅在资本主义国家中，而且在从资本主义向共产主义过渡的苏维埃制度下，妇女在日常生活中都处于奴役地位；

（2）妇女群众的极端消极情绪和政治上的落后现象，是千百年来妇女被排除在社会生活之外、在家庭中遭受奴役的结果；

（3）生育子女是妇女天赋的特殊职能，因而特别需要大力保护妇女的能力和健康，以利于整个集体。

鉴于上述种种情况，共产国际第三次代表大会认为，建立一些从事妇女工作的专门机构是适宜的。在党内，从事妇女工作的这种机构是各级党委（从中央到市、区、县委员会）中设立的妇女工作部或妇女工作委员会。参加共产国际的各党，必须执行此项决定。

共产国际第三次代表大会指出：各国共产党的妇女工作部应执行下列任务：

（1）以共产主义精神教育广大妇女群众，吸引她们参加党的队伍；

（2）与无产阶级男子群众中对待妇女的各种偏见作斗争，使男女工人确信无产阶级两性的利益是一致的；

（3）吸引女工参加各种形式的国内战争，以锻炼她们的意志；吸引女工参加反对资产阶级国家中资本主义剥削的斗争（如反对物价上涨、住房短缺、失业现象严重等等群众性活动），以及国内战争的其他革命行动，以唤起女工的积极性；吸引女工参加苏维埃共和国的共产主义建设和日常生活建设；

（4）那些与妇女解放直接有关的立法问题，应列入党的工作日程；

确认妇女的平等权利,保护她们作为母亲的利益;

(5)与传统势力、资产阶级习惯、宗教说教进行有计划的斗争,使男女之间建立健康、和谐的关系,从而保证劳动人民身心的健康发展。

妇女工作部或妇女工作委员会的全部工作,应在党委的直接领导下进行,并由党委负责。工作部或工作委员会的领导,应由一名党委成员担任。工作部或工作委员会的成员,应尽可能由共产党员担任。

妇女工作部或妇女工作委员会的各种措施和任务,不应由各该机构独自执行。在苏维埃国家,应通过有关的经济机关或政治机关(苏维埃、人民委员会和工会的机关)来执行;在资本主义国家,则应在无产阶级的有关机关(党、工会、苏维埃等)的支持下执行。

在共产党公开或半公开存在的地方,共产党必须建立从事妇女工作的机构。这种机构应服从全党的秘密机关的领导,并应配合它的工作。和在公开组织中一样,在所有的地区、省和中央的秘密组织中,都要有一名女同志负责对妇女组织宣传工作。在目前时期,无论是在争取推翻资本压迫的国家中,或者是在劳动苏维埃共和国中,党对妇女进行工作的基地,都应当是各种**工会、生产联合会和合作社**。

无论是妇女工作部,或者是妇女工作委员会,对妇女工作都应贯彻如下的精神:党的运动的一致性、组织的统一性和独立自主的主动性。要力求尽快地彻底实现党的妇女解放事业。要力求不在工作上出现重复现象,而应通过女工的自发精神和主动精神来协助进行党的工作。

在苏维埃国家中党对妇女的工作

在劳动苏维埃共和国中,妇女工作部的任务是:以共产主义精神教育广大妇女群众,吸引她们参加共产党的队伍,唤起和发挥妇女的积极性和主动精神，吸引她们参加共产主义建设，把她们培养成为捍卫共产国际的坚定战士。

妇女工作部应致力于吸引妇女参加各方面的苏维埃建设：从国防工作直到共和国的各项复杂的经济建设。

在苏维埃共和国中，妇女工作部应督促执行第八届苏维埃代表大会关于吸引女工和农村妇女参加国民经济的建设和组织工作，参加一切领导、管理、监督和组织生产的机构的决议。妇女工作部应通过自己的代表和党的机关参与制定新法令，并督促修改那些阻碍妇女真正解放的法令。妇女工作部必须特别主动地关心完善有关女工和青工劳动保护的法律。

妇女工作部应尽可能吸引更多的女工和农村妇女参加苏维埃改选期间的选举运动，关心她们能有代表参加苏维埃及其执行委员会。

妇女工作部应协助党顺利开展一切政治运动或经济运动。

通过加强妇女技术教育来提高女工劳动的熟练程度，以及帮助城乡妇女进入适当的学校学习，是妇女工作部的一项任务。

妇女工作部应关心女工能参加企业的劳动保护委员会，并应关心加强妇婴保护委员会的活动。

妇女工作部应协助改进一切公共设施，如公共食堂、洗衣房、修理间、社会福利机构、公社之家等等，因为这些设施可按新的共产主义原则来改造日常生活，减轻过渡时期妇女的重担，加速她们日常生活的解放，从而使家庭的奴隶变成伟大社会建设的自由参加者，变成新生活方式的创造者。

妇女工作部应在工会党团所设的妇女工作机构的帮助下，对工会女会员加强共产主义思想教育。

妇女工作部应关心女工有出席全厂代表会议的正当权利。

妇女工作部必须有计划地分派妇女代表去实习苏维埃工作、经济工作和工会工作。

党的妇女工作部首先要在女工中深入开展工作,然后再对家庭主妇、女职员和小农中的妇女开展工作。

妇女工作部应召集和组织女工代表会议,以建立党和群众的巩固联系,扩大党对非党群众的影响,并通过发挥妇女的主动性和使她们参加实际工作,以实现对妇女群众进行共产主义教育。

代表会议是教育女工和农村妇女的最好手段,是通过代表扩大党对广大非党群众、落后女工、农村妇女的影响的最好手段。

代表会议由地区或城市的工厂妇女代表组成,农村妇女代表会议由乡的代表组成,街区的妇女代表则由家庭主妇中选举产生。在苏维埃俄国,代表被吸收参加各种政治活动和经济活动,参加企业的各种委员会和对苏维埃机关的监督工作,并作为见习人员参加为期两个月的苏维埃各部门的日常工作(根据1921年的法律)。

妇女代表应在车间大会、家庭主妇或女职员大会上,按照党所规定的名额选举产生。妇女工作部必须对妇女代表进行宣传鼓动工作。为此,每月至少要召集两次妇女代表。妇女代表必须在自己的车间或城市街区大会上汇报工作。妇女代表的任期为三个月。

对妇女群众进行宣传鼓动的第二种形式,是召开扩大的非党女工和农村妇女代表会议。出席会议的代表,在企业女工大会上和乡村农村妇女大会上选出。

代表会议由妇女工作部负责召集和领导。

妇女工作部或妇女工作委员会要有计划地进行广泛的口头宣传和书面宣传,以推广女工在党的实际工作中和在党的各项活动中所取得的经验。妇女工作部应召开企业女工大会、讨论会、代表会以及街区主妇会,并领导代表会议,进行挨户宣传。

为了培养妇女工作干部和深入开展这一工作,在中央和地方的苏维埃学校中应建立妇女工作分部。

在资本主义国家中党对妇女的工作

妇女工作委员会的当前任务取决于客观的形势。世界经济趋于崩溃，失业现象极其严重（这特别表现在缩减对妇女劳动力的需求和卖淫现象的增长上），物价飞涨，住房奇缺，新的帝国主义战争威胁日益加剧，这是一方面；而另一方面，各国工人的经济罢工此起彼伏，国内战争在世界各地不断发生——这一切乃是世界性的社会革命的一个序幕。

妇女工作委员会必须提出无产阶级的战斗任务，为彻底实现共产党提出的各项口号而斗争，并要吸引妇女参加共产党人反对资产阶级和社会妥协分子的革命活动。

妇女工作委员会不仅要关心妇女作为具有同等权利与义务的成员参加党、工会和其他阶级组织，去反对任何排挤与歧视女工的现象，而且还要关心妇女能在与男子平等的基础上参加党、工会和合作社机关的领导工作。

妇女工作委员会必须促使广大的工农妇女阶层利用自己的权利，在议会和所有社会机构的选举中支持共产党。同时要说明，对于削弱资本主义剥削以及对于解放妇女来说，这种权利都是极其有限的，因此必须用苏维埃制度取代议会制。

妇女工作委员会应促使女工、女职员和农村妇女积极参加工人代表苏维埃的革命委员会、经济委员会和政治委员会的选举，吸引她们参加委员会的工作，唤起家庭主妇的政治积极性，并对农村妇女宣传苏维埃思想。实现同工同酬的原则，是妇女工作委员会的一项特殊任务。妇女工作委员会还应当发动男女工人争取受到免费的、普及的职业教育，借以提高妇女劳动的熟练程度。

在妇女享有选举权的地方，妇女工作委员会应关心使女共产党员能参加市政机关和立法机关的工作，并在其中施行共产党的革命策略。但是，在参加资产阶级国家的立法、市政及其他机关的工作时，女共产党员应坚定地维护党的基本原则和策略，主要不是关心在资产阶级制度的范围内去实行改革，而是利用每个现实的迫切问题或女工的要求作为革命的口号，引导女工去积极参加争取实现无产阶级专政的斗争，以期满足自身的要求。

妇女工作委员会要与议会党团和其他组织中的党团保持密切联系，共同研究有关妇女的一切问题。

妇女工作委员会要向妇女说明：各自忙于自身的家务劳动，而让子女去接受资产阶级的恶劣影响，是一种落后现象，得不偿失。女工应十分重视党所提出的或所支持的实际改善工人阶级生活的各项问题。

妇女工作委员会应促使参加工会的女工加入共产党。为此，工会党团应指派女组织员，在党或党的地方组织的领导下，开展对妇女的工作。

妇女工作委员会还应开展宣传工作，使合作社中的女工大力传播共产主义思想，并在合作社中起领导作用。因为合作社作为一种分配机构，在革命时期和革命以后都起十分巨大的作用。

妇女工作委员会全部工作的目的，在于发挥群众的革命积极性，以加速社会革命的进程。

在经济落后的国家（东方各国）中党对妇女的工作

在工业不发达的国家，共产党要与妇女工作部一起争取妇女在党、工会和劳动阶级的其他组织中具有与男子相同的权利和义务。

妇女工作部或妇女工作委员会应当与党一起对压制妇女的各种偏

见、习俗、宗教信条进行斗争，同时也要对男子进行这种宣传。

共产党及其妇女工作部或妇女工作委员会，应贯彻执行妇女在教育子女、家庭关系和社会生活等方面有平等权利的原则。

妇女工作部应首先争取那些遭受资本剥削的广大家庭手工业妇女，以及稻米、棉花及其他种植园的女工支持自己的工作。在苏维埃国家，妇女工作部应促进手工业作坊的发展。在资本主义国家，工作中心应该是组织种植园的女工，吸引她们同男工一起参加工会组织。

提高居民的一般文化水平，是与苏维埃国家境内的东方各族人民的习惯势力和宗教偏见作斗争的最好方法。妇女工作部应协助发展那些接受妇女入学的成人学校。资本主义国家的妇女工作委员会，应直接与学校中的资产阶级影响作斗争。

妇女工作部或妇女工作委员会应在一切可能的地方进行家庭宣传。妇女工作部应组织女工俱乐部，吸引落后的妇女参加。俱乐部应成为文化教育中心和实际示范机构，借以证明妇女通过自己的主动精神可以求得本身的解放（在俱乐部内组织托儿所、幼儿园、扫盲班等等）。

在游牧生活民族中的妇女工作部应组织流动俱乐部。

在建立了苏维埃制度的国家中，妇女工作部应协助有关的苏维埃机构促进前资本主义的经济形式向社会化生产过渡，以实际体验使女工确信家务劳动和旧家庭形式阻碍妇女解放，只有社会化劳动才能使她们获得解放。

在苏维埃俄国境内的东方各族人民中间，妇女工作部应注意贯彻执行苏维埃法律中规定的男女平权和保护妇女利益的条文。为此，妇女工作部要极力设法吸收妇女担任人民法庭的审判员和陪审员。

妇女工作部应吸引妇女参加苏维埃选举，并关心女工和农村妇女参与苏维埃和执行委员会的工作。对东方无产阶级妇女进行工作，应充满阶级感情。揭露男女平权主义者无力解决妇女解放问题，是妇女工作部的一项任务。为了在东方苏维埃国家中开展教育事业，应该利用那些同情共产主义的妇女知识分子（如女教师）的力量。妇女工作部或妇女工作委员会在对东方妇女进行工作时，要避免对宗教信仰或民族传统采取轻率生硬的态度，但要对民族主义和宗教统治势力进行坚决的斗争。

和西方一样，东方女工的一切组织，都不应只是追求维护本民族的利益，而要联合国际上的男女无产者去完成统一的阶级任务。

[注] 鉴于对东方妇女加强工作的重要性和迫切性，而且提出的又是一些崭新的任务，所以本提纲附有一个特别指示，它是依据东方各族人民生活条件的特点而提出的共产党对妇女进行工作时可采用的一些主要方法。

宣传鼓动的方法

为了实现妇女工作部的基本任务——对广大无产阶级妇女群众进行共产主义教育，为了加强争取实现共产主义的妇女骨干力量，必须使西方和东方各国共产党掌握妇女工作的基本原则，这就是："通过实践来进行宣传鼓动。"

通过实践进行宣传鼓动，首先是要善于唤起女工的主动精神，消除她们对自身力量的怀疑，并通过吸引她们参加实际建设工作或斗争，使她们从经验中认识到：共产党所取得的每一项成就，以及为反对资本剥削而采取的每一个行动，都是改善妇女处境的一个步骤。从实践和行动中认识共产主义理想及其理论原则，再反过来，又从理论回到实践和行动上来，这就是各国共产党及其妇女工作部对待广大女工群众所应采取的工作方法。

为了使妇女工作部不仅成为进行口头宣传的机构，而且也成为采取行动的机构,它应该依靠企业和车间的党支部,关心在每个支部中选拔一名组织员,以便在企业中进行妇女工作。

妇女工作部应通过自己的代表或工会党团指派的组织员(在妇女工作部领导下进行工作),与工会取得联系。

在苏维埃国家,通过实践宣传共产主义思想,就是要吸引女工、农村妇女、家庭主妇和女职员参加各方面的苏维埃建设,从军队和民警机关的工作,直到能促进妇女解放的各项措施,如组织公共食堂和社会教育机构,从事妇女保健事业,等等。当前尤其重要的是,要吸引女工参加恢复国民经济的各项工作。

在资本主义国家,通过实践进行宣传工作,首先是要吸引女工参加罢工、示威游行以及一切可锻炼和增强革命意志和思想的斗争;吸引女工参加党的各项工作,利用妇女进行秘密工作(特别是通讯联络),组织党的星期六或星期日义务劳动。在这一天,同情共产主义的女工、工人妻子和女职员可自愿为党服务,为儿童修补鞋子和衣服,等等。

通过实践进行宣传工作的另一目的,是吸引妇女参加共产党发起的一切政治运动、经济运动或教育运动。

各国共产党的妇女工作部应开展自己的活动,扩大自己对资本主义各国中遭受奴役和压迫的广大无产阶级妇女群众的影响;在苏维埃国家,则应对受生活条件和各种偏见压抑的无产阶级和半无产阶级妇女群众进行工作。

妇女工作委员会应对女工、家庭主妇、农村妇女和从事脑力劳动的妇女开展自己的工作。

为了进行宣传鼓动,妇女工作委员会应召开公开的群众集会、各个企业职工大会、女职工大会,或召开同工种女工会议、地区妇女群众大会和家庭主妇会议等等。

妇女工作委员会应协助工会、合作社、工厂委员会中的共产党党团选拔妇女工作组织员。换句话说,就是要使党团在一切机构中都有自己的代表,以便推动资本主义国家中的无产阶级提高自己的革命积极性,以期达到夺取政权的目的。在苏维埃国家,则应帮助女工和农村妇女在苏维埃机关中担任领导、管理和监督工作,使这些机关成为无产阶级专政的支柱,以促进共产主义的实现。

妇女工作委员会应派遣有责任心的女共产党员到妇女人数众多的企业里充当工人或职员;还应该派遣这样的女工作人员到无产阶级集中的主要地区去工作。这种做法已为苏维埃俄国的实践证明富有成效。

妇女工作委员会应利用俄国共产党妇女工作部在召集妇女代表大会以及非党女工和农村妇女代表会议方面的十分成功的经验。它应该召开各工种女职工、农村妇女、家庭主妇的代表会议,在会上讨论妇女的某些要求并选举工作组。工作组应与自己的选举人、妇女工作委员会保持密切联系。工作组应派遣自己的宣传员参加那些敌视共产主义的政党的集会,在会上进行辩论。除通过群众大会和各种会议来进行宣传鼓动外,还应有计划地组织家庭宣传。每个负责此项工作的女共产党员,最多分担十户的宣传工作,每周至少访问一次,以便对家庭主妇进行宣传。而当共产党开展某种运动或准备进行某种活动时,则应增加访问次数。

妇女工作委员会应通过印刷品进行宣传、组织和教育工作,办法是:

(1) 在每个国家中协助出版妇女工作的中央机关报;

(2) 在党的报刊上增辟"女工问题专栏"或出版专刊,在党和工会的一般报刊上登载有关妇女工作问题的文章。妇女工作委员会还应关心选派上述报刊的编辑人员,从劳动妇女和党的女工作人员中培养撰稿人。

妇女工作委员会应关心出版通俗宣传读物以及具有教育意义的传单

和小册子，并使其广为传播。

妇女工作委员会应帮助女共产党员充分利用党的一切政治教育机构。

妇女工作委员会应关心青年女共产党员提高阶级觉悟和增强斗争意志。为此，要吸引她们参加党的一般训练班、辩论会，并在必要和适当时机专门为女工组织读书会、讨论会或每周讲座。

为了巩固男女工人之间的同志关系，最好不要单独为女共产党员设立训练班和学校，而应在所有一般党校中开设有关妇女工作方法的课程。妇女工作部有权派遣一定数量的代表参加党的一般训练班。

妇女工作部的组织结构

在每个地区党委会、州（省）党委会和党中央委员会中，应设立妇女工作部或妇女工作委员会。这种机构的人数，应视各个国家中党的工作需要来决定。此外，妇女工作委员会中领取工资的人员的名额，由党根据自身的财力来决定。

妇女工作部部长或妇女工作委员会主席，应由地区党委会委员兼任。如不属兼任，则妇女工作部部长可列席地区党委会的一切会议，对有关妇女工作部的一切问题有表决权，对其他各种问题有发言权。

州或省的妇女工作部或妇女工作委员会，除上述一般任务外，还应行使下列职能：保持州（省）内各妇女工作部之间以及该工作部与政治部之间的联系；收集有关该州（省）妇女工作部或妇女工作委员会活动的资料；关心给各地妇女工作部提供资料的可能性；向州（省）提供需要的文件；在州（省）内调配宣传鼓动工作的人员；发动党员对妇女进行工作；每年至少召开两次妇女工作部女党员的州（省）代表会议，每个妇女工作部可派一两名代表出席会议；召开该州（省）

的非党女工、农村妇女、家庭主妇代表会议。

妇女工作部或妇女工作委员会的成员名单,由妇女工作部部长提请省委会或县委会批准。妇女工作部部长和县委会、省委会其他委员一样,在县或省的党代表会议上选出。

州(省)和地区妇女工作部或妇女工作委员会的成员,在全市、县或州(省)代表会议上选出,或由各该妇女工作部征得党委会同意后委派。

妇女工作部部长如果不是州(省)党委会委员,也有权出席党委会的一切会议,对有关妇女工作部的问题有表决权,对其他问题有发言权。

除上述州(省)妇女工作部的各项职能外,政治部还行使下列职能:就党的工作问题给妇女工作部以指示;监督妇女工作部的工作;在有关党机关的配合下调配妇女工作人员;依据妇女权利和经济地位的改变,对妇女劳动条件及其改善情况进行监督;派遣代表参加专门委员会,以研究改善工人阶级日常生活、劳动保护、儿童保健等问题;出版《中央妇女工作简讯》;编辑定期出版的女工刊物;每年至少召开一次各州(省)妇女工作部代表会议;组织妇女工作指导员到全国各地进行宣传活动;对于女工和妇女工作部参加党所发动的各种政治运动和经济运动的情况进行监督;派遣代表参加国际共产主义妇女书记处的工作;组织每年一度的国际女工日。

如果中央妇女工作部部长不是中央委员,她也有权出席中央委员会的各种会议,对有关妇女工作部的问题有表决权,对其他问题有发言权。妇女工作部部长或妇女工作委员会主席,由党中央委员会委任,或在全党代表大会上选举产生。各级妇女工作部或妇女工作委员会的决议,均须经有关党委会最后批准。中央妇女工作部成员的名额和具有表决权的成员人数,由党中央委员会规定。

关于国际范围的工作

共产国际的国际妇女书记处,负责领导各国共产党的妇女工作,团结女工努力完成共产国际提出的各项任务,吸引各国和各族妇女为在世界实现苏维埃政权和工人阶级专政而进行革命斗争。

共产国际和共产主义青年运动

1. 社会主义青年运动，是在资本主义变本加厉地剥削青年和资产阶级军国主义转而利用青年这双重压力之下产生的。这个运动是对企图以资产阶级民族主义思想毒化青年工人这一举动的反应，是对大多数国家的社会民主党和工会不重视青年工人的经济、政治和文化要求这一态度的反应。

在大多数国家，社会主义青年组织并不是在那些日益走向机会主义和修正主义的社会民主党和工会的帮助下建立起来的，而在有些国家，青年组织甚至是在违背它们的意愿的情况下建立起来的。改良主义的社会民主党和工会把青年成立独立的社会主义革命组织，看成是对它们的机会主义政策的一种莫大的威胁。它们企图对青年运动实施官僚主义监护并取消其独立性，妄图以此来压制青年运动，改变其性质，使之适应自己的政策。

2. 帝国主义战争和大多数国家的社会民主党对这场战争所采取的立场，必然要加深社会民主党与国际青年革命组织之间的矛盾，进而导致它们之间的公开冲突。在战争期间，由于征兵和服兵役，由于军事工业中的剥削加剧和后方军事化，青年工人的处境极度恶化。社会主义青年中的优秀分子已经奋起反对战争，反对民族主义，从而同社会民主党划清了界限，并采取了独立的政治行动（1915年在伯尔尼、1916年在耶拿召开了国际青年代表会议）。

在反战斗争中，社会主义青年组织由于得到优秀的成年人革命团体的支持，而成为团结革命力量的中心。这样，青年组织就承担了大多数国家所缺少的革命政党的职能，成为革命斗争的先锋队和政治上的独立组织。

3. 随着共产国际和各个国家共产党的成立，青年革命组织在整个无产阶级运动中的作用发生了变化。青年工人因其所处的经济地位，加上他们的心理特点，易于接受共产主义思想，因而在革命斗争中表现出比成年工人更为旺盛的革命热情。但是，青年组织的先锋队作用，即作为一种政治领导力量而采取独立行动的作用，则应让位给共产党。共产主义青年组织如果继续作为政治上独立的领导组织存在，就势必要产生两个彼此仅在成员年龄上有所差别的分庭抗礼的共产党。

4. 当前共产主义青年组织的作用是，团结并以共产主义精神教育广大青年工人，使他们成为共产主义革命的战士。

共产主义青年组织再也不能满足于只在人数不多的宣传小组中开展工作。共产主义青年组织除了坚持不懈地按照新方法进行宣传鼓动之外，还应当与共产党和工会一道，积极领导经济斗争，这也是吸引广大青年工人的手段之一。

共产主义青年组织为适应自己所担负的新任务，应当进一步开展教育工作，而积极参加一切革命战斗，则是在共产主义青年运动中进行共产主义教育的基础；同时，必须把参加革命斗争同马克思主义教育密切结合起来。

在近期内，共产主义青年组织的另一项重要任务是，克服青年工人中的中派主义思想和社会爱国主义思想，并使他们摆脱社会民主党及其青年领袖的控制。同时，共产主义青年组织应当大力促进党的"年轻化"，这也是群众运动发展的一种必然结果，因为青年组织中的老成员都迅速地转入共产党的队伍中去了。

善于分辨各种政治问题，参与创立共产党，以及积极参加革命战斗和革命活动，这是共产主义青年组织同中派组织、社会党组织的根本区别所在。

5. 共产主义青年组织同共产党的关系，根本不同于革命青年组织同社会民主党的关系。在争取尽快实现无产阶级革命的共同斗争中，必须保持高度的统一和严格的集中。在国际范围内，施加政治影响和实行政治领导的只能是共产国际；而在各个国家里，则只能是各国的共产国际支部。

服从这种政治领导（纲领、策略和政治指示），并加入整个革命战线，是共产主义青年组织的义务。鉴于各国共产党的发展水平不同，在特殊情况下对这项原则的运用，必须由共产国际执委会与青年共产国际执委会根据各该国的特殊条件来共同确定。

共产主义青年组织在创立之初就将严格的集中制确定为自己的原则，今后在对共产国际这个无产阶级革命的传播者和领导者的关系上，要遵守铁的纪律。共产主义青年组织可在组织内部讨论一切政治问题和策略问题，可持有这种或那种观点，并按照通过的决定在本国共产党的队伍里采取行动，但绝对不得持反对共产党的立场。共产党和共产主义青年组织之间如果有重大意见分歧，后者可行使向共产国际执行委员会提出申诉的权利。

共产主义青年组织放弃政治上的独立性，决不等于取消其组织上的独立性，因为从教育青年的角度来看，这种独立性是必要的。

鉴于严格的集中和高度的统一是革命斗争取得成功的必要条件，因而在某些国家，历史上形成的青年组织受党直接支配的情况，一般说来应予保持。二者之间如有意见分歧，则由共产国际执行委员会同青年共产国际执行委员会共同解决。

6. 当前，共产主义青年组织的最重要的任务之一是，彻底克服青年组织中那种由绝对自主时期遗留下来的独立实行政治领导的思想。

共产主义青年组织应当充分利用青年报刊,并调动整个组织机构,教育青年工人,使他们认识到他们是统一共产党的战士和重要的成员。

随着共产主义青年组织把引导广大青年工人群众这项工作变成群众性的运动,青年组织就应当愈加重视并抽出更多的时间来完成这项任务。

7. 要体现共产主义青年组织和共产党在政治上的密切协作,两者就必须在组织上保持密切的联系。在党的中央机关和州、区、地方组织中,以及在共产主义团体和青年社团的基层组织中互派常驻代表,并派出得力代表出席对方各级代表会议和代表大会,这都是十分必要的。这样,共产党就能经常指导青年的政治生活和政治活动并给以支持,而青年组织也能对党主动作出自己的贡献。

8. 在青年共产国际和共产国际之间要建立比共产主义青年组织和共产党之间更为密切的相互关系。青年共产国际的任务是:对共产主义青年运动实行集中领导,对各种青年社团给予精神上和物质上的支援,在没有建立共产主义青年组织的地方建立新组织,为共产主义青年运动及其纲领开展国际共产主义宣传。

青年共产国际是共产国际的组成部分,因而它要贯彻执行共产国际代表大会的一切决议,要服从共产国际执行委员会。青年共产国际的活动,不得超越共产国际的决议的范围,它要把共产国际的政治意图贯彻到自己的所有支部中去。互派得力代表和不断地密切协作,可保证取得共产国际的经常监督,并可保证青年共产国际各方面的活动(领导工作、宣传鼓动、组织工作、加强和支持共产主义青年组织)取得丰硕的成果。

共产国际第三次代表大会代表统计表

顺序	国家或地区	政党或组织	代表人数
1	奥地利	共产党	7
	奥地利	"锡安工人"①	14
2	澳大利亚	共产党	4
3	阿塞拜疆	共产党	6
4	英国	共产党	14
	英国	社会党	1
	英国	反议会派	1
5	亚美尼亚	共产党	8
6	阿根廷	共产党	2
7	南非	国际社会主义同盟	2
8	巴库	青年团	1
	巴库	东方各族人民行动与宣传委员会	1
9	巴什基尔	共产党	2
10	比利时	共产党	2
	比利时	社会党	2
	比利时	青年团	1
11	白俄罗斯	共产党	2
12	近东	青年团	1

---

① 犹太小资产阶级民族主义组织，20世纪初在许多国家出现，其各小组曾在20世纪初建立了几个政党，开始在工人运动中传播犹太复国主义思想。——编者注

顺序	国家或地区	政党或组织	代表人数
13	保加利亚	共产党	19
14	保加利亚	青年团	1
15	布哈拉	青年团	7
	匈牙利	共产党	12
	匈牙利	青年团	1
16	德国	共产主义工人党	5
	德国	统一共产党反对派	2
	德国	统一共产党	25
	德国	青年团	8
	德国	妇女同盟	1
17	荷兰	共产党	5
	荷兰	青年团	1
18	希腊	共产党	3
19	格鲁吉亚	共产党	11
	格鲁吉亚	青年团	1
20	丹麦	共产党	6
21	远东	共产党	2
	远东	青年团	1
22	埃及	共产党	1
23	印度	共产党	4
	印度	青年团	1
24	爱尔兰	共产党	2
25	意大利	共产党	21
	意大利	社会党	3
	意大利	青年团	4
26	西班牙	共产党	5
	西班牙	共产主义工人党	4
	西班牙	工团主义派	5
27	加拿大	社会党	1

顺序	国家或地区	政党或组织	代表人数
28	中 国	共产党	1
	中 国	青年团	1
29	吉尔吉斯共和国	共产党	1
30	伊斯坦布尔	共产党	1
31	朝 鲜	共产党	2
32	拉脱维亚	共产党	11
	拉脱维亚	青年团	1
33	立陶宛	共产党	9
	立陶宛	青年团	2
34	卢森堡	共产党	4
	卢森堡	社会党	1
	卢森堡	青年团	1
35	墨西哥	共产党	1
	墨西哥	青年团	1
36	蒙 古	人民革命党	2
37	挪 威	共产党	1
	挪 威	工人党	11
	挪 威	青年团	2
38	巴勒斯坦	共产党	2
39	波 斯	共产党	5
40	"锡安工人"	共产党	3
41	波 兰	共产党	20
	波 兰	崩得	3
42	俄 国	共产党	72
	俄 国	青年团	2
43	罗马尼亚	共产党	10
	罗马尼亚	青年团	4
44	美 国	统一共产党	10
	美 国	日本共产主义小组	1
	美 国	青年团	2

顺序	国家或地区	政党或组织	代表人数
45	鞑靼共和国	共产党	1
46	土耳其斯坦	共产党	4
	土耳其斯坦	革命同盟	2
47	土耳其	共产党	4
48	乌克兰	共产党	22
49	芬 兰	共产党	30
50	法 国	共产党	8
	法 国	工团主义派	9
	法 国	青年团	3
	法 国	工团主义少数派	11
51	芬夫基兴（佩奇）①	社会党	3
52	希 瓦	青年团	1
53	捷克斯洛伐克	共产党	27
	捷克斯洛伐克	青年团	2
54	瑞 士	共产党	13
	瑞 士	青年团	2
55	瑞 典	共产党	15
	瑞 典	青年团	3
56	爱沙尼亚	共产党	5
	爱沙尼亚	独立社会党	2
	爱沙尼亚	青年团	1
57	南斯拉夫	共产党	12
	南斯拉夫	青年团	2
58	爪 哇	共产党	1

---

① 芬夫基兴，匈牙利旧地名，现改为佩奇。——编者注

附　录

列宁有关共产国际第三次代表大会的材料

对共产国际《关于策略问题的提纲》草案的意见[①]

(1)
给格·叶·季诺维也夫的信
(6月10日)

事情的实质在于,**在政治上莱维许多方面是正确的**。遗憾的是他干了一系列违反纪律的事,因此被开除了党籍。

塔尔海默和库恩·贝拉的提纲在政治上是根本不正确的。那是讲空话和玩弄左的把戏。

拉狄克摇摆不定,对"左派"的愚蠢行为作了一系列让步,从而把自己的草案初稿弄糟了。他的第一个让步最能说明问题。他的提纲的第1条《问题的范围》原来写的是(请注意)"争取工人阶级的大多数(**拥护共产主义原则**)"。后来改为(反而改坏了)"争取工人阶级的**有社会决定意义的部分**"。

妙极了!这样的行文削弱的正是争取工人阶级的**大多数**"拥护共产主义原则"的必要性。这真是荒唐之极。

为了夺取政权,**在一定的条件下**(包括已经争取到工人阶级的**大多数都拥护共产主义原则这一条件**),是需要工人阶级的有社会决定意

[①] 见《列宁全集》中文第2版第42卷第11—16页。——编者注

的部分的大多数在有决定意义的地方**发起冲击**的。

这样来修改、改坏这一真理,即在论述共产国际关于争取工人阶级**拥护共产主义原则**的总任务的第 1 条中**削弱**必须争取工人阶级**大多数**的原理,这是库恩·贝拉和塔尔海默头脑愚钝的典型表现(可恶极了,表面上装出一副了不起的样子,实际上该打屁股),也是……拉狄克**易受别人影响**的典型表现。

拉狄克的提纲本来就非常冗长,没有重点,抓不住政治上的中心问题。而拉狄克**还**向其中掺水,把它糟蹋得不成样子。

该怎么办?我不知道。白费了很多时间和精力。

如果您不希望在代表大会上发生公开斗争,那么我建议:

(1)今天(既然布哈林坚决主张你们必须今天解决基本问题而不能再拖——其实往后拖更好)就用准确无误的表决否定塔尔海默和库恩·贝拉的根本不正确的提纲。要作记录。你们如果做不到这一点而采取宽容态度,就会把一切都弄糟的。

(2)把拉狄克未经"改善"的草案初稿作为基础,关于这种"改善",我已举了一个例子。

(3)委托 1—3 人来压缩这个提纲草案,进行修改,使它(如果能做到的话!)不再没有重点,而是清楚地、明确地、毫不含糊地把下述内容作为中心思想切实突出出来:

共产党在任何地方都还没有争取到(工人阶级的)大多数,不仅是组织的领导,连共产主义原则都还没有得到这个大多数的拥护。而这是一切的基础。"削弱"这个唯一合理的策略的基础,是一种**罪恶的轻率行为**。

由此可以得出结论:在欧洲堆积着大量易燃物的形势下,革命有可能很快爆发,工人阶级也有可能在特殊的情况下轻而易举地取得胜利。但是,现在把共产国际的策略建立在这种可能性上是荒谬的;认为宣传的时期已经结束而行动的时期已经到来的写法和想法也是荒谬和有害的。

共产国际必须把策略建立在这样的基础上：始终不渝地、有步骤地争取**工人阶级的大多数**，首先是**在旧工会内部**。这样，无论事态怎样变化，我们都肯定能够取得胜利。至于遇上极其幸运的情况而在短时期内"取得胜利"，这是傻瓜也能办到的。

因此：无论在什么地方都必须采取《公开信》①的策略。这一点要讲得直截了当，清楚明确，因为对《公开信》的动摇是最有害、最可耻的，也是**最流行的**。用不着隐瞒。凡是不懂得必须遵循《公开信》的策略的人，都要在共产国际第三次代表大会闭幕后至多一个月**开除**出共产国际。我曾经投票赞成让德国共产主义工人党加入共产国际，现在清楚地看到这是一个错误，应该尽快地、彻底地改正这一错误。

与其像拉狄克那样长篇大论，意思含混，不如翻译《公开信》全文（如用德文，则援引全文），反复解释它的意思，而且把它作为一个范本来阐释。

我认为，策略问题的**总决议**应该就讲这些。

只有这样才会定下**调子**，使中心思想明确起来，不致模棱两可，使任何人都不可能作随心所欲的解释（像拉狄克那样）。

这样，拉狄克的草案初稿就会至少删去四分之三。

丢下提纲去写**小册子**并对它进行表决的做法该结束了。那样做，即使我们大家没有争论，也免不了犯局部性的错误。而如果没有重点，却有争论，我们就会犯**重大**错误，把全部事情弄糟。

再有，如果你们实在想加，可加上一些补充：根据这种策略，在细节

---

① 指1921年1月德国统一共产党中央委员会致德国社会民主党、德国独立社会民主党、德国共产主义工人党及一切工会组织的《公开信》。——编者注

上，作为例子，不是作为原则，恰恰是作为例子，还可作如此这般的补充。

其次。

笼而统之把塞拉蒂和莱维说成是"机会主义"，这是愚蠢的。塞拉蒂有错误；错在哪里？应该讲得一清二楚，指明是在**意大利**问题上而不是在总策略问题上。他错在同共产党人搞分裂，没有开除改良主义者屠拉梯之流。意大利同志们，只要不做到这一点，你们就是**自外于**共产国际。我们就开除你们。

而对意大利的共产党人，我们要提出最严肃的忠告和**要求**：只要你们还不能够坚定地、耐心地、巧妙地**说服**塞拉蒂派**工人**的大多数，把他们争取过来，就不要神气，就不要玩弄左的把戏。"莱维事件"不在总策略问题上，而在对三月行动的评价上，在德国问题上，布兰德勒说：是单纯防御。因为政府进行了挑衅。

就算这符合实际，就算事实是这样。

由此得出什么结论呢?

（1）一切号召进攻的喊叫都是错误的、荒谬的，可是这种喊叫多得不可胜数；

（2）既然政府进行挑衅，**企图**把共产主义的**小要塞**（共产党人得到多数人拥护的中心地区）拖进战斗，那么号召**总罢工**的策略就是一种**错误**。

（3）今后应该避免这种错误，因为右派在内战中以巧妙的手段杀害了两万工人以后，**德国**出现了一种特殊的形势。

（4）把几十万工人（布兰德勒说是**一百万**。是否吹牛？是否**自我陶醉**？为什么没有各州、各城市的统计数字???）的单纯防御说成是"暴乱"，而且是"巴枯宁式的暴乱"，这不仅是错误，而且是违反革命纪律的行为。由于莱维还有另外一些违反纪律的行为（要准确地、极为谨慎地列举出来），所以他应该受到处分，被开除是罪有应得。

应当定出一个开除的**期限**，比如说半年。然后**允许**他重新申请入党，**如果**在此期间他守纪律，共产国际就建议吸收他。

除了布兰德勒的小册子，我还什么都没有看过，这些意见只是根据莱维和布兰德勒的小册子写的。布兰德勒只证明了（如果可以说是证明的话）一点：三月行动不是"巴枯宁式的暴乱"［莱维这样**谩骂**，理应被开除］，而是几十万革命工人的英勇自卫。但无论多么英勇，由于政府从1919年1月起已通过挑衅杀害了两万工人，**今后**再也**不要**在政府的挑衅面前这样应战，要到全国的而不只是一个小地区的大多数工人都跟共产党人走的时候再说。

（1917年的七月事变不是巴枯宁式的暴乱。谁要是作这样的评价，我们就把他开除出党。七月事变是英勇的**进攻**。可是我们当时得出这样的结论：下一次我们决不**过早地**发起英勇的进攻。过早地全面应战，——这就是三月行动的实质。不是暴乱，而是**错误**，这个错误由于几十万人在防御中表现英勇而减轻了。）

关于什麦拉尔，能否搞两三个**材料**？

如能为共产国际刊印有关各国的材料，哪怕每国**两份**（每份2—4页），那倒不错。

关于什麦拉尔和施特拉塞尔，都有些什么事实？

别忘了一件大事：一定要删去拉狄克提纲初稿中所有谈到"等待的党"、所有进行这种谴责的内容。一概不要。

关于保加利亚、塞尔维亚（南斯拉夫？）和捷克斯洛伐克**这些**国家的问题，要具体地、专门地、清楚而明确地提出来。

如果我们两人在这方面意见不一致，我建议召开政治局会议。

列　宁

1921年6月10日

（2）
两点建议

（7月6日）

（1）删去什麦拉尔的姓名和该段整个结尾部分；

（2）委托委员会（或执行委员会）起草一封详细的**信**给捷克党，**要引出原话**，切实地、准确地对什麦拉尔立场的**不正确之处**进行批评，并指出赖兴贝格**《前进报》**的编辑们应当在哪方面更加谨慎。

对《关于各国共产党的组织建设、工作方法和工作内容的提纲》草案的意见[①]

（1）
给奥·威·库西宁的信

急·

地址请问芬兰共产党员或共产国际

6月10日

库西宁同志：

看了您的文章（三节）和提纲非常高兴。

附上我对提纲的意见。

建议您立即找一位**德国**同志（真正的德国人），由他**负责修订**（文章和提纲的）德文文本。这位同志也许还可以受您委托把您的文章**作为报告**在第三次代表大会上宣读（德国代表们听**德国人**讲话要方便得多）。

我建议删去（提纲的）结尾部分。

关于宣传鼓动——特别是关于报刊和口头宣传，要写得尽量详细。

[①] 见《列宁全集》中文第2版第42卷第17—20页。——编者注

依我的意见,您一定要**亲自负责这次**代表大会的报告。这一点,我今天就写信告诉季诺维也夫。

致良好的祝愿!

您的 **列宁**

提　纲

(提纲第6点或)第6条,第2段最后一句

应写成:

"……不可避免地会在一定程度上从……那里把这种倾向继承下来……"

而下面一句应写成:

"……共产党**应**当通过系统的、顽强的组织工作,通过多次的改进和纠正,来**克服**这种倾向……"

(提纲第7点或)第7条:

要更加详尽地说明,西方大多数合法的党恰好没有做到这一点。不是**每个**党员都有**日常**工作(**革命**工作)。

主要的弊病就在于此。

最大的困难也就在于改变这种状况。

可是这是最重要的。

第10条。

要尽量详细。

要多谈些细节。

举例。

报纸的作用。

把"我们的"报纸同**一般的**资产阶级报纸作一对比。

为"我们的"报纸所做的工作。

举例：1912—1913年的俄国报纸。

同资产阶级报纸的斗争。揭露资产阶级报纸的卖身投靠、制造谣言，等等。

散发传单。

鼓动到户。

星期日游玩**等等**。

要非常非常详细。

第11条——也要非常非常详细。

第13条。提出工作报告，交各"支部"**讨论**。

关于敌对组织**特别是**小资产阶级组织（工党、各社会党等）的情况报告。

关于在没有参加组织或参加了黄色团体（包括第二国际和第二半国际）的无产阶级**群众**中以及在非无产阶级劳动阶层中的任务，要写得详细一些。

第26条和第27条。

这些与本题无关。

这不是"组织问题"。

最后就这个主题改写成一篇专题文章，比如用《革命时期的组织问题》这样的标题或其他标题，交**《共产国际》**发表。

或者（根据俄国和芬兰的经验）写成：《谈谈方兴未艾的革命和我们相应的任务问题》。

(2)
给奥·威·库西宁和威·克南的信

致库西宁和克南两同志

1921年7月9日

亲爱的同志们：

看了你们关于组织问题的提纲草案非常高兴。我认为搞得很好。只想补充两点：

（1）建议——各国党都建立一个由经过考验、富有经验的优秀工人组成的监察委员会；

（2）关于特务——在谈不合法的工作问题时专门写一段。内容大致如下：资产阶级必然要派遣特务和奸细打入秘密组织。必须极其周密地、坚持不懈地加以防范，特别要提倡这样一种防范办法，即把**合法**工作和不合法的工作巧妙地结合起来，配合起来，并且**通过**长期的**合法**工作进行考察（是否适合做不合法的工作）。

致共产主义的敬礼！

你们的　**列宁**

在有俄共(布)中央委员参加的德国代表团会议上的发言[①]

(7月9日)

(1)

我认为,中央委员会提出一些具体要求是完全正确的。但是,怎么能够对一个在党外的人施加影响呢?党员们声明,他们采取代表大会的立场。还需要作哪些声明呢?那就是声明不为《苏维埃》撰稿,停止派别活动。中央作出的保证也应记录下来。中央声明,它给反对派以批评的自由,并将遵守这项决定。因此,问题都说清楚了。我们是作为共产国际的成员在这里开会的,我们要求参加共产国际的人遵守纪律。由于莱维的问题,有人说党内会发生危机。我们曾经几次经历这样的危机,当时我们以完全公开的形式批评我们的一些同志。

说到这里,列宁回顾了他在翻阅《真理报》时想起来的俄国党历史上的一件事。

因为这件事,孟什维克攻击过我们。我们当时回答说:可敬的反对派,你们可以扬扬得意,但是,党应当遵守纪律,不应当害怕揭露自己的缺点。如果我们闭口不谈我们的缺点,那是危险的。从这个意义上说,较为有益的做法是停止谈论危机,而作出一些决定,让大家口径一

[①] 见《列宁全集》中文第2版第42卷第57—59页。——编者注

致地回答敌人：我们有真正的国际，它在纠正我们的错误；请给我们看看你们的国际吧。

(2)

不能容许使用类似的字眼。绝对不允许怀疑这里会有人执行不了代表大会的决定。这种想法应当受到谴责。

(3)

塔尔海默的声明是十分明确的；克南谈到莱维给中央委员会的信。马尔察恩肯定莱维会服从代表大会的决定。看来可以促使他自行离开。是否有必要让那些赞同过莱维观点的人一定要用书面形式反对他呢？如果这样做会给今后的合作造成困难，为什么要坚持这样做呢？在俄国布尔什维克党内曾经发生过一些严重冲突，但我想不起有哪一次我们解决冲突是这样注重形式。如果同志们认为塔尔海默的声明是协议的基础，那就必须结束而且必须立即结束人人表态的做法。我们有执行委员会，它在进行监督并且可以采取组织措施。立即就作出书面声明反对莱维，这难道合适吗？我认为，只要我们有良好的愿望，总会找到恰当的方式，或者稍微等一等，而不要坚持那种会给事情带来麻烦的做法。中央声明马尔察恩和蔡特金应该进入中央局，这是完全正确的。这将有助于共同工作。

(4)

最好有个文件能把讨论了一个半小时的情况以文字形式记载下来。

我提议采纳季诺维也夫的建议。

(5)

我提议表决应否把讨论的结果以书面形式记录下来。建议获得通过，两票弃权。这样，季诺维也夫的建议就通过了。

在德国、波兰、捷克斯洛伐克、匈牙利和意大利代表团联席会议上的讲话①

(7月11日)

(1)

昨天我看了《真理报》上的几篇报道,深信进攻的时机可能要比我们在代表大会上设想的更近,也明白了为什么青年同志们这么猛烈地抨击我们。关于这些报道,我下面再谈。现在我要说的是,总攻愈迫近,我们的行动就应当"更机会主义些"。现在你们大家都要回去了,你们要告诉工人们,说我们比第三次代表大会以前更明智了。你们不要不好意思,要说我们犯了错误,现在想在行动上更谨慎些;这样我们就能把群众从社会民主党和独立社会民主党那里争取过来,这些群众在客观上正被整个事态的发展推到我们方面来,但是他们害怕我们。我想举我们的例子来说明谨慎行事的必要性。

战争开始时,我们布尔什维克只坚持一个口号:国内战争,而且是残酷无情的国内战争。凡是不赞成国内战争的人,我们一概斥之为叛徒。但是1917年3月回到俄国以后,我们完全改变了立场。我们回到俄国同农民和工人一交谈,发现他们都主张保卫祖国。当然,他们的想

---

① 列宁讲话用的是德语。见《列宁全集》中文第2版第42卷第60—64页。——编者注

法和孟什维克完全不同,我们不能把这些普通的工人和农民叫做坏蛋和叛徒。我们把他们的主张称为"真诚的护国主义"。关于这一点,我想干脆写一篇大文章,把全部材料公布出来。4月7日我发表了一篇提纲,说要谨慎和耐心。① 我们在战争开始时最初采取的立场是正确的,当时重要的是建立一个像样的、坚强的核心。我们后来采取的立场也是正确的,出发点是需要争取群众。那时我们已经反对立即推翻临时政府的主张。我曾写道:"我们应当推翻政府,因为它是寡头政府而不是人民政府,因为它不会给我们面包、和平。但是不能马上推翻它,因为它有工人代表苏维埃作为依靠,暂时还受到工人的信任。我们不是布朗基主义者,我们不想反对多数而靠工人阶级的少数来掌权。"② 立宪民主党人是一帮机敏的政客,他们立即发觉我们的立场前后矛盾,把我们叫做伪君子。但是由于他们同时还把我们叫做间谍、叛徒、坏蛋和德国代理人,所以前一种叫法没有给人留下什么印象。4月20日爆发了第一次危机。米留可夫关于达达尼尔海峡的照会暴露了政府的帝国主义面目。武装的士兵群众随即涌向政府大厦,迫使米留可夫下台。领头的是一个叫做林杰的非党人士。这一次运动不是党组织的。我们当时是这样评价这次运动的:它略微超出了武装游行示威,而比武装起义又略差一些。在4月22日我们的代表会议上,左派要求立即推翻政府。相反,中央委员会则反对国内战争的口号。我们还指示外省所有的宣传员,要他们驳斥那些说布尔什维克要进行国内战争的无耻谰言。我在4月22日写道:"打倒临时政府"的口号是不正确的,因为如果没有人民大多数的支持,这个口号不是一句空话,就是一种冒险。③

---

① 见《列宁全集》中文第2版第29卷第113—118页。——编者注
② 见《列宁全集》中文第2版第29卷第133页。——编者注
③ 见《列宁全集》中文第2版第29卷第319—320页。——编者注

我们不怕在我们敌人面前把我们的左派叫做"冒险主义者"。孟什维克看了兴高采烈,说我们垮台了。但是我们说,任何想比中央左一点的做法,哪怕只是稍左一点,都是愚蠢的;谁比中央左,谁就丧失了起码的理智。我们不会因为敌人对我们的失误幸灾乐祸而被吓倒。

我们现在唯一的战略是要进一步壮大力量,因此就要变得更聪明些,更明智些,"更机会主义些",而且我们应当把这一点告诉群众。但是,一旦我们凭着自己的明智赢得了群众,接着就要采取进攻的策略,而且是名副其实的进攻。

现在谈谈那三篇报道:

(1) 柏林市政工人罢工。市政工人大多是些思想保守的人,属于社会民主党多数派和独立社会民主党,生活很有保障,但是他们也迫不得已举行罢工了。

(2) 里尔纺织工人罢工。

(3) 第三件事最重要。在罗马为组织反法西斯斗争而举行了一次群众大会,有代表各党派的5万名工人参加,其中有共产党人、社会党人,还有共和党人。5000名参加过战争的人穿着军服参加大会。没有一个法西斯分子敢在街上露面。这件事表明欧洲的易燃物比我们想象的多。拉查理称赞我们关于策略问题的决议。这是我们代表大会的一大成就。既然拉查理肯定这项决议,那么成千上万跟他走的工人也一定会站到我们这边来,他们的领袖就不能用恐吓使他们离开我们了。为要跃进,必得后退("Il faut reculer, pour mieux sauter")。而这一跃进是不可避免的,因为客观形势使人愈来愈不能忍受了。

总之,我们正开始采取新的策略。用不着急躁,我们不会延误时机的,倒是可能开始得过早。如果你们问,俄国能否支持这么久,我们的回答是:我们现在是同小资产阶级、同农民作战,这是一场经济战,对我们来说,它比上一场战争危险得多。但是正如克劳塞维茨所说,战争的要素是危险。而我们无时无刻不处在危险之中。我相信，只要我们谨慎行事，适时地作出让步，即使这场战争将持续三年以上，我们也会打赢。

概括起来说：

（1）我们大家要在整个欧洲一致宣布实行新策略，这样我们就能争取到群众。

（2）德国、捷克斯洛伐克、意大利这些主要国家里的进攻行动应当协调起来。这就必须有准备，必须经常配合行动。欧洲正孕育着革命，但是不可能事先拟定革命的日程表。我们在俄国不仅能够支持五年，还能支持更久。我们采取的战略是唯一正确的战略。我相信，我们将为革命夺得为协约国望尘莫及的阵地，这也将是在世界范围内取得胜利的开始。

（2）

什麦拉尔似乎对我的讲话感到满意，但他作了片面的解释。我在委员会上说，为了找到正确的路线，什麦拉尔应当向左迈三步，而克雷比赫应当向右迈一步。遗憾的是什麦拉尔只字不提他要迈出这三步。他也只字不提他对形势的看法。说到困难，什麦拉尔只是重弹老调，没有讲出任何新东西。什麦拉尔说，我消除了他的忧虑。春天他曾担心共产国际领导会要求他采取不适时的行动，但是事实打消了他的担心。然而现在使我们忧虑的倒是另一件事，即在捷克斯洛伐克是否真的会为进攻做准备，还是仅限于摆困难。左的错误只不过是个错误，并不严重，而且容易纠正。如果错误涉及是否有采取行动的决心，那就决不是小错误，而是背叛了。这两类错误是不能相提并论的。那种认为只有别人行动起来以后我们再去进行革命的理论是根本错误的。

（3）

我认为，应当把这次代表大会所采取的退却比做1917年我们在俄国的行动，用以说明这种退却是在为进攻做准备。敌人会说，我们今天的调子同过去的不一样了。他们从这里是捞不到多少好处的，而只要我们向工人群众讲明，在什么意义上可以说三月行动是成功的，为什么我们批评它的错误，为什么我们说今后应当准备得更好，那他们是会理解我们的。我同意特拉奇尼的意见：什麦拉尔和布里安的解释不对。如果把协调行动理解为我们应当等待别的更富有的和人口更多的国家先采取行动，那就不是共产主义的解释，而简直是骗人。协调行动应当是使其他国家的同志知道什么时机行动有重大意义。对协调行动最重要的解释是：更好和更快地向好榜样看齐。**罗马**工人就是一个好榜样。

致托马斯·贝尔同志①

（1921年8月13日）

亲爱的同志：

非常感谢您8月7日的来信。由于生病和工作繁忙，几个月来关于英国运动的材料我一点也没有看。

您告知的情况报道非常有意思。也许，这是大不列颠在**共产主义意义**上的真正群众性的无产阶级运动的**开始**。我担心英国到目前为止只有几个力量薄弱的宣传共产主义的团体（其中包括英国共产党），而没有**真正群众性**的共产主义运动。

既然南威尔士矿工联合会在7月24日以120票对63票的多数决定参加第三国际，那么，这就可能是新时代的开始。（英国有多少矿工？超过50万？南威尔士有多少？25000？1921年7月24日的加的夫会议**真正代表多少矿工？**）

如果这些矿工所代表的已经不是微不足道的少数，如果他们同士兵联欢，并且开始了**真正的**"阶级战争"，那么，我们就应当尽一切可能来**发展**和巩固这个运动。

经济措施（如开办公共食堂之类）是好的，但是它在**目前**，**在英国无产阶级革命胜利以前**，并不特别重要。**目前最重要的是政治**斗争。

---

① 这封信的原文是英文。见《列宁全集》中文第2版第42卷第92—94页。——编者注

英国资本家很狡猾、机灵、阴险。他们会**支持**（直接地或间接地）公共食堂，**借以转移人们对政治目的**的注意力。

重要的是以下两点（如果我没有错的话）：

（1）在英国的这个地区建立一个优秀的、真正无产阶级的、真正群众性的**共产党**，也就是一个能够在英国的这一地区的**整个**工人运动中**真正成为领导**力量的党（在你们国家的这一地区实行第三次代表大会所通过的关于党的组织和党的工作的决议）。

（2）开始为英国这一地区的工人阶级出版工人的日报。

一开始就不可把它当做商业性的企业（像资本主义国家的报业通常那样），不必用很大的资本，不要采取一般的通用的办法，而要使它成为**群众**进行斗争的**经济的和政治的**工具。

要让这个地区的矿工能够每天（假如愿意，开始时可以**一周一次**）为**自己的**日报（或周报）——即令篇幅很小很小，这无关紧要——捐献半个便士；不然**真正群众性的共产主义运动在英国的这一地区就不算**开始。

倘若共产党在这个地区不能募集到若干英镑来每日出版**小报**（它可能发展成真正**无产阶级的**共产主义报纸），倘若真的如此，并非**每一个**矿工都肯为这个小报付出一个便士，那就是说，那里并没**有实实在在地、真正地拥护第三国际**。

英国政府将采取非常狡猾的手段来扼杀这一类的所有创举。因此我们应该（在开始时）非常谨慎。报纸在开始时不要**太革命了**。如果你想用三个编辑，那么其中至少有一个应该**不是共产党员**。至少有两个应该是真正的工人。假如 9/10 的工人不买报，2/3（$\frac{120}{120+63}$）的工人不愿专门给**自己的**报纸捐款（例如**一周一个便士**），那么这份报纸就不是工人的报纸。

如果您能就这个问题随便给我写几句,那我将非常高兴。我的英文不好,请原谅。

致共产主义的敬礼!

列 宁

给德国共产党员的一封信[①]

(1921年8月14日)

敬爱的同志们:

我本来打算写一篇详细的文章阐述我对共产国际第三次代表大会的教训的看法。可惜因为生病,直到今天还没能动笔。你们党——"德国统一共产党"(VKPD)定于8月22日召开代表大会,这使我不得不赶紧写信,在几小时内写完,以免耽误此信发往德国。

据我看,德国共产党的处境特别困难。这是可以理解的。

首先而且主要的一点是,从1918年年底开始,德国所处的国际局势骤然加剧了国内的革命危机,推动无产阶级的先锋队立刻去夺取政权。在这同时,武装精良、组织严密、接受了"俄国经验"的德国资产阶级和整个国际资产阶级,咬牙切齿地向德国的革命无产阶级猛扑过来。成千上万优秀的德国儿女——德国的革命工人——遭到屠杀和虐杀,杀害他们的是资产阶级,是它的英雄诺斯克之流,它的直接的奴仆谢德曼之流,它的间接的和"精明的"(因而也是特别可贵的)帮凶——卑贱、动摇、迂腐和庸俗的"第二半国际"骑士们。武装的资产阶级给手无寸铁的工人设下圈套,大批屠杀他们;他们给工人领袖设下埋伏,有计划地逐个地加以杀害,其间还巧妙地利用了谢德曼派和考

[①] 这封信的原文是德文。见《列宁全集》中文第2版第42卷第95—106页。——编者注

茨基派这两派社会民主党人的反革命叫嚣。而由于分裂过迟，由于受到同一帮卖身求荣的（谢德曼、列金、大卫之流）和毫无气节的（考茨基、希法亭之流）资本奴仆强求"统一"这种可诅咒的传统的束缚，德国工人直到危机来临之际还没有一个真正革命的政党。每一个诚实的、有觉悟的工人，这些曾经对1912年的巴塞尔宣言信以为真而没有把它看做"第二"等和"第二半"等无赖们的"官样文章"的工人，都充满了对旧的德国社会民主党的机会主义的强烈仇恨，而这种仇恨，这种被压迫和被剥削群众中优秀分子的最崇高最伟大的感情，使得一些人失去了理智，使得他们不能冷静地思考并制定正确的战略来对付武装精良、组织严密、接受了"俄国经验"、得到了法英美三国支持的协约国资本家的卓越战略。这股仇恨驱使人们过早地发动了起义。

因此，从1918年年底起，德国的革命工人运动走上了一条特别艰难坎坷的道路。可是，运动一直在发展，而且正在勇往直前。德国的工人群众，被剥削劳动者的真正的多数，无论是参加旧的孟什维克（即为资产阶级效劳的）工会的，还是完全或几乎完全没有参加组织的，都正在逐渐向左转，这是无可争辩的事实。保持冷静和沉着，不断纠正过去的错误，坚持不懈地在工会内外争取工人群众的大多数，耐心地建设一个能够在任何转折关头真正领导群众的坚强而英明的共产党，给自己制定出能与最"有教养的"（被多年的经验特别是"俄国经验"教养出来的）先进资产阶级的最佳国际战略相匹敌的战略，——这就是德国无产阶级现在和将来所应做的事情，这就是德国无产阶级取得胜利的保证。

另一方面，由于糟糕的左派共产党人（"德国共产主义工人党"，KAPD）和右派共产党人（保尔·莱维和他的杂志《我们的道路》即《苏维埃》）的退出，目前德国共产党的处境就更加困难。

从共产国际第二次代表大会以来，我们曾在国际场合三番五次地警告过"左派"即"德国共产主义工人党"。在还没有产生，至少在几个主要国家内还没有产生十分强大的、富有经验的和具有威信的共产党以前,只好容忍半无政府主义分子参加我们的国际大会,这样做在某种程度上甚至是有益的。其所以有益,是因为这些人可以作为没有经验的共产党员看得见的"应当引以为戒的例子",其次是因为这些人自己还可以再学习。全世界无政府主义的分裂并不是昨天开始的,而是从1914—1918年的帝国主义战争一爆发就开始分裂成两派:一派拥护苏维埃、拥护无产阶级专政,另一派反对苏维埃、反对无产阶级专政。应当让无政府主义的这一分裂过程加速完成并彻底完成。在西欧,几乎没有人经历过什么大的革命;在那里,几次大革命的经验几乎全被遗忘了;而从愿意革命和谈论革命(包括通过关于革命的决议)转到脚踏实地地做革命工作,这是一个非常困难、缓慢和痛苦的转变。

不言而喻,只是在一定的限度内才可以容忍和应当容忍半无政府主义分子。在德国,我们已经容忍他们很久了。共产国际第三次代表大会已向他们提出了有明确期限的最后通牒。他们现在自动退出共产国际,那就更好。第一,我们就不用费事开除他们了;第二,可以让所有立场动摇的工人,让所有因痛恨旧社会民主党的机会主义而倾向于无政府主义的人非常具体、非常清楚地看到,通过确凿的事实看到:共产国际是有耐心的,它并不是不由分说一下子就把无政府主义者赶走,而是细心地听取他们的意见,帮助他们学习。

现在要尽量不去理睬德国共产主义工人党。我们同他们论战,只是替他们作广告。他们太愚蠢了,认真对待他们是错误的,对他们生气也不值得。他们在群众中没有影响,只要我们自己不犯错误,他们在群众中是成不了气候的。让这个小派别自生自灭吧;工人们自己会认识到这个派别是软弱无能的。让我们更加认真地宣传和贯彻共产国际第三次代表大会关于组织问题和策略问题的决定,而少跟德国共产主义工人党论战,少替他们做广告吧。左倾幼稚病正在消失,它一定会随着运动的发展完全消失。

同样，我们现在帮助保尔·莱维也是徒劳，我们同他论战也只是白白替他做广告。他正巴不得我们同他争论。在共产国际第三次代表大会作出决定以后，应当把他忘掉，应当根据我们第三次代表大会一些决定的精神，集中精力心平气和地（不闹无谓的纠纷，不进行论战，也不重提过去的争吵）做一些切实的和建设性的工作。我认为，卡·拉狄克同志的文章《第三次世界代表大会论三月行动和今后的策略》（载于1921年7月14日和15日德国统一共产党中央机关报《红旗报》）有不少地方是违反第三次代表大会一致通过的上述那项共同决定的。这篇文章是一位波兰共产党员同志寄给我的。文章毫无必要地（而且对事业完全有害）出语伤人，不但伤了保尔·莱维（这倒不要紧），而且伤了克拉拉·蔡特金。而克拉拉·蔡特金自己在第三次代表大会期间在莫斯科已经同德国统一共产党中央订立了和衷共济、不进行派别活动的"和约"。这个和约我们大家都是赞成的。卡·拉狄克在发挥他那用得不当的论战热情时，竟撒下弥天大谎，硬说蔡特金想把"党的任何一项行动"（jede allgemeine Aktion der Partei）都"推迟"（verlegt）"到广大群众奋起的那一天"（auf den Tag, wo die grossen Massen aufstehen werden）。不言自明，卡·拉狄克同志的这种做法是对保尔·莱维再好不过的效劳。保尔·莱维正巴不得让争论无休止地拖下去，让更多的人卷入争论，让蔡特金参加争论而违反她自己所签订的并得到共产国际全体赞同的"和约"，从而迫使她离开党。卡·拉狄克同志的文章提供了一个如何从"左面"帮助保尔·莱维的极好范例。

这里我应当向德国同志们解释一下，我在第三次代表大会上为什么有很长一段时间替保尔·莱维辩护。第一，因为我是在1915年或1916年在瑞士通过拉狄克认识莱维的。那时莱维已经是一个布尔什维克了。而我对那些见到布尔什维主义**在**俄国取得胜利并在国际舞台上取得一连串胜利**以后才**拥护布尔什维主义的人不能不抱有某种戒心。当然，这不是很重要的原因，因为我本人对保尔·莱维的了解毕竟很少。非常重要的是第二个原因，那就是莱维对德国1921年三月行动的批评在很多方面**实质上是正确的**（当然，不是指他说的三月行动是"盲动"这个论断，保尔·莱维的这个论断是荒谬的）。

诚然，莱维千方百计地削弱和糟蹋自己的批评，扯出许多细枝末节（在这些细节上他显然不正确），从而使自己和别人难于理解问题的**实质**。莱维那种批评方式是不能容许的，而且是有害的。莱维教训别人要采取慎重的、考虑周到的战略，自己却做得比任何一个毛孩子都愚蠢，他过早地、毫无准备地、荒唐而卤莽地投入战斗，所以在"战斗"中失败是必然的（并且将在多年内损害他的工作或使他难于开展工作），而这场"战斗"本来是可以而且应当取胜的。莱维的所作所为很像一个"有学问的无政府主义者"（如果我没有弄错的话，德语叫做Edelanarchist），而不像无产阶级共产国际的有组织的一员。莱维违反了纪律。

莱维的这一系列极端愚蠢的错误，使人很难把注意力集中在问题的实质上。而问题的实质，即说明**和纠正**德国统一共产党在1921年三月行动期间所犯的大量错误，无论过去和现在都具有重大的意义。为了分析和纠正这些错误（有人把这些错误推崇为马克思主义策略的精华），在共产国际第三次代表大会期间，**必须**站在**右翼**的立场上，否则共产国际的**路线**就是**错误**的。

我替莱维辩护，而且应当替他辩护，因为当时我看到反对他的人毫不客气地叫嚷什么"孟什维主义"、"中派主义"，而不愿看到三月行动的错误以及分析和纠正这些错误的必要。这些人把革命的马克思主义弄得面目全非，把反对"中派主义"的斗争变成了可笑的游戏。这些人可能给整个事业带来极大的危害，因为"世界上没有哪个人能够损害革命的马克思主义者的威信，如果他们自己不损害的话"。

我对这些人说：就算莱维成了孟什维克吧。我本人对莱维了解不多，如果有谁能向我证明这一点，我决不固执己见。但目前还没有证实这一点。目前所能证明的，只是他**曾经丧失理智**。但光凭这点就把一个人称做孟什维克，这是幼稚和愚蠢的。造就一批有经验、有极高威望的党的领袖是一件长期的艰难的事情。但是做不到这一点，无产阶级专政、无产阶级的"意志统一"就只能是一句空话。在我们俄国，造就一批领导者曾经花了15年（1903—1917年）的工夫，这是同孟什维主义作斗争的15年，是遭受沙皇政府迫害的15年，是包括第一次革命（1905年）这场波澜壮阔的伟大革命的年代在内的15年。虽然如此，但我们仍有过最优秀的同志"丧失理智"这种不幸的事。如果西欧的同志们以为他们有充分的保障，不会发生这类"不幸的事"，那是幼稚的想法，我们不能不同这种想法进行斗争。

莱维违反了纪律，应当开除。应当**在**十分详细地分析和纠正1921年三月行动的错误这个**基础上**制定出策略。假如**在这以后**莱维仍然我行我素，这就证明开除他是正确的，这就将更有力、更令人信服地向立场动摇或信心不足的工人们证明：第三次代表大会关于保尔·莱维的决定是完全正确的。

我在代表大会上对莱维所犯错误的评价愈慎重，现在就愈有把握这样说：莱维迫不及待地证实了人们对他所作的坏的估计。我手头有一份他的杂志《我们的道路》第6期（1921年7月15日出版）。从杂志开头的编辑部声明中可以看出，第三次代表大会的决定保尔·莱维是知道的。但他对这些决定是怎样回答的呢？全是孟什维克的那一套，什么"大批地革出教门"（großer Bann）啦，"教会法"（kanonisches Recht）啦，什么他将"充分自由地"（in vollständiger Freiheit）"讨论"这些决定啦，等等。一个人失去了党员称号和共产国际成员的身分，还有什么比这更充分的自由呢！你们看吧，会有一些党员匿名给莱维的杂志写文章的！

最初是搞阴谋，放暗箭，破坏党的工作。

接着是讨论代表大会决定的实质。

这一手太漂亮了。

但是，莱维也就因此彻底毁掉了自己。

保尔·莱维希望继续争吵下去。

满足他的这种愿望会是战略上的极大错误。我要劝告德国同志们：禁止在党报上同莱维和他的杂志进行论战。不应当替他做广告。不要让他把战斗的党的注意力从大事转移到小事上去。在万分必要时，可在周刊、月刊或小册子上进行论战，而且尽可能不让德国共产主义工人党和保尔·莱维称心满意，即不点他们的名，而只称呼"某些想硬充共产党人的不太聪明的批评家"。

有人告诉我：在中央委员会(Ausschuß)最近一次扩大会议上，甚至左派分子弗里斯兰特也不得不激烈反对玩弄左的把戏和想把"讨伐中派"当做体育训练的马斯洛夫。这位马斯洛夫的行为不得体（说得温和一点），在这里，在莫斯科也有所表现。的确，德国党应该把这位马斯洛夫和他的两三个显然不愿意遵守"和约"而热心过头的同道者和战友派到苏维埃俄国来工作一两年。我们会替他们找到有益的事情做的。我们会把他们消化的。这对国际的和德国的运动显然会有好处。

德国共产党员无论如何要结束内部的争吵，要把双方的好斗分子除掉，要丢开保尔·莱维和德国共产主义工人党，要从事真正的工作。

要做的事情是很多的。

―――――

依我看，共产国际第三次代表大会有关策略问题和组织问题的决议标志着运动前进了一大步。应当尽一切努力使这两个决议切实得到贯彻。这是困难的事情，但这是可以做到而且应当做到的。

首先，共产党人应当向全世界宣告自己的原则。第一次代表大会这样做了。这是第一步。

第二步是建立共产国际的组织并制定加入共产国际的条件，即真正地同中派、同资产阶级在工人运动内部的直接和间接的代理人分离。第二次代表大会这样做了。

第三次代表大会应当着手进行切实的、建设性的工作，根据已经开始的共产主义斗争的实际经验具体地确定今后在策略方面和组织方面应该**怎样**开展工作。这第三步我们也已经做到了。我们在全世界已经有一支共产党人大军。这支军队还训练得不够，组织得不好。忽视这一事实或害怕承认这一事实都会使事业受到莫大的损害。我们必须极其仔细地、严格地检查自己的工作，研究自己运动的经验，采取切实步骤把这支军队好好加以训练，好好加以组织，并通过各种演习和作战、通过进攻和退却来考验它。不经过这种长期的艰苦的锻炼，胜利是不可能取得的。

1921年夏季，国际共产主义运动中的"主要问题"在于，共产国际的某些优秀的、有极高威望的支部没有完全正确地理解上述任务，**稍微夸大了**"同中派主义的斗争"，**稍微超过了**限度而使这个斗争变成了游戏，使革命马克思主义的威信开始受到损害。

第三次代表大会的"主要问题"就在这里。

夸大的程度不大，但它非常危险。同这种夸大作斗争是很困难的，因为造成这种夸大的是一些真正优秀的、无限忠诚的分子，而没有他们也许根本就不会有共产国际。在《莫斯科报》发表（用德法英三种文字发表并有德奥意三国代表团签字）的策略修正案中，这种夸大表现得十分鲜明，尤其是因为这些修正写进了已经定稿的（做了长时间的多方面的准备才定稿的）决议草案，上述夸大就更加确定了。否决这个修正案也就**拨正了**共产国际的路线，战胜了夸大的危险性。

这种夸大如果不纠正，势必会断送共产国际。因为"世界上没有哪个人能够损害革命的马克思主义者的威信，如果他们自己不损害的话"。世界上没有哪个人能够阻碍共产党人战胜第二国际和第二半国际（而在20世纪的西欧和美国的条件下，在第一次帝国主义大战以后，这也就意味着战胜资产阶级），**如果**共产党人自己不阻碍自己的话。

但夸大，哪怕少许的夸大，就等于阻碍胜利。

夸大同中派主义的斗争，就等于**挽救**中派主义，**巩固**它的地位和它对工人的影响。

在第二次代表大会到第三次代表大会期间，我们已经学会了如何在国际范围内同中派主义进行胜利的斗争。这有事实作证明。今后我们是会把这种斗争（开除莱维和塞拉蒂党）进行到底的。

但是，我们**还没有**学会在国际范围内同夸大反中派主义斗争这种错误作斗争。但是，正如第三次代表大会的经过和结局所证明的，我们已经认识到我们的这个缺点。正因为我们意识到了自己的缺点，**我们就一定能克服它**。

到了那时，我们将是不可战胜的，因为西欧和美国的资产阶级在无产阶级内部没有支柱（通过第二国际和第二半国际中的资产阶级代理人造成的）就**无法**保持住政权。

第三次代表大会各项决定中根本的、主要的一点，就是为新的、日益具有决定意义的战斗——既有防御战，也有进攻战——做更周密、更扎实的准备。

"……假如意大利共产党能够始终不渝地、不屈不挠地反对塞拉蒂主义的机会主义政策，同时能够在工会中、在罢工中、在反对法西斯反革命组织的斗争中同无产阶级群众保持联系，把工人阶级所有组织的运动汇合起来,把工人阶级的自发行动变成准备周密的战斗,那么,共产主义在意大利就将成为一支群众性的力量……"

"……德国统一共产党今后愈是能够使自己的战斗口号适应实际形势,愈是能够周密地研究实际形势,愈是能够团结一致、纪律严明地发动群众性的斗争,那它就愈是能够顺利地发动这种斗争……"

这就是第三次代表大会关于策略问题的决议中最重要的地方。

把无产阶级的大多数争取到我们方面来——这就是"最主要的任务"(关于策略问题的决议的第 3 节标题)。

当然,我们并不像第二半国际中那些庸俗"民主派"的骑士们那样,从形式上去理解争取大多数的问题。1921 年 7 月间,罗马所有的无产者,不管是工会中的改良派无产者,或是塞拉蒂党内的中派无产者,都**跟着**共产党人反对法西斯分子,这就是把工人阶级的**大多数争取到**我们方面来了。

这还远不是决定性地争取到了大多数,而只是局部地、在一时一地争取到了大多数。但终究是争取到了大多数。这样的争取工作,甚至在无产阶级的大多数形式上还跟着资产阶级的领袖或执行资产阶级政策的领袖(第二国际和第二半国际的领袖就是这样一种人)走的时候,或者当无产阶级的大多数还动摇不定的时候,也是可以做到的。这样的争取工作,正在世界各地以各种形式不断地进行着。我们要更加扎实、更加周密地进行准备,我们决不放过资产阶级迫使无产阶级起来斗争的任何一个重大机会,我们要学会正确把握无产阶级**群众定会**和我们一道奋起战斗的时机。

那时,不管在我们伟大的进军中个别的失败如何惨重,个别的转折如何艰难,我们的胜利都是有保证的。

我们的策略手法和战略手法仍然比资产阶级卓越的战略稍逊一等

（就国际范围来说），因为资产阶级从俄国的实例中学到了东西，不会让人打得"措手不及"了。但是我们的力量比他们大，而且大得多，我们正在学习策略和战略，我们已经从1921年三月行动的错误中吸取了教训，在掌握这门"科学"方面有了长进。我们必将完全攻下这门"科学"。

在大多数国家内，我们那些政党还远没有成为真正的共产党，还远没有成为真正革命和唯一革命的阶级的真正先锋队，还远不是个个党员都参加斗争，参加运动和深入到群众的日常生活中去。我们知道我们的这个缺点，我们在第三次代表大会关于党的工作的决议中已经非常清楚地指出了这个缺点。我们一定能克服这个缺点。

德国共产党员同志们！请允许我在结束这封信时表示我的愿望：愿你们8月22日召开的党代表大会坚决地和永远地结束同左的和右的脱党分子的无谓斗争。党内斗争该收场了！打倒所有那些还想直接或间接地继续进行这种斗争的人！我们现在远比过去更明确、更具体、更清楚地了解自己的任务；为了纠正错误，我们不怕公开指出自己的错误。我们现在要集中党的全部力量把党组织得更好，改进党的工作的质量和内容，同群众建立更密切的联系，为工人阶级制定出愈来愈正确、愈来愈切合实际的策略和战略。

致共产主义的敬礼！

尼·列宁

1921年8月14日

给叶·萨·瓦尔加的便条并附关于建立国际工人运动问题情报所的提纲[①]

(1921年8月31日)

亲爱的瓦尔加同志：这里附上我的意见。如您认为有必要，我们可以再通过电话谈谈。

致敬礼！

列 宁

8月31日

对叶·瓦尔加同志建立情报所方案的
初步修改意见或提纲

1. 在柏林或维也纳那种条件下以及在整个西欧、英国和美国，情报所应绝对公开，完全公开。

2. 情报所的所址设在柏林或维也纳，或哥本哈根，或克里斯蒂安尼亚[②]。

3. 情报所用于经济问题和社会问题的工作时间和出版物不应超过20%（两者一共20%）。80%用于政治问题。

4. 至于政治部分，情报所的任务仅仅是收集有关公开的、能公开

---

① 见《列宁全集》中文第2版第42卷第121—123页。——编者注
② 今奥斯陆。——编者注

讨论的那些问题的客观材料。

5. 情报所应完全独立于各国共产党。

6. 情报所的正式名称应大致如下：社会运动研究所。

7. 原则性的指示下达给情报所的一个领导人（至多三个领导人）。

8. 领导人应根据口头的原则性指示制定详尽的、完全公开的工作细则，并把这个工作细则在这里即在莫斯科呈交**共产国际执行委员会**最后批准。

9. 提交报告——每周一次或两次。社会经济问题的附件每月一次或三个月一次。

10. 情报所绝对不要与俄国各使馆发生任何联系。

11. 情报所的规模一开始要小。对操德语的国家以及斯堪的纳维亚和各斯拉夫国家——只用德语。

对盎格鲁-撒克逊语族和罗马语族这两组国家，只有在分别同它们的代表达成专门协议后才能把活动扩展到这些国家去。协议只能在莫斯科这里达成。

12. 情报所的工作报告，说得确切些是出版物，或者通讯，应由订户（报纸、图书馆等等）付款。

基本原则应该是这样的：情报所及其工作要做到使**各**派的工人报纸**家家**都**不得不**订阅情报所的出版物，为此花钱。假如做不到这一点，那就证明情报所毫无价值。

13. 瓦尔加同志的方案应作为工作细则的初步方案。具体说，对这个方案必须作两点重要的修改：(1) 第3条**移到上面去**；(2) 政治部分要拟订得非常详细。

对第2点的一些意见如下：

（附件二）第3条和第4条：通讯来自工厂？

+工人们自己筹款？

+对**工会运动**问题，应从政治角度专门地和特别详细地加以研究。争取工会是极其重要的政治问题之一。

　　+**工人合作社：也是如此**（对第二部分的第2条）

　　+所有**过渡性**的政治**组织**（如美国的工农党）**特别**重要。

　　+传单？分配？传播？

　　+对1914—1918年大战的**态度**？**极为重要**。

　　第二部分第1条："各革命的"（？？）工人政党如德国共产主义工人党。

　　提法不对。它们**不是**革命的。应该说是：半无政府主义的，持无政府主义观点的，或靠近无政府主义的。

　　应当补充：全世界的无政府主义在爱国主义和国际主义问题上发生了分裂；**拥护**苏维埃制度，**反对**苏维埃制度。

　　（第2条）。第二国际和第二半国际各党——应**详尽得多**。

　　+在**实际**政策上对**本国**的殖民地——和对**帝国主义**的态度，——应**非常非常详尽**。

　　+所有和平主义的和小资产阶级民主派的团体和派别——应**详尽得多**。

　　其他等等。

列　宁
1921年8月31日

给波兰共产党人的信[①]

1921年10月19日

亲爱的同志们：

从我们报纸上一些片断的关于波兰共产主义运动发展情况的消息来看，（尤其是）从某些极有名望的波兰同志提供的消息来看，波兰的革命正在成熟。

工人革命正在成熟，因为波兰社会党（在俄国称为社会革命党和孟什维克；在欧洲称为第二国际和第二半国际）在全面崩溃。工会一个接一个地转向共产党人方面。游行示威等活动在增强。财政崩溃即将到来，它已经不可避免了。波兰资产阶级（和小资产阶级）民主派的土地改革的彻底失败，这个已成定局的、不可避免的失败，必然会把大多数农村居民——所有的贫苦农民——推到共产党人方面来。

由于财政崩溃和协约国（法国及其他国家）资本对波兰的无耻掠夺，对大国的幻想和民族幻想正在实际地破灭。这对于**群众**，对于普通工人和普通农民，是既看得见又感觉得出的。

如果这一切属实，那么波兰的（苏维埃）革命就一定胜利，而且会很快胜利。既然这样，就不要让政府和资产阶级用血腥镇压为**时过早的起义**的办法来扼杀革命。不要受人挑动。要等待高潮的到来，它会涤

[①] 见《列宁全集》中文第2版第42卷第206—207页。——编者注

荡一切，给共产党人带来胜利。

如果资产阶级杀害100—300人，这无损大局。但是，如果资产阶级能借机制造大屠杀，杀害1—3**万工人**，那就**可能使革命推迟**，**甚至**推迟**若干年**。

如果政府需要进行议会选举，那就要尽力使工人革命和农民不满的**浪潮把议会夺取过来**。

不要上挑衅的当。

无论如何要使革命**孕育**到**完全**成熟。波兰**国内**苏维埃政权的胜利将是一次巨大的**国际性**胜利。我认为，如果说现在苏维埃政权赢得的国际性胜利已经达到20%—30%，那么随着波兰**国内**苏维埃政权的胜利，共产主义革命的**国际性**胜利就将是40%—50%，甚至可能是51%。因为波兰与德国、捷克斯洛伐克、匈牙利毗邻，一个苏维埃的波兰将打破建立在《凡尔赛和约》基础上的**整个**秩序。

正因为如此，波兰共产党人肩负着具有世界意义的责任。要紧紧把住自己航船的舵；不要受人挑动。

对达申斯基之流毒打东巴尔是否值得回击？如果要回击，那就把达申斯基狠揍一顿，不开枪，不打伤，只揍一顿。这样做也许是值得的，因为工人能成功地教训这个坏蛋，振奋自己的精神，自己只牺牲5—10人（坐牢或被枪杀）。但是这样做也可能不值得，**我们的**东巴尔遭到了毒打，这件事对于在**农民**中间进行鼓动是不是**更有利**呢？也许，这要比给达申斯基几巴掌更能使**落后的**农民转而同情我们？要仔细地权衡一下。

致共产主义的敬礼！

列　宁

论法国共产党的土地问题提纲[①]

(1921年12月11日)

关于刊载在1921年11月19日《农民呼声报》(《La Voix Paysanne》)第95号上的署名"法国共产党中央(Le comité directeur)"的**土地问题提纲**,我可以发表的意见如下:

我认为这个提纲的基本思想是完全正确的,是符合共产国际历次代表大会决定的精神的,而且表达得非常恰当。这些基本思想就是:(1)为了避免新的帝国主义战争,必须进行革命;(2)和平主义思想和威尔逊思想已破产;(3)在土地问题上必须制定一个向共产主义过渡的"过渡措施纲领"(un programme transitoire),以适应农民向农业社会化的**自愿**过渡,同时又能**迅速**改善大多数农村居民即雇佣工人和小农的状况;(4)立刻没收即无偿地(sans indemnité)剥夺未耕地(les terres arables en friche)和用移民、佃农或雇佣工人的劳动耕种的土地(les terres mises en valeur par les colons, fermiers ou salariés);(5)把这些土地交给现在耕种这些土地的全体劳动者,让他们按照新土地法的规定建立"生产合作社"(coopératives de production);(6)绝对保证"耕种自己土地的小私有者"(les petits propriétaires exploitant eux-mêmes)有永久(和继承)使用他们土地的权利;(7)必须保证农业"生产不中断和增产"("continuité et augmentation de la production");(8)必须采取一系列措

---

① 见《列宁全集》中文第2版第42卷第306—312页。——编者注

施，不断地"对农民进行共产主义教育"（"éducation communiste de la classe paysanne"）。

我完全同意提纲中的这些基本思想，对整个提纲只能提出下面几点意见：

1. 提纲的第一部分是谈"战争或革命"这个问题的。这里还谈到"最近发生的事件已经粉碎了和平主义思想和威尔逊思想"（"les événements des dernières années ont tué l'idéologie pacifiste et wilsonienne"），这是讲得十分正确的。

要彻底打破这种和平主义的幻想，依我看，不仅应该一般地谈战争，而且应该专门谈1914—1918年的大战和现在酝酿着的、大概英法都会参加的美日战争的帝国主义性质。

毫无疑问，只有无产阶级革命才能消灭而且一定能消灭一切战争。但是，以为无产阶级革命只要在一个国家——例如在法国取得胜利，就立刻会并且一定会消灭一切战争，那就是和平主义的幻想了。

俄国的经验明显地驳倒了这种幻想。这一经验表明：只有通过革命才能退出帝国主义战争，俄国的工人和农民从自己的革命中获益极大，**尽管**各国资本家迫使他们进行了**国内战争**。反动战争，特别是帝国主义战争（从法国方面来说，1914—1918年的大战也是帝国主义战争，《凡尔赛和约》特别清楚地证明了这一点），是罪恶的、破坏性的；而革命战争，即捍卫被压迫阶级而反对资本家的战争，捍卫被极少数国家的帝国主义者压迫的各民族而反对压迫者的战争，捍卫社会主义革命而反对外国侵略的战争，则是合理的，正义的。法国工农群众对这一点认识得愈清楚，则法英等国资本家用战争来扑灭法国工农革命的必然尝试也就愈不能得逞，愈不能持久。在当今的欧洲，在苏维埃俄国已经战胜了援助邓尼金、高尔察克、弗兰格尔、尤登尼奇和皮尔苏茨基的**一切**资本主义国家之后，在《凡尔赛和约》放肆地无耻地摧残德国的时候，法国资本家为了反对胜利的法国社会主义革命而进行的国内战争只能是非常短促的,法国工农打赢这场战争要比俄国工农容易千百倍。但是分清帝国主义战争和革命战争是绝对必要的,前者是瓜分资本主义赃物的战争,是扼杀弱小民族的战争,而后者是抵御反革命资本家、挣脱资本家枷锁的战争。

基于上述考虑,我认为把提纲中关于"战争或革命"问题的那一段话大致改成下面这样会更正确些:

最近几年所发生的事件,揭穿了和平主义思想和威尔逊思想完全是谎言和骗局。必须彻底粉碎这种谎言。1914—1918年的大战,不仅从德国方面来说,而且从法国方面来说,都是帝国主义的、掠夺性的、反动的战争;比《布列斯特-里托夫斯克和约》更野蛮更卑鄙的《凡尔赛和约》特别清楚地证明了这一点。在美国同日本(或者同英国)之间酝酿着的、在资本主义存在的条件下不可避免的新战争,必然会把资本主义的法国也卷进去,因为法国已陷进我们这个帝国主义时代的一切帝国主义罪行、兽行和卑鄙勾当里去了。要么是一场或几场"保卫"法帝国主义的新战争,要么是社会主义革命,除此以外,法国工农没有其他选择的余地。反革命资本家提到国内战争(即他们强加给苏维埃俄国的国内战争)如何艰苦,这是吓不倒法国工农的。当法国封建主扼杀18世纪法国大革命的时候,法国工农曾对他们进行了合理的、正义的革命战争。今后,当法国资本家变成流亡者而组织外力来侵犯社会主义的法兰西共和国的时候,法国工农也一定会对他们进行同样合理的、正义的革命战争。法国工农一定会比较容易地击溃本国的剥削者,因为被卑鄙的《凡尔赛和约》弄得残破不堪、苦难深重、相互敌视的**整个**欧洲会直接间接地站在他们一边。

2. 我认为提纲的第二部分有两个论断不正确。一个是:"法国即将到来的革命(cette révolution que nous devons faire)……在某种程度上将是一场为时过早的革命"（sera en quelque sorte une révolution avant terme）。另一个是：

"马克思主义理论家所说的财产集中在农业中并没有按常规那样进行"（La concentration de la propriété annoncée par les théoriciens du marxisme ne s'est pas produite avec régularité dans l'agriculture）。

这是不正确的。这不是马克思的观点，不是马克思主义的观点，而是那些在1914年把第二国际弄到可耻的破产地步的**冒牌**"马克思主义""理论家"的观点。这是那些从1914年起就投靠"自己"国家的资产阶级的假马克思主义者的观点。对于这些假马克思主义者，不是别人而正是茹尔·盖得在很久以前就巧妙地讽刺过。他在反对米勒兰时写道，将来的米勒兰们在瓜分资本主义赃物的未来战争中将站在"自己"国家的资本家方面。

马克思对农业集中过程的形式并没有持简单化的片面的看法。《资本论》第3卷就是一个证据。恩格斯在上一世纪90年代反对当时法国土地纲领的一篇文章①也是一个证据。马克思并没有认为只有在最后一个农民也被剥夺的条件下无产阶级革命才是"适时的"。让海德门、列诺得尔、王德威尔得、休特古姆之流和屠拉梯、塞拉蒂这帮先生去这样解释马克思的观点吧。

我奉劝删去这两个不正确的、不必要的、败坏法国共产党人声誉的论断。没有必要用这两个论断来证明他们在实践上和理论上都很重要和正确的基本思想：在**小农经济**的条件下，直接实行（l'application immédiate）**完整的**共产主义是**极其错误的**（决不只是在法国如此，在有小农经济的一切国家都是如此）。

与其提出这两个不正确的论断，不如详细谈谈为什么法国农民在战

---

① 见《马克思恩格斯文集》第4卷第507—531页。——编者注

时发的财不能长久保持，为什么这些农民在战时挣的钱贬值，为什么大银行对法国工人和农民的压榨都在加重，表现在哪些方面，如此等等。

3. 提纲接着说，根据战前统计，法国有 570 万个农户（exploitations rurales）；其中土地在 10 公顷以下的小农户有 485 万，在 10 公顷以上的农户有 85 万。提纲说，这些数字说明法国的土地分配多么不均。提纲说："但是这些数字并没有给人以准确的概念（"mais ils(ces chiffres) ne fournissent aucune précision"……）：自耕农耕种的土地面积和作为资本主义利润源泉的土地面积的比例关系如何"（……"sur le rapport qui existe entre l'étendue des terres travaillées par leurs propriétaires et des terres source de profit capitaliste"）。

第一，在法国（也和其他任何一个资本主义国家一样），自耕农耕种的土地**也**是"资本主义利润的源泉"。在法国共产党的提纲中如果谈谈这种利润的不同形式，那要比说什么财产集中在农业中没有"按常规那样"（"avec régularité"）进行，在理论上会更正确，在实践中会更有益。

第二，说法国的土地统计很糟，比德国、美国、瑞士和丹麦都差，说它没有**准确地**指明实行资本主义经营的土地**面积**，这个评价是公正的。提纲接着指出，使用雇佣工人的农场的土地有时不到 10 公顷，而自耕农农场的土地有时却"在二三十公顷以上"（"des fermes de 20, 30 hectares et au-dessus"），这一点也是说得对的。

关于实行资本主义经营的土地面积，即使根据法国的土地统计，也可以得到虽不十分准确但毕竟**相近的**概念。我手头没有孔佩尔-莫雷尔的著作，也没有其他材料，但是我记得，法国统计是把拥有 40 公顷以上土地的农户列了出来的。把这些材料引出来，让法国小农更清楚地看到法国的资本家和地主从工人和小农手中夺走了多少土地，会大有裨益的。在土地问题提纲中，可以（而且我认为也应该）用法国土地统计中的数字（和孔佩尔-莫雷尔的数字——当时他还是一个社会党人，没有替资本家及其掠夺性战争（1914—1918年）和掠夺性《凡尔赛和约》辩护）使人更清楚地看到，法国农村居民中有多么大的一个多数会从无产阶级革命中立刻得到很大的好处。

4. 提纲中有几段谈到必须提高农产品的产量，谈到新式机械(des machines modernes)的意义，其中特别谈到脱粒机(les batteuses)和机动犁(les charrues à tracteur)等机械。我最后一点意见就是关于这几段的。

提纲中谈的这一切都是绝对正确的，而且从实践说也是必要的。不过我觉得不应该停留在十分普通的资本主义技术的范围内。应该更进一步。应该稍微谈谈法国有计划地完全地实行全国电气化的必要性，谈谈如果不推翻资产阶级政权，如果无产阶级不取得政权，就绝对不可能实行**有利于工人和农民**的全国电气化。在法国的文献中有不少说明电气化对法国的意义的材料。我只知道，在根据我国政府的要求而编制的俄国电气化计划中只引用了一小部分这样的材料，而战争结束后法国解决电气化问题的技术准备已经有了很大的进展。

依我看，无论从理论的角度说，或者从实践和宣传的角度说，提纲中都绝对应该谈到（至于共产党的出版物，那更应该多谈）下面几个问题：现代的先进技术迫切要求**全国（和许多邻国）**按照**统一**的计划实行**电气化**；这在目前是完全可以办到的；实行电气化，受益最大的是农业，特别是农民；只要存在资本主义和生产资料私有制，那么全国和许多国家的电气化，第一，不可能迅速而有计划地进行，第二，**不可能**给工人和农民带来**好处**。在资本主义制度下实行电气化，必然会加强**大银行**对工人也对**农民**的**压榨**。不是哪一个"狭隘的马克思主义者"，而是现时正以爱国主义者身份向资本家摇尾乞怜的利西斯(Lysis)本人，早在战前就已证明，法国实际上是一个**金融寡头**的国家。

法国具有实行电气化的优越条件。在法国无产阶级取得胜利的情况下，不用考虑大地主和资本家的私有制而有计划地实行电气化，特别是**小农**会从中得到**巨大的**好处。在存在着资本家政权的情况下，电气化必然不会有计划地迅速实行，即使实行了，也只会使农民重新遭到盘剥，使农民遭到"金融寡头"的掠夺而重新沦为奴隶。

这就是我对于总的说来我认为完全正确的法国土地提纲所能提出的几点意见。

尼·列宁
1921年12月11日

给东方各民族宣传及行动委员会的信①

（不早于1921年12月17日）

亲爱的同志们：

衷心祝贺你们的报纸即将出版。非常遗憾，由于健康不佳，我不能亲自撰文。希望你们报纸的出版将有助于更迅速和更广泛地吸引东方劳动者中的优秀人物。现在整个西方文明的命运在很大程度上取决于能否吸引东方劳动群众参加政治生活。

致良好的祝愿和敬礼！

俄罗斯联邦人民委员会主席　**列宁**

---

① 见《列宁全集》中文第2版第42卷第313页。——编者注

关于英国工党的政策[①]

(1921年12月27日)

(致契切林同志

抄送:拉狄克同志和全体政治局委员)

关于英国工党的那份电报表明克拉辛过于天真。我认为现在应该同时采取两个措施:(1)在报刊上发表几篇不同署名的文章,嘲笑所谓的欧洲民主派在格鲁吉亚问题上的观点;(2)立刻委托一位擅长辛辣讽刺的记者代契切林起草一份异常客气的照会答复英国工党。在这份照会里应极其透彻地说明,关于要我军撤出格鲁吉亚并在该地进行全民投票的建议,如果能普遍施行于世界各民族,那是完全合理的,而且可以认为提出这种建议的人不是疯子,也没有被协约国收买。为了使英国工党的领袖们想一想国际政治中的现代帝国主义关系意味着什么,我们特请英国工党关注如下问题:第一,把英军撤出爱尔兰并在该地进行全民投票;第二,在印度照此办理;第三,日军也撤出朝鲜;第四,在一切驻有任何帝国主义大国军队的国家都照此办理。照会要非常客气地表达这么一个意思:凡是愿意考虑我们这些建议和研究国际政治中帝国主义关系体系的人,都能理解我们向英国工党提出的这些建议是"很有意思的"。总之,照会草案应该用特别客气而又

[①] 见《列宁全集》中文第2版第42卷第363—364页。——编者注

非常通俗（10岁小孩也能懂）的语言把英国工党那些愚蠢的领袖讥讽一番。

建议政治局讨论一下，要不要把这封信抄一份给克拉辛。我个人赞成这样做。

列　宁

关于参加三个国际的代表会议问题[①]

给尼·伊·布哈林和格·叶·季诺维也夫的信

（1922年2月1日）

致布哈林和季诺维也夫同志

要事先考虑好，究竟由哪些口齿特别锋利的人代表共产国际去出席同第二国际和第二半国际举行的代表会议。还要事先考虑好这次会上的策略和战略的基本问题。

会上要讨论的问题清单应事先考虑好，并且一定要同参加会议的每一方磋商拟定。就我们方面来说，我们列入这个清单的，应当只是一些直接涉及工人群众如何采取实际共同行动的问题，而且是当事三方每一方报刊的正式声明中都认为没有争议的问题。我们必须详尽论证，为什么为了统一战线我们只提出这样的问题。如果黄色分子先生们提出诸如对孟什维克的态度、格鲁吉亚问题等等有争议的政治问题，我们则应采取这样的策略：（1）声明问题清单须经与会三方一致同意才能确定；（2）声明我们提出自己的问题清单时，出发点仅仅是使工人群众在行动上达到即使在目前政治上存在着根本分歧的情况下也可以立即达到的一致；（3）声明我们完全同意提出关于对孟什维克的态度问题、关于格鲁吉亚的问题，以及第二国际和第二半国际提出的任何其他问题，但

[①] 见《列宁全集》中文第2版第42卷第402—403页。——编者注

必须有一个条件,即他们同意提出下列问题:(1)第二国际和第二半国际对待巴塞尔宣言的叛徒立场;(2)这些党派通过它们所支持的资产阶级政府参与杀害卢森堡、李卜克内西和德国其他共产党人的事件;(3)这些党派对待第二国际和第二半国际所支持的资产阶级政党在殖民地杀害革命者的叛徒立场,等等。这些问题和诸如此类问题的清单我们应当事先准备好,还应当对其中一些极其重要的问题事先准备好提纲和发言人。

我们必须找机会正式声明,在我们看来,第二国际和第二半国际不过是参与同全世界反革命资产阶级结成联盟但并非始终如一而在动摇不定的组织,而我们来商讨统一战线问题,是为了在群众的直接行动中达到可能达到的实际的一致和为了揭露第二国际和第二半国际整个立场在政治上是错误的,正如他们(第二国际和第二半国际)来同我们开会是为了使群众在直接行动上达到实际的一致和为了从政治上揭露我们的立场是错误的一样。

列 宁

对共产国际执行委员会第一次扩大全会关于参加三个国际的代表会议的决议草案的意见[1]

给俄共(布)中央政治局委员的信

（1922年2月23日）

致莫洛托夫同志

（并转政治局委员）

对于季诺维也夫送来的关于共产国际参加拟议中的世界所有工人政党的代表会议问题的决议草案，建议作如下修改：把"工人群众在存在着根本政治分歧的情况下仍有可能立即达到的行动上的一致"后边的几句话删去，直到"工人群众要求行动一致"这个短句为止。由这个短句开头的那一句改为："觉悟的工人虽然深刻认识到这些政治上的分歧，但仍然同大多数工人一道，愿意并要求在亟待解决的、同工人有直接利害关系的实际问题上一致行动。任何一个真诚的人现在都不会怀疑这一点"，如此等等。

我要提的第二条修改意见是：对开头为"只要从议程上取消一切有争论的问题，而挑出无争论的问题"的那一句，修改补充如下："只要把最有争论的问题在一段时间内搁置起来，而挑出最无争论的问题来，那么，双方，或者确切些说，参加代表会议的所有三个国际联合组织，

---

[1] 见《列宁全集》中文第2版第42卷第434—435页。——编者注

自然可以指望他们的观点最终会取得胜利。"

我要提的最主要的修改意见是：删去把第二国际和第二半国际领袖称做世界资产阶级走狗的那一段。这等于使用"公鹅"这样的字眼。为了图痛快，把坏蛋们再臭骂一顿，却让极重要的实际工作去冒失败的危险，这是非常不明智的。对这些坏蛋，我们现在和将来都可以在别的场合骂上千百次。如果在扩大的执行委员会会议上还有人不明白统一战线的策略将有助于我们打倒第二国际和第二半国际的领袖们，那么应当为这些人补办一些通俗的讲座。也许还必须为他们写一本特别通俗的小册子，并用外语出版，比方说，如果法国人还不能领悟马克思主义的策略，就用法语出版。最后，宁可使这个决议不是一致通过，而是多数票通过（我们以后会通过专门的、详尽的和通俗的讲解来帮助投反对票的人开窍），也不要为了几个犯政治幼稚病的人而冒毁掉重要的实际工作的危险，这些人明天会治好自己的幼稚病的。

列　宁

对共产国际《关于策略问题的提纲》草案的初步意见①

（不晚于 6 月 10 日）

1. 争取工人的大多数

2. 明确支持《公开信》

3. 着重提出在工会中争取大多数（反对左派）

4. **农业工人**的斗争〔不是如拉狄克说的同小农在一起，而是走在他们前面〕

5. 对挑动的回答？

---

① 见《列宁全集》中文第 2 版第 42 卷第 465 页。——编者注

笔记和发言提纲①

(6月22日—7月12日)

(1)

(1) 事实？公布？

(2) "左吗"？不。 { 匈牙利侨民？
"左派"
"巨大的功绩"

(3) 论据？
　　鼓动的方法？

(4) 克雷比赫？

(5) 向左迈三步
　　+向右迈一步

(6) 军国主义的

(7) 粮食政策

(8) **季诺维也夫**的建议。

---

① 列宁的笔记和发言提纲是用德、英、俄、法四种文字写的。见《列宁全集》中文第2版第42卷第466—476页。——编者注

（2）

（1）合法的党

"反资本主义的党"？

"苏维埃制度之友协会"？

（α）只有立宪方法

（β）与共产党人的

　　　区别何在？

（2）接收新党员须有五分之四的多数同意

> 被剥削者，群众和普通人

（3）"见习人员"

罗兰-霍尔斯特

"俄国人立场左吗"（？）

| 具体表现 | ？ |

（3）

（1）什麦拉尔的书。

（2）什麦拉尔对匈牙利革命的态度。

（3）1920年9月。什麦拉尔在代表大会上的讲话。

1920年12月我们**有意识地**把运动停了下来。

我们（在布拉格）曾在地下室里工作。

1921年3月6日　反斗争

1921年5月15日代表大会

58名被开除的中派分子在代表大会后。

(4)

德国共产主义工人党评我的专题报告

党不能不受到经济基础的影响

无论是国内的

还是国外的

西欧资本主义力量增强（由于租让制）

靠代表大会（目前）的政策无法与之斗争。

我们的机会主义者会说：**由于俄国的革命，再不会有任何罢工了。**

我的讲话提纲

你们的建议是什么？不要租让？不要贸易？不要坚持做更谨慎的准备？

对同志们的回答：

（1）170亿金卢布

　　租让所得60亿：10＝6亿

（2）国家利益起着过大的作用？

"……为革命做**更扎实**的准备，更**谨慎**的准备……"

国际政策过分依从俄国**国家**政策的利益……

国家资本主义的"纯概念"

Ⅰ．此与彼

> 搞贸易与
> 干革命

Ⅲ．你们的建议是什么？①

Ⅱ．"左吗"？
　　我们的立场　1907年

Ⅳ．怎样做更扎实和更谨慎的准备？
　　德国人已经作了
　　意大利人正打算作
　　捷克斯洛 ┌ 向左迈三步
　　伐克人　 └ 向右迈一步

(5)

第一阶段：同中派领袖**和**中派分子决裂。

第二阶段：**学习**如何运用马克思主义的策略。

第三阶段：胜利。

　　　　不是迂腐的、不是刻板的想法

---

① 列宁在手稿上把这句话删去了。——编者注

什么是"群众"？

（α）几千人

（β）大多数……

> 有个别场合孟什维克是正确的？

就是有大多数**也还不够**。

"谨慎的、缓进的"策略——是责备吗？

和俄国的情况不同……

争取大多数——

（6）

关于拉查理的讲话

改良主义者（屠拉梯之流）在
艾米利亚雷焦举行的代表会议——1920年10月
在里窝那举行的代表大会　　1921年1月15日

单位千

13%		14 票	改良主义者	18 票（单位百万）
		98 票	统一主义者	120 票（单位百万）
		58 票	共产主义者	58 票（单位百万）①

14
58
72

在里窝那分裂，时机不合适

---

① 列宁在手稿上把右栏的数字删去了。——编者注

1921年6月22日—7月12日列宁在共产国际第三次代表大会上
写的《笔记和发言提纲》手稿第5页

（按手稿缩小）

| "我们的无产者将无法理解……"他（拉查理）对我们的策略提纲感到满意 ‖ 注意 | 我们——俄国人——将永远是"灵活而聪明的人"（弗罗萨尔文章中的话） |

(7)

阶级斗争

　　（哈雷）　　　　　　3月16日
　　　　　　　　　　　　　17日
　　　　　　　　　　　　　18日
　　　　　　　　　　　　　19日

分区领导的号召

　　在曼斯菲尔德

　　和在哈雷

两处都对工人们**提出警告**："同志们，不要受人挑动"，总之大意如此。

《红旗报》上是否重申，不详。

　　　　（据**克南报告**。）

(8)

1点05分

拉狄克：

托洛茨基

马尔托夫（**在引经据典**！！）

第二半国际的瓦解和第三国际

　　"对长期斗争的**理解**是各

　　不相同的"（？）

第二半国际的决议

在1点30分以前是"开场白"。‖

> 发言
> 次序

英国
意大利
捷克
德国

教训：消极的政策，即半中派的政策——**意大利**和**捷克斯洛伐克**运
　　动的领袖们。

"**相反的例子，相反的**错误：三月行动"。

　　德国统一共产党的历史

　　　　害怕叛乱

　　　　卡普叛乱＝**无所作为**

　　　　德国共产党。

不能只作鼓动，
应当行动，引导……

> 引证？书？
> 论题？
> 条件

{{ 左派行动迟钝
　　右派（官吏）"害怕积极行动"

{{ 意大利问题和**右派分裂出去**

　　左派只剩下自己，——他们的**基本错误**。

主要错误——从作"通常的"鼓动突然转为无准备的猛攻。
右派完全不对，
左派把自己的错误（进攻）变成了理论……

（9）

注意

   罗维奥（彼得格勒）。搞些玩具

      （7岁）

赖兴贝格：……妨碍资本主义经济的复兴（！?）

   ……"气氛缓和了"

  进攻，而且是应当的……

  （我们的责任是在1920年8月20日也发动**进攻**。）

公开信是机会主义的（！！）

  大批工人**因此**而死亡！

"推翻制度"！！！

      （（库恩·贝拉））注意

    库恩·贝拉论《公开信》

    党做好革命**准备**

     为了原则

     大多数（特拉奇尼？）

    在**捷克斯洛伐克**

    "400 000"

    吸引群众？

德国
提纲
第7页

在俄国，是在**党**很小的情况**下**
取得胜利的……
((特拉奇尼))

((进攻……))

理论 {"活跃的趋向"}

("从消极转向积极"……)

《关于意大利问题的讲话》提纲[①]

(6月28日)

讲话提纲：

(1)"拿出事实来，不要讲空话"……

　　以羡慕的心情 $\begin{pmatrix} \text{invidia?} \\ \text{envie} \end{pmatrix}$

(2)
$\begin{cases} \text{(a) 自伯恩施坦主义开始以来的历史} \\ \qquad (1899—1900) \end{cases}$

　　(b) 在艾米利亚雷焦举行的代表会议？
　　　　(1920年10月)？

$\boxed{\begin{array}{c}\text{派别}\\\text{政党}\end{array}}$

(3) 党曾经是好的？
　　———［不比德国社会民主党好］

(4) 仅仅是时机问题吗？　$\boxed{\text{当时？}}$

---

① 见《列宁全集》中文第2版第42卷第477—478页。——编者注

（5）"灵活而聪明的人" 弗罗萨尔

我们关于策略的几项决议（草案）是好的：反对"无政府主义偏向"

拉查理：
"准备时期……"

（6）在里窝那，无论与改良主义者相比还是与共产党人相比，他们都是多数

（7）羡慕——愿意"模仿"，**但不是盲目地**

（8）认识意大利运动的**特点**，做**灵活而聪明的人**，这是共产党人一定能学会的。①

---

① 列宁在手稿上把第7点和第8点删去了。——编者注

一篇拟写文章的提纲①

（不晚于7月11日）

一篇关于第三次代表大会的文章

（a）等待（是指一个国家吗？）。**不是指捷克吗**？
（β）准备**总攻**（更强大的）
？‖ 说列宁会**帮助**我们（什麦拉尔）

> 退却是**痛苦的**，然而只能退却！
>
> 我是否消除了什麦拉尔同志的**忧虑**？

（1）**什麦拉尔**向右迈三步
　　　克雷比赫向左迈一步
（2）"帮助"？
（3）"忧虑"
（4）左的错误
　　　右的**背叛**。

---

① 见《列宁全集》中文第2版第42卷第479页。——编者注

《在德国、波兰、捷克斯洛伐克、匈牙利和意大利代表团联席会议上的讲话》 提纲①

(不晚于7月11日)

(1)
讲话提纲

1. "中欧"的经济基础。

   "欧洲的巴尔干化"。

   ＋从军事上考虑协调几个中欧国家的革命

   (大致是：德国＋捷克斯洛伐克＋意大利)

   协调的困难和"赌注"的大小

2. 更扎实地进行准备＝**共产国际第三次代表大会的主旨**。

   有共产党。但还不是今天。别干"左的**蠢事**"。更谨慎地进行准备。

   德国1921年3月所犯的错误。

3. 今天愈"机会主义些",明天愈有把握(**重新**或**还要更多地**)集合起群众。

---

① 见《列宁全集》中文第2版第42卷第480—483页。列宁的讲话全文见本卷附录。——编者注

4. 为什么是这样？ $\left\{\begin{array}{l}\text{德国 1921 年 3 月}\\ \text{捷克斯洛伐克}\\ \text{意大利}\end{array}\right\}$

5. 同俄国对比

　　1917 年 4 月 4 日

　　1917 年 4 月 21 日

　　中央关于 1917 年 4 月 21 日事件的决议。

6. 不要怕说我们从莫斯科回来**变成另外一种人**了，变得谨慎些、明智些、机会主义些、"**右一些**"了。

　　这 = 唯一正确的战略。

7. 罗马的运动

　　（7 月 7 日）

　　　柏林市政工人罢工　　　**三件**

　　　里尔纺织工人罢工。　　**事实**①

8. 为要跃进，必得后退。

9. 可能是**明天**。可能过**两三个月**。

　　可能过两三年。

10. "**左的蠢事**"和明天的**背叛**。

11. 不要急躁，不黑怕"延误时机"。这种怕是没有道理的和有害的。

　　注意：**库恩·贝拉**的含蓄的意见。

　　"行动"可以在这一时刻或那一时刻"刹车"，但在革命宣传上应当是**毫不妥协**的。

---

① 列宁在手稿上把这几个字删去了。——俄文版编者注

12. 帮助俄罗斯联邦??

战争的要素是危险。

我们有 {政治上的 / 军事上的 / 经济上的} 危险

怎样才能"帮助"我们?

13. 总结:

(1)(α) 大家同心同德:**就像从头开始一样,重新去做**

(2)(β) **更谨慎地对待群众**

(3)(γ) 更扎实地进行准备

(4)(δ) 协调几个中欧国家的行动

　　　大致是三个:德国 + 捷克斯洛伐克 + 意大利

(ε) 认清而且不怕承认左的错误,为的是**明天**不发生**背叛**,为的是明天**一定胜利**!!

(2)

讲话提纲:

(1) 你们愈是"机会主义些",就愈能迅速地**重新**(因而**更多地**)把群众集合在自己周围。

(2) 为什么是这样?(**德国** 1921 年 3 月、**捷克斯洛伐克、意大利**)。

(3) 同俄国 1917 年 4 月 4 日和 1917 年 4 月 21 日的情况对比。

　　　　　　　中央关于 1917 年 4 月 21 日事件的决议。

(4) 不要怕说**我们大家**(在共产国际第三次代表大会后)从莫斯科回来变得谨慎些、聪明些、明智些、"右一些"了。**这在战略上是正**

确的。

(5) 现在愈右，明天就愈有把握：为要跃进，必得后退。可能是"明天"，但也可能过两三年。不要急躁。

(补5) 协调**几个**"中欧"国家的行动是必要的。

经济上的考虑和"中欧"的经济"基础"。

欧洲的巴尔干化。

$$\left\{\begin{array}{l}\text{德国}+\text{捷克斯洛伐克}+\text{意大利}\\ \text{大致上}\end{array}\right\}$$

(再补5)"左的**蠢事**"是小错误，**背叛**是大错误。

(6) 帮助俄罗斯联邦??

总结：(7) 大家同心同德。**就像从头开始一样**去接近工人。谨慎些。这样猛攻就将更加有力。协调行动。准**备得愈扎**实，胜利就愈有把握。

在德国、波兰、捷克斯洛伐克、匈牙利和意大利代表团联席会议上作的笔记①

（7月11日）

(1) 战略退却——现在（在国际范围内）
　　　　　就像1917年4月在俄国那样。

(2) 承认？
　　　　我们的1917年4月
　　　　（有些可笑的？　　　"……好的
　　　　我认为拉狄克**不对**　　解释……"）

(3) 协调行动
　　－（α）意味着等待？不是
　　－＋（β）意味着"统计"？在某种意义上**是的**
　　　＋（γ）意味着：**更好地和更普遍地以及更快地向好榜样**看齐：
　　　　　　大体上照罗马的榜样。

---

① 见《列宁全集》中文第2版第42卷第484页。——编者注

对共产国际执行委员会给出席三个国际的代表会议的共产国际代表团的指示草稿的意见[①]

给俄共(布)中央政治局委员的信

(1922年3月14日或15日)

致季诺维也夫
　斯大林
　　加米涅夫及政治局其他委员

我建议

将第11条（第2部分）（关于改变对孟什维克的态度）删去。

目前即使有条件地谈论这一点也不行。

我认为，应对指示作如下修改：

(AA) 如果你们要提出最有争议的问题，也就是会引起第三国际对第二国际和第二半国际的极大敌视的问题，那么，我们在下述条件下才能同意：

　(a) 就问题单

　(b) ……和讨论第三国际权利的细则同我们达成协议；

　　　极其周密地维护第三国际的权利，等等，等等。

　　　我们则建议**仅仅**提出争议最少的问题，把探求工人群众的

[①] 见《列宁全集》中文第2版第43卷第40—41页。——编者注

（BB）局部的但却是共同的**行动**作为目的。

如果采纳 AA，那么，我们就要加上：我们对第二国际和第二半国际的**总的**评价、我们对它们的**全部**指责，等等，等等。

此外：3 月 25 日，即在预备会议上，**只要**还有希望达到目的**即**吸引所有三个国际（包括第二国际和第二半国际）出席全体会议，我们的代表就要极其克制。

不要因为人员的**组成**而使会议立即破裂；如果不出现**绝对**不能容忍的**极端**卑劣行径，未经征询莫斯科，一般不要使会议破裂。

列　宁

对共产国际执行委员会关于三个国际的代表会议的决议草案的意见[①]

给格·叶·季诺维也夫的信

（1922年4月11日）

电话口授

1

对第1点，我建议作如下补充：特别详细地说明：（1）我国孟什维克和社会革命党人同地主、资产阶级反对苏维埃政权的共同阵线有事实上的联系，为此要特别注意萨文柯夫的小册子《同布尔什维克的斗争》（1920年华沙出版）以及斯捷·伊万诺维奇的《俄国社会民主党的没落》，因为在这两本书中特别明显地暴露了从其他许多文献中当然也可以看到的事实，即孟什维克和社会革命党人的右翼形式上以同一党名作掩护，而实际上是完全独立行事的；（2）特别注意说明我国孟什维克和社会革命党人同第二国际和第二半国际的领袖们是一样的，特别注意奥托·鲍威尔新近出版的小册子的极端危害性，那本小册子实际上是建议和鼓吹在资本主义面前仓皇退却。这种论调和战时鼓吹临阵仓皇脱逃一样，我们只能予以鄙视。

---

① 见《列宁全集》中文第2版第43卷第144—146页。——编者注

第 2 点我赞成。

关于第 3 点：

对这一点我没有把握，因为我认为，作出严格要求一致同意的决定，似乎会使我们免犯错误，而那些解释柏林会议确认的条款（保卫苏维埃俄国等等）的总呼吁书对我们将会非常有利，因为今后我们能不止一次地利用它，揭露我们的敌人是如何自相矛盾的。

对第 4 点，我绝对支持。

对第 5 点，我不反对。

关于第 6 点：

我不明白这一点的意思，因为我认为，在得到通过的决议的正式文本后，应立即批准柏林协议，或许更好的做法是，立即批准，但要附带说明批准的是在 4 月 9 日《真理报》上公布的文本。

我特别请求派信使专程将柏林会议记录的全文尽速送来，并检查一下，这份记录是否已由三个国际每一方的正式代表签署。

列　宁

2

季诺维也夫同志：

今天上午我们已就共产国际执行委员会的几点决议写便条交换了意见，对此尚须作如下补充：

对第二国际和第二半国际的政策的批判，其性质目前应当略有不同——即应当使这种批判（尤其是在拥护第二国际和第二半国际的工人参加的那些会议上，以及在专门为他们写的传单和文章中）更带有解释性，要特别耐心和细致，不要用尖锐的字眼把这些工人吓跑，要说明他们的代表在柏林所接受的那些口号（例如，同资本作斗争、八小时工作制、保卫苏维埃俄国、救济饥民）同整个改良主义政策是有不可调和的矛盾的。

也许，应当在付印前核实一下，第二国际和第二半国际是否已批准柏林决议。

列　宁

图书在版编目（CIP）数据

共产国际第三次代表大会文献（2）/戴隆斌主编.
—北京：中央编译出版社，2011.12（2019.8 重印）
（国际共产主义运动历史文献. 第 32 卷）
ISBN 978 - 7 - 5117 - 1140 - 3

Ⅰ. ①共…
Ⅱ. ①戴…
Ⅲ. ①共产国际 - 代表会议 - 文件
Ⅳ. ①D165

中国版本图书馆 CIP 数据核字（2011）第 246533 号

共产国际第三次代表大会文献（2）

出 版 人：和 龑
责任编辑：谭 洁
责任印制：尹 珺
出版发行：中央编译出版社
地　　址：北京西城区车公庄大街乙 5 号鸿儒大厦 B 座（100044）
电　　话：（010）52612345（总编室）　　（010）52612368（编辑室）
　　　　　（010）52612316（发行部）　　（010）52612346（馆配部）
传　　真：（010）66515838
经　　销：全国新华书店
印　　刷：北京环球画中画印刷有限公司
开　　本：710 毫米 × 1000 毫米　1/16
字　　数：465 千字
印　　张：36.25
版　　次：2011 年 12 月第 1 版
印　　次：2019 年 8 月第 2 次印刷
定　　价：200.00 元

网　　址：www.cctphome.com　　　邮　箱：cctp@cctphome.com
新浪微博：@中央编译出版社　　　　微　信：中央编译出版社（ID: cctphome）
淘宝店铺：中央编译出版社直销店（http://shop108367160.taobao.com）
　　　　　（010）55626985

本社常年法律顾问：北京市吴栾赵阎律师事务所律师　　闫军　　梁勤
凡有印装质量问题，本社负责调换，电话：（010）55626985